新背景下的高校体育教学改革与发展

主　编　杜　烨　刘　斌　刘　慧
副主编　范振杰　张丽娟　李　开

中国原子能出版社

图书在版编目（CIP）数据

新背景下的高校体育教学改革与发展/杜烨，刘斌，刘慧主编. -- 北京 ：中国原子能出版社，2020.7（2021.9重印）

ISBN 978-7-5221-0667-0

Ⅰ.①新… Ⅱ.①杜… ②刘… ③刘… Ⅲ.①高等学校－体育教学－教学改革－研究－中国 Ⅳ.①G807.4

中国版本图书馆 CIP 数据核字（2020）第 114872 号

新背景下的高校体育教学改革与发展

出版发行	中国原子能出版社（北京市海淀区阜成路 43 号 100048）
责任编辑	白皎玮
技术编辑	冯莲凤
责任印制	潘玉玲
印　　刷	三河市明华印务有限公司
经　　销	全国新华书店
开　　本	787mm×1092mm 1/16
印　　张	15.25　　**字　数**　390 千字
版　　次	2020 年 7 月第 1 版　　2021 年 9 月第 2 次印刷
书　　号	ISBN 978-7-5221-0667-0　　**定　价**　78.00 元

网址：http：//www.aep.com.cn　　E-mail：atomep123@126.com

发行电话：010－68452845

前　言

体育是高校教育的重要组成部分，纵观体育教学改革发展历程，无论什么时代，即使体育教学改革方法不同，其改革的方向与落脚点都是培养学生健康的身体和强健的体质。因此高校体育教学的目的是增强体质、全面提升心理和生理素质、提高社会适应能力。体育锻炼不仅能锻炼身体，还能愉悦身心，是缓解自身压力的好方法。21 世纪的竞争是人才的竞争，大学生作为未来社会主义的接班人和建设国家的主力军，树立健康体育理念和终身体育理念尤为重要。

高校不仅肩负着教书育人、将知识传授给学生的责任，而且还担负着培养学生的健康人格、强大学生的心理素质，以及强健体魄的重要责任。因此，在新的时代背景下，高校应该改变对体育教学的传统认知观念，积极开展关于体育教学的改革，顺应时代发展的潮流，探索体育教学的改革和发展，对学生的知识能力、身体素质等方面进行全面培养，为社会培养出更多的高素质人才。

本书共分为十二章，涉及内容广泛。首先，对高校体育教学和体育教学理念进行了详细的论述；其次，介绍了高校体育教学的现状与发展；再次，分别从高校体育教学目标、体育教学课程、体育教学内容、体育教学文化、体育教学方法、体育教学模式、体育教学评价七个方面进行了体育教学的改革研究；最后，针对不同的理念背景对高校体育教学改革进行了具体分析。

在本书的编写过程中，我们参考并借鉴了国内外有关体育教育的研究文献及其他学科的部分相关资料，在此谨向引文的原著者表示衷心的感谢，并且鉴于编写队伍的经验和水平的不足，书中难免有不当或错误之处，敬请各位专家、同行和广大的读者多加批评和指正，以便我们进行修订和完善。

编　者

2020 年 1 月

目　录

第一章　导论

第一节　体育教学论述

一、相关概念

（一）教学

教学：有各种各样的定义。教材中根据教学概念指称的宽度整理归纳：最广义→广义→狭义→更狭义→具体。通常要在广义和狭义两个方面进行梳理。在广义上：教学主要是教者指导学习者开展有目标的学习活动。在狭义上：教学主要是在学校里教师带领学生举办的学习活动。教学是一个实践过程。教学的研究范围很大，主要有教学目标和任务、教学流程和实质、教学方法和形式、教师和学生、教学要求、教学环境、课程设定和教材、教学评价和管理等。

（二）体育

“体育”的概念是人们在实践中形成的。将“体”与“育”两个字连在一起成为一个专有“名词”，用以代表一种特殊的形式和内容的教育，还是 19 世纪末的事。查遍 19 世纪以前的中西历史文献，从未见过“体育”一词，英文中的“Physical Education”是近代学者所创的词汇。我国采用“体育”一词，始于清末，光绪三十三年（1907 年），清朝政府对女子师范学堂颁布的法令中有“女子必身体强健，斯勉学持家，能耐劳瘁，凡司女子教育者，须常使留意卫生，勉习体操，以强固其精力，至女子缠足，尤为残害肢体，有乖体育之道，务劝令逐渐解除，一洗积习”。这里提到的“体育”意指身体的保育和养育，并不具有教育在内。

甲午战争后，李鸿章将许多西洋名词直接借用日文输入中国，“体育”一词亦复如此。早期日本学校有关身体锻炼的课程统称体操，我国也袭用此名，使体操与体育概念不清。当时对体育的真正含义，无完整认识，只是将游戏、体操等运动项目，看成是卫生、健身或娱乐性质的身体活动。认为体育即教育，可以说绝无仅有。

旧中国学校体育虽将“体操课”改为“体育课”，但长期将体育与运动混同。体育即跑跑跳跳和打球运动，学校体育追求少数人夺锦标破纪录，在社会上往往被人尊称为体育家的是出色的运动员，使有识者听起来有啼笑皆非之感。

对于体育本质在认识上的混乱情形，欧美各国也曾经历过相似的阶段。随着社会的进步和体育科学的发展，世界各国体育学术界逐步掌握了体育的真正含义，并广泛地将其纳入教育系统中。中外体育学者对体育的看法，如陈咏声（中国体育教学家）认为“体育是以身体活动为方式的整个机体的教育”。

前川峰雄（日本）认为“体育是在有助于从多方面培养人品的意图下，针对身体所产生的属于教育性质的影响”。换言之，体育是通过身体活动的教育。

综上所述，对于体育的内涵和性质可以得出：体育是动的教育，并非仅限于身体的教育。它以各种方式的身体活动为方法，来完成教育目的。体育是教育的一环，其所采用的教学方式和环境布置虽有差异，但最终目的却相同。

（三）体育课程

体育课程是指学校根据一定的社会目的要求，为学生提供的、并且在一定程度上给学生规定或学生自己选择的、被规范的体育学科和活动课程内容、学习操作程序和方式，不同学段的学生所要达到的体育基本素质、能力和体质健康标准的总体设计。综上所述，可以认为体育课程是指为实现学校目标和学生自主发展目标所赋予的体育内容及其结构、程度和进程。作为学校的公共专项课，要求学生通过身体锻炼，达到促进健康、提高自身素养和道德水平的目的；它是教育课程体系的重要组成部分；是学校体育工作的重点环节。它是实现我国素质教育和提高学生适应能力、培养学生完整个性的最佳途径。一般来说，体育课程就是学校体育课程，即传授提高身体活动效率的知识与方法的课程。它也是学校体育课程与其他社会元素或文化共同形成的体育教育经验的总和。

（四）体育文化

体育文化是人们在社会实践活动中所形成的体育活动方式、所创造的体育物质产品和体育精神产品上体现出来的人的创造能力和智慧的总和；体育文化是社会可以分享、可以习得和传承的财富；体育文化也体现着人类创造财富的智慧之光，是人的本质力量对象化的产物。

体育，作为人类社会创造的一种身体文化样式，是人体运动发展的产物。当人们把身体运动作为一种形式和手段，有目的、有选择、能动地挖掘人体潜力并促进身心全面发展的社会实践活动后，身体运动才具备了体育文化的意义。在众多关于“体育文化”的定义中，作者比较认同原国家体育总局体育文化发展中心主任袁大任给出的定义：以强身健体、振奋精神、建立积极的生活方式为主旨的体育运动及其产生的物质与精神成果的总和。

（五）体育教育专业

通过对《全国普通高校体育教育本科专业课程方案》等文献的查阅，总结出体育教育专业这一名词解释为：“体育教育专业是培养面向现代化、面向世界、面向未来，适应我国社会主义现代化建设和基础教育改革与发展的实际需要，德、智、体、美全面发展，专业基础宽厚，具有现代教育观念、良好的科学素养和职业道德，以及具有创新精神和实践能力，能在中小学从事学校体育教学、课外体育活动、课余体育训练和竞赛工作，并能从事学校体育科学研究工作，学校体育管理工作及社会体育指导等工作的一专多能复合型体育人才的专业。”

（六）高校体育

“高校体育”“大学体育”“高等学校体育”“普通高校体育”等都是常用的语词，虽然字面表达上有所不同，但是从实际指称的对象而言，大都一样，并且经常交叉混用。本研究把“高校体育”“大学体育”“高等学校体育”“普通高校体育”等这些习惯上基本表示同一事物和表达同一概念的词项统一称为“高校体育”。

（七）高校体育教学

体育主要以身体运动为手段，是以增强身体素质为本质功能的一种实践活动。体育教学、课外实践活动和运动训练是高校体育的三大组成部分。高校体育是针对普通大学生，以身体运动为根本练习手段，通过锻炼增强学生体质、提升全面素质，使学生掌握一定的体育技能和卫生基础知识为目的的体育活动，是由学校体育过渡到社会体育的关键阶段，是提升大学生良好身体素质的主要渠道，以育人为宗旨，培养自主健康体育锻炼的行为习惯，从而促进大学生的身心全面发展，培养良好的心理品质，陶冶大学生的情操。

教育的本质是一种有意识的社会活动，以影响人的身心发展为直接目标。而狭义上的教育指的是学校教育，是由专职人员和专门机构承担的有目的、有组织、有系统的活动。而体育教学是教育的一个重要组成部分，它以身体练习为基本手段，全面锻炼身体，提高健康水平，传授体育卫生保健方面的知识与技能，培养坚持锻炼身体的良好习惯和良好的道德意志品质的一个有目的、有组织、有计划地培养人的一种社会实践活动。

（八）教学改革

教学改革是为了促进教育进步，提高教学质量而进行的教学内容、方法、制度等方面的改革。推动教学改革的因素有很多，主要有以下几个方面：①科学技术的进步和社会生产力的发展。②社会的变革，包括政治经济制度的变革及意识形态的变化。③教育科学及其他边缘学科的发展影响到教育观念的变化。

教学改革可分为：①单项改革。仅就某门学科内容、某一制度（如考试制度）、某一原则和方法进行改革。②整体改革。指对有关教学的计划、任务、内容、方法、制度进行总体协调的改革。

改革的方式有：①新理论、新政策指导下的改革。经过较长时期的规划和专家论证，形成改革方案，有计划、有步骤地进行，此种改革往往在一个国家或较大范围内进行。②实验性改革。在一定理论指导下，在某一地区或学校进行整体或单项改革试验，取得数据，积累经验教训。③推广性改革。对经过长期实践检验的优秀教学经验或改革实验成果进行精选、优化之后，有计划、有步骤地在较大的地区和范围内推广。

二、体育教学的特点

（一）群众性特点

体育教学是全体青少年和儿童都必须参加的教育活动。体育教学是国民体育的基础，也是学校教育的关键组成部分，接受体育教学是学生的权利和义务。国家规定，每个学生必须上体育课和按一定要求参加早操、课间操与课外体育活动。从 1991 年 9 月开始，我国开始施行《中学生体育合格标准》，要求每个学生毕业时应达到一定的体育标准。否则，不可以毕业和报考上一级学校。由此可见，学校的体育教学是作为一项义务，具有一定的法规性、强制性，反映了社会为培养人才在体育教学方面的基本要求。同时，学生接受体育教学，需要将这种强制性，转化成自觉的行动，养成锻炼身体的习惯与乐趣（学生主观需要）。体育教学这种义务与权利的统一，法规与自愿的统一，决定了学校体育教学的群众性。因而，要求体育教学工作者应坚持面向全体学生，以普及为主，以锻炼身体为主。

（二）基础性特点

体育教学具有鲜明的基础性。因为青少年正处于长知识、长身体的关键时期，推动他们的身心获得全面而协调的发展，奠定良好的体质基础，具有现实和长远意义。我国正在进行处于决胜全面建成小康社会、进而全面建设社会主义现代化强国的时代，科技是关键，教育是基础，必须培养和造就大批的德、智、体、美、劳全面发展的人才。体育教学是教育的组成部分，具有基础性特征，应从小开始奠定良好的体育基础。

（三）健身性特点

增进学生的健康、增强学生的体质、发展学生的体能，是世界各国体育教学共同追求的关键目标，尽管体育教学的目标趋向多元化，但健身是体育教学区别于其他社会文化教育现象最本质的特征。

（四）教育性特点

体育教学在学校教育过程中，既是教育的内容，又是教育的方法，具有丰富多样的教育性。体育教学在对学生进行思想品德、意志品质教育、陶冶学生情操、推动学生个性发展等方面，具有易接受性、生动性等特点，能够获得良好的教育效果。因而，体育教学在建设社会主义精神文明中，在“教书育人”的过程中，具有其他内容和方法不可取代的特殊作用。

（五）阶段性特点

体育教学对于大学生而言，是最关键的阶段。由于这一阶段是大学生身心迅速发展的阶段，具有鲜明的阶段性特征，所以体育教学必须充分把握这一关键时期和关键阶段。

因为大学生身心发育具有鲜明的年龄特征，必须依据他们不同年龄阶段的生理特征，正确地确定体育目标，选择适宜的体育教学内容，采用多种多样的教学方法和手段，以促进大学生全面发展，完成体育教学任务。

（六）滞后性特点

体育教学的社会效益和经济效益具有滞后性，不可以急功近利，立见成效。由于学生“三基”（基础理论、基础知识、基本技能）的掌握，体能的发展，思想品德的形成，体质的增强，都需要一个过程，要通过社会实践和社会生活的检验，才可以显现出来，所以盲目地、一味地追求体育教学投资的效益是不明智的短期行为。

第二节 高校体育教学理念的形成与转变

一、体育教学理念的三个层次

（一）体育教学的宏观理念

1. 快乐体育与健康第一

“快乐体育论把学校体育作为终身体育的一个阶段，把运动置于最终的目的，让人们从运动中体验快乐，并把它作为一生追求的目标。”毛振明认为快乐体育是“使学生根据自己的水平和能力进行自主的学习，充分理解运动和自己的关系，充分理解运动中内在的本质，体验体育中的乐趣，从而热爱运动，养成习惯以至于终生”。[①] 可见，快乐体育所追求的是学生自觉自愿地进行运动学习和身体锻炼的体育教学情境。

中共中央、国务院于1999年颁布的《关于深化教育改革，全面推进素质教育的决定》（以下简称《决定》）指出“学校教育要树立健康第一的指导思想”后，学校体育有了更广阔的发展空间，这本是学校体育开拓发展的重大机遇和良好条件，但部分教师教学指导思想混乱，把“健康第一”等同于“快乐第一”，使教学步入淡化体育课“三基”教学的误区。其实，实行快乐体育与贯彻“健康第一”两者并不矛盾，而应坚持“健康第一”的指导思想，通过实施快乐体育促进学生健康成长。即现代体育教学应是以促进学生身心发展和社会适应能力的提高为目标，通过技能、认知、情感、行为等并进的课程结构，在教学过程中融入生理、心理、卫生保健、环境、社会、安全等诸多学科领域的有关知识，真正关注学生的健康意识、锻炼习惯和卫生习惯的养成，确保“健康第一”思想落到实处，使学生健康成长。

2. 终身体育与人的发展

终身体育是指终身坚持体育锻炼和接受体育教学，是整体而长远的体育思想。显然，终身体育就是人生各个时期所接受的体育教学、所参加的体育活动及所坚持的体育锻炼的总和。这表明终身体育是一个集合概念。

当今运动的种类层出不穷，为贯彻终身体育理念，学校体育教学阶段就要注重把学生培养成能在不同的环境下具有创造性解决实际运动问题的一代新人。但在体育教学中，仍有部分教师还没有充分认识到培养学生创造能力的重要性，也没有认真发掘教学中能促进学生创造能力发展的有利因素。体育教学是教师与学生共同参与的双边活动过程，在这一过程中，“教为主导，学为主体”，所以体育教学，无论是教学内容的选择还是教学方法的更新，都应十分关注学生的运动兴趣，只有激发和保持学生的运动兴趣，才能使学生自觉、积极地进行体育锻炼。

3. 创意体育与观念转变

《决定》指出：“智育工作要转变教育观念，改革人才培养模式，积极实行启发式和讨论

① 张建平. 论体育教育理念的三个层次［J］. 成都体育学院学报，2002（5）：57.

式教学，激发学生独立思考和创新的意识。”实施创新教育，目的是培养出大批创新型的人才，创意体育就是在这种背景下产生的。创意教学要求教师转变教育观念，提高认识，改变传统的教学模式，真正落实“教为主导，学为主体”，从而提高学生的创新意识和创新能力。

（二）体育教学的中观理念

1. 尊重学生的主体地位

教学，作为人类自主建构的活动，其目的无外乎是对人的生命价值、劳动价值、能力价值的挖掘。受唯科学主义思潮的影响，长期以来体育教学把目光聚焦在学生的劳动价值与能力价值上，追求通过教学使学生的技术与能力获得提升，而忽视了他们的生命价值，使教学活动本末倒置。体育教学包括基本知识、基本技能的传授和体育精神的培养。知识技能中不存在对学生的终极关怀，它只是立身之术，而非立身之本。体育教学的过程是学生精神的成长过程，而非理性知识与技能的堆积。

每一个体育教师都要心存这样的理念：“创建学校的目的，是将历史上人类的精神内涵转化为当下生机勃勃的精神，并通过这种精神引导所有学生掌握知识和技术”。

2. 关注学生的个性发展

我们的教育要培养德、智、体、美、劳等全面发展的人，全面发展的核心内容就是个性的全面发展。所谓个性全面发展的人，是指在德、智、体、美、劳各方面都获得正常的、健全的、和谐的发展，而同时又能够充分发展各自的性格、兴趣和才能的活生生的人。为迎接知识经济时代的挑战，我国正在推行素质教育，这更要求我们给学生提供创造个性充分发展的机会，给学生自由选择的空间，让学生根据自己的爱好、兴趣和学习能力，选择适合自己的体育项目，使学生的个性得以充分发挥，使每个学生都能体验到学习的乐趣，以满足自我发展的需要。

3. 重视教学的内在价值

教学的内在价值是指教学活动作为区别于其他社会活动本身所具有的价值属性，一般包括教学的理想价值、个体发展价值和直接表现在教学活动中的价值。教学的外在价值是指教学活动对其他事物所具有的价值，包括教学的功利价值、社会发展价值和教学活动期间所获得的价值等。

长期以来，体育教学存在片面强调教学外在价值而忽视内在价值的倾向。由于过分追求教学对于社会发展的意义，从而把个人理想、价值、信念置于社会集体的高压之下，要求个人无私奉献，为全体利益牺牲个人的幸福，结果造成目标抽象、虚幻、遥远，使教学动力不足、被动与落后。再者，片面强调教学的工具价值，忽视了人文关怀，以提高人的生存能力、职业技术训练，提高分数，谋求个人地位的升迁为活动的基本取向，以牺牲学生的人文精神、舍弃生命的价值与尊严为代价换取个人的暂时“成功”。这种急功近利的指导思想又使教学沉湎于“立竿见影”的短期行为，当教学被缚上这种急功近利的重负时，祈求它出现大的飞跃是不可能的。当然，我们说关注教学的内在价值，并不是置社会发展于不顾，因为片面强调内在价值，最终也会导致它的沦丧。科学技术的突飞猛进、信息交流的日益加快、知识更新的日新月异使当代社会步入高速发展的动态社会，这样的社会赋予体育的任务是动态多样的，个人从实际需要的角度对体育的要求又是多种多样的，如果体育教学仍着眼于这些外在价值，必然使它无法自持，陷于被动之中。事实证明，为了适应动态社会，为了推动动态社会向前发展，教学必须关注其内在价值，以教学的内在价值完满地来回应各种各样的外在要求。

4. 突出教学的民主精神

不难发现，现实体育教学中存在大量控制现象，具体表现为以强迫代替自愿、以牵制代替引导、以专制代替民主、以纪律代替自由、以奖励与惩罚代替内在自觉等。许多学生上了大学最怕上的还是体育课，尤其是女生，总是逃避体育课。为什么我们的体育课让人如此难堪呢？因此，只有使得师生双方超越身份、地位、尊严的障碍，在精神上相遇，在情感上共通，通过心与心的密切交谈，获得完整的人格并使之得到提升。正如赞科夫所言，“教学法一旦触及学生的情绪意志领域，触及学生的精神需要，这种教学法就能发挥高度有效的作用”。

（三）体育教学的微观理念

1. 教学目标多维观

现代体育教学目标，其内涵十分丰富，要在保证体育课生物学功能的基础上，重视体育课社会学功能和教育学功能的开发和提高，注重把学生个体全面发展与社会需要相结合，注重体育与健康教育相结合，培养学生科学的体育与卫生行为，注重学生终身体育意识和能力的培养。

2. 教学内容综合观

现代教学内容应从有利于学生健康成长进行选择与组合，实现多角度、多方位、多渠道的开放教学，合理改变现行的竞技性内容，使其符合体育教学要求。特别要根据不同层次的学生所表现出来的实际能力，对教学内容在难度上做合理调整；对教材中有关联的问题，能够举一反三，滚动传授；对学生较为喜欢的教学内容，可以加大比重，根据地域特点，精心选择开设有浓郁地方特色的运动项目的教学；适应终身体育的要求，教会学生简单易行且行之有效的运动技能和锻炼方法，使之终身受益。

3. 教学模式多样观

随着素质教育的全面推行，体现学生主体地位的教学模式越来越丰富。例如，借助教学目标建模理论，提出了“体质教学模式”“体育健身教学模式”“成功教学模式”等；借助教学方法建构模式，提出了“启发式体育教学模式”“问题式体育教学模式”“发现式体育教学模式”等。这些模式根据学生的认知规律，从学生需要、兴趣入手，充分发挥学生的主体参与作用。

4. 教师素质复合观

现代体育将发生两个重大变化：一是从群体的政治需要转向人类自身需要，二是从社会的强制性功能需求转向个体健康幸福生活的主动需求。教育面向未来，要求教师不断提高素质，改变“保守”的体育教学行为，积极投入到时代的改革中去；具备终身教育和促进发展的意识和能力，不断反思和认识自己，塑造自我；具备自觉进行科研的意识和能力，全面提高职业素质。新型体育教师素质的形成，关键是教师自我学习的加强。

5. 教学评价全面观

当前，我国体育教学评价忽视了学生的个体差异、主观努力和进步幅度，无法准确评价先天的客观条件和后天的主观努力程度。要改变这种现状，就要建立科学的体育教学考核评价，重视学生对技术动作的掌握情况和对技术动作的认识。教学评价必须注意以下几点：①学生对体育课课堂常规的执行情况；②学生在课堂教学中的表现情况；③学生对教学内容的掌握情况，包括理论和实践两方面；④学生完成课外作业和参加课外活动的情况等。在考核评价中，除了体育教师外，还可以由体育委员、小组长等成立评价小组，对每名学生作出最终评价，使得这项工作更加民主、客观、公正、合理，更有利于树立良好的学风，从而促进学生全面发展。

思想是行动的先导。在整个学校体育教学体系中，无论是体育教学目标的制定，还是体育教学内容、方法等的变革，从根本上说都受制于体育教学理念。只要我们确定科学的、富有时代精神的理念，就必定能完成体育教学的真正使命。

二、我国传统体育教学理念的回溯

现实中任何事物都有其过去、现在和未来的发展过程和规律，将此发展过程和规律引申至我国体育教学观念的发展过程中，并对体育教学观念的发展历史进行深入考察后，研究者充分地认识到，体育教学观念的历史演变与体育教学的发展过程是紧密相连的，二者的关系就犹如人的魂魄与肉体一样不可分割。所以，对体育教学观念的历史回顾必须同时回溯我国体育教学的发展过程。通过对它们的历史探究，有助于我们整体把握体育教学观念的发展脉络。

依据我国历史学的分期理论，中国历史的古代指1840年以前的历史时期，近代是指1840—1949年这一历史时期，现代是指中华人民共和国成立以后至今。因此，我们对体育教学观念的历史回顾就以传统的历史分期为界，并以体育教学发展的历史进程的主要特征为线索，来描绘体育教学观念的历史演进脉络。

（一）古代的“技礼”体育教学观

“技礼”体育教学观是在儒家教育思想的影响下将体育技艺作为对人进行礼仪教化的手段来培养人们的伦理情感的体育教学思想。我国古代体育教学在教育中的地位是被忽视，甚至是被否定的。究其原因，一是教育思想中对体育的作用是被否定的，二是学校教育中的体育内容很少，三是学校对大多数体育内容持忽视或否定的态度。在儒家思想占据教育主流的封建社会里，那些自视为正统的封建教育家们常把竞技类的体育活动视为影响学生接受“正统”教育的“外诱”之一，禁止学生接触。当时的教育思想把体育教学实际放在从属位置，仅为政治与伦理服务，相对忽视了“体育教学”自身的特殊教育性，进而抑制了体育教学观念的发展。

（二）近代的“尚武与军体”融合体育教学观念

“尚武”体育教学观是以培养学生的民族情感为目的，以体育为手段，对学生进行尚武精神教育的教学思想。尤其在我国近代，“救亡图存”成为民众的通识思想。如维新思想代表人物康有为和梁启超，在文化上主张兴办学校，并对中西方文化进行吸收、融合和创新。在体育上倡导“尚武精神”和军事体育的结合，强调“强一身，强天下”和培养特色国民（要求有公德、国家思想……合群、毅力、尚武等品质）的主张，重视国民体质的提高。青年时代的毛泽东在《体育之研究》中，提倡要把个人的体育锻炼与整个国家的民族存亡结合在一起。孙中山先生在其革命生涯中曾为上海精武体育协会的会刊题词为“尚武精神”，并把“体育”“技击”“强国”高度概括为“尚武”。在国民革命时期，有很多革命志士更是把“尚武精神”与“军国民”有机结合，顺应当时的国民革命形势，这时期形成的民族主义体育思想确立了体育教学在国家政治生活和民族兴衰中的重要地位。

（三）现代“强体重技、渗透德育”的综合体育教学观

“强体重技、渗透德育”的综合体育教学观念是以体育锻炼作为增强学生体质的主要手段，重视学生运动技术的培养，并对学生进行思想品德教育，目的是培养学生政治情感的体育教学观念。中华人民共和国成立初期，毛泽东主席便题写了“发展体育运动，增强人民体质”的题词。这一题词在很长一段时间里成为我国体育教学的指导方针，受此影响全国掀起了全民运动强体健身的热潮，这个时期的体育教学观念基本遵从于当时的体育教学观，于是增强体质便成为这一时期学校体育的主要引导观念。在20世纪50年代中期，我国的教育基本借鉴苏联的教育体制，学校体育也不例外。在体育教学内容、课堂教学模式等方面完全借鉴苏联以运动技术教学为主的体育教学内容，体育课堂教学完全采用“三段式”的教学模式，因此，这一时期技术教学观念与增强体质教学观念并存作用于当时的学校体育。而到了20世纪60年代后期，由于“文化大革命”运动，此时的体育被政治运动所取代，学校体育完全政治化和军事化，劳动代替了体育锻炼。体育教学基本停滞，体育教学观念的发展陷入低谷，甚至可以说处在荡然无存的消失状态。1978年党的十一届三中全会至1985年体育教学中“渗透思想品德教育”的思想出现。因此，我们认为在1949年至1985年这段时期内体育课程的思想政治教育功能都较为突出，从而导致了对体育教学的本质发展和研究被削弱。这也成为体育教学观念停滞不前的主要原因之一。

（四）新时期注重“健康第一”的“多维”体育教学观念

“多维”体育教学观念是坚持“健康第一”为指导思想，以学生为教学本位，把学生的需要与兴趣纳入体育教学视野之内，重视学生在体育教学中的情感表现，激发学生学习和发展的自主性，关注学生全面发展的多种体育教学观念集合体。在改革开放和社会主义建设事业迅速发展的这段时期里，我国学校体育强调了对学生全面素质塑造的功能，学校体育思想也开始出现百家争鸣的局面，教育部门和很多体育教学研究者开始对传统体育教学理论的局限性进行深刻反思，“以人为本”的体育教学思想开始在学校体育教学中全面实施。到了1999年“健康第一”的学校体育指导思想被提出，“健康第一”的思想从多个维度审视学校体育，并在教学模式建构和内容安排上，打破了“三段式”和注重“三基”培养的僵化模式，更多地考虑学生的需要与兴趣，注重学生的全面发展，而这些正是“以人为本”精神的精髓所在。而在当前所提出的基础教育改革中，体育教学中渗透“健康第一”指导思想的“快乐教学”“情境教学”“成功教育”等观念的推出，更加体现了“多维”体育教学观念的快速发展。同时，体育设施的不断改善，也为实施“多维”体育教学观念营造了更好的环境。

三、高校体育教学理念的转变

学校体育作为国民体育的基础，《全民健身计划纲要》中提出：“要教育学生进行终身体育的教育，培养学生体育锻炼的意识、技能与习惯”。21世纪，学校体育教学的任务是：增强学生体质，提高身体素质和生活质量；提高运动成绩，培养高水平运动员和一大批体育骨干；培养学生终身体育的理念和习惯，为学生的终身体育打好基础。因此，我们对体育教学理念也应

有所转变，应以终身体育观为出发点，对体育教学的认识应从低级走向高级，由封闭走向开放，由单一走向多元，由局部走向整体。

（一）从“技能论”“体质论”到“素质教育”“终身体育”体育教学理念的转变

从1982年到20世纪90年代，我国体育教学理论是其内部各届会议的一部分，体育教学是强烈的争论焦点，需要强调的是在1982年至1986年，在体质论与技能论的争论中，学校体育教学体系对基础知识的争论更激烈，这表明了我国体育教学在理论上存在一些问题，需要进一步的研究理论与实施和理论指导实践的轨迹。

张洪潭教授在2000年的《体育与科学》中指出：“几十年来，在人们不断地批评和反省体质教育推行不力、效果不佳的过程中，我国青少年学生的健康水平却发生了明显的良性变化。”① 50年代的“体质论”在一定程度上占了优势。我们应该更清楚地看到事情的发展是呈螺旋式上升的，“体质论”符合发展的要求，因此，张洪潭教授判断我国青少年学生的健康水平发生了明显变化。相反，如果“体质论”不适应当代社会发展的要求，不能帮助学生提高健康水平，“体质论”就不可避免地将退出历史舞台。在这种情况下，我们没有讨论体质论和技能论的必要。

从当前来看，体育教学过程中的文化课设置，忽视了人文素质教育；口头培养和实际操作是不一致的，经常听到教育培养复合型体育人才的口号，但事实上体育教学仅限于此专业，其他主学科与辅助学科的联系上相对缺乏。所以学校必须调整符合社会需要和发展的专业设置、专业培训、教师技能，使素质教育与终身体育更好地结合，互相促进。

过去很多年以来学校体育只强调学生在校期间的体育教学，不少学生在走出校门走向工作岗位后就把体育当作与自己无关紧要的事情，认为学生的体育教学只需要在校学习期间接受就可以了。伴随着终身体育教学和终身体育运动的兴起，人们对终身体育的关键环节——学校体育，提出了必须重视追求学校体育长期体育教学的观点，可持续发展理论也被引入到体育教学学科中，一些方针政策和理论也开始加入体育教学的可持续发展的观点。在当时，胡巍、郑颐乐的研究表明：学校体育着眼点不再是急功近利，而是更多地关注受教育者未来的发展态势，即要为受教育者的终身体育打好基础，培养受教育者终身体育的兴趣、习惯、意识和能力。②由此，学校体育教学在终身体育教学中所处的位置也越来越受到人们的广泛重视。通过让学生进行体育运动达到掌握体育运动知识和技能的能力，不仅促进学生提高了自我锻炼的能力和锻炼意志，而且形成了良好的终身体育态度和习惯，进而促进学校体育教学由阶段效益向终身效益转变。

（二）从“素质教育”“终身体育”到“健康第一”体育教学理念的转变

中南民族大学体育教师郭鸿对终身体育与素质教育相结合的情况认为存在两方面的问题：“一方面，终身体育尚未形成共同的思想和意识；另一方面，终身体育在素质教育、人的成长、

① 张洪潭．体质论与技能论的矛盾论——百年学校体育主线索厘澄［J］．体育与科技，2000（1）：9．

② 胡巍，郑颐乐．当代中国学校体育发展趋势透视［J］．西安体育学报，2004（5）：99．

民族素质提高中的重要性还没有给予足够的重视。”① 在长期的体育教学中，体育教学工作者不再注意教育者终身体育意识的培养，也没有重视培养受教育者体育锻炼的兴趣和习惯，从而导致学生对体育锻炼意识的淡漠。

终身体育与素质教育应规划引导人的一生。在学校教育中，教学资料已经远远落后于现代社会的发展，不适应现代社会需求，对终身体育思想和体育理论结合的诠释出现了误区。

《决定》的目的是让学校教育部门更注重学生的健康，在强调促进人的全面发展过程中，首先要把学生的身心健康放在第一位。“健康第一”的哲学主要是依据长期以来我国教育过程中存在的问题而提出的。这个理念是在党的十五大期间，在全面推进素质教育的形势下，确保学校体育卫生工作在素质教育中的重要地位和独特功能，对学校体育健康更清楚的要求。“健康第一”的指导思想应该是学校体育教学工作的指导思想，学校体育的目标是要把学生思想上的“健康第一”转变为行动中的“健康第一”。

学校体育将理念与实践与“健康第一”、素质教育、终身体育、教育观念接轨，实施素质教育的目的是提高教育质量。素质教育要求学生学会做人、学会健体、学会求知、学会做事。在素质教育理念的指导下，学校体育教学应树立“健康第一”的观点，加强体育工作，实施从培养学生的兴趣起，逐步引导学生进行终身体育运动。只有让学生对体育感兴趣，他们才会真正喜欢运动。学生只有喜欢运动，才能养成长期体育锻炼的良好习惯。以上概念将伴随着条件改善和学校体育教学理论系统的形成，使我国学校体育在体育教学思想与实践上实现与终身体育、“健康第一”的接轨。

（三）从“健康第一”到“以人为本”体育教学理念的逐渐完善

“健康第一”在不同的历史时期具有不同的含义。但是在“健康第一”指导思想的宣传下，我们应该清楚地认识宣传内容，让人们提高对“为什么要健康”等一系列问题的认识，然后使认知能力提高，更好地指导健康行为。现在大多数人的观念认为“健康第一”是专门为学校体育提出的教育教学思想。其中存在几乎所有学生的健康问题属于学校体育的责任范围，那是学校体育不能承载的责任。在体育教学中，以“健康第一”的体育教学理论的理解偏差导致了上课只求健康，而其他健康教育职能不被重视，这是体育教学认识的偏差。课程和专业设置，缺乏灵活性，缺乏自身特点，缺乏自主权。

“以人为本”与现代教育的基本价值观教育、人格尊严、幸福、关怀是普遍联系的，普遍认为，应以人文主义精神培养现代人，以全面发展的视野培养全面发展的人。党的十六大提出：“实现人的全面发展，追求幸福生活是完全实现全面小康社会的目标。”这充分体现了“以人为本”的理念。“以人为本”的体育教学，是社会发展的必然要求。

21 世纪学校体育将体现“以人为本”的基本理念，“以人为本”的教育观念就是要体现人的主体性，就是“做自己的主人”。“以人为本”的教育观念已经逐渐成为我国教育的一种基本理念，核心内容是把全部受教育者的全面发展作为教育的根本目的。也就是说，教育要以学生为中心，必须充分发挥学生的主观能动性和创造性。“以人为本”的教育理念对我国整个教育体制改革有着十分重要的影响。学校体育的主体是学生，21 世纪学校体育将以学生为中心，注重学生个性发展和能力培养。

在体育教学过程中，应注重学生的情绪和心理体验，力争使学生将学习和活动成为必要的

① 郭鸿. 论终身体育与素质教育 [J]. 中南民族大学学报（人文社会科学版），2002（5）：129.

需要，运动能使他们产生强烈的求知欲和探索，从而提高体育学习的兴趣和活动能力。学校体育教学应该对所有学生敞开，从选择教学内容到教学评价，充分考虑学生的个体差异。不过分强调和营造学生之间相互比较的氛围，不强调将学生分为好、中、差。力求使每一个学生的需要都能够得到满足，使他们各方面的成绩在原有的基础上有所提高，使每一个学生都能体会到学习的快乐，进而提高每一个学生在体育学习和活动中的自尊心和自信心。

结合当前我国体育教学体制改革的总体发展方向，体育教学贯彻“健康第一”的指导思想，同时也贯彻“以人为本”的教育理念。“以人为本”是现代教育基本价值观的体现，它把教育和人的尊严、自由、幸福，以及终极价值等联系在一起。对幸福的追求和实现人们生活的全面发展是我国全面小康社会要实现的目标，也充分体现了“以人为本”的理念。

当社会不再以剩余价值和经济增长为最终目的的时候，而把人的发展作为最终目的，社会进步和文明将上升为一个新的历史时期。以人类为主体的社会发展将成为社会发展的最终目标，而“以人为本”作为体育教学思想的精髓，势必影响我国体育事业的发展方向。

第三节　高校体育教学观念的改革与发展

一、体育教学观念改革的必要性

（一）社会的发展对学校体育提出的新要求，是体育教学观念必须变革的外部动力

随着我国现代经济社会的迅速发展，给现代学校体育带来新的发展契机的同时，也给承担着培养人才重任的学校体育提出更新、更高的要求。社会的发展要求学校体育：第一，要更加有效地为增进学生健康和增强学生体质服务；第二，应为提高学生的心理健康和心理素质水平服务；第三，应为学生奠定终身体育的延续服务。面对诸多新的要求，传统的学校体育在实际应对中表现出强烈的不适应，尤其是学校体育重要组成部分的体育课程表现尤为明显。但在不适应中体育课程并未因此而退缩，而是利用积极的态度开展了一场史无前例的自身大变革作出应对。体育课程改革是在外部要求的推动下进行的，作为行为的“风向标”和“导航员”，观念的转变决定行为的转变，体育教师的教学观念决定着他们的教学行为，体育教师的教学行为决定着体育课程改革的成败。因此，控制体育课程改革的“看不见的手”是教学观念，牵引体育教学活动走向的也是教学观念。观念是行动的灵魂，教学观念对教学起着指导和统率作用，一切先进的教学改革都是从新的教学观念中生发出来的，旧的教学观念束缚着教学改革，一切教学改革的尝试都是新旧教学观念斗争的结果。从这一点来看，可以说体育教学改革就是一种教学观念的转变作为首要任务的变革。这种新的教学观念对教学目标的制定、课程内容的选择、教学活动的实施、教学结果的评价等都起到了决定性的作用。由此可以看出，加强体育教学观念的转变是进行体育课程改革的关键。

（二）素质教育的实施使体育学科的功能发生了转变，是体育教学观念变革的现实需要

素质教育，作为一种社会现象，是同社会发展与人的发展紧密联系在一起的。中共中央、国务院在加快实施科教兴国战略的重大决策中提出全面实施素质教育，是对未来社会发展走势，以及未来教育改革发展方面十分准确的把握，也是教育自身发展到今天提出的必然要求。而学校体育作为学校教育的重要组成部分，它承担着使人体完善发展、增强体质的任务，它与德育、智育、美育一起构成了全面教育的整体，是素质教育不可缺少的重要内容。素质教育是以人的身心发展和个人的素质提高为目的的教育，学校体育作为素质教育的重要内容和手段，对学生其他素质的提高具有重要作用。由此可见，素质教育的实施使体育学科的功能发生了转变。

目前，伴随着我国基础教育课程与教学改革的开展，教师教学观念的转变已成为课程与教学改革实践的核心问题。因此，面对素质教育的实施使体育学科教育功能发生的转变，作为学校体育开展和实施主渠道的体育教学随之而变化已成为必然。而抓好体育学科的课程与教学改革的中心环节——体育教学观念的变革，更成为充分发挥体育学科在实施好素质教育中具有其他学科所无法替代的教育功能的现实需要。

（三）体育教学观念变革是推动体育教学发展的内在动力，也是体育教学改革与发展的重要内容之一

体育教学发展被分为体育教学物质条件的改善、体育教学技术手段的现代化、体育教学内容的更新等多方面的内容。但这些都可以看作是体育教学外在的发展。如果体育教学观念仍停留在传统状态与原有水平上的话，体育教学外在的变化与发展将无法转化为参与者的内在追求，这些变化与发展的综合作用也往往不能达到预期的目标。相反，如果教师的体育教学观念已得到了转变与更新并付诸行动的话，即使体育教学的外在条件并不尽如人意，也会使体育教学获得较大改观。这就是体育教学观念对体育教学发展所具有的内在动力。体育教学观念之所以能够担当起这种内在动力的角色，是因为其自身所具有的对体育教学行为的引导功能、对体育教学活动的调节功能、对体育教学效果的影响功能、对体育教学目标的定向功能等的综合表现决定的。体育教学观念作为体育教学发展的动力源，它可以调节一切教学元素，使之朝向主体的意愿。当主体意愿与体育教学发展相背离时，再好的外在条件也可能失效，甚至转化为妨碍体育教学发展的因素。当主体意愿与体育教学发展一致时，无须外部条件的过多作用，也会使体育教学得到较大收益。因此，体育教学观念变革是推动体育教学发展的内在动力，也是体育教学改革与发展的重要内容之一。

二、体育教学观念改革与发展的策略

体育教学观念是教学行为的“风向标”和“导航员”，任何体育教学行为都是在一定的体育教学观念的引导下进行的，没有符合时代要求的体育教学观念，也就没有符合时代需要的体育教学行为。当前，新一轮课程改革正处于全面推广阶段，在这个过程中教师的体育教学观念转变和发展滞后成为新课程改革推进过程中的一个重大阻力。因此，如何有效地转变教师落后的体育教学观念，寻求体育教学观念变革的条件与策略，便成为当前学校体育教学

理论界及体育教学实践当中极其关注的话题和亟待解决的问题，对于新一轮体育课程改革的顺利实施与推进具有重要意义。

（一）加快进行体育教学改革，克服实践中的阻碍

马克思主义哲学认为观念是对客观现实的反映，是客观存在的主观印象。据此，我们认为，体育教学观念是人们对体育教学现实的综合反映，体育教学事实是体育教学观念产生的基础，也是推动其更新的动力源。因此体育教学观念的变革不会凭空出现在人们的头脑中，它必须以体育教学实践为依据并与体育教学改革同步进行。事实证明，随着体育教学实践的发展与进步，不需要任何外界力量的作用，也会使顽固的、落后的观念逐渐分化和转变，这是历史的必然结果。同样，如果一种新的教学观念不能在体育教学实践中得到支持，在体育教学实践中也没有使实践者得到有价值的体验，就不可能成为人们心中长久的教学信念。所以，我们认为转变体育教学观念首先应从清除教学实践中对转变观念存有阻碍的因素入手。

研究表明，要加快体育教学改革，尽快地转变传统守旧的体育教学观念，就必须努力做好以下两项工作：第一，尽快建立合理的教师评价与激励机制，促进体育教学观念转变。事实证明，教师对教学观念变革所持的消极态度是影响体育教学观念转变的主要因素之一。而造成这种消极态度主要是因为缺乏相应的教师评价与激励机制。在以往的教师评价与激励机制里，对于体育教学观念的转变问题，学校认为，按传统的教学观念组织教学会使教学平稳有序，也不会影响到对学校绩效的评价。而转变体育教学观念会给学校增加工作难度，也不易于教学管理等。在教师看来，按传统的教学观念组织教学会省时省力，教学观念转变与否也不会影响到工资、职称等切身利益，这使得人们对转变观念缺乏必要的积极性。第二，改革现有的管理体制，为转变教学观念提供相应的条件。现行的教学管理体制过于僵化，缺乏必要的机动性与灵活性，限制了体育教学观念的转变。事实上，体育教学观念转变不是一蹴而就的，需要在大量的教学实践中进行探索、验证，这样会在工作思路与方式上与过去不一致，给学校工作带来矛盾与冲突，这就需要学校有一定的自主权，要有自我调节、自我完善的管理机制，可以在一定程度上灵活组织工作程式，为新体育教学观念的探索、验证与运用创造条件。教师教学观念的转变，必然会在教学活动中有不同的表现，如果学校对此不予认同，而是习惯性与原来比较，认为教师违反了教学要求，让原本是教师验证或推行新观念的教学实验，却变成了教师触犯教学管理的典型案例，并造成了教师明知原有观念有问题却想变不能变、也不敢变得尴尬局面。因此，转变现行单一的、僵化的管理体制为宏观调控、多样化模式的管理体制，是成功进行体育教学观念变革的条件。

（二）努力提高体育教师的认识水平与改革能力，是推动体育教学观念改革的关键

由于体育教师存在明显的个体差异性，所以个体对体育教学现实的认识上也随之存在一定的差异，这样也就形成了体育教学观念的多样与优劣之别。从这一点来看，体育教学观念变革也离不开教师的认识水平与批判能力的提高，否则变革虽然迟早会出现，但这个过程将是迟缓、漫长、消极被动的变化过程。这一推理证明提高对体育教学观念变革的认识水平与变革能力，是体育教学观念变革的关键。提高教师的认识水平和变革能力主要是指在教学观念上的主体体验和对陈旧教学观念的反思与批判能力的提高，因此，需要着重做好以下两点：

1. 要正确对待传统的体育教学观念

一方面，传统体育教学观念中包含着许多优秀的思想，对现在仍有着一定的积极意义。虽然有些体育教学观念在内容上已经不适应于现实，但在侧重点上却对我们仍有启发。另一方面传统体育教学观念中也存在着大量的糟粕，需要我们去甄别和滤除，这一点必须引起重视，否则就会陷在某些陈旧迂腐的观念中不能自拔。这就要求我们在对待历史与传统时要克服不加批判、照单全收和彻底批判否定一切的不良倾向，应采取扬弃的态度。

2. 培养教师教学的反思意识与能力

从体育教学活动视角来看，反思能力是新的体育教学观念得以产生或落实的不可缺少的环节。它主要是针对主体——教师自己而言的。所谓的反思能力，是指教师对教育教学实践的再认识、再思考，是对教学价值进行重新审视过程中所表现的能力。教师是通过教学反思来总结经验教训，进一步提高教育教学水平的。只有经过教学反思后，教师才会发现原有体育教学观念存在的问题，才能为转变体育教学观念提供参考。在一定意义上，体育教学观念的变革就是指新的教学观念的产生，而离开了教学反思，这种体育教学新观念是无法出现的。

（三）加大对体育教学观念的科学理论研究，探索体育教学观念转变的有效途径

加强对体育教学观念的科学研究，可以提高人们对体育教学理论的认识水平，充分发挥体育教学理论在体育教学观念改革中的作用，其具体作用表现为：第一，把体育教学观念理论作为一项研究内容，为体育教学观念变革提供方法论；第二，促进总体教育中的教育观念与教师的体育教学观念的对接；第三，发掘探索新体育教学观念，为观念转变提供参考；第四，展示新的体育教学观念，引导传统体育教学观念变革；第五，指导体育教学实践，推动体育教学观念变革。总之，通过对体育教学观念的科学理论研究，可以探索出体育教学观念转变的更多有效途径，也为体育教学观念的转变提供了方法论。

第四节　新背景下的高校体育教学探究

一、与时俱进：新背景下的时代诉求

新背景就是与时俱进，就是准确把握时代特征，始终站在时代前列和实践前沿，始终坚持解放思想、实事求是和开拓进取，在大胆探索中继承发展。解放思想、实事求是、与时俱进，其本质就是要以创新的精神和科学的态度去认识、把握和遵循事物发展的客观规律。与时俱进反映了时代的发展变化对创造性的新要求，是一个以时代特征为基础的动态概念。

当今世界正在发生深刻变化，中国经过改革开放，步入了全面建设小康社会、加快推进社会主义现代化建设的新的发展阶段，经济、政治、文化和社会生活的各方面都出现了许多新情况、新问题。为了适应这些变化，要求各大高校必须有更加深邃的历史眼光和更加宽广的世界视野，时刻了解时代的发展需求和大学生的发展现状，不断研究新情况，解决新问题，开辟新境界。只有这样，才能体现时代性。

在新的形势下，我国逐步推行对高校体育教学的改革，并且新媒体技术的进步使得学生接受信息变多，这必然会对当代大学生的思想、学习、生活造成一定程度的冲击。因此，做好高校体育教学工作必须在各个方面与时俱进地用发展的眼光来解决学生在学习体育时遇到的问题。

二、正确认识新的形势，推进高校体育教学与时俱进

与时俱进的"时"就是当今的新形势、新情况、新特点，正确地认识高校体育教学中的"时"，了解高校发展现状，可以保证高校发展满足社会发展需求，是引导和推动高校体育教学工作始终站在时代发展前沿的基础和前提。

首先，21 世纪是经济时代，创新是知识经济的灵魂，人才是知识经济的根本，创新人才决定着国家竞争力的关键。20 世纪 80 年代，著名未来学家施赖贝尔在《世界面临挑战》一书中曾经预言，伴随着信息时代的到来，人类将不再感受到大自然的局限性，争夺匮乏资源的政策将成为过去时，因为人类掌握了取之不尽的资源形式——信息、知识、精神。随着社会的发展，这一预言已经被证实了。为了适应社会的发展、响应时代的号召，高校体育教学在促进社会主义高素质人才的培养中，必须最大程度地发挥自己的职能，努力培养社会主义需要的人才。

其次，现代社会是以信息为主要载体和平台的时代，信息网络广泛运用与普及，知识的增长速度在信息时代极为迅猛，高校与社会不再封闭隔绝，人机交互能力大大提高，使得高校学生能够迅速在网上接受来自国内外的各种信息，并由此拓宽视野、更新思维、扩充知识。但对于信息网络化所带来的负面影响必须予以高度重视，采用传统模式培养的教师以及沿用旧的教学方法来进行教学，都不再适应新的教学环境。

再次，面对世界政治多极化、经济全球化和文化多元化的发展趋势以及 21 世纪的发展机遇，大学生的视野开阔、思想活跃、信息掌握充分，为其今后的发展开辟了广阔的空间。但同时，随着全球化的进程加剧，可以发现西方的意识形态和道德规范、政治与经济体制、人生观和价值观以及生活方式也将随之渗入，如果不加以及时的教育引导，就会使得大学生对于中华传统文化的了解程度减弱，会在相当程度上影响大学生的培养质量。

最后，高校教育教学改革在不断地深化。提高质量是高等教育的生命线，是国家中长期教育改革和发展规划纲要确定的重要方针。为适应人才培养的要求，高校正在加快实施"学分制""辅修制""双学位制"等改革举措，对于学习方式大学生可以进行自主选择，可以跨专业、跨年级、跨学校学习，还可以选择留学，但这在客观上必然造成"同学不同班，同班不同学"，班级概念逐步淡化，使得团结意识缺乏，促使大学生的学习、生活、交往、思维等方式都在发生变化，自主、成才、竞争、民主等意识不断增强，集体意识会得到削弱。为适应新形势的发展变化，高校始终不懈地在研究探讨新思路、新方法、新内容，逐渐完善体育教学。面对新时期高校体育教学的要求，教师必须认清形势，积极加以改进。

三、认真探索新思路，推进高校体育教学与时俱进

与时俱进的"进"，就是在正确认识"时"的基础上发散思维，确立新思路、新内容、新方法。高校体育教学工作必须认真地探索"进"这一更具实质意义的命题。

（一）坚持主流意识形态教育，引导和教育大学生树立和坚定正确的思想观念

学生正处于世界观、人生观、价值观形成的关键时期，帮助他们确立崇高的理想信念，对他们一生走什么路、做什么样的人都有着不可低估的影响。培养大学生树立和坚定正确的思想观念，必须坚定不移地进行科学理论知识的教育，要通过知识的浸化，加强对大学生进行马克思主义理想信念教育，从理论上说服人，从观念上改变人，大力弘扬理论联系实际的学风；培养和提高青年学生辨别是非的能力，要通过知识的优化帮助青年学生掌握辩证唯物主义的方法论，对整个世界和人生有一个科学的认识，引导他们树立崇高的理想和坚定的信念，明辨是非，从而在当今社会思想多样化的冲击下构筑大学生的精神世界；培养大学生的科学文化精神，要通过知识的教化为大学生提供改造思维的方法，提高认识能力，加强大学生对人生、社会及其相互关系的正确认识和思考；要通过知识的强化和价值观的引导，引导青年学生正确认识和处理竞争与合作、个人和集体、个人价值与社会价值等关系。高校学生只有具备了理性思考和正确的认知，充分认识科学发展观的重大而深远的意义，自觉地坚持科学发展观，才能沿着正确的轨道健康成长。

（二）营造激发大学生的创新意识和发展创造活动的条件

从大学生生理和心理的特点上看，他们普遍具有创新动机，对创新有一定的认识，也希望在学习中产生新思想与新理论，积极寻找新的学习方法。引导和教育大学生认识和领会学习，不仅要吸收知识、占有知识、构建知识，更要酿造知识、产生知识、创新知识。建立健全创新培养机制，建立和加强大学生文化科技创新活动中心，广泛开展文化科技创新的研究和探索，积极培养大学生的创新精神、创新意识，采取相应的激励措施来鼓励学生参加创新活动，调动其积极性；积极培养大学生的创造性思维能力是大学生开展创造活动的关键，是大学生创造力的源泉和创造性操作的依据；积极培养大学生献身科学、献身社会的内在动力和坚强意志，拓展学生的视野，有效发挥他们的创造才能，培养敢于冒险、敢于怀疑、敢于批判的科学精神。

（三）着力创造良好的校园文化氛围

校园文化是以学生为主体，以课外文化活动为主要内容，以校园为主要空间，涵盖院校领导、教职工在内，以校园精神为主要特征的一种群体文化，具有潜在的渗透性。大学生是校园文化的主体，健康、向上的校园文化对其健康成长起着十分重要的作用。高校要确立自己的校训、校歌、校徽、校旗，编写自己的校史，积极开展丰富多彩、寓教于乐的体育文化活动，这些都能够潜移默化地培养大学生的文化价值观念，并内化为自觉的行动。完善的设施、合理的布局、各具特色的建筑和场所，将使人心旷神怡、赏心悦目，将有助于陶冶大学生的情操，将塑造大学生的美好心灵，将激发大学生的开拓进取精神，将约束大学生的不良风气和行为，将促进大学生的身心健康发展。

第二章　新背景下的高校体育教学现状与发展策略研究

第一节　新背景下的高校体育教学现状与困境

新背景下我国大力推行高校体育教学改革，在提升高校学生基础身体素质的同时，也为体育教育发展培养了大批专业体育技术人才。随着教育体制的逐步完善，高校体育教学标准随之提升，为更好地适应教育发展的新环境，针对现阶段的部分高校体育教学过程中出现的问题，做好具体性问题和发展策略的分析至关重要，这是提高未来阶段高校体育教育综合能力的有效路径。

一、高校体育教学现状

近年来，随着教学改革的深入进行，我国高校对体育教学工作愈加重视，不断推进体育教学的改革，从而促进体育教学的发展。目前，我国高校的体育教学还无法完全满足从实际出发，结合自身特点，不断地进行改革与创新，从而有效地推进体育教学工作。

二、高校体育教学的困境

（一）体育教学在高校中得不到重视

高校中分为体育专业学生和非体育专业学生，对于体育专业的学生和老师来讲，体育项目的学习与相关专业课程的教学是非常重要的，这一门课程无法被忽视。然而，对于那些非体育专业的学生和教师来说，体育课程是一节可有可无的课程，很容易受到学生和教师的轻视，致使师生对于体育教学的热情都不高，教学工作墨守成规，这让很多的高校体育教师工作寸步难行，为我国高校的体育教学设置了障碍。

（二）体育教师知识体系不完善，教学能力相对较弱

随着社会的快速发展，行业竞争加剧，社会对高校培养的人才提出了新的要求。自2014年全民健身上升到国家战略，高校体育教学改革的继续深入，对高质量地实现体育教学目标和任务提出了更高的要求。体育教师在高校体育教学活动中产生了重要影响，其自身的综合素养直接决定了体育教学的质量。现如今，我国高校体育教师存在两方面的短板：一方面是知识体系不完善，这主要表现在体育教师体育专业知识和运动水平较高，但对其他学科知识涉猎较少，由于多年学习体育专业知识，自身的整体文化素质不高，科学文化知识基础明显不足，这显然不能满足现代高校体育教学的需要，严重影响了体育教学效果，不利于

促进学生全面发展；另一方面是教学能力较弱，这主要表现在体育教师对体育课堂的管理、口头表达能力、体育教学方案设计、观察学生能力和科研能力等方面。上述因素是体育教师自身所必备的能力，缺一不可，否则会对体育教学效率产生影响。一些体育教师虽然体育专业知识和运动水平较高，但在体育教学中却无法将自身的想法转化成有效的语言传递给学生，这就是体育教师教学能力较弱的一个方面。

（三）教师学历和职称

教师学历和职称是衡量教师能力的重要维度，其在很大程度上决定着体育舞蹈教师的专业技能水平与文化理论水平，并能够间接反映出教师教学、科研及训练水平的高低。首先，就学历方面而言，近年来各高校纷纷加大对高学历教师人才的引进力度，教师整体学历水平有所提高，目前已初步形成以硕士研究生为骨干，以本科为基础的体育舞蹈教师梯队。部分省市已经将体育教师的学历水平提升到研究生学历，但博士研究生学历偏少，使得体育专业在理论研究方面处于劣势。虽然也有部分教师选择了边工作边深造，努力提高自身学历水平，但短时间内不会对教师总体学历结构产生太大的影响。其次，就职称方面而言，职称以讲师和助教为主，而教师及副教授级别的高级教师很少，这样的职称结构显然不利于高质量体育人才的培养。特别是在新背景下高校体育教学改革的深入推进，原有的教师职称结构已经无法满足体育教学事业的发展需求，亟须培养一批具有高职称、高教龄且热爱体育舞蹈事业的高素质教师人才。

（四）高校体育教师缺乏科研与培训的参与

科研与教学相辅相成，科研能力的高低，对本专业、本学科的发展有着决定性的影响。目前，立足教学搞科研已成为许多大学教师的一种共识，也是教师职业发展的一个重要途径。

但是不难发现，与其他专业教师相比，体育教师的论文发表情况并不理想，这反映了高校体育教师的科研水平比较落后，关于体育理论研究仍有很大一片空白领域。

培训是提升教师专业素质水平的重要途径，同时也是教师了解国际体育舞蹈发展形势的重要窗口。根据调查统计结果，所有教师均有过培训经历，但参加专业培训的次数少之又少。高校对提供针对性的体育培训的资源也比较匮乏，所以体育教师在课堂上一味追求学生的动作教学，而对系统、专业的体育理论教学缺乏专业性的指导，这严重影响了体育教学质量的整体提高。体育是一项快速发展中的事物，教师只有不断加强与外界的交流和学习，才能掌握体育的最新教学理论，紧跟时代发展的步伐。因此，高校有必要为体育教师提供更多的培训机会，比如，组织教师定期参加体育协会高校委员会开办的短期培训班，或者加强校际教师之间的沟通学习，交流教学经验与心得，以促进教师专业水平的不断提升，满足体育教学事业的发展需求。

（五）高校体育管理工作的局限性

高校体育教育管理意识不强问题由来已久，虽然我国体育教育改革在教学设施、教学多元性等诸多方面，相比于早期阶段有明显改变，但教育管理不足问题，仍未能得到有效解决。针对以上问题，归根结底是校方对于高校体育教学重视程度不高，在课程安排方面，通常受到课程数量不足诟病，且在体育教学反响方面，学生对体育教学管理也有一定的实际意见，未能切实地从规范化教育管理方面，着手做好科学的体育教学管理，使现代高校体育教学改革效果大打折扣。

随着社会的发展，我国高校体育管理也在不断地发展，从保守封闭、闭门造车的状态中走了出来，开始与外部进行交流合作，积极开展同行间的交换与共享，但是，现阶段我国高校体育管理工作还处在发展阶段，各高校之间的合作还不顺畅，体育研究工作也相对处于孤立状态，发掘外界体育资源的意识还较为薄弱，严重影响了体育管理工作的发展。近年来，我国部分高校虽然尝试了体育教学改革，但是大多数高校缺乏革新，都是在原有的基础上进行改进，教学内容单一，无法满足现今大学生对健康锻炼的需求，枯燥的体育教学内容严重打击了学生体育运动的积极性与兴趣，影响了学生树立自我锻炼、自我学习、终身锻炼的健康观念，不利于高校体育事业的发展。

（六）高校体育教学管理目标不明确

现如今我国高校体育教师普遍存在一个错误的观点，就是只要让学生不断练习，通过不断练习就能够有效提高学生的体育能力，即大多数高校都将教学目标局限于课堂框架之内，教师教学的重点在于体育动作的基本技术和技能。采用这种教学方法进行高校体育教学存在着非常大的弊端，虽然从表面上来看学生的体育能力得到了一定程度的提高，但是其也将学生的体育思维束缚住了，特别是高校体育教育这门课程的主要目的是培养学生的体育思维和锻炼习惯，通过这种方法进行高校体育教学无疑扼杀了学生的未来。除此之外，现如今我国绝大多数高校体育教师都没有制定一个明确的教学目标，进行课堂教学的主要目的就是提高学生的体育能力来应付考试，在教学的过程中主要是传授完一定的内容之后就让学生自由活动，许多高校学生在这个环节就开始偷懒耍滑，进而导致高校体育教学效率和教学质量均不理想，高校学生的体育能力也无法得到真正的提高，严重影响到高校学生的未来发展。

（七）高校体育教学理念和教学目标不一致

体育教师的教学理念与教学目标是否吻合，对体育教学质量有至关重要的影响。目前，各高校制定的体育教学目标无外乎以下几点：一是了解体育各项技能的起源与发展；二是掌握体育动作的基本技术及套路动作；三是具备一定的体育分析与鉴赏能力；四是在体育学习中提升个人修养与品质；五是养成体育的终身学习习惯。大部分高校体育教学理念中更多的是注重对学生动作的教条指导，对理论课程无法做到深入讲解，学生无法体验到体育的精髓，更不用说提升学生的个人修养了，长此以往，学生对体育专业失去了学习兴趣，因此就出现了高校体育教学理念与教学目标具有较大差异性的情况。

（八）体育教学方法陈旧，教师与学生关系单一性

体育教学方法的运用应考虑到多种体育教学要素，不能只使用一种教学方法，这样置学生身体条件和其他要素不顾，显然是对体育教学不负责任，更不可能实现体育教学目标。教学方法是体育教学教师的使用对象，虽然国家对高校体育教学进行了大力改革，但我国高校体育教师依然没有更新体育方法，仍然采用陈旧的示范和“填鸭式”的教学方法，教师和学生没有形成良好的互动循环，从教师到学生完成单一的教学过程，体育教师支配和控制着体育课堂，学生必须按照教师的命令和安排完成体育运动的练习，学生没有思考和理解的时间，被动式地照做，从而限制了学生的想象力和创造力，不利于提高学生学习体育课的兴

趣。整个体育课堂显得枯燥，死气沉沉，绝大多数时间是教师在讲解；然后，学生练习；最后，总结，下课。这样的过程学生总是处于被动一方，没有参与感，完全体会不到上体育课的快乐，学生的学习主体地位被忽略。

（九）高校体育教学理念的偏离

我国高校的体育教学从长期的发展过程来看存在认识上的偏离，主要表现在对体育本质及功能的理解不足，主观意识上把学校体育当成一种体育训练或比赛，培养的目的是向专业化体育人才发展，而忽视了普通学生对体育能力的基本需求。同时高校体育认为竞技是学校体育发展的根本，引发了学生对体育学习与锻炼的不重视，这也制约了高校体育教学的发展。

（十）体育教学内容的缺失

学生进入大学后之所以对体育课程不感兴趣是因为对体育课程的认识和理解存在着巨大的偏差，这造成了学生对体育教学效果的理想化，当学生开展体育知识学习时往往达不到应有的效果，导致教学效果与学习成绩形成了反差，进而使学生对体育课程学习失去了兴趣。同时，这类现象的产生也与学校体育课程安排的教学内容及学生体育学习的发展方向有着直接联系，如果内容不够全面，基础知识理论不够扎实，学生真正理解内容也存在着缺失。

（十一）体育锻炼的内容过于简化

体育课程及项目的设置是为了提高学生的身体素质，而在现阶段各高校体育课程及项目内容的选择上过于简单，学校考虑的是课程设置较多会给体育教师带来工作压力，进而引发体育师资力量与课程设置不协调，同时也容易引发学生的运动损伤，因此高校对体育课程设置过于简化，这不利于学生锻炼身体，更影响了体育项目的学习，并且由于各高校不断扩招，学习人数的增多、场地的限制、课时密度的增加也导致高校简化了体育课程的内容。

（十二）基础理论教学重视不足

基础理论教学不仅是学生对体育运动、身体机能、适应能力的学习，更是学生终身体育锻炼意识的启蒙，而各高校对体育基础理论的教学重视不足，一般体育基础理论学习只安排3～5个学时，并且多半讲解的是运动项目的战术、规则、发展，没有达到体育基础理论教学的目的，同时也违背了《全国普通高等学校体育课程教学指导纲要》的初衷，影响到了学生对体育运动行为的正确理解。

（十三）高校体育教育深度不足

高校体育教学发展，是一项长效化教育管理目标。因此，在教学内容方面，应尽可能地保证体育教学专业化水平。部分地区高校体育课程的开展，仍采用传统的教育管理策略，未能在根本上加强教育深度，体育教学安排也仅限于表面工作，导致体育教学工作形式化严重，无法保障体育教学质量，体育教学考核的安排也不符合科学标准，严重影响了高校体育教学质量，使高校体育教学改革失去了本质意义。

（十四）高校体育教学观念落后，教学内容突出竞技性

体育教学观念对整个体育教学活动产生着重要的作用，其决定了体育教师为了完成体育教学目标运用什么样的教学方法和教学组织形式，正确的体育教学观念能够更好地完成体育教学任务，实现体育教学目标，相反，错误的体育教学观念会严重影响体育教学效果。我国高校体育教学观念仍然停留在20世纪，这一方面源于我国五千多年的封建私塾授课文化，教学理念落后，没有与时俱进，跟上社会发展的步伐；另一方面西方竞技体育观念的影响，使高校体育教学理念往往突出教学内容的竞技性，将提高学生的身心健康放在次要位置。在体育教学内容安排和设置上，高校体育教师过于重视体育运动知识和相关技能的传授，认为学生学到了体育运动知识和方法，就会提升学生的身体素质，达到体育教学目的，这种做法显然是错误的。体育教师除了传递体育知识和基本技术动作之外，更应向学生传递体育精神和终身体育思想，从而激发学生主动参与体育运动的积极性。

（十五）高校体育教学设施不完善

教学设施是高校教学必不可少的教学条件，对于高校体育教学来说更是如此。然而，如今我国高校中体育设备经常会出现破损或者不完善的情况，长时间以来不仅直接影响了高校学生对于体育课程的积极性，而且还对高校体育教学起到了一定的阻碍作用。有一些通风系统不好，在遇到连续下暴雨的情况下，场地很容易回潮，导致场地很滑；也有部分学校的灯光不太好，灯光刺眼和灰暗，灯光设计不够专业；最后是场地的管理问题，几乎很多学校在不上课时都会对社会人士开放出租，导致学生在课余时间没有场地训练等。因此可以看出，体育场地质量情况及场地数量对体育教学质量至关重要。如今，我国的高校建设中都将体育教学的改革和完善提到日程上来，这充分说明高校对于体育教学的重视，但是仍然有一些高校对体育设施和体育教学活动的建设不闻不问，致使院校中的体育课程不能够正常开展。近些年来，高校逐渐扩大了招生规模，这就更进一步影响了我国高校体育教学水平的提升，对高校体育教学产生了消极的影响。

（十六）高校体育缺乏完善的绩效考评制度

完善的绩效考核制度是我国高校体育教学管理制度中普遍缺乏的，因此一个完善的绩效考核制度对于高校体育教学绩效考核尤为关键。在旧的教学制度中无论教师教学质量如何，均不会对其工资、职称评定等多方面的内容造成影响，这直接影响了高校体育教师教学的积极性，体育教师在体育教学过程中缺乏教学动力，教学过程程序化，并且敷衍了事。整个教学过程中，体育教师仅仅是讲授一些基本的体育教学知识后，示范简单的动作让学生进行模仿，有时候连最基本的热身动作往往都一带而过，甚至是省略掉，最后让学生自行练习。这不仅会让学生失去对体育课程的学习兴趣，而且会对一些动作的学习因为不到位而无法很好地掌握体育动作技巧，甚至由于课前热身动作不到位而造成体育课程中身体受到损伤。这不仅会对体育教育的效率和质量产生严重影响，不利于学生身体素质的提高，同时也不利于学生养成良好的锻炼习惯，甚至还会对学生的日常学习造成一定程度的影响。因此，为了强化和规范体育教师对体育课程的专业性，完善绩效考核制度也是提升高校体育教学质量的关键所在。

（十七）高校体育课程考核形式单一

体育课程考核方式主要有基本理论、技战术、技能、平时表现几部分，考核方式单一，偏于主观评价，有些学生平时训练表现不错，但是在正式考试时可能会因为心理素质较差、紧张等其他因素导致失常发挥，因此，教师在教学考核过程中应该多关注学生平时的表现及加强心理素质训练，并在考核时注重过程性评价。课程考核设置如果过于主观，只重视技术考核，将不利于培养全面发展的当代大学生。学生对体育技术提升的渴望与现实目标无法达成之间存在矛盾等问题，导致体育课程实施的效果不理想。所以，教师要主观评价与过程性评价相结合，要定性与定量评价相结合。

（十八）高校学生对体育认知的偏差

学生对体育的认知水平在很大程度上决定了他们学习的动力，也能降低在学习中的从众性与盲目性。从实际情况来看，高校在普通学生间宣传体育的力度很小，开展的活动少，大部分学生都不理解这门课的价值。很多学生对体育课程的认识还停留在和老师一板一眼地学习动作或者是自由活动，并没有真正认识到高校体育课程的专业性和价值，更不用说养成“终身体育”的意识。这些认识误差导致学习体育的学生比例很少。总之，受诸多因素的共同影响，高校体育课程教学的开展面临很多障碍，教学质量提升缓慢，进而影响了学生继续学习这门课程的兴趣，难以使这门课程发挥应有的作用。

（十九）高校体育教师的师资力量不足

有学者对我国优秀体育教师的培养及成长过程进行了研究，发现这些教师大多遵循“适应准备期→适应发展期→创造提升期→稳定发展期”的阶段性成长规律，而体育教师从最早开始任教到进入“稳定发展期”所需的理论时间在 12.3 年以上，绝大多数教师正式具备优秀教师资质都是在 36～45 岁这个年龄段，这意味着中青年教师在体育教学方面承担起了主力军的角色。而根据调查结果，年龄在 25～35 岁的教师占比高达 71.1%，这一年龄阶段的教师普遍未进入稳定发展期，其各方面的能力素质都还存在一定的短板。与此同时，从教师教龄、学历、职称、裁判等级、科研能力等方面也能够看出，当前高校整体的师资力量并不理想，多数体育教师正处于优秀教师成长的第二或第三个阶段，距离成长为一名优秀的体育舞蹈教师仍有一段不小的距离，这也是目前制约高校体育教学开展的一个重要因素。

师资力量是决定教学质量的首要因素，体育舞蹈教师只有对自己的教学内容非常熟悉，具有准确的示范能力和高超的讲解能力，才能激发学生的学习兴趣，取得良好的教学效果。教师自身专业技术水平欠缺，将直接影响教学任务的顺利完成，而由于国内体育教学起步较晚，这使得体育方面的可用教师较为稀缺，高质量的体育教师人才更是凤毛麟角。一些学校虽然早早开设了此门课程，但是师资方面的缺口一直存在。通过对体育教师授课方式的调查也发现，多数教师都是以讲解示范法、纠错练习法、重复练习法等传统授课方式为主，而分层教学法、变化练习法、多媒体教学法、比赛法等现代教学方法的使用较少，这从侧面反映了教师专业技术能力的不足。

（二十）国家对高校体育教育专业人才培养方案的重视度不足

2003 年国家教育部颁布的《普通高等学校体育教育专业本科专业课程方案》规定的培

养目标是培养既能够从事中小学校体育课程教育、教学、训练及竞赛工作，又能够进行学校体育科学研究、学校体育管理及社会体育指导等工作的复合型体育人才。在人才培养方案的体系架构上，各个高校为适应社会发展和就业现状的需求又各有侧重，有的高校是根据学校自身的师资资源进行调整，有的高校是根据所在地方的就业现状特点来进行调整。但是我国体育教育专业人才培养方案的现状是必修课占了非常大的比重。相比之下，选修课在课程分布中占的比重偏小。而在必修课之中，人文社科和自然科学类的公共必修课程的设置比较千篇一律，基本上都是单纯地按教育部课程大纲的要求来设置，极少有高校能丰富公共必修课程的时代特征。随着社会对体育教育专业人才综合能力的要求不断提高，现有的体育教育专业人才培养方案在对培养提高学生的团队写作、科研创新等综合能力方面明显重视不够。同时很多研究都指出目前我国很多高校对体育教育专业学生的就业指导力度不够，部分学生对自己的就业规划非常迷茫，就业观念存在很多片面落后的问题。人才培养计划方案中的就业指导课程比重很小，而且在实际教学过程无法发挥指导学生就业规划的作用，使得学生的就业压力增大。

（二十一）高校学生体育基础参差不齐

由于各个地区的中学教育体制和质量不同，导致学生个体有了不同层次的划分，因此，在这种情况下升入大学后，学生的体育水平差距很大。这一问题主要表现在学习的基础、个人的习惯和其自身的接受能力上。在教学过程中，教学进度的统一，忽略了学生体育水平的差距，导致优生无法得到更好的体育教育，差生也得不到针对性的教育，形成了教学与学生的实际情况不符的状况。

（二十二）高校体育资源匮乏

部分高校体育资源不足的问题限制了其开设体育项目的数量，无法让学生根据自己的意愿和需要选择自己喜欢的体育项目，学生无法拥有自主选择体育项目的主动权。

（二十三）高校没有重视学生体育能力的培养及保健理论知识的传授

理论指导实践，通过对体育理论知识的学习，以提高大学生体育文化的素养，并以此来运用到实际中。目前，各高校的体育课都是由授课教师带着上，在大部分专项中，授课教师的重点都放在如何把各种技术或动作传授给学生，而对于与此专项相关的知识理论则没有进行具体讲解，只是简单地一带而过，造成了学生对相关的专项知识只停留在其发展历程、竞技规则、裁判标准和场地介绍上，使学生对运动保健知识了解得并不多，如锻炼身体的作用与方法、常见运动创伤的处理等经验和知识了解得不充分。这种教学方法只能教会学生如何去运用这门专项技术，而没有让学生掌握实际中所需要的健身知识，不能让学生构建自身身体素质发展的知识理论体系。因此，当学生毕业后，就缺乏独立锻炼的能力，而且没有长期锻炼的意识，不利于终身体育的发展。

（二十四）重技术，轻能力

目前，各高校对学生体育考核的方式主要以学期末的考试为主，虽然其考试形式较多，但只是形式发生了改变，并没有打破传统的评定标准。这种考核方式没有充分考虑到学生体育水平的差距，也没有考虑到学生的进步程度。因此，这种忽视以人为本的教育导向，不注重学生自身特点，一味地拿成绩说事的体育教育模式已不适应当今时代的发展了。

（二十五）高校体育文化认知的缺失

高校体育文化的重要作用，仍然没有得到高校有关部门的足够重视，只把它片面地看作是可有可无，无须学校系统地去规划开展。个别高校领导只在意评估得分及大学排名，只关注科研项目及学术论文的数量，在做校内经费预算计划时，根本不考虑体育活动方面的投入。各大高校都在鼓励申报国家级科研项目及核心期刊的论文数量，最主要的表现就是各式各样的资金支持，然而却很难看到对体育方面的资金支持，原因是体育教育无论怎样开展体育教育，都不会在评估时获得与国家级课题及核心期刊论文的相同回报率。正是这种不正确的认识，导致了高校体育文化无法蓬勃开展，更不可能有效地发挥其应有的作用，这已成为制约高校体育文化发展的重要原因之一。

第二节　新背景下的高校体育教学发展策略

一、制定合理的教学目标

教学目标是所有教学活动中的核心，所有教学活动都是围绕教学目标有目的性的展开的。在高校体育教学中，学校领导、体育教师及学生都应当以积极的态度对待体育学科，有效利用每一项教学资源来使体育教育和专业教育有机结合，共同进步。对此高校可以将教育专家提出的生活能力素质、心理素质、身体素质、文化素质，以及思想素质作为高校体育教学工作的教学目标，借此有效提高学生的综合素质，培养他们良好的锻炼习惯，为高校学生的未来发展打下坚实的基础。

二、优化教学环境

体育教学不同于其他科目的教学，这一教学内容的开展离不开一定规模的场地，这一课程不能够纸上谈兵，必须要在体育实践中让学生学到一定的专业知识。优质的教学环境对于体育教学活动来说是大有益处的，不仅会提高学生对于体育课程的积极性，从整个高校的教学质量上来看，也起到了其他措施所不能比的效果。高校开展大规模招生的政策，这对于体育教学场地环境来说是非常具有挑战性的，在这种情况下，高校更应该重视体育场地的建设。

完善的设备、良好的场地是开展体育舞蹈课程教学的基础，场地和设备对教师的授课热情、学生的学习积极性也都有重要的影响。当前，有的高校还在用室外场地开展体育教学，对体育设施重视不够、不舍得投资，已经有设施的高校，其设施的良好程度也不理想。针对这些情况，高校可以从以下方面采取改进措施：

（1）高校应对体育教学的场地、设施进行投资和改善，做到场地宽敞，设备功能完好，最好是配备大空间体育教学教室，各类大小型体育设施的摆放，这不仅有利于学生展示自己的学习成果，也有利于激发学生的学习热情，让学生在心理上产生渴望展示、渴望交流的情绪。

（2）高校要对体育场地、设施进行定期维护，确保地面平整、设施完好，避免师生在教与学的过程中出现意外损伤。

（3）对于场地设施的资金投入，高校可以在申请上级部门拨付资金的同时，积极吸引社会资金，利用体育协会的演出活动吸引社会团体加入，利用演出的收入对设施进行改善。

三、提高教师的素质，转变教学理念

为适应新时期高校体育教学发展的需要，各高校要转变体育教师的教学理念，从体育基础理论教学入手向终身体育学习进行转变，教学中体育教师首先要更新自己的理念和认识，并向学生传导身体锻炼的重要性，帮助学生开展体育运动的学习，同时注重学生身心健康的发展，强化心理辅导和意志品质培养，从而促进学生体育运动的多元化发展。

同时，高校体育教师自身素质的提升也十分重要，应从以下几个方面着手：首先，提升自身的体育素质与心理素质，丰富自己的文化内涵和授课水平，只有这样才能更好地开展教学活动和教学改革；其次，开展科研体育学习，拓宽自己的知识结构，使得教师在教学中能够有的放矢地开展改革，提高体育的科研能力；最后，参与多种体育教学活动，如国际交流项目、进修培训、体育项目教学研讨、体育教学管理等，提高教师的管理水平，拓宽体育教学视野。

四、优化教学内容

高校的教学主要“重技术，轻理论”，要注重培养学生理论、实践、技能等，在体育理论课增设身体素质训练方法、运动员心理训练、运动与健康、运动损伤等教学内容；实践教学内容除了抓技术，可以增设比赛视频的观看与讲解、教学实习等；技能教学内容要培养学生教学训练能力、裁判编排、教练员素养等。通过增设教学内容不仅可以提高学生的运动兴趣与积极性，也可以培养学生“终身体育”的意识；教学实践系统化提高学生技战术的掌握，以及在比赛中灵活贯彻技战术；技能教学内容可以开发教学思维，提高教学训练水平，开展体育活动等。教学中教师要因材施教，体现学生的个体差异性。

五、建立完善的绩效考评制度

我国普通高校应当结合自身的实际情况，在高校体育教学管理制度中建立一个完善的绩效考评制度。在绩效考评制度中，考核指标应当将体育教师的全部工作情况包含在内，借此有效保证考核的公平性和全面性。同时高校应当将考核结果和体育教师的薪资、职称评定等多方面内容关联在一起，对于工作表现良好的体育教师予以加薪、职称评定优先等多方面奖励，对于工作表现不佳的体育教师予以罚款、开除等惩罚，借此有效激发体育教师的工作积极性，提高他们的工作效率和工作质量。而且还能够在高校内部营造出一个良好的竞争氛围，有效提高高校体育教学质量。

同时，在高校中，学校非常重视学生对于教学工作的评价及对教师的教学评价。而建立适当的考核评价方式就理所当然地成为提高高校体育教学水平的重要因素。首先，针对考核的对象要进行全面评价，这与之前的单一评价不同，这种科学有效的教学评价能够在很大程度上给体育教学工作提供指导和发展方向。其次，对于学生的考核评价方式也必须要发生改变，教师对于学生的教学考核不应该只看学生的考试成绩，而是要多方面考虑，将体育身体素质的标准化作为学生考核的主要方式，这种公平的方式避免了学生之间存在的先天差异，对学生来说也起到了一定的积极作用。

六、改革体育课程

高校体育课程改革是教学体系发展的必然结果，因此要积极地开展体育课程的改革，主要包括两个方面：①改革教学模式和体育教材，在汲取基础教学理论的基础上改革授课模式，利用多媒体、VR技术、网络技术等，创新基础理论教学方法，方便学生理解体育基础知识，同时编撰新的体育教材，以适应学生对体育教材学习的需求；②实现终身体育教学目标，根据学生的不同需求来设置终身体育目标，帮助学生选择体育运动项目，使学生能够全面有效地开展体育运动学习。

七、优化教材体系

高校体育教学要由浅入深、由简到繁、循序渐进，以便让学生扎实地掌握体育动作要领，掌握不同体育的风格、技术要求，不应该过于追求高难度、多花样的套路。对于初学者而言，体育教学要先教授基本动作的要领、身体的正确姿态，同时要培养学生形成积极的价值观，实现个人气质的改善。

教材是体育教学的物质依据，也是教师和学生进行教与学的依据，是学生掌握体育知识的重要来源，精心选择、编制教材对于提升教学质量、改进体育教学具有重要意义。高校应制定或选择适合学生学习的体育课程教材，体育项目种类较多、学习难度大，很多地区还没有统一的教材和教学大纲，这很容易让学生产生畏难情绪。

（1）高校应加强对体育教学理论的研究，总结体育教学经验，借鉴国内外高校开展体育教学的经验，组织一线任课教师、专家，针对本地区普通高校学生的实际情况，编写符合学生认识、发展特点的，满足大学生身心要求的，难度适中的，技术性与健身性相统一的，大众性与专业性相统一的体育教材。同时，教材并不局限于书本，也可以包含视频、音频资料，让不同层次的大学生都能掌握学习要领。

（2）高校应根据时代发展、技术水平的进步而不断更新，增强体育教材的科学性、实用性和创新性，贯彻“健康第一”的教学宗旨，让学生通过体育学习实现全面、快乐的发展。

八、丰富教学内容

高校体育教学在课程内容上应当构成一个完整的教学系统，系统的各部分之间彼此联系，共同服务于体育教学的各个环节，而不是互相割裂。技术部分是整个教学系统的重中之重，是对体育动作的基本实践，也是体育课程学习中需要重点把握的部分；理论部分的教学是对技术教学的指导和升华，如果只掌握技术内容而不掌握理论内容就会造成知识结构的片面性，不利于形成系统性的学科知识体系；在掌握一定技术内容和理论内容的基础上，再辅以相应的实践学习，才能达到知识螺旋式上升的效果，从而全方位实现体育教学的人才培养目标。

同时为了丰富体育教学的内容，教师应该利用学生的群体智慧进行创新和发展，从学生的喜好和需求出发实现教学内容的丰富化和创新化。例如，在柔力球教学中，教师应该主动改变传统动作教学法，将柔力球运动与舞蹈、音乐、体操等形式融合在一起，在整合化、创新化的教学内容中提升教学质量，帮助学生在潜移默化中建立对体育运动的兴趣和动力。体育教学在整合其他内容后，变得更加多元、有内涵，能够增加自身所负有的价值。因此在教学内容组织中，教师要具有举一反三、相互融通的意识和能力，从而促进学生的综合发展，并使自身的教学能力和经验有所提升。

（一）理论内容

高校在设计理论教学内容时，应当把握好体育学科本身的发展规律，同时融入新时期体育运动的发展趋势，对教学内容进行与时俱进的更新和优化。体育学科的理论在新背景下得到了不断拓展和丰富，其代表了人们对体育科学研究的不断加深，是体育科学化、系统化发展的重要体现。通过学习体育理论内容，有助于学生提高体育分析及实操能力。目前，体育理论知识、体育技术动作原理分析、体育辩证思维在高校体育理论教学中鲜有涉及，需要引起高校的重视和关注。体育基本技术原理是利用运动生物力学、运动形体美学等学科知识，归纳和分析体育的技术动作原理，对学生学习体育舞蹈具有非常积极的指导作用。

（二）技术内容

体育本身就是一门形体艺术，正确标准的姿势是动作质量的最基本保证。身体语言是通过人体各部分的协调运动来实现的，也就是通过头、颈、肩、腕、手、腰、膝、足等部位的组合运动来形成富有美感和节奏感的动作与造型，进而传达出体育者的内心情感。能否熟练地运用身体语言，直接决定着体育水平的高低。除了肢体动作外，眼神运用、面部表情、空间运用，以及身体线条也是身体语言表达的重要组成部分，都应当纳入技术部分的教学内容之中。体育特性的诠释是指学生对体育文化的理解能力及感知能力。

（三）实践内容

实践教学是体育教学的重要组成环节，是将知识转化为实际能力的重要一步。高校体育实践教学包括教学实习、训练实习、裁判实习、撰写毕业论文等，目前亟须加强的是教学实习与裁判实习。教学实习的主要目的是提高学生的组织、协调、训练、竞技及创新能力。教学实习在内容上除了一般的准备实习、技术课实习、整堂课实习等，还应当增加自学成套动作互教互学、看录像进行动作模仿等实用性较强的内容。裁判实习的主要目的是加强学生裁判道德修养，提高学生裁判理论知识，丰富学生裁判实践经验，提高学生裁判等级水平。因此，建议体育院校大力开展足球裁判员体验培训班，从中挑选出一批优秀的苗子，聘请专业人员对他们进行统一的规划和培训，尽早让青少年裁判员接受足球裁判专业教育，从小强化他们的职业道德，让他们系统学习外语、心理学、教育学课程以及足球裁判法和足球竞赛规则等理论知识和技能。还应增加青少年裁判员培训的频次，保持日常的体能监测，并在高校或者基层的足球比赛中为他们创造大量的执法实践机会。完善选拔制度，对于有潜质的裁判员，可送到足球强国学习深造。

九、提高高校体育教学的管理水平

高校中的管理水平是指对物力和人力资源的管理水平，以及如何对有限的物力和人力资源进行合理分配和规划。在我国高校中，体育教学管理的范围涉及得太广，不仅包括学校各个部门之间的管理关系，还包括学生的一些教学活动事务。由此看来，体育教学水平受到了很多种因素的影响，要想从根本上提升高校的体育教学水平就必须将这些因素一一解决，为高校的体育教学发展打下坚实的基础。

十、加强师资队伍建设

雄厚的师资队伍是体育教学发展的先决条件，也是提升教学质量的基础。高校应当加强对体育教师的培养与引进，改变师资力量薄弱的现状。具体而言，可以从以下几个方面着手：

1. 大力引进高素质体育人才

人才引进是快速提升高校师资力量的一条捷径，因此，高校要重视体育课程，积极引进一批专业素质过硬、教学经验丰富、综合实力较强的体育舞蹈教师，充实到教学队伍中，进而带动课程的发展。高校可以外聘专业教师，或是通过体育俱乐部来吸纳优秀人才，也可以利用人才市场的互补优势，本着资源共享的原则，高薪聘请校外体育人才做学校的兼职教练员，以填补当前体育舞蹈教师的空缺，带动高校体育运动水平的整体提升。

2. 高校要注意提升体育教师的专业素养

体育教师的专业素养有两个方面的内涵，即专业技术与教学能力。一方面，教师要加强专业技术磨炼，提高技术能力、表演水平，增强教师间的交流合作，开展体育教师比赛。体育教师应高度重视理论学习，构建自身知识结构，从多学科领域、多视角对体育进行研究，积极参与学术研讨活动、学术交流活动。从学校角度来说，应当给予在科研、教学方面表现突出的体育教师奖励，提高其工作积极性，为体育教学的开展打下良好的基础。另一方面，教师要积极研究先进的教学方法，改变传统的教师角色，尝试扮演严格的管理者、知识技能的传授者、学生心理的调节者、学生的知己和朋友。在实际教学中，面对水平参差不齐的学生，教师要了解学生心中所想，以表扬鼓励为主，从而调动学生的学习积极性，建立体育教学的良性循环。

3. 高校应建立体育教师长效培养与考核机制

应建立一套科学的培训与考核体系，有组织地将体育专业教师进行专业能力再提高、再学习，不但要完成培训，更要通过考核，达到专业过硬、能力够强、实力够好的标准。在培训方法方面，可以采取多种方式，如名师授课、交流学习、短期培训等，全方位提升体育教师的技能水平。

4. 体育新老教师要互相学习，互相配合，取长补短

老教师应发挥善于把握学生成长规律、心理特点、思想动态的优势，新教师要充分发挥授课方式新颖、心态年轻、容易与学生进行沟通交流的优势，新老教师共同引导学生喜爱体育这门课程并积极投身其中。

5. 要提高体育教师的裁判等级

目前，在高校体育教师中，有很大一部分人连省级赛事执裁都没有参加过，更不用说国家级乃至国际级的赛事执裁，这反映了高校体育裁判员队伍的总体水平较低。之所以出现这一状况，就是因为高校体育赛事举办较少，加之相关裁判执裁体制尚不完善，进而导致高校体育教师没有足够的执裁锻炼机会。其不仅不利于赛事执裁水平的提高，也一定程度上影响了高校体育师资队伍的专业成长。对此，有关主管部门应当尽快建立健全体育舞蹈裁判员的管理机制，明确裁判员培训、考核、上岗的有关标准和要求，优先让高校中水平高、能力强的教师上位执裁，进而带动整个师资队伍的成长与发展。在裁判员的等级问题上，不能简单

地搞终身制，要制定一套系统的考核培训制度，并制定相应的奖惩措施，通过强化管理，促进教师裁判等级的稳步提升。

十一、改善课程实施

课时是课程教学需要考虑的重要因素，对教学质量和学生学习效果都有重要影响，为满足教师和学生的需求及社会的需要，要根据高校实际要求作出调整。统一教材使用，高校教师可以根据社会人才的需求创编教材。教学方法多样化，教师要因材施教，体现学生个体差异性，根据不同的学生特征用不同的教学方法。可以结合视频教学方法、运用模拟比赛现场环境和比赛影像技战术分析，让学生学会自我分析总结；为学生营造比赛氛围，在实战中真正克服比赛紧张的状态，提高学生的心理素质；通过比赛影评让学生学会观察分析对手的技术特点和对手的弱点，让学生在比赛中学会分析对手，及时调整技战术的运用。

加大运动场地设施投资，提高场地质量，加强场地管理，并且保证学生课余训练时间的场地，课后鼓励学生自主训练，本校学生出示学生证是可以免费使用场地的，或者在晚上预留场地给学生训练。

十二、端正学生的学习态度

体育教学实施效果不理想，一个很重要的原因是学生学习态度不端正，再加之课时、难度、内容等因素的影响，课程的教学效果就更加难以提高。可以说，要想改善体育课程教学的质量，就必须端正学生的学习态度，增强学生的学习热情和学习积极性。

（1）教师可以向学生分享体育学习心得与技巧，定期组织小班会，让同学们互相交流经验，激励学生认真学习。也可以组织学生参加比赛、社会实践、社团活动等，让学生体会到学习体育的意义、用处。

（2）高校要考虑学生的情况和课程开展的条件。体育很难快速入门，学生在学习中还会受到学习时间少、项目多、任务重等因素的影响。教学内容要由易到难，让学生逐步适应，也可以加入一些简单易学的项目活动，从而激发学生的学习兴趣。

（3）进行全方位的校园宣传与推广。可以利用校网校报、宣传网页、体育协会等宣传体育对增强个人社交能力、增强个人艺术魅力的作用。

（4）学生社团是良好的校园平台，高校可以组织学生成立体育社团，与其他高校的体育舞团进行交流，广泛交友，切磋交流，从而促进学生体育水平的提升。学生的学习态度改观之后，再结合优化过的教学内容、多样化的教学方法、合理的课程安排等开展体育教学，这样就能在很大程度上提升体育课程的教学完成度，改善教学效果。

十三、建立健全高校体育文化建设的体系

高校校园体育文化建设是一项繁杂的系统工程，这关系到体育价值观的建设、体育理论知识的培训、体育运动的组织、体育意识的宣传，以及体育文化所需的场馆、设备、器材等物质保障。如何构建大学体育文化、营造良好的高校体育氛围，首先需要确立大学体育文化构建的一般原则。在遵守原则的前提下，高校体育文化构建将沿着正确的道路不断前行。

（一）构建以人为本的校园体育文化体系

学校从社会输入的是人——新生；大学阶段受到加工的依旧是人——在校生；最后向社

会输出的还是人——毕业生。体育文化的建设要走大众化的路线，普遍扩展意味着前进；越来越多的体育爱好者就意味着市场；市场就意味着长远的发展。高校体育文化建设可以为社会输送优秀的体育人才，也可以提高整个体育行业从业者的素质。接受过高等教育的体育专业人才是未来的方向，也是中国体育在世界舞台越走越远的基础。因此，发挥人的主动性，落实好以人为本的基本原则十分重要。

（二）构建目标精准的校园体育文化体系

做任何事情的前提条件都是要设置目标，同样事业的发展前提也是要提前设置目标，做事之前先设定一个目标，然后无论遇到任何问题都朝着这个目标前进，这样才会认准方向，也才不会迷茫。同样建设高校体育文化也要先确定目标，并且要和高校体育教学目标相一致，不能违背素质教育的方针，要促进学生全面发展，同时为社会发展作出贡献。

1. 要以终身体育为目标

终身体育的意思是人们热爱、重视体育运动并终其一生坚持体育运动和学习的过程。随着社会的快速发展，经济和科技为人们提供了很多的便利的生活方式，虽然在某种程度上提高了人民的生活效率，但也给人们带来了对身体健康的负面影响。当今快节奏、高强度的工作状态和现代的生活方式对身体的负面影响，使终身体育的概念应运而生。高校体育文化建设将终身体育作为目标，培养学生正确的体育价值观和可持续发展观，使学生意识到终身坚持体育运动和学习的重要性和价值，并将进行体育运动培养成为一种可以伴随终生的习惯。

2. 要以体育的可持续发展为目标

社会发展的同时，人们对于生活品质的要求也在提升，要对日后的发展做好充分准备，也就是说要作好可持续发展的铺垫。要和社会可持续发展的方针保持一致，也为了保证体育可以不断完善系统中出现的问题，体育教育需要及时更新，实现可持续发展的体育。

（三）构建适合高校的文化理念

高校应该结合学校的真实情况，重新审视高校体育文化的功能，更新传统观念，有针对性地开展高校体育文化的构建。因为不同高校办学理念、教学资源、专业构成、生源的不同，导致各大高校体育文化差别的存在，各大高校要结合自身的时间状况构建具有本校特色的高校体育文化。不能一味地复制他校，只有适合的才是最好的，要根据本校情况发展最适合本校的道路。

十四、重视课堂教学，严把课堂教学关

课堂教学是高校学生提高教学质量的重要环节，不同的教学方式使课堂具有不一样的效果，高校教师在课堂教学过程中应根据学生不同的性别、基础水平、兴趣爱好等进行分层，根据不同层次的学生需求有针对性地教学，如对没有体育基础的学生着重教授基本的体育技能，对于已经掌握体育基本技术的学生可以根据兴趣拓展学习体育动作，从而不断激发学生的学习热情，提高教学水平。

十五、坚持科学指导，强化教学理念

“橘生淮南则为橘，生于淮北则为枳”叙述了土壤与植物的关系，只有肥沃的土壤才能

培育出高质量的植物。如若以此类比体育教学，发展一项体育运动的首要任务就是该项运动的土壤质量，只有土壤肥沃，这项运动的开展才能顺利。就高校体育教学的氛围而言，也是同样的道理。高校应注重对学生进行科学指导，营造良好的学习氛围。注重对学生思想的培养，端正学习动机，强化教学理念。

十六、规范体质健康测试工作，促进监测服务体系建设

规范高校学生体质健康测试工作，促进高校学生体质监测服务体系建设无疑是一项重要的工作。具体可以从以下几个方面着手：

1．宣传引导

通过校园海报、横幅标语、校园网等多种途径进行学生体质健康监测工作的宣传引导。

2．制定奖励机制

高校体育教师是参与学生体质健康监测工作的主要力量，高校体育教师对学生体质健康测试工作的积极性不高，态度消极的主要原因是高校没有给予参与学生体质测试教师一定的奖励，参与学生体质测试工作成为义务劳动。增加体质测试的奖励机制投入，有利于鼓励体育教师参与体质健康测试工作。

3．规范测试动作，避免违规测试

体质健康测试工作有着相应的程序，学生进行体质健康测试就必须在教师的指导下规范进行，否则会影响体质健康测试成绩，譬如学生长跑中的“漏圈”现象、坐位体前屈屈腿现象、引体向上肘关节弯曲现象等。

4．增加投入

购置和维护学生体质健康测试仪器，确保体质健康测试仪器保持正常使用状态。

5．建立高校体质健康监测服务站

学生体质健康监测服务中心可以为学生提供体质健康测试、评价、干预等服务，使学生体质健康测试更加科学化、实用化，而不是单纯地只是给学生提供测试数据。

十七、指导大学生树立正确的体育价值观

体育作为一个学科是开展高校校园体育文化建设最基本的手段，体育课是高校校园体育文化的重要构成部分，是教授体育知识和树立体育价值观的基本方式。所以，体育课要以体育的教学和学生的实践为核心教授学生体育知识、技巧和意识，明确体育终身价值观，提升运动技能。动机是一切事物的本源，是非常重要的趋向性心理。所以，挖掘学生的体育运动的动机十分关键。建议参考下面几个方法：①增强高校学生参加体育活动的主动性，挖掘同学对于体育运动的好奇心。②体育老师在课内外都要关注全体学生的情况，针对个体的身体素质、兴趣爱好、性格差异、接受程度合理地实施分类教育。根据每个学生的真实状况有针对性地教学，让所有学生都能愉悦并体验体育运动带来的成就感，进而提升体育运动的兴趣，激发学生体育学习的动机。③利用运动会、体育节、体育运动赛事等活动宣传运动常识，体育技术、理论、技巧等知识。保持学生对于体育运动和学习的热情。在日常教学中增加体育运动的推广强度，让高校体育文化出现在大学校园的各个角落，培养学生正确的体育价值观，让体育锻炼成为大学生日常校园生活中必不可少的组成部分。可以利用校园广播、

宣传栏、校报、网络等方式宣传体育赛事，普及体育知识、近期体育动态等信息。利用体育课、体育讲座及体育宣传、网络宣传等方法让大学生充分意识到体育对身体、对生活、对家庭、对社会的重大意义，让大学生理解体育的重要性和必要性，从内心渴望参加体育活动和运动。

十八、优化体育教学方法

高校体育教学要想深入发展，就必须摆脱现有的主观化、随意化的现状，就必须打造完整、系统的教学方式。任何一种教学方式都具有自身的优势，也必然存在自身的不足，这就需要教师根据教学内容与学生学情实际合理地选择体育教学方式，不断地创新体育教学方式。因此，教师要积极尝试多元化教学方式，使教学内容更好地与教学模式结合起来，发挥教学模式的优势，使学生更好地参与体育学习，从而激发学生对体育学习的兴趣。

同时体育教学方法的设计、选择及实施也要与体育教学的内容相一致。例如，在跑步运动、球类运动教学中比较适合使用对抗训练法、团队竞赛法等具有竞赛性的方式来进行教学，从而激发学生的主动性。但是在健美操、柔力球等健美性、舒缓性的体育教学中，使用对抗和竞争的方式并不合适。此时教师可以采用小组合作表演的形式帮助学生搭建一个展示自我的舞台，在表演过程中提升对体育学习的兴趣，提升自身的体育技能。

在教学方式中，教师应鼓励学生发展自我体育学习及小组体育学习的方式，以便在课余时间进行自主性的体育锻炼活动和学习。由于体育教学在课程上的限制，因此学生要在教师的教学规划指导下开展自我学习。例如，学生每天可以在操场跑圈，以锻炼基础性的体能。对此，教师应该开发灵活性的教学时间安排，以及相应的小组学习方式，借助小组的力量帮助学生在充足的课余时间得到有效的身体锻炼。同时，教师也要应该关注学生的差异化特点和教学需求。对此教师需要通过观察、调查等方式对学生的身体状况，以及心理状况作出基本的评估，并在此基础上开展差异化的教学工作。例如，针对体能不足、运动基础较差的女生，高校体育教师应该帮助学生规划基础性的体育运动，进而降低高强度体育运动带来的身体负担。

十九、完善理论教学力度

理论教学不仅仅作为体育实践教学的辅助，更应该成为学生自学的主要理论依据和指导。目前在理论教学中存在教材不足、理论教学缺失等问题。因此高校教师应该从完善体育教学教材和增加理论教学的专业性这两个方面展开教学实践。首先从学校角度上来探讨，学校自身应该引进先进、科学的体育教学理论教材。除此之外，学校教务处应该规定体育教师每学期需要进行课堂理论教学，并规定理论教学的次数及时间，从制度和组织上为高校体育理论发展提供动力，将体育理论教学融入高校的理论教学中。对此，教师还可以设置专门的体育理论选修课程，让感兴趣的学生有更多的机会接触与体育有关的理论教学。对于体育教师而言，理论教材的教学还需要结合班级学生的具体情况，因此教师需要进行相应的体育课程教学设计及规划，从而对现有的理论教学进行补充、完善和整合，使其更适应班级学生的身体素质和发展需要。

二十、提升体育公共资源的智能共享价值

目前，社会对体育资源的开发、管理和利用水平的高低，已然成为衡量一个国家体育发

展水平和科学化程度的重要标志。发展体育的核心任务，就是为了满足人民群众日益增长的体育需求。“十三五”发展目标提出“创新、协调、绿色、开放、共享”五大理念。共享单车解决了城市出行的最后一公里，滴滴打车提高了车辆的利用效率并为人们提供了更多的出行选择。然而体育 App 平台却在全国范围内未得到广泛使用，提升体育公共资源的开发，使得体育公共资源拥有成熟的硬件设施条件，只需要在资源的推广和整合上建立共享平台，将体育资源推广至高校乃至社会的每一处角落。“十三五”发展目标提出：“坚持共享发展，必须坚持发展为了人民，发展依靠人民，发展成果由人民共享，增加公共服务供给，从解决人民最关心最直接最现实的利益入手，提高公共服务共建能力和共享水平”。整合体育公园的资源，采用智能云平台，依托政府行业和社会多方力量推广智能共享平台，参照共享单车、汽车模式，让市民拿起手机一键预约场地场馆，同时在共享平台建立运动交友机制，约球、约跑、约骑行，让球场不再是一个人自娱自乐；步行道、骑行道也不再是形单影只。

二十一、建立社团对外合作，形成良好的发展态势

体育社团走入社区，和社区的物管合作，体育社团为社区带来观赏性的表演，丰富社区人民的生活乐趣，同时给社团带来报酬。例如，拉丁舞社团可以进行表演；太极社团可以发挥它对外的作用，在社区召集中老年人进行太极培训，合理收费，太极社团成员可以利用所学知识，对中老年人进行普及和简单动作的教学，同时促进“太极”冷门社团的发展，使社区的太极得到发展的同时丰富中老年人的生活。与商演合作，例如，舞蹈、跆拳道、街舞等都属于团队项目，可以得到丰富的报酬、长期的合作，形成互利的发展趋势。球类项目，例如，足球、篮球、乒乓球。社团成员可以与大型球类赛事取得联系，作为工作人员，得到一定的报酬，同时加深成员对于项目的了解。通过对外合作“走出校门”，经费得到合理解决，社团成员的能力得到提升，眼界得到开阔，是一种双赢的趋势，更是在“健康中国理念下”促进体育发展的良好对策。

二十二、充分应用互联网教学

网络课程环境下，整个学习资源会变得更加丰富，同时通过网络可以十分轻松地完成信息资源共享。例如，在体育教学中，可以通过网络来整合一些体育新闻信息，并制作具备更强实效性和更充足信息量的体育课程内容。这种内容本身能够打破时间方面的限制，让学生更好地接触到更新的信息内容，拓展学生的视野，这对以往传统教学模式的应用来说几乎是不可能的。与此同时，学生不需要在课堂教学环境中也可以随时随地获取体育知识信息，也可以接受体育知识的学习和训练。学生能结合自己的需求，自由地分配学习时间，这可以说是促使学生体育知识学习效果得到更好提升的一个重要方向。

二十三、不断优化课程结构体系

现阶段，大部分高校体育教学方法陈旧落后，教材内容与学生的实际需求严重脱离，这些因素都对体育教学水平的提高产生了阻碍作用。新的课程标准要求高校体育教学注重培养学生的身心综合素质，为此教师应当打破落后陈旧的理念，加大教学改革力度，将课外体育活动与课堂体育教学紧密结合，定期组织学生参与体育锻炼，构建起校内与校外相结合的完整课程体系。同时，开展体育教学需要充分尊重客观规律，以促进学生身心健康发展为基础目标，不断丰富课堂教学内容，注重体育教育的整体功能，从而促进学生的健康成长。

第三章　新背景下的高校体育教学目标改革研究

第一节　新背景下的高校体育教学对学生“终身体育”意识的培养

一、相关概述

（一）意识和体育意识

意识指的是人对于客观世界的心理活动的反映，它是人与动物最根本的区别。人们通过在实践中不断地学习和改善自身的行为，从而使得人类的活动具有目的性。所以，也可以说意识不是被动的，而是可以通过客观事物来加以影响改变的。此外，意识指导人的实践活动，从而能够帮助人们认识和改造世界。马克思就指出意识是对客观的反映，对于人的行动具有指导作用。

体育意识是体育锻炼在人脑中的反应。它具有能够指导人参与体育锻炼的能动性。人们通过参加体育锻炼，从而养成体育意识。

（二）终身体育

终身体育是指终身坚持身体锻炼和接受体育教育。终身体育的含义主要包括下述两个方面：一是指人从生命开始至结束这一生中，学习与参加身体锻炼活动，使其终身有明确的目的性，使体育真正成为人一生生活中始终不可缺少的重要内容；二是在终身体育思想的指导下，以体育的体系化、整体化为目标，在人的不同时期、不同生活领域中提供的参加体育活动的机会。

终身体育由三个相互联系的阶段构成：婴幼儿体育，是终身体育的起点，对于婴幼儿的健康、生长发育、生命活动具有重要的影响；学校体育，是终身体育的入门期、关键期，它既要保证青少年儿童的健康与生长发育，也要为成人体育奠定基础；成人体育，是终身体育的扩展期，根据个人情况灵活自主地从事体育活动。

终身体育贯穿于人的一生，人在其一生中的任何时期参加体育活动，来促进身心健康都可以看作是终身体育的一部分。随着社会的进步，人们对健康的重视程度远远超过以往。因此，终身体育在增进身心健康方面给予了人们正确、科学的思想指导。

（三）终身体育意识

终身体育意识涵盖两个方面。具体的表现在思想和行为上面。思想上指的是对体育认知、对体育的情感和对体育的意志。行为上指的是个人对体育事业作出的贡献和价值。

终身体育意识具有自身的三大特点：稳定性、间歇性和促进性。稳定性会贯穿人的一生，并且不会轻易产生动摇；间歇性是指当人处在不同时间阶段就会产生不同的思想。这就好比对于同一个社会现象，年轻人的想法总是比较激进的，所以年轻人容易犯错误。而年长者则比较沉稳，所以他们考虑事情更为周到；促进性是人们在形成了正确的终身体育意识之后，会使人们在终身体育意识上有一个更积极、更乐观的态度，从而促进人们进行体育锻炼活动。

终身体育意识的形成依赖于体育教育的发展和体育意识的弘扬。只有不断地发展体育教育和不断地弘扬体育意识，世人才能够逐步地形成一个体育意识，进而形成一个终身的体育意识。

（四）高校体育与终身体育的关系

1. 高校体育是终身体育的重要基础

高校体育是人们进行体育实践与身体教育的重要过程，是人们进行终身锻炼的基础阶段，是终身体育的一个重要环节，是个体接受的体育教育中最系统、最规范的教育，它是培养个体终身体育意识、提高终身体育能力和形成“终身体育”思想的最重要的时期，在整个终身体育教育系统中具有重要地位。

高校体育教育是学生终身体育习惯养成的一个最重要、最关键的时期。高校是培养人才的基地，体育教育是培养人才的基础，合格的人才不仅要有渊博的专业知识，还必须具有一个健康的体魄。体育的功能可以有效地改善和提高人体的健康状况。保持身体健康需要长期不懈地参加体育锻炼。高校体育教育不仅是让学生简单地上上体育课，更重要的是让学生了解相关体育知识，掌握一定的健身方法，养成体育的锻炼习惯。高校体育教育要及时加强学生主体意识的培养，提高独立锻炼的能力，强化终身体育观念，掌握锻炼身体的知识与正确方法。

2. 高校体育是奠定终身体育基础的极好时机

在高校学习的大学生正处在身体正常发育的关键时期，是人生道路中最宝贵、最具有特色的黄金时期。在这个充满生机和活力的阶段，体育教师起着言传身教、教书育人的作用，切合实际的教学内容，加之体育教师系统的传授科学锻炼的方法，良好的场地器材和锻炼环境，这些形成了一个锻炼身体的较好氛围，对每一个大学生的体育观念、体育锻炼兴趣的形成，以及锻炼习惯的产生有着积极的影响。

3. 终身体育为高校体育教育指明了方向

我国颁布实施的《全民健身计划纲要》明确指出全民健身计划以全国人民为实施对象，以青少年和儿童为重点，以普遍增强人民体质为目标。这不仅给我国推行终身体育带来了契机，也给学校体育改革和发展指明了方向。学校体育是终身体育的入门期，所以培养终身体育思想对学校体育改革有着深刻的影响。教学是学校体育的中心环节，也是学校体育改革的重点和难点，学校体育教育的目标是使学生掌握体育知识、技术和技能，养成体育锻炼意识、兴趣和习惯，增强体质，陶冶情操，从而促进身心全面发展。因此，只有用终身体育思想指导体育教学改革才能使学校体育适应社会发展的需要。

4. 高校体育与终身体育相互促进、相辅相成

高校是学生接受体育教育最后的一个阶段。因此，学校体育不仅对学生在校期间的生活有重要影响，而且还对学生步入社会后的家庭生活、余暇生活产生重大影响，将高校体育与全民健身相结合是高校培养目标的延伸。体育教学最主要的目的是增强学生体质。现在随着对体育本质与功能认识的提高，高校体育在很大程度上要考虑到学生的终身需要，在教学中应以终身体育为指导，培养学生终身从事体育活动的兴趣和能力，鼓励学生自觉参加体育活动，使体育逐渐生活化。大学生处于身心较成熟的青春期，也是世界观形成的关键期，接受良好的体育教育对完善自我、形成终身体育观和树立全民健康意识有着积极的作用，是将来社会体育、家庭体育、终身体育的倡导者、实践者、组织者和领导者。同时，在校学生是实施全民健身计划的第一代受益者，又是第二代推行者。当学生进入社会转换角色后，他们已形成对体育的兴趣、爱好和习惯，会随着他们的生活方式、行为习惯传播于社会，体现出向社会辐射的功能。

二、终身体育背景下高校体育教学存在的问题

（一）缺乏较强的终身体育意识

对于终身体育意识，不论是高校的教师还是学生，认知都比较匮乏，对终身体育的认知不够深入，这是因为在高校体育教学中，并没有将终身体育的宣传及引导作为关注的重点。高校体育教学活动中，只是将学生身体方面的教育作为关注要点，对学生体育兴趣及意识、锻炼能力的培养并不看重。很大一部分学生在体育课上，以敷衍的态度对待体育锻炼，忽略了终身体育的重要性。因此，学生自然不会对终身体育产生较强烈的感触，更不会将此作为终身坚持的习惯。

同时，在高校开展体育教学活动过程中，学校不够重视终身体育，教师不能够深刻表达终身体育的内涵，不能够认识到终身体育对学生未来发展的重要影响。很多的教师在进行体育教学时着重培养学生的竞技能力，没有积极引导学生的终身体育意识，这是造成学生没有体育锻炼的兴趣，上课不积极，效率低，不能达到高校体育教学目的的结果。

（二）教学方法比较陈旧，教育手段单一

目前我国高校在体育教学中仍然存在很多的问题，大部分的学校只追求眼前的利益，而忽视了学生将来的长久发展，学校主要考虑学生的学分是否能够完成，或者学生只要完成在大学大纲里面的课程就可以视为成绩合格或者成绩优异，而忽视了学生的综合素质和学生的自身特长，大学生在大学阶段，思想成熟，而且有很多的自我想法和创造力，学校一味地追求固定成绩，限制了大学生的发展和学习空间。

（三）单一的体育教学内容，导致学生对体育课兴趣不大

现如今，我国高校体育教材的内容依然是以传统的竞技体育为主，而现代体育涵盖面要更广泛一些，包含了休闲、娱乐、健身、探险、搏击等方面的内容。因此，大众在体育项目的选择上更趋于多样化，保健体育、武术、搏击、散打、跆拳道等拓展运动项目在如今都有

了很大的发展空间。由于一些体育项目难度较大，例如，传统的体操、篮球、排球等运动项目，对学生的身体素质会要求较高，但与之相对的教学内容却过于乏味、单调，学生无法产生浓厚的兴趣。与此同时，学生的实际需求也没有得到满足，这造成了很多学生对体育课兴趣不大。据调查，近一半的学生对体育课没有兴趣，主动参与活动的兴趣不大，在学生的观念中，没有形成主动的体育意识。

（四）教师团队综合素养不足

对于高校体育教学而言，教师团队的综合素养直接决定着教学质量。目前，在高校体育课堂上，体育教师主要注重培养学生的竞技体育能力，没有开展有效的理论课程，不能对学生的体育意识加以引导，这就造成了学生对体育的认知不足，没有形成良好的体育意识，更无法树立终身体育观念。受到传统应试教育观念的影响，高校体育教学比较单一、片面，同时当下学生未来发展的需要不能在旧的教学理念下得以体现，传统体育教育理念导致教师没有较高的专业素养，在很大程度上影响了体育教学的发展。

（五）体育考核评价不合理，与社会体育脱节

传统的体育考核方法已经不能满足当代大学生的要求，因此，高校必须在体育考核方面做出新的变革，如将学生的学习成绩、体育技能、课外活动、出勤率、选修体育课程等作为新时代体育大学生考核的标准，并将这几项计入总分进行考核评比，从而帮助学生充分利用好自己的学习时间，培养学生的学习积极性和主动性，增加学生的学习兴趣，帮助学生树立终身体育意识。

三、高校体育教学培养学生“终身体育”意识的必要性

（一）社会发展的需求

时代在进步，经济在发展，人们为了追求经济利益而无视环境的损坏，进而导致近几年我国的环境状况越来越差，大多数人们的身体状况都处于亚健康状态，而人们每天都处于高速的运转工作状态，身体状况不足以支撑基本的活动，以至于近几年各种疾病的发病率也持续上升。国家也是注意到了这一现象，所以强调发扬体育精神，同时让 20 世纪 80 年代的终身体育意识深入人心。

高等体育院校要顺应社会发展对人才的需要，为社会培育高水平的应用型人才，这如今已经成为当前高等体育院校的主要目标。所以高等院校的体育教学必须综合考虑社会对人才的要求而进行改革，从而提高高校体育学生的整体素质和学校的就业率。

（二）个人观念的变化

随着现代生活的自动化、智能化程度的提高，人们在从外界获取能量的过程中，消耗的能量越来越少。根据用进废退学说，人体活动的减少会使人类具有的生物功能退化。人类为了更好地生存，维持自己的体质水平，只有不间断地进行体育锻炼，接受终身体育教育，对身体活动进行调节，才能弥补身体活动的不足。因此，当人们更加关注自身的健康，那么体育强身健体必然会成为人们选择的一种大趋势。尤其在国家高校中，学生的学习压力大、易于情绪化，他们便会选择一种宣泄情绪的方式去保持他们的正常心态。这时各种类型的体育

运动就是他们的最佳选择。

（三）教育改革的要求

终身教育是当前国际社会十分盛行的教育理念，主要彰显了当今社会人们对于知识学习的要求，并一直指导着我国教育工作者的教学实践工作。终身体育意识是终身教育的一部分，完全继承着终身教育的精髓。如今，在我国大力推进教育改革以来，终身体育意识也随着终身教育的改革潮流步入了高等院校的体育教学中，这种新的体育教学理念使得学校、家庭与社会之间的联系越来越紧密，从而满足了我国教育发展的要求。

（四）体育专业学生自身发展的需要

当前的很多高等院校在进行体育教学的过程中，教学内容仍然是过去时代的教学内容、教学采用的方法也比较落后，这就使得学生在学习体育知识与技能时的积极性和主动性不高。所以在高等院校体育教学中要注意学生对学习的真实需要，充分满足学生的知识探索欲望。而只有终身体育意识与学校的教学目标保持一致，让学校的体育教学更赋有时代性，才能够真正做到把学生的需要考虑到实际教学中。

四、高校体育教学培养学生“终身体育”意识的重要性

一个国家的综合实力主要是以人才质量为基础进行判定的，身体素质较好的人才才是高质量人才，所以说，国家人才身体素质的全面提升才是国家富强的前提。高校作为主要的人才培养基地，高校教育能够使得学生形成影响一生的思维模式及良好的习惯。通过相关数据可以看到，我国大学生普遍存在健康问题，很多都属于亚健康状态，甚至有一些大学生得了中老年人群才会患有的疾病。因此，提高高校学生身体素养是当前最为紧要的问题。然而，在旧的教育理念的影响下，高校只重视学生的考试成绩，将身体状况搁置不管，基本忽视体育教育。另外，有些高校体育教学用具及体育器材和场地都比较简陋，学生也没有很好的体育意识，没有体育锻炼的习惯和兴趣。因此，必须要加强高校体育教学改革措施的研究，让高校学生能够有终身体育的意识及良好的心态，这对于学生兴趣的培养至关重要，如此才能够极大地改善他们的体质，对于它们以后的就业也有着深远影响。

学生毕业以后，开始步入社会工作岗位。随着社会生产力的改变，越来越多的工作要依赖计算机完成。现在人的作息规律几乎是早上八点起床，八点半赶到公司，把电脑打开，就这样坐在自己的办公桌一直到可以打卡下班回家，长此以往，使人变成了亚健康状态。再加上不规律的生活作息和暴饮暴食，越来越多人的身体素质变得更脆弱，一些只有 20 多岁的年轻人，却有了一个 50 多岁人的身体。即使如此，还是有很多人不愿意去锻炼。

而大学作为大学生初步养成自己人生观和价值观的一个重要场所，应该在大学期间注重对学生体育观念的培养矫正。在大学期间，学生的身体和头脑都处在一个黄金时期，大学应该极力培养大学生的终身体育意识，让其真正认识体育，积极地投身到体育锻炼中去，提高体育兴趣，为高校学生毕业之后仍能够自主积极地参加体育锻炼打下坚实的基础。这样才能够真正地解决当下大学生身体素质不高的问题。

五、影响大学生终身体育意识及其行为形成的因素

（一）体育兴趣

学生能否积极参与体育锻炼的根本动力之一就是体育兴趣，这也是影响终身体育的重要原因。经过大量调查表明，很多大学生认为他们能否参加体育锻炼很大程度是由兴趣决定的。

学生被某项体育运动所吸引，这是他们想要去学习的基本动力。学生对体育运动产生兴趣，就会很愿意积极地参与其中。对体育锻炼产生兴趣才会使学生观看体育比赛，关心体育消息，并能积极地投入到体育锻炼中去。还有一点，就是对于学生的体育兴趣培养是各高校体育教育的重点，这样才能使学生养成自觉锻炼的习惯，能够更好地实现终身体育。教师在培养学生体育兴趣的同时，还要发现学生为什么对体育锻炼没兴趣，根据不同学生的情况，采取不同的方法，去激发他们的兴趣，从没兴趣到有兴趣，再由有兴趣变为热爱体育锻炼。

（二）意志力

体育不仅可以增强体质，还可以锻炼意志。体育锻炼充满着艰辛，但是同时给大学生也带来了娱乐趣味。随着生活水平的提高，大部分学生变得很懒，不愿意运动，怕运动又苦又累。再加上经常性的不规律饮食和学习生活，就产生了很大的惰性，这样不单单影响了他们参与体育锻炼，也影响了终身体育行为和意识的养成，更重要的是还影响了学生的身心健康。

因此，加强对大学生参与体育锻炼的思想教育是高校体育教育的重中之重，培养学生积极科学锻炼的习惯。

（三）锻炼方法、能力

很多学生因为不知道如何锻炼或者锻炼能力比较差，从而对体育锻炼没有兴趣，甚至产生“厌学”的情绪。这种情况在日常学习生活中很常见，比如，游泳，很多人姿势不正确，或者是不知道其他泳姿的方法，使得他们无法在游泳上更进一步，等到那一点点热情没有了之后，就几乎不会再游泳了。然而实现终身体育，游泳是很好的载体之一。因为不论什么年龄都可以参与游泳，不像足球、篮球等高强度运动只适合年轻人。所以说“不懂锻炼方法”“锻炼能力差”都是实现终身体育道路上的阻碍，同时还会造成对终身体育意识的淡薄。因此，加强体育锻炼能力，以及掌握科学、正确的锻炼方法非常重要，并在不断地练习中加以归纳总结。

（四）同伴因素

同伴因素也是影响高校学生参与体育锻炼的一个重要因素。许多体育项目都是群体性项目，体育群体锻炼能够有效地促进学生的合作意识和合作能力，可以提高参与体育锻炼者的社交能力，提高适应社会能力、竞争意识，并能很好地控制自己的态度与行为。因为有了共同的爱好，进而有了共同的话题，共同提高自己的技术水平，这样往往在精神上有很大的愉悦和满足。热爱锻炼的气氛，加强巩固对体育的兴趣，从而促进个体体育行为的进步与优化。

（五）时间因素

在高校体育教学中，许多学生指出，课余时间不够，对于体育锻炼的影响重大。由于我国人口众多，就业压力大。大多数学生为了在激烈的竞争中胜出而刻苦学习。此外，学生有很多课程及各种考试，没有充沛的时间去参加体育锻炼。他们把大部分时间都用在了书本学习上。传统观念中认为，用体育锻炼时间学习很不值当，看上去是节约时间学习了，实际上是拿自己的身体健康换来的。随着科技的发展，互联网成为人们日常生活中不可分割的一部分。虽然互联网给大学生带来了很多方便，让学生能更快、更好地获取知识，给大学生的课余生活带来了很多乐趣，但是有些同学却深陷网络游戏、聊天等娱乐中不能自拔，进而降低了互联网的作用。所以，各高校要保障学生有充足的体育锻炼时间，为高校学生参与体育锻炼提供方便。

（六）学校设施场地因素

部分高校的大学生因为设施场地因素而影响了锻炼。“学校体育设施差、场地不够”等原因是根本。践行全民健身、开展群众体育锻炼的基础就是要有良好充足的体育场地设施。很多高校经费短缺，使得体育场地设施不完善，再加上课程的改革化，严重影响和制约了大学生参与体育锻炼的积极性。

良好的体育场地，完善的体育设施，可以让更多的学生参与到体育锻炼中，这些都是学生积极进行体育锻炼的基础。所以，更需要政府和教育部门加大体育教育经费的投入，监督各高校，按照教育指导方针，完善和加强体育场地和设施建设，为终身体育提供物质基础。

（七）体育课

体育课是学校课程中很重要的部分。体育课上的教学能够很好地提高学生的体能，培养德、智、体、美全面发展的人才。提高大学生终身体育意识的基本途径就是实施现代体育教育。

现代体育课的设置应该顺应终身体育发展的趋势，增加一些时尚有趣的体育项目，这样更能符合年轻人的口味，也更能调动学生的积极性和创造性。

六、高校体育教育对学生终身体育意识的培养目标

（一）培养学生终身体育意识、习惯和能力

健康的身体人人需要，健康身体的获得，其中一个十分重要的原因就是依靠长期的锻炼，换言之就是终身体育。目前，我国“学校体育教育未能充分发挥其功能，忽视了面向社会和未来对学生进行终身体育意识、能力的培养”。培养学生对体育运动的兴趣和爱好及独立锻炼身体的能力，为终身体育奠定基础，这是各国体育课程改革的一个共同趋势。只有培养学生参加体育活动的兴趣，并在体育活动中获得愉快的享受，才能建立起爱好锻炼的生活方式。

在学校体育改革过程中，不少老师把培养学生“终身体育”意识写进教学目标，强调传授健身与健康的知识、方法，特别注意个体差异、重视学生个性发展，等等。这些不仅带有实质意义，而且是贯彻终身体育思想的措施。

因此，培养学生终身体育的意识、习惯和能力是学校体育的一个根本目标。

（二）追求近期效益和长远效益相结合的发展方向

学校体育目标是主要关注学校阶段学生身体发展的“黄金时期”，还是关注学生的现在和未来呢？长期以来，单一功能的观念在高校体育教学中仍有相当大的影响，体育教育的重点和体育科学的精力全都放在实现近期目标上，体育课的育心功能被淡化；现在人们越来越重视追求其长远效益了。所谓学校的近期效益，主要是指学生在校学习期间的效益，主要是促进学生身心的全面发展，保证学生有一个健康的身体和充沛的精力，从而完成学习任务。所谓学校体育的长远效益，主要是指学生毕业后能够根据主客观情况的变化，科学地从事独立的身体锻炼，从而获得终生效益。现代社会的发展，要求学校体育在进一步提高近期效益的同时，必须十分重视其长远效益，并将两者紧密地结合起来。所以，学校体育不仅要把身体锻炼好，保证在学校完成学习任务，还要为其终身体育打好基础，而且要以培养学生对体育的兴趣、爱好和良好的锻炼行为作为教学重点，以便学生走出学校后仍能根据变化了的条件运用学校已掌握的体育知识、技能，继续从事体育活动、参加体育锻炼、体验体育的乐趣。

因此，必须转变体育是单一强身的这种观念，全面认识体育对人的身体、智力、心理和素质上的诸多功能，从观念上明确体育是多功能的，应该确立将近期目标同培养终身健康的合格人才的长远目标相结合，这样才能为深化普通高校体育改革拓宽思路，从而使体育教学改革上一个新台阶。

七、新背景下的高校体育教学对学生“终身体育”意识的培养方法

（一）教学理念上要以人为本

在我国传统的教学观念中，教师的一切教学工作都要以教材为准，为了实现教学目标，完成教学任务，不管学生是否能够跟上教学进度，教师都会按照既定计划继续往下讲，在这种为教学而教学的体育教学理念下，学生个人的成长进程没有得到足够重视，自然也就无法得到教学效果的切实提高。随着人们对教育认识的不断加深，以人为本成为一切教育教学工作的出发点和落脚点，各高校也在不断革新教育理念，在安排教学计划时充分考虑了学生发展的需要，以学生的兴趣和需要为导向，设置了更多受到大学生欢迎的体育课程，以便丰富学生的体育生活。首先，在进行体育教学工作、设计教学环节时，我们应更加注重对学生的引导过程，帮助学生奠定扎实的体育知识基础，让学生在训练中培养兴趣，在兴趣的支撑下自觉学习；其次，高校在体育教学过程中，应该帮助学生获得更加广阔的体育视野，注意教学内容和社会体育之间的衔接；最后，高校体育教学应该是一个循序渐进的过程，从最基础的体育常识开始，逐渐加深所授内容的技巧性。

（二）丰富教学手段和教学方法

在我国体育教学改革的大背景下，我国大部分高校都加入了体育教学改革的队伍，树立学生终身体育意识，从传统的只重视课本知识，改变理论知识和实践基础相结合，并给学生

提供了许多可选择的科目，培养了学生的学习积极性，丰富了学生的学习内容，开阔了学生的视野，同时学校也改变了原来的教学观念，不只是注重短期效应、眼前利益，而是逐步向长期利益，长远目标转变。

（三）优化教师队伍的培训，建设高校体育师资队伍

在发展迅速的今天，高校对体育学科教师队伍的培养方面与其他学科相比存在显著差异。其主要表现在以下几个方面：①不够和谐的学历结构，培养结构较为落后。现阶段，高校体育教师群体大多是当代“应试教育”体系下培养出的本科生，在这一领域中，学术带头人寥寥无几。②对体育教学的知识架构未与时俱进，在体育教学领域，研究学术人员凤毛麟角，高校体育教师都是以技术及训练型教师居多。根据教育部下发的相关文件，要求学科教师工作量中要有近一半的科研工作量，也就是对学术的研究。通过研究提高自身的创新意识，这也是对教育科学研究的原创性研究。在各方面发展迅速的今天，高校教育的变化会对青年教师的培养有所提升，这将对未来高校体育师资队伍的建设有十分重要的作用。

（四）体育观念的改变

从奥运精神开始，人们都追逐公平竞争、互相理解、友谊团结的奥运精神，在毫无竞争的体育锻炼中，不论是教学还是日常的宣传，首先考虑的是大家的感受，快乐至上，自由为主，健康排在首位。也就是说，目前是让大家树立一种保持身心健康即为体育锻炼的本质的思想，不再要求大家事事都要当第一。体育锻炼只是让大家达到快乐、强身健体的一种手段，通过这种手段，学生的综合素质得到提升，状态也达到最佳，大家都积极向上、乐观自信，不论身处何种环境，都能以最好的状态去适应，不论遇见何种困难，都能以自信的心态去处理。这样的体育理念不仅实现了人们强身健体的最初愿望，而且能够让大家树立正确的人生价值观，在未来的生活中有自己的信念。

（五）引入先进的体育运动器材

当前，由于我国的教育现状主要是以学习成绩为教学目标，不重视体育教学活动，所以，相应的体育运动器材不够全面。当下教育机构及学校都要对体育教学活动的重要性有更新的认知，积极引入较为先进的体育运动器材，同时要将以往那些老套的运动器材舍弃，这对于学生的安全问题而言，能够有效保证学生体育锻炼的安全性。此外，学校还应当组织专人对相关器材进行维护、保养和维修等工作，为体育教学活动的开展提供安全保障。

（六）坚持身体与心理健康并重

高等院校体育教学的主要目的就是让学生在学习文化课的同时还要学会劳逸结合，通过体育锻炼让自己拥有更强健的体魄，从而才能更好地学习。因此，在教师进行体育教学的过程中，不但要让学生形成体育锻炼的意识和习惯，还要锻炼学生的心理。鉴于此，教师可在学生学习体育知识与技能时对学生进行心理健康教育，教会学生减压与调节情绪的方法。身体与心理健康并重是终身体育的主要目标，所以教师要坚持学生身体与心理健康的统一，让学生成为更加积极乐观的人。

（七）教学模式要新颖别致

教学模式不是一成不变的，面对不同的学习群体、不同的教学内容，我们往往需要采取不同的教学模式，以达到最佳的预期效果。在传统的教学模式中，高校体育教师通常采取“讲解—示范—练习”的教学方法来进行课程知识的讲授，但是这种单一、枯燥的教学模式有时候不但不能实现既定的教学目标，还会加重学生对体育知识学习的厌学心理，所讲的内容抓不住学生的注意力，自然也就不能称之为一次成功的教学了。为了避免这种情况，我们应该积极调整教学模式，打破传统教学模式的束缚，采取更加新颖、更加符合学生心理期待的教学模式，增强体育教学的民主性，让广大学生更乐于加入其中，进而自觉主动地去了解相关的体育知识，训练体育技巧。而学生作为体育学习的主体，他们对体育学习的兴趣提高了，自然也就促进了教学效果的提高，甚至因为学生们是出于兴趣，而不是因为什么其他目的学习，有时候反而会获得许多意想不到的惊喜。就当前普通高等院校开展的体育教学内容来说，我们完全可以根据学生的基础掌握情况来划分小组，把同一层次的学生放在一起，能够让每一位学生体会到个人的进步，从而帮助学生建立良好的自信心，进而形成终身体育意识。

（八）构建符合现代体育发展的体育教学评价

1. 评价目标、教学目标和教学指导思想的一致性

体育教学评价必须坚持评价目标与教学目标相一致的原则。如果评价目标与教学目标不一致，那么评价所把握的情况就会与教学活动所取得的结果相脱节，在这种情况下，不仅谈不上对教学的评价，而且也难以达到评价与指导有机结合。如果评价能与教学直接结合，并作为教学调整机能的一部分，这样就可以按照目标所确定的教师指导和学生学习的方向进行定期评价，从而判断达到教学目标的程度。由此可见，必须根据教学目标来确定评价目标，否则必然导致偏离教育方向的后果。

体育教学指导思想，是对体育教学活动起方向指导作用的、以教学目标任务为核心的基本观点与认识，教学指导思想是教学活动的根本方向。体育教学目标必须以体育教学思想为指导，而体育教学目标则是教学指导思想的具体体现。教学目标不明确就会使教学工作难以适从，必然会引起体育教学实施过程的混乱，因此，树立明确的体育教学指导思想的重要性是不言而喻的，教学目标和教学评价必须与教学指导思想保持一致。

2. 重视发展，淡化甄别与选拔，实现评价功能的转化

建立科学的评价机制首先要确立学校体育在素质教育中的地位和作用，明确学校体育的培养目标，使评价目标与教育目标一致，并以此为依据来设计体育教育评价的指标体系，并力求评价指标科学化，评价办法具有可操作性，从而发挥评价体系的正确导向作用。

体育教育评价要从单一的评价视角转向多角度方法的综合质量评价，要淡化考评的选拔甄别功能，不只是检查学生知识、技能的掌握情况，更要关注学生掌握知识、技能的过程与方法，以及与之相伴的情感态度与价值观的形成，要发挥评价的激励作用，关注学生成长与进步的状况，并通过分析指导，提出改进计划来促进学生的发展。既要考评体育知识、技能的学习成果，又要关注学生的身体发展和体育能力培养，以及思想、意志、品质，还要重视学生在体育学习中的进步幅度与努力求知程度等。总之，评价是为学生的全面发展服务，而

不是学生的发展为评价的需要服务。

3. 重综合评价，关注个体差异，实现评价指标多样性

随着社会的发展，知识爆炸、竞争加剧、网络与信息时代的来临，仅仅掌握知识与技能已远远不能适应社会对人发展的要求，全球都在进行“教育与人”的大讨论，学业成就作为评价单一指标的局限性突显出来。在关注学业成就的同时，人们开始关注个体发展的其他方面，如积极的学习态度、创新精神、分析与解决问题的能力，以及正确的人生观、价值观等，从考查学生学到什么，到对学生是否学会学习、学会生存、学会合作、学会做人等进行测试和综合评价。目前，学校体育教学目标的多样性已为学术界和教育界所认同。因此，体育教学评价的内容将越来越注重多元化，不再是单一的技术技能考评或健康测验，而是包括认知、技术技能和情感等多方面内容，特别是情感态度评价应受到普遍重视。

在部分国家的学校体育评价中，已经把学生的学习动机、兴趣、态度提到首要位置，而把知识技能、理解退后到了末位。学校体育并不是要求每个学生都掌握高、精、尖的运动技术，提高专项运动成绩，而是要求教师认知和了解学生，掌握学生的兴趣和特长，然后在教学活动中根据学生的心理特点，因材施教，做到寓教于乐，寓乐于练中。而且还要教会学生健体，教会学生终身体育，使学生的爱好与特长在轻松愉快的环境中得到发展，尽可能地激发和满足学生参与体育学习和健身的需求，使他们能在不同的轨道上做到高速度地向同一目标前进。

4. 强调质性评价，实现评价方法的多样化

随着评价指标的多元化，以量化的方式描述、评定一个人的发展状况实则表现出僵化、简单和表面化的特点，学生发展的生动活泼和丰富性，学生的个性特点，学生的努力和进步都被泯灭在一组组抽象的数据中。对于教育而言，量化的评价把复杂的教育现象也简单化了，或只是评价了简单的教育现象，事实上往往丢失了教育中最有意义、最根本的内容。质性评价则以其全面、深入、真实再现评价对象的特点和发展趋势的优点受到欢迎，成为近年来世界各国教学改革倡导的评价方法。

5. 注重过程，诊断性评价、形成性评价和终结性评价相结合

在体育教育评价中，比较注重终结性评价，即每学年或学期结束后，对1～2个运动项目进行技评或达标，由于这种方法是在单元或阶段学习结束时进行，所以失去了评价的有效反馈功能，对激励学生学习，提高学习效果，以及帮助教师改进教学意义不大，因而应改变单纯地采用终结性评价的方式，采取诊断性、形成性和终结性评价相结合的评价方法。诊断性评价主要评定学生在学习某一教材时的技能、情感准备状态，以确定教学起点和采用的教学方法。形成性评价即在体育教学过程中及时发现和诊断问题，获取反馈信息，以便改进体育教学工作。终结性评价指对某一阶段的教学工作所进行的综合全面评价，以确定教学的最终水平。对上一阶段的教学工作所进行的终结性评价又可作为下一阶段进行诊断性评价的依据。在评价实践中，评价重心应逐渐转向更多关注学生求知的过程、探究的过程和努力的过程。只有关注过程，评价才能深入学生发展的进程，及时了解学生在发展中遇到的问题、所做出的努力以及获得的进步，才有可能对学生的持续发展和提高进行有效指导，评价促进发展的功能才能真正发挥作用。也只有在关注过程中才能有效地帮助学生形成积极的学习态度、科学的探究精神，才能注重学生在学习过程中的情感体验、价值观的形成，实现“知识与技能”“过程与方法”和“情感态度与价值观”的全面发展。

第二节　新背景下的高校体育教学以“重健身轻竞技”为目标的改革研究

一、相关概述

（一）竞技体育

竞技体育即竞技运动，是体育的重要内容之一，它是以竞赛作为主要表现形式，以争取更好的成绩或打败对手获取胜利为目的的活动。其核心在“竞技”，具有以下几个特点：

（1）追求更高层次的成绩：充分调动运动员的体能、心理、智力等潜力。

（2）高激烈的竞争和对抗：参加的运动员都是拥有强大实力或高超技艺的人。

（3）具有娱乐表演性：许多比赛往往拥有特别具娱乐的表演画面。

（4）具有强烈的观赏性：越来越成熟和规范的竞技体育，吸引了越来越多的人去关注和观赏。

（二）健身运动

健身运动是指运用科学的动作方式和方法进行锻炼，以改善身体状况，增强身体素质为目标，是一种反损害身体的“超极限”运动。它强调的是“使身体动起来”，运动的方式多种多样，既有专门的成熟的健美操，也有兴起的瑜伽等，它可以以各种形式开展，它的目的是更好地获得身体健康，改善身体素质，塑造形体美，不过分注重成绩，它是人们体育活动中非常重要的组成部分。

二、竞技教学模式和健身教学模式的内涵

所谓竞技教学模式是指：在学习体育技能、生理解剖、保健知识、体育竞赛、体育鉴赏等知识基础上，学生可以在田径、球类、体操、健美操、游泳等竞技项目中选项学习。这一模式实质上是以竞技运动为手段，以身心健康为目的的课程模式。相对应的健身教学模式的内涵为：在学习相关理论知识的基础上，学生学习经过改造的和简化的竞技运动项目，或者在武术、太极拳（或初级拳）、大众健身操、体育舞蹈等各种非竞技的以有氧锻炼为主的健身运动项目中选项学习，这一模式强调的是注重学习者的体验、参与或康复。随着高校体育教学改革的进一步深入，在高校体育教学过程中采用“双轨制”教学模式，即竞技教学模式和健身教学模式，更符合高校体育教学的实际状况，也更有利于课程目标的达成。

三、竞技教学模式与健身教学模式两者之间的关系

在这两种课程模式的教学中都要重视体育行为的能力培养，提高学生的自我锻炼能力、自我评价能力、人际交往和社会活动能力。健身教学模式是以身体活动为前提的，可以是自然的动作，也可以是非自然的动作。如某一项运动项目——篮球，它可以作为增强体质健康的媒体，我们注重其健身性的同时也不可以忽略它的纯技术性。相反，健身运动项目也可以为竞技活动服务。例如，交谊舞、健身跑、中小强度的运动项目，完全可以作为竞技运动的

准备活动。另外，学生在教学模式的选项时，完全可以采取自主选项的原则，不能因为选项问题给学生造成心理上的负担和偏见。基础一般的学生可以选竞技教学模式，较好的学生也可以参与健身教学模式。在教学模式实施的过程中，针对学生的技能发展状况，在教师的协调下，教学模式的选择还可以进行再次调整。

健身教学模式与竞技教学模式既有联系，又有本质的区别，表现在以下几个方面：

1. 方法不同

竞技教学模式常用方法有讲解、示范、分解完整练习、纠正错误动作等方法，什么时候，什么地方采用何种方法是围绕运动技能的掌握程度来确定的；健身教学模式常用方法是增强体质的方法，除了运动锻炼法，还包括非运动锻炼，如阳光、空气、水、卫生措施、合理的作息制度、科学的营养配方等，什么时候、什么情况采用何种方法是以个体的健康目标而定的。

2. 内容不同

竞技教学模式解决“教什么”，健身教学模式解决“用什么”来锻炼身体，增强体质，例如，跳跃是大多数人都会的身体活动方式，但是“单足起跳，跨越高度障碍”的规则，使得跳高动作和自然跳跃的动作发生了分化，再加上“高者获胜”的规则，强化一切为“高”的技术要求，因此，跳高才会从跨越式、剪式、俯卧式发展为至今最流行的背越式跳高技术。而如果以跳跃的方式进行健身活动，其要求会变为无论单双足、以恒定节奏连续跳跃，与动作技巧关系不大，如何跳得更高的技术变得不重要了。

3. 解决的主要矛盾和追求的效果不同

竞技教学模式强调“会不会”，追求的效果是提高运动技术水平；健身教学模式强调“能不能”，追求的效果是体质增强的程度。

4. 特征不同

竞技运动模式既强调运动技能的发展，又强调体能的发展。动作的完成和运用是它的终极目标，具有显著特征。身体机能的发展以适应竞赛的规则要求为前提，它更注重动作的精神性和合理性，蕴藏着“高效”和“节能”的内涵，健身教学模式以改善身体状况，增强身体素质为目标，反对超负荷的极限身体运动，它强调的是“使身体动起来”，运动的方式多种多样，气氛相对轻松、愉悦，也具有一定的娱乐特征。

四、新背景下的高校体育教学以“重健身轻竞技”为目标的改革方法

（一）转变大学体育教育观念，推进体育教育全面发展

要坚持学生的主体地位，要让广大学生对体育教育的观念从重视体育技能训练转变成德智体全面发展，大力宣传体育教学的重要性，让学生对体育教学的态度从漠不关心、不感兴趣到热情主动地参与到体育教育中来，要让学生树立终身体育的理念。大学体育教师也要转变教学理念，由传统的重技能理念转变为重理论知识，从而指导大学生树立科学的终身体育运动意识。

（二）调整教学大纲，改革教材体系

1. 增加理论课时的比例

目前体育教学大纲中，体育理论课时数太少，每学年只有4学时，约占体育总学时的10%，适当地增加一定比例的理论课，可以扩大学生的知识面，加深对体育教育的理解，掌握身体锻炼的原则、方法，以及体育锻炼的卫生健康知识，为终身进行体育锻炼打下良好的基础。

2. 精简教材内容

现在高校体育教学，一个重要的目的就是为了增强体质、增进健康。现行高校公共体育教材体系面面俱到，贪多求广，不符合高校体育教学培养目标的需要，这种教材体系看似学生学习了许多知识技能，但实际上什么项目都没学好，不能形成对某一项目的特别兴趣，更谈不上形成锻炼习惯，终身体育也就成了一句空话。因此，精简教材、减少竞技体育内容、增加强身健体的方法，让学生在有限的体育教学时间内掌握体育技能，并对某一项目形成长期锻炼的习惯，是实现终身体育的重要途径。

（三）丰富体育教学形式

现行的体育教学形式过于单一，这也是影响高校体育教学效果的重要原因。所以必须对当前体育教学形式进行创新与丰富，力求体育教学形式的多样化。

1. 应该取消传统的基础课，将选修课不断普及

因为许多人都深有感触，从小学时期开始，一直到大学时期，体育课程的内容都没有发生任何变化。跑步、跳远成为我国小学、中学乃至大学体育课都离不开的法宝。所以这样的雷同会使得学生直接丧失对体育课程的兴趣，从而不利于学生学习。将选修课普及，让学生可以根据自己的兴趣爱好，选择适合自己的运动项目，在提升学生学习兴趣的同时，也节省了更多的课堂教学时间。学生既起到了学习的作用，也使得强身健体的目标得以实现。

2. 还可以加强课外活动的环节，让学生可以在课堂内与课堂外均实现体育锻炼

比如，可以依据学生的兴趣爱好，建立单项俱乐部。从而让学生依据自己的喜好来选择项目开展锻炼。并且教师还可以充分利用课外时间，举办一些运动比赛。在比赛中，竞技是辅助，让学生明确练习和锻炼才是关键，进而让学生实现身心的共同进步与发展。

（四）调整课程设置和教学内容

1. 高校体育理论教学应该对学生加强体育知识和健身方法的教授，使学生扩大体育知识容量，具备一定的体育文化底蕴

体育理论教学应该建立自己的知识体系，该体系可以包括体育社会人文学、运动人体科学和健康教育等，既使学生明白体育健身的科学原理，又教会学生正确的健身方法，这是高等学校体育教学的最终目的。

2. 高校体育教学必须扭转以前那种重技术的旧模式，建立全新的、科学的健身体系，坚持以人为本，发展学生个体，充分挖掘学生的潜力

在教学内容方面要设置学生感兴趣的内容，抛弃那些枯燥无味的项目，培养学生对体育的兴趣，使学生养成自觉锻炼身体的习惯，获得终身体育和终身受益的能力储备，从而自觉地运用课堂上所掌握的体育知识和健身方法，指导课外的体育锻炼，达到终身受益的目的。如科学地精减教学内容，不再重复中小学那些已经上过多次的教学内容，而让学生广泛选择自己喜欢的项目。根据目前高校教学情况，第一学期可以开设普修课，例如游泳、武术等项目。从第二学期开始可以开设多种单项供学生选择，如各种球类、健美操等项目。学生每学期可以选择一个新的学习内容，也可以重复选择，给学生提供宽松的选择余地，真正达到喜爱、锻炼的目的。

3. 在体育教学中注重“三自”能力的培养

科学研究表明，人体发育同运动技能的培养是紧密相关的，而动作技术的中枢机制同思维智力机制在神经网络层次上是融为一体的。由此看来，体育运动不仅影响到人的体格发育，而且对一个人的智力发展有着积极的促进作用。经常的、自觉的体育锻炼对于发展学生身体、提高智力水平是至关重要的。所以，我们在教学中必须要注重学生“三自能力”的培养，即“自我锻炼、自我监督、自我评价”能力。大学生不可能永远在老师的指导下锻炼身体，只有培养和提高他们的“三自能力”，才能使他们在人生的各个不同阶段都做到坚持锻炼，保持健康体魄，达到终身受益的目的。

4. 根据学生的爱好，成立各单项俱乐部，使学生能够全身心地投入锻炼

课内外紧密结合是21世纪各类学科课程体育改革的一个显著特点。为使学生能够选择自己喜爱的体育项目进行锻炼，学校可以成立一些体育俱乐部，体育教师应该支持学生利用早操、课外活动及休息时间，到各单项俱乐部进行针对性的课外锻炼，或自行组队进行比赛，并在此基础上产生学校各代表队。在这里老师仅起辅导作用，真正体现出课内教学以传授知识和掌握方法为主，课外练习以兴趣和练习为主，真正达到锻炼身体、提高身心健康水平的目的。

（五）加强师资培训，优化队伍结构

首先，教师是知识的传播者和学生的指导者，是素质教育的具体执行者。体育系首先建立完善的教师培训机制，对现有的青年教师采取“走出去、请进来”的方式，利用组织观摩、进修、短期培训等多种形式，提高其业务能力；利用高校的资源优势提高外语和计算机水平，并熟练掌握多媒体电化教学手段，以适应教育发展的需要。其次，加强体育系学术梯队的建设，培养教学骨干，提高科研水平，逐步建立一支结构合理、年龄适中、业务能力强、思想素质高的教师队伍。最后，将根据高校体育的任务，努力培养和发展教学、训练、科研各方面的人才，建构教学、训练、科研于一体的综合教师结构体系。

（六）改革传统竞技化痕迹明显的教学评价体系

因为传统的评价体系过于偏重竞技性，所以在当前大学体育教学改革的背景与要求之下，必须更新与完善教学评价体系。要明确体育教学考核是衡量体育教学成果的重要体现，但同时更是促进学生长期坚持体育锻炼的手段与方法。所以在这样的要求之下，考核的内容

与标准更应该倾向于对学生的锻炼目的。公平评估学生的体育成绩，使得学生无论在身体上还是心理上都可以得到公平对待。针对高校普遍存在的弊端，如过分重视竞技项目是否达标，轻视体育能力的掌握；或者过分重视实践课程考查，关注学生是否可以在多少秒之内跑完多少米，从而忽视了理论知识的灌输，忽视了学生先天因素造成的个体差异，采取一刀切的考试形式等，这些实际上都是传统考核体系中不健全和不完善的部分。所以必须针对这一体系进行改革，改变其过分重视竞技化的部分，将健康理论融入其中。比如，可以适当增加理论知识考试作为重点，并且将终身体育锻炼的理念融入考核之中。还可以注重考查学生的体育能力，分析学生是否掌握了体育锻炼的方法，为学生的身体健康发展提供帮助。在进行体育考核体系制定过程中，还可以采取分层考核的方法，对学生进行分等级的考核与测评。允许个体差异的存在且尊重差异性，在未来的发展过程中，重视学生强健体魄的训练，进而将重视健康教育的理念融入高校体育教学改革中。

（七）加大体育场地、器材、设施经费的投入，保证和推动体育教学改革的顺利进行

近年来，由于改革开放的需要，学校招生规模的扩大，学生人数的剧增和体育教育专业的兴办，体育场地、器材、设施和经费的严重不足，已成为继续深化体育教学改革的瓶颈和“拦路虎”。学校应该按照教育部公布的体育场地、器材、设施和经费的配置目录进行配置，以保证和推动体育教学改革的顺利进行。

（八）加强体育安全教育

在体育运动中由于动作幅度程度不一，安全事故时有发生，教师要给学生灌输安全知识，要让学生明白安全的重要性。进行体育锻炼之前教师要带领学生做好热身运动，同时为学生科学、规范地讲解动作要领。在锻炼的过程中最好能让学生由简单到难有一个过渡，在完成体育教学的同时保证学生的安全，另外还需要体育教师有一定的医学常识，在学生受伤的第一时间能够处理得当，避免二次事故的发生或由于处理不及时而影响学生的身体恢复。

第四章 新背景下的高校体育教学课程改革与发展

第一节 高校体育教学课程的结构与类型

一、体育课程的结构

（一）课程的结构概念

课程的结构是指构成一节课的几个部分和各部分的内容安排顺序、组织教法及时间分配等。课程的内容安排顺序不单是指课上练习的安排，还包括教师教的活动和学生学的活动，及其相互联系的合理顺序。组织教法也包括教师的“教法”与学生的“学法”，以及相应的组织措施保证。由此可见，把课程的结构仅仅理解为划分段落及时间分配是不够全面的。

（二）课程的结构演变

19 世纪中后叶，欧洲一些国家，如捷克的体育团体、瑞典体操制度等体育课的结构，偏重于身体练习的选择、顺序安排和时间分配。从 20 世纪 20 年代苏联学者柯洛诺夫斯基运用教育学原理把其他学科课的结构引入体育课，提出第一部分组织学生提问，第二部分阐述新教材、巩固新教材，第三部分布置家庭作业。到了 20 世 50 年代，苏联学者以机体工作能力变化规律为依据（开始状态、进入工作状态、稳定状态、工作能力降低状态），提出了相应的四个部分体育课的结构，即开始部分、准备部分、基本部分、结束部分。

到了 20 世纪 70 年代，苏联学者又提出：对课的结构认识不能仅理解为几个部分，还应把课分为总的结构和细的结构。他们认为，确定体育课的结构既要符合人体工作能力变化的规律，又要研究练习对机体影响的“后作用”功能规律，以及教与学相互作用的连续性。这种体育课结构的理论是 1976 年苏联出版的《体育理论与方法》一书中阐明的。

我国 20 世纪 50 年代体育课的结构，受到苏联体育理论影响很大，基本上把课的结构划分为四个部分。进入 70 年代后，基本确定为三部分结构和可变结构的模式。所谓可变结构，就是随课的任务、学生情况、教材性质，具体结构是可变的。

目前，大家认为三部分课这种结构的教学内容、要求与时间分配规定得过死，束缚了教师和学生的能动性；这种课的结构过于突出了基本部分的教学，往往忽略了其他部分的教养与教育任务的作用。同时，基本部分的教材较多，任务偏重，很难完成教学任务。因此，随着体育教学的改革，提出了一些新的观点与措施，主要有以下三种模式：

1. 部分结构

这种结构主要是把基本部分分成两个小的阶段，即技术教学和身体锻炼部分。身体锻炼可进行身体素质和运动能力的训练。正确处理技术教学与发展身体的关系，适当加大身体练习的密度与运动量。

2. 六段教学结构

这种结构根据学生在课上身心活动变化的规律，分为六段，这种结构适于小学和初中的体育课，其模式有：①引起动机阶段；②满足运动愿望阶段；③适当降低强度、保持活跃情绪阶段；④发展运动技能阶段（掌握技术）；⑤身心恢复，调整阶段；⑥小结和布置作业阶段。

3. 按练习顺序安排的结构

这种结构不分阶段和部分，而是根据人体机能的活动规律，练习和休息的合理交替，使练习按一定序列、连续地进行，有游戏练习、技术教材的练习及发展身体等练习。这种结构主要是侧重于学生情绪与心理活动的调节，以调动学生的主动性。

另外，我国港台地区体育课的结构模式常分为：①学习动机；②示范说明；③分组练习；④分组比赛；⑤综合活动（比赛结果、表扬、分析胜败原因）；⑥追踪活动（课后整理、课外发展、学习活动）。

（三）确定体育课程结构的依据

1. 机体工作能力在一节课上变化的规律

运动生理学的研究揭示了一堂课人体工作能力变化的规律为四个阶段，即练习前反应阶段、进入工作阶段、相对稳定阶段、能力下降阶段。根据这一规律，体育课相应地分为三个部分结构。

2. 课的类型和教材内容

不同课的类型和教材内容都会影响课的结构，如以掌握技术为主的新授课、以复习巩固为主的复习课、以检查学生成绩为目的的考核课，都可以运用不同的课的结构。另外，教材内容如果以游戏为主的集体项目教材或以个人练习为主的器械体操等的教材内容，也会影响到课的结构变化。

3. 课的组织形式

教师采取分组轮换，还是不轮换；教师采取集中指导，还是巡回指导，也会对体育课的结构产生影响。

3. 学生的人数和场地器材

因为学生的人数和场地器材往往影响到课的组织形式，甚至影响到教材内容的选择和安排。因此，学生的人数和物质条件也是制约课的结构的重要因素。

（四）调整与改革体育课程结构中的几个问题

不能简单化地理解体育课结构。研究与改革课的结构就应注重从教材内容的选择、教法的运用、负荷与休息交替等方面深入考虑。体育课的结构反映了课堂教学过程，不论结构变化如何，都会有准备活动和放松整理活动。对学生来说，准备活动和整理活动除了考虑为教材服务之外，还应有教育、教养、提高身体素质的任务。因此，应充分利用每节课，每个部分的时间，强化单位时间观念和效益观念。体育课的结构应该根据需要处在一个动态发展的过程，不能理解为固定的模式和一成不变的框架而因此束缚了自己的手脚。

总之，课程的结构是为体育课的目的、任务服务的，应全面考虑教学的目的与任务、教材的性质、学生的年龄特征、体育场地器材与天气等因素，具体而灵活地安排课的结构，创造性地选择和运用教材教法及教学手段，不断提高体育课的教学质量。

二、体育课程类型

依据实践课每一课次的具体任务和特点，又可具体分为引导课、新授课、复习课和考核课四种类型，下面分别加以分析。

（一）引导课

一般每学期开始的第一次课，它的主要任务是结合上学期的教学情况，向学生部署本学期的教学任务和要求、教材内容与考核标准、课外体育活动的安排、运动队的组建与训练等事宜。必要时利用引导课对学生进行预先分组，以便于以后的教学。对刚入校的新生，还应向他们介绍本校体育工作的情况和取得的成绩、学校体育工作的优良传统、课堂常规及有关体育工作制度、要求等，并向学生进行体育教育与锻炼身体重要意义的宣传与教育，动员与启发他们上好体育课和锻炼身体的积极性、自觉性。

（二）新授课

这是以学习新教材为主的课型，一般是在复习旧教材的基础上进行的。在新授课教学时应注意以下几个方面：①使学生对新教材形成正确而完整的概念，教师应正确运用讲解与示范及演示直观教具等教法措施；②使学生掌握动作技术的基本要领，抓住重点，克服难点，注意纠正普遍性错误；③教学中要精讲多练，创造条件，保证学生有足够的练习时间和适宜的重复次数。

（三）复习课

这是以复习旧教材为主的课。开学初、学期末、考查前，以及学完某一单元教材后，通常采用这种课型。复习不是简单的重复，而是要不断进行强化练习，逐步提高动作的质量和成绩。

（四）考核课

这是在教学经历一个阶段后或学期末时经常采用的课型。主要目的是检查和评定学生的学习效果，取得教学反馈信息，不断改进教学。

在考核课以前，应预先把考核的内容、标准和办法告诉学生，使学生有预习和锻炼的准备。在考核运动强度较大的项目时，要充分做好准备活动，加强安全教育，预防伤害事故；还要做好培养助手和场地、器材及登记等其他准备工作。在新授课和复习课中，就教材的安排一般有两种方法：一种是在课的基本部分只安排一项教材，称为单一课；另一种方法是在基本部分安排两种不同性质的教材内容，称为综合课。单一课的优点是可以减少组织措施（调整队伍、布置场地和器材），便于控制课的运动负荷，使学生能有较多的练习时间，缺点是教材单调易导致枯燥，同时单一教材要求学校具有良好的场地、器材条件。

安排两项或三项教材，其优点是学生锻炼身体较全面，内容不单调，具有调节情绪的作用。缺点是需要加强组织措施，做好课前的充分准备，并要协调好同其他同时上课的老师的关系。由于学生练习的内容多，所以练习的次数、时间较少，不便于控制和调节运动负荷。总之，应结合实际情况，具体而灵活地选择不同课程的类型及组合，以发挥不同类型课的优势，克服缺点并弥补其不足，更好地完成体育教学任务。

第二节　新背景下的高校体育教学课程设置改革与发展

一、我国高校现代体育课程困境

（一）重视专业训练，基础教育薄弱

自20世纪50年代我国移植苏联专业教育模式以来，我国高校的课程体系基本上都是围绕着专业来安排的：专业基础课—专业必修课—专业选修课，专业教育在我国已盛行了近50年。专业教育模式在我国计划经济体制阶段，对培养各类高级人才及推动我国经济的发展的确作出过巨大贡献。但由于“对口式”专业教育在相当程度上按社会需要对口培养人才，由此造成的专业数量越来越多，专业覆盖面越来越窄，培养目标的工具性更加突出，培养对象的综合素质发展受到了很大限制，培养出来的人才知识结构单一。更有甚者，用这种模式培养的人才去培养下一代，如此恶性循环，致使学科间的发展受阻，专业发展也步履维艰。这与现代科技发展的高度分化与综合，以及现代职业的多变性是不相适应的。如何拓宽专业口径，加强基础教育已成为我国高校课程体系改革义不容辞的课题。

（二）科学教育与人文教育分离

由于过分强调科学技术对社会经济发展的作用，再加上按社会需求培养人才的综合式专业教育，导致科学技术的强化与人文教育的弱化，学文科的和学理科的相互缺乏了解。科学教育与人文教育的这种分离，把一个完整的教育目标分割了，从而使科学教育中人文精神失落，人文教育中缺乏现代科学技术的必要补充。更严重的是，我国不少高中实施的文理分科的应试教育，进而又把这种分离提前到了中学，这既不利于学生综合素质的提高，也不利于科学教育与人文教育的健康发展。我国著名教育家、中科院院士杨叔子教授指出：“没有科学进步，人类将永远愚昧落后；没有人文教育，人类将进入科技进步带来的文化黑暗及社会灭亡的深渊!”可见，对于肩负培养高级专门人才的高等学校来讲，重新审视我们的教育，高度重视和切实加强科学与人文素质的综合教育，已是迫在眉睫的事情。

（三）必修课程分量过多，选修课程分量不足

必修课程是学生必须掌握的知识和技能，以保证所培养人才的基本规格和质量，使学生达到统一要求；而选修课可以照顾到每个学生的兴趣、爱好和特长，满足其个性发展的需要。必修课与选修课的实施是需要合理比例的。目前我国高校与世界上大多数国家的高校相比，普遍存在着必修课分量过重，选修课严重不足的状况。特别是一些大学中的限制性选修

课很不灵活，学生几乎无选择余地，基本上为变相的必修课，也由于供选课程太少，而且涉及面不广，因而达不到加强专业基础和增长基础知识的作用。对于这种状况，大部分学生也是极为不满的。据对某校 1998 级理科毕业生有关施教情况的调查，认为教学计划中限制性选修课太少的占 13.9％，认为非限制性选修课太少的占 63％。可见，学生要求增加选修课，减少必修课的愿望是非常强烈的。因此，如何减少必修课，增加选修课也是当前高校课程改革面临的又一个重要问题。

（四）理论性课程与实践性课程脱节

高等教育在加强大学生专业基础理论课程教学的同时，还必须结合现代生产的发展动向，把与本学科有关的生产知识结合起来，或让学生深入到相应的生产部门学习实际知识及进行应用科学知识的实习活动，这也是现代科学技术发展的要求，是当今世界高等教育课程改革与发展的共同趋势。然而，我们培养的大学生实践能力较差是长期以来我国高等教育存在的一个比较突出的问题。一个很明显的例证就是我国留学生在国外学习基础知识很扎实，名列前茅，但一接触到实际操作和解决实际问题，则不如美国、日本等国的学生。国内也有许多单位反映，往届的大学毕业生，一个越来越明显的突出问题是他们缺乏的往往不是知识，而是实践能力，特别是动手操作能力。如高等师范院校的任务是培养合格的中学师资，因此，应做好教师的职前教育和培训，以便学生毕业后尽快胜任教师工作。但有相当一部分高师毕业生，不能适应中学教育教学工作的需要，作为教师必备的基本技能差，有的不知道怎样备课，有的课堂上不会板书，语言不规范，文字表达能力不强，有的不知道如何做学生的思想工作等。其他一些高等院校也有类似现象。造成这种现象的原因是多方面的，但与我们课程设计中长期忽视实践性环节，不注意学生解决实际问题能力的培养有着很大关系。例如，在课程设置上，理论性课程一般比较有系统，而实践性课程都被分散在各门理论课内，居于从属地位。

我国许多高校都不同程度地存在如前所述的种种不足。如何实现高校课程体系的改革，更好地为社会主义祖国培养跨世纪的优秀人才，已成为各类高校共同关心的课题。近年来，各高校都在根据本校的具体情况进行有关课程体系改革的探索。

（五）课程内容设置没有体现“健康第一”的指导思想

当前，“三自主”选项课教学仍然是各高校体育教学的主流模式，主要是以单一的专项教材为主要教学内容。选项课教学虽然可以激发学生的学习兴趣，发展学生的专项体育技能，但是在实际教学过程中，过于注重学生对专项体育技能的掌握与提高，而忽视了对学生体质健康促进和健康意识的教育。近年来，国内部分高校也对选项课教学进行了改革与探索，提出了多种体育教学模式，但更多的还是为了满足学生兴趣的需要，仍然没有摆脱以专项体育技能教学为主的传统教学模式的束缚。这种以专项体育技能教学代替健康素养教育的大学体育课程设置，没有体现“健康第一”的指导思想，从而难以实现大学体育课程目标的要求。

（六）精品课程建设薄弱，获批精品课程的高校数量较少

在高校体育教学中精品课程建设薄弱，高校体育教师不重视精品课程的建设，申请并获批精品课程的高校数量较少，例如，在所调查的 10 所高校中，只有一所高校的体育普修课

程获批为校级精品课程，缺少省级和国家级别的体育精品课程。

（七）高校缺乏体育自编教材建设

教材是教学进行的物质条件，教学信息的重要载体，教师需要通过它教学，学生需要通过它来学习，它在整个教学过程中有独特的地位，在教师和学生之间的教学活动中起着不可替代的桥梁作用。体育教材是指在特定时期下根据当下的思想和实际的社会需求，为指导教师教学和学生进行学习专业技能、培养体育意识、锻炼体育实践活动等而编写的相关文字或图片，包括教科书、讲义或者录像、幻灯片等载体的一系列文字或图片形式的资料。另外教材是老师授课、学生学习的重要工具，通过教材学生能清楚地掌握学科知识、技能，是学生学习的重要材料。

高校体育教育专业课程选用教材具有局限性，高校教师没有自编的针对相关专业的体育教材，即缺乏适合学校特色和学生发展的校本教材。同时考核内容更加注重学生的体育应用能力和实用技术，但是缺少对理论学习的考核，并且大部分高校缺乏身体素质的训练、比赛战术的应用，以及裁判知识的考核。尤其是缺少对学生教学能力的考核。体育教育专业的学生是未来中小学体育师资力量的重点培养对象，考核学生的教学能力有利于提高体育教育专业学生的就业能力。

（八）课程内容与社会生活严重脱节

回顾过去不难发现，我国普通高校的体育教学一直沿袭着苏联的教学模式，以技术技能教学为主，学生被动地接受身体锻炼，以至于从社会到学校都把体育教学与身体锻炼画上等号，而不是把它们看作学校体育过程中不可分割的两个阶段。近年来，随着体育教学改革的深入，体育教学从以运动技术教学为中心，逐渐向健身育人、终身体育思想转变。目前，我国普通高校体育教育正处于改革探索阶段，地方本科高校向应用技术型高校转型，对地方本科高校体育课程设置提出新的要求。当下地方本科高校体育课程设置存在的问题主要是体育课程内容与社会生活严重脱节，体育课程只是简单的锻炼身体，甚至是自由活动，学生在体育课上学无所用，学到的东西既没有锻炼身体，增强体魄，在进入社会后也没有用武之地。

（九）体育课程评价内容不全面

长期以来，高校体育课程偏向于体育技能的教学，而忽视了理论知识和个人体育能力的考评，评价过于绝对化，忽视了学生的个体差异和对学生进步幅度的评价；偏重于终结性评价，而忽视了对学生学习过程的评价。评价内容比较单一，注重实践，轻视理论，特别是学生的课外体育参与情况没有纳入体育课成绩评价体系中，这也影响了学生课外体育参与的积极性和主动性。

（十）缺乏指导思想，教学目标倒置

体育教学专业的培养目标，就是要为国家培养出能够胜任中学体育和健康课程教学的人才。这就要求我们高校体育专业的课程开展，需要围绕培养学生全面发展能力这一点进行，尽可能让学生多吸收知识，以后学生毕业任教的时候才能有专业的知识和素质。但是目前我国高校的体育课程发展情况并不太好，其原因是在当下高校体育专业的课程建设过程中，教学目标依旧是传统的以运动为中心，让学生在学习中掌握运动技能，提高运动技能的准确性和完美性，增强学生的运动素质，而缺乏相关的思维能力训练。这个问题的形成，是高校还没有一个完整的体育课程开展指导思想，而导致了教学目标出现偏差，属于素质训练的定向体育课程自然也得不到良好的开展，从而让学生全面发展能力的培养受到限制。

（十一）我国高校体育专业课程教学模式单一

目前，我国高校体育专业的教学模式，主要集中在课堂授课为主。传统课堂的体育教学模式是在课堂上教师主要聚焦于体育技战术知识的“教”，学生则主要着眼于体育技战术知识的“学”，在课堂外则是以学生内化、巩固课堂所学体育技战术知识为主。教师通过课堂讲授知识，学生主要通过课堂学习和课后练习进行学习，这种传统的教学模式已经不适合体育专业学生的发展。体育专业与其他专业相比具有鲜明的特点。首先，从学生特点来看，体育专业学生性格活泼，思想跳跃，枯燥的教室环境会降低学生的专注度。其次，从未来就业方面考虑，体育专业培养的学生未来主要从事体育教师与社区体育指导员工作。健康体适能不仅是体育专业学生需要背下来的理论，更是未来如何将健康体适能与体育教学科学地结合起来。所以单一的课堂授课无法提升学生的理论应用和实践操作的能力。

（十二）体育专业课程设置观念落后

《国家中长期教育改革和发展规划纲要（2010—2020年）》指出，高校教学应该重视因材施教。发现、发掘并发展学生的个性，并接受学生之间的差异性，通过对学生的教学和引导来充分发挥学生的优势，使得学生的优势得到发展，并建立起学生对自己的自信心。高校体育要推进分层教学、走班制、学分制、导师制等教学管理制度的改革。然而，高校体育专业的变化不能完全满足学生进入社会后日益变化的工作岗位发展，“专业对口”早已无法适应社会需求。实践证明高校体育越是重视专业技能的培养，忽视理论和学生体育素养和能力的培养，学生就越难适应千变万化的市场形势，越难适应社会中的岗位需求。以上问题已经引起我国教育界的充分重视。以我国最早成立的六大体育院校为例，受到年代的限制，在特殊背景下当时的高校在体育课程设置方面一味地重视学生的身体素质及运动技能的学习，却忽略了学生的健康和心理发展。然而在经济和信息高速发展的今天，高校体育得到了快速发展，对高校体育教师的要求也越来越高，体育教师不再仅仅是提供运动技能指导的教练员，同时也需要引导学生关注自身的身体和心理健康。改革开放以来，体育专业课程虽然一直在增加新内容和新理念，却一直无法满足校园体育对于体育教师更加专业的要求。究其原因，便是观念的滞后性，导致了体育专业课程的设置无法使体育专业的学生得到全面发展。

（十三）课程设置枯燥乏味，无法引起学生的学习兴趣

在高校体育教学中，体育课程的设置比较单一，课程内容多是老师对动作的反复示范，学生对动作的反复模仿和练习，因此无法引起学生的学习兴趣，无法激起学生体育课程的学习动机。学习动机是推进学生进行学习的一种内部力量，并可以形成一种推动力，从而推动学生建立学习目标，并朝着学习目标努力。学生体育课学习的动机能够真实地反映学生的想法，只有激起学生的学习动机，观察学生的学习动机，才能有针对性地对学生进行更好的培养。

高校体育在课程设置上往往忽视了学生的学习动机，采取“注入式”教学方式对学生进行体育教学，不知道学生想要什么，更不能有针对性地对学生进行教育和引导，使得学生在

体育课程教学中无法真正了解体育知识的精髓，更无法使得学生通过体育课堂放松精神、身心愉悦地进行学习，学生只是单纯地为了获得成绩。因此，一节课下来学生往往在体育动作的反复练习中筋疲力尽，很难真正享受体育课堂给学生带来的愉悦感。

（十四）体育课程设置上理论重视程度有待提升

通过调查不难发现，目前，很多高校的管理者对体育课理论的教学不是十分重视，有些高校的管理者认为体育课只要学生能够掌握一定的体育运动技能就可以，不需要掌握体育技巧的相关理论。所以，在高校的体育教学中，体育理论知识被严重忽略，理论知识量被不断缩减，正是高校对体育理论知识的不重视，致使学生自身也不重视对体育理论课程的学习。

追溯其根源主要是受传统体育教学的影响，在传统体育教学中，高校体育课的体育教学都比较重视体育技术的传授和教育，这使得学生的传统观念里体育课就是对动作的模仿和反复锻炼，理论学习并不十分重要。因此在高校少之又少的理论课时学习时，有些学生在上理论课的时候甚至睡觉。这就使得体育课的理论教学受到了阻碍。

在体育课程改革基础上的高校体育课中，部分高校在期末考核中并没有加入理论考试，而且理论部分在体育课程中占的比重也非常小，分析其原因，大都是因为从中小学开始，体育课便以练习技术技能为主体，学生逐渐形成了思维定式，潜意识里认为理论课程不重要，因此到了大学时期也不会过多地关注理论课。并且体育课程的理论内容过于死板，教师讲授方式单一枯燥，导致学生对体育理论知识缺乏兴趣。

但是，体育课程的教学中如果缺乏理论知识的授课，很容易使学生盲目地学习，没有对技术动作进行分析，缺乏理论知识的支撑，进而导致学生在体育课中盲目地为了考核任务进行锻炼，最终极易因为锻炼不当而引起身体受伤。另外在选课阶段时，学生如果没有教师理论性的指引，选课时不加以考虑自身身体状况与运动项目契合度，最终改选项目极易造成教学管理问题等。因此课程改革中对于体育理论的重视程度势必需要继续提升。

（十五）体育课程形式设置单一

虽然高校体育课程改革至今基本实现了“三自主”选课的实施，但在实际运用和操作中却出现了很多问题。在大学的选课环节中，教务系统已经将必修课提前设置到学生的课程中，课表中必修课所占比重尤其大，因此学校开放的“三自主”选课对于学生来说，是在除去专业的必修课以外的时间段进行选课，而教务系统设置课程的时间是统一的，没有办法考虑各个学院各个专业本身的专业课时间段的差异性，就会出现学生喜欢的科目的课程和专业必修课课程时间冲突的情况，因此学生对于体育课程选择的机会就会非常小，最终只能在有限的时间里选择自己相对比较喜欢的体育课程。由此可见，学生并没有在真正意义上实现自主选择课程时间和课程项目，并且部分高校在选课系统中并没有将任课教师列入其中，这也导致部分学生不能实现自主选择课程教师。

另外，新背景下出现了一些比较受年轻人喜爱的体育项目，而对于这些比较热门的体育项目，部分高校还没有开设相关课程，即使开设了，课时也较少，无法满足学生的体育需求，所以当出现受学生青睐的热门体育项目时，由于选课人数较多，很多学生鉴于各种原因在首次选课时会被选课系统剔除，学生不得不进行二次选课，去选择其他项目。除此之外，部分高校的教务系统模式相对陈旧，无法做到智能识别。例如，对于选择体育课的学生无法对其性别进行识别，最终导致男女混班的情况。体育课的男女分班是非常重要的，男女生在生理、体能等方面都存在巨大差异，他们对体育课程内容的要求也不相同，因此不能用统一的标准去要求，而且男女生之间的活动量要求也不同，要求过高或过低都会影响学生在课堂上的兴趣培养，也会影响学生对体育课程的积极性，不利于学生的个性发展。

（十六）与课程配套的基础设施不完善

高校的体育教育训练学课程的开展，是需要拥有足够的基础设施支持的，例如，需要宽阔的场地、完善的体育器材等，只有基础设施、设备完善了，才能够为接下来的教学提供方便。但是，通过深入调查研究发现，现阶段我国很多高校的体育设施、设备并不完善，缺乏广阔的训练场地，再加上体育器材并没有及时更新换代，就出现了很多的老旧器材。这在很大程度上影响着高校体育教育训练学专业课程的有序开展，无法满足学生的基本活动需求，这一问题应引起足够重视。

二、我国高校现代体育课程设置改革与发展趋势

面向21世纪高等教育课程体系的改革应着眼于以下几个方面：

（一）拓宽专业口径，淡化专业界限

为了使高等学校培养出的人才更好地适应社会发展，必须打破原有的狭窄的专业口径，加强基础知识教育，淡化专业之间的界限，使学生的知识结构由纵向深入型向横向宽广型转化。这种课程体系要求高校在招生时，按照大的门类进行录取，以下不再分更小的专业。学生在低年级统一学习共同必修的基础类课程和工具类课程，以奠定深厚的理论基础和宽广的知识面；进入高年级之后，实行比较彻底的选修课和学分制，从有一定的限制（如一、二年级）到完全由学生自主地在本门类的专业中选择专门化的方向及其课程；同时也创造条件保证优秀生能够跨学科、跨年级选修，提前毕业。这体现了“整体—分化—综合”的原则，可以有力地推动我国高校培养的人才由传统的“专家型”向“通”“专”结合型人才的转变。

（二）文、理、工学科相互渗透、交叉与结合

现代科学技术的飞速发展，以及21世纪对人才的呼唤，都要求高等学校的课程和教学向着文、理、工学科相互渗透、交叉与结合的方向发展。目前，世界各国一方面加强了科学技术教育，全部强化了计算机的教学与应用；另一方面，各国又普遍加强了人文教育，增加了社会人文课程及课时，并把人文教育渗透于所有学科之中，特别强调理工科教育中加强人文社会科学教育的重要性。我国也有许多高校都在文理兼通方面适当地调节了各自的课程体系。如上海师范大学就提出，一方面在文科开设“文科数学”，以增强文科毕业生运用现代数学工具解决人文、社会科学问题和从事教育科研的能力；另一方面在全体学生中加强文化修养教育，计划中单列一块，作为限定选修课，规定每个学生必须选修12学分文化修养课。其中，人文、社会、自然、艺术各2学分。北京大学为了培养学生的全面素质，要求文科学生必须修读一定的理科课程，理科学生必须修读一定的文科课程，全校学生都必须修读一定的艺术类课程，艺术类课程至少2学分。

目前在一些高校进行的简单的文理互选几门课程的做法，对个体的知识构成来说，确实体现了知识的多样性和丰富性，也可以看作是文理学科相互结合的一种类型，但这只能是初级水平的跨学科，它没有充分挖掘学科间的结合点，故不能产生“1＋1＞2”的效果。跨学

科并非蜻蜓点水，样样都通，而是立足于学生所修的专业，以专业为出发点，并根据学科间的内在联系，达到文理的有机结合。也只有这样，才能在一定程度上打破学科壁垒，实现学科间的渗透与联系，而且学生学习起来并不觉得与将来的职业无关，能刺激学习兴趣，提高学习效果。因此，加强文、理、工学科之间的相互渗透、交叉与结合应提倡的原则是：摒弃简单拼凑，实施有机结合；激发学生兴趣，全面提高素养。

（三）减少必修课程，增加选修课程

长期以来，由于高校的必修课分量过重，学生只能局限于狭窄的学科领域，知识结构比较单一，学习的兴趣与主动性也受到压抑。因此，增加选修课是社会发展和学生个体发展的客观需要。当然，选修课的开设也并非多多益善。选修课开设究竟占多大比例为好，目前还没有一个科学的定论，但从大多数国家的经验来看，在必修课与选修课开设的比例上，一般为 7∶3。目前，我国许多高校纷纷实行学分制，而学分制的一个基本前提，就是要开设出一大批选修课程。因此，我国的许多高校也都根据这一比例标准，增设了选修课时，压缩了必修课时。如武汉大学规定各专业本科生应修习的总学分一般为 170 学分，其中必修课程学分一般控制在总学分的 70%以内，选修课学分（含指定选修课学分）70%左右，普通教育课程（10 学分）一般占 30%以上。华南师范大学在新修订的教学计划中也规定，在 4 年总学时数中，必修课时宜占 70%～75%，选修课时宜占 25%～30%，其中，限选课学时宜占 15%～20%，任选课学时宜占 10%，学分的安排也大致如此。

（四）理论性课程与实践性课程相结合

为了解决目前我国高等教育中存在的理论与实践脱节的问题，更好地培养学生的实际操作能力，从课程建设上看，必须认真处理好理论性课程与实践性课程的关系，特别要注意在教学计划中切实加强实践性环节。理、工、农、医的各专业要搞好实验、实习、计算机应用、绘图和某些必要的工艺及有关的现代技术的训练；师范院校要加强教育实习；文科类专业要搞好阅读、写作、资料积累、调查研究和使用工具书的训练等。同时，还要改变实践性课程从属于理论课教学的地位，实践性课程可单独设置并按教学要求组织教学，提高其在整体课时中的比重。所开课程都要认真考核，学生不得免修，并适当地提高学分，以加快大学生向社会独立工作者过渡的过程。实践性课程独立设置后，还有一个与理论性课程配合与协调的问题。从逻辑体系上来说，在时间安排上往往是理论性课程在先，实践性课程在后，尽量做到先理论后实践；在内容安排上，理论性课程讲清基本原理、基本理论，而实践性课程则应偏重于讨论设计、测试方法、工艺技术等，并且不拘泥于验证所学理论，应有新的扩展与引申，鼓励学生有所创新，有所发现。当然，理论性课程与实践性课程分开单独开设，不是把二者截然割裂开来。事实上，理论性课程也需要有实践性的内容作为理论的验证和巩固，以丰富课程内容，增强课程的可学性；而实践性课程又必须有理论方面的相关内容给予指导，使之立足于理论高度。只有这样，才能真正实现理论与实践的有机结合，使学生更好地掌握专业理论，发展实践能力。

（五）体育教学中确立“健康第一”的教学目标

高校体育课程目标的确立应在“健康第一”的指导思想下，坚持以“学生发展为中心”的理念，结合大学体育教育现状及大学生身心发展的实际需要，将课内、课外目标相结合，

培养大学生对体育运动的兴趣、爱好和独立锻炼身体的能力，建立以推动学生体育运动参与、增强学生体质、提高学生体育文化素养、促进学生心理健康为主线的目标体系。

（六）重视体育精品课程建设，增加体育课程建设成果

高校体育教师应重视体育精品课程的建设，各高校体育教育专业课程体系的优质资源可网络共享，但要创建科学管理体系；体育精品课程的建设需要政府政策的支持、经费的投入并配备一流的教师团队等，以此来改革体育课程体系，拓展精品课程的途径。高校可以将体育精品课程建设的成果与教师的科研成果同等对待，制定合理有效的激励制度，提高教师教学成果奖励，鼓励教师在课程建设中发挥自己的聪明才智。

（七）加强体育自编教材建设，完善体育课程考核评价体系

建议高校体育教育专业普修课程、专选课程和辅修课程要合理区分教学内容，高校教师可适当地在原有体育教材的基础上自主编写出符合学生个体差异的教材，这不仅有助于因材施教，发展学生的个性特点，还有助于提高体育专业教师的科研水平。建议完善考核评价体系，适当拓宽考核范围，加入体育理论知识的考试，增加身体素质的测试；组织队内大循环比赛，将竞赛名次纳入最后成绩；可以增添说课、试讲等形式的考核，将学生教学能力的考核成绩也作为评价标准之一，权衡各项考核比重，全方位多角度地评价学生。

（八）加强课程内容与社会生活的紧密联系

现行的地方本科高校体育课程内容注重知识体系本身的逻辑顺序，忽视了课程内容与社会生活的紧密联系，导致学生学而无用、学无可用，掌握的体育健康知识与社会生活脱节。对于地方本科高校的学生来说，他们毕业之后大都从事非体力劳动，因此，地方本科高校体育课程教学内容的选择要以实用、简便易行和有助于学生的身心健康为主。而那些课程内容对场地要求较高，学会了却不会使用，对健康没有多大益处，尽管已是承袭了几十年的课程内容，但完全可以不被选择。

（九）体育课程评价要遵循淡化甄别与选拔功能

体育课程评价要遵循淡化甄别与选拔功能，强化激励与发展功能的原则，为终身体育奠定基础。体育课程的考核和评价方法要充分考虑促进大学生体质健康水平的因素，适当降低运动技能水平所占的比重，提高课外体育参与所占的比重；考核标准要让学生必须经过积极努力才能达到考核指标的达标要求；评价内容要多元化，既考虑学生课堂学习情况、体质健康水平，又兼顾学生课外体育锻炼的参与率与表现，注重学生的个体发展、学习过程和学习效果。

（十）树立教学指导思想，明确教学理念

在未来，高校应该对体育专业的课程树立正确且科学性的教学指导思想，保证课程开展的合理性和专业性，明确科学性、合理的教学理念，落实“健康第一”的指导思想，让学生养成锻炼身体的良好习惯。在科学的思想指导下，对高校体育课程进行重新配置，有条件的学校可以将其设置为必修课程或者是增加选修课程的学年，由原来的一学期、一学年改为二至三个学年，最好是能直接贯穿学生高等教育的始终，然后尽量均衡师生配比，从原有的师

生比 1∶40 降到师生比 1∶30 左右。师生配比更合理，才能让学生接受比较良好的教育，而课程的延长才能保证学生在接受高等教育期间，能有从始至终的思维锻炼方式，让学生的思维敏捷度、思考和分析能力都得到提高，未来成为一个具有良好专业素养的优秀学生。

（十一）丰富体育专业课程的教学模式

随着时代的发展和科技的进步，学生的需求已经不能局限于只是在体育课上锻炼身体，所以传统的体育课程已经不适用于现在的高校体育教学模式，学生的需求也无法得到更好的满足。未来体育专业的教学模式应该在保留传统课堂优点的基础上进行改革和创新，从而改变传统的教学思路，创建适合于学校自身的教育模式。首先要丰富体育专业课程的教学环境，将授课地点从教室转移到实验室，增加体育专业学生的实验操作能力，丰富体育专业学生的理论知识。网络授课是现阶段我国大学较为流行的授课方式，这种授课方式效率高，教学效果明显，教师与学生可以通过面对面的交流进行研究和学习，遇到疑难时学生不仅可以直接向教师提问，也可以通过网络寻找答案。这种学习模式使得学生在课堂上保持学习的新鲜感和愉悦感，从而减少课堂学习的局限性和约束性，学生可以随时对知识进行查询和学习，从而满足学生的求知欲，使得学生健康发展。同时，要建立体育专业的健康体适能课程教学评价体系。从现有的教学案例和资料中可以看到，我国学校体育针对健康体适能的研究只是停留在课程内容与课程模式上，相应的评价体系，以及生理等基础研究还相对较弱。我国现在缺少学生综合评价体系，进而体育评价体系没有平台发展，加上我国普遍性的饮食不科学等问题都严重阻碍了健康体适能教育计划在我国的实施。因此，学校体育工作者需要走出课程内容与评价的外围，与运动人体科学专业，以及管理专业的工作者一同研究实验，建立起一套符合青少年身心健康发展及学生、学校、家长三方参与的健康教育模式。通过建立健康体适能的教学评价模式，能够帮助各体育院校在健康体适能课程设置方面不断得到学生及教师的反馈，从而推动健康体适能在体育专业课程设置中的发展。

（十二）引进先进教学理念

在高校体育教学中，在旧的教学理念指导下，我国高校体育教学在课程设置中忽视了学生身心健康的发展，这种理念已经跟不上现有的教学发展潮流，高校教学理念要紧跟世界先进的教学发展理念，工作重点也要进行转移，要从学生的运动成绩转移到培养学生的身心健康发展，以此促进学生的全面发展。

（十三）体育课程设置多元化发展

过去应试教育下的应付考试，学生对于体育课的学习动机就是单纯地为了获取成绩。但随着近几年课程改革的深入发展，学生对体育课的学习动机也逐渐向多元化发展，除了获得学分以外，更多地开始向技能目标和情感目标发展。这也是对体育教学目标的合理体现。同时，这也反映了学生对体育学习产生了越来越多的想法，从侧面凸显了学生对体育学习关注度的提升。高校体育要根据学生学习体育课动机的差异性设置多元化的体育教学课程，具体包括：使课程项目更加多元化、课外活动更加个性化、课程内容更加专业化、学习动机更加多元化、考核指标更加人性化、教学方法更加多样化。这样的课程设置更有利于对学生体育兴趣的培养，有利于促进学生养成终身体育思想，符合个性化发展的特点。

（十四）加强体育理论教育，提高学生的体育认知度

实践课程，虽然能够为学生带来体能上的增进，但理论课程的形式，也能帮助学生对体育技能进行更深刻的了解，学生如果能够很好地将理论与实践相结合，那么其通过理论学习可以为自己制订个人锻炼计划。这不仅可以锻炼其作为学生的学习能力，更对学生今后踏入社会，培养其终身体育思想提供了基本保障。

要想让师生重视体育理论，可以适当地增加理论课的教学时数。现阶段的体育理论课程内容过于枯燥死板，可以在理论课程中适当地加入实践环节，动静结合，将学习的理论知识落到实处。另外在课堂中要充分利用投影仪、录像、电脑等多媒体，通过多样化的教学手段，激发学生的学习兴趣。

（十五）协同教务选课系统，满足师生需求

通过“三自主”选课，学生可以把握上课时间，选择喜欢的教师，接受喜欢的教学内容，并且通过选课形成的班级是来自各学院与专业的学生，打破了固定班级的局面，使得不同专业的学生之间因为体育课程增加了交集与联系，更加有利于完成体育课程既定目标中的情谊目标。但现在“三自主”选课模式的运行下出现的问题，让部分学生并不能真正实现“三自主”选课，针对这些问题，提出如下建议：

（1）进一步完善选课系统

将课程时间、课程内容、课程教师全部列入选课系统；将部分体育课程划分为不同性别的平行课堂，选课时将男女性别进行区分。

（2）协同教务选课系统，将学生的不同专业课打破固定行政班，调整拆分入不同时段

将必修的专业课进行时段选修，将同样的体育课增加不同时段进行选课，保证学生可以在不同时间段选择最满意的课程项目。

（十六）完善体育教育基础设施

良好的教学条件、完善的体育教学基础设施，可以说是众多的高校体育教育训练学专业课程合理设置的重要前提。众所周知，在进行体育教育训练学这一门课程教学的时候，需要拥有宽阔的训练场地来进行练习，在这种情况下，各个学校应结合自身的实际情况，做好体育场地的拓展，包括露天训练场地及室内训练场地等，这样一来，在遇到下雨、下雪等恶劣天气的时候，就可以进行室内训练，以此来为同学们提供更加便利的训练场地。与此同时，在体育用具方面，对于一些年久失修、老旧、缺乏安全性的体育器材应及时进行更新换代，并安排相应的管理人员，及时做好新体育器材的维护工作，做好器材的入库、出库工作，定时定期地上报体育器材的数量、种类等，对于缺乏的器材更应及时上报进行购买。此外，还应积极地做好篮球场、足球场、田径场等方面的维护工作，对于出现问题的场地及时进行汇报、维修，使教学条件和体育教学训练学专业课程两者之间相匹配，从而促进体育教学顺利进行和良好发展。

第五章　新背景下的高校体育教学内容改革与发展

第一节　高校体育教学内容的基本理论

一、体育教学内容的概念

体育教学内容，就是以达到体育教学目标为目的而进行的体育知识和技能体系等方面的选择和运用。

体育教学内容在体育教学实践中作为教师“教”与学生“学”的实践材料而存在。它的选择是教育者根据教育的一系列要求，通过对前人体育和教育实践经验进行综合的总结，按照教育原则，进而从丰富的体育技能理论中精挑细选而来的。教学内容在教师与学生中间扮演着中介和媒体的角色，决定着教师和学生之间的信息交流。体育教学内容对体育教学方法和教学手段同时又是起到制约作用的，并且也决定着体育教学的效果和目标实现的程度。

（一）体育教学内容与其他教学内容的区别

由于体育教学具有实践性和复杂性的特点，这也决定了体育教学内容与其他教学内容之间有着非常大的区别，因为在体育教学过程中，对实践性要求较为严格，因此掌握体育教学内容与其他教学内容的区别，有助于体育教学研究者更好地掌握和理解体育教学内容。关于体育教学内容和其他教学内容之间的区别主要表现在以下几点：

1. 选择的依据

体育教学内容是根据体育教学目标进行选择的，是根据学生在成长过程中的发展需要，以及体育教学过程中必备的教学条件最终整理而成的，并且是根据社会需求的发展而不断变化的。

2. 实践性较强

体育教学内容主要是以教学对象的人肌肉群的运动而进行的教学内容，其具有很强的实践性，主要包括身体的锻炼、运动型教学的比赛、运动技能的获取等需要肌体内的肌肉群不断运动而产生的。

3. 依靠体育运动传授

我们在课堂上所进行的诸如语文、数学、英语等学科的知识传授可以在教室内完成，并且学生也可以通过对书本的反复研读，最终获得一定的知识和技能，但是对于体育教学而言，其所有的运动技能的传授，都必须在体育教学活动中才能完成。

（二）体育教学内容与体育运动内容的区别

众所周知，体育教学内容是保证体育教学正常进行的有力保障，但是其与体育运动内容之间也有着非常细微的差别，作为一名体育教育者或是研究者，清楚地掌握两者之间的差别，有助于不断深入了解体育教学内容。经过深入的分析和研究，对体育教学内容和体育运动内容两者之间的区别介绍如下：

1. 两者服务的目的不同

体育教学内容是以教育为主要目的，其主要的目的是促进学生身心健康的发展，其内容偏于理论性，对教学活动具有指导意义。而开展体育运动内容是以娱乐和竞技为主要目的，其目的倾向较偏重于教学内容的娱乐性和竞技性，对教学活动而言，具有很强的实践性。

2. 内容的改造要求不同

随着时代的不断进步，体育教学内容需要根据时代的变化和社会的需求不断改变，以保证体育教学内容能够满足社会培养人才的需要。因此需要对体育教学内容进行必要的改造、组织和加工。而体育运动内容，其主要的目的就是娱乐和竞技，因此不必进行这种改造。

二、体育教学内容的特性分析

（一）体育教学内容的一般教育特点

体育教学内容是教育内容的一个组成部分，它具有与教育内容共有的特点，这些特点主要表现在以下几个方面：

1. 教育性

体育教学内容是对受教育者进行身体健康教育和心理陶冶教育的参考，当体育教学研究者和内容的组织者将众多的运动项目选为体育教学内容的时候，首先想到的就是这些运动项目本身所具有的教育性。体育教学内容的教育性主要体现在以下几个方面：

（1）有利于学生身心健康。体育教学是通过指导学生身体的运动和一些竞技性的小组活动，以促进学生的身心健康发展而进行的一种教学。因为体育运动本身就是一种肌肉群的活动，能够通过身体的锻炼，增强学生的体质，通过各种小组教学活动和竞技类活动的开展，进而培养学生的综合素质。

（2）对学生成长的积极影响。体育教学内容主要是一些有深刻影响意义的内容，能矫正学生的心态，培养学生坚强的意志，影响学生价值观的形成，对学生的成长具有积极的影响。

（3）内容的设计具有普遍性。体育教学内容所面对的对象是教学活动中的全体学生，因此所选择的教学内容具有普遍性，所谓的普遍性就是指教学内容要保证适应大多数人群，这样才能达到教学的统一，也才能有利于教学的开展和进行。

2. 科学性

因为体育教学本身就是以学校教育为主要形式进行的有计划、有组织、有目的的教育活动，是以教育和培养青少年的健康发展为主要目的，因此体育教学内容也应该与学校教育范畴中的其他教学内容一样，保证其具有很强的科学性和严谨性。经过多年对体育教学经验和对教学内容的研究和分析，将体育教学内容的科学性的表现划分为以下几点：

（1）保证内容的内涵性。体育教学的对象是广大青少年，其目标就是培养社会所需要的身心健康全面发展的人才。再加上体育教学内容是对人类文明的反映和表现，同时体育锻炼的实践性也使得人们不得不重视这一过程，因为体育教学内容是从实践中逐渐总结积累而来的，所以具有很强的科学性。

（2）教学内容符合学生的需求。在对体育教学内容进行筛选的时候，为了保证体育教学内容能够更好地为学生服务，因此，体育教学研究者对教学内容进行反复筛选，注重体育教学内容能够符合学生的身体发展需求和社会需求，同时体育教学内容具有很高的指导性，为教学的过程提供了参考和依据。

（3）遵循体育教学的规律和原则。任何一门学科的教学都要遵循其特定的规律和原则，这是保证教学目的顺利实现的基本条件之一。再加上体育教学牵涉到的内容较多，较为复杂，为了保证教学过程能够按照目标进行，因此在教学内容的选择时应该遵循体育教学中特定的科学规律和原则，保证体育教学的科学性。

3. 教学内容的系统性

体育教学是一门繁杂的学科，不仅所涉及的内容较为繁杂，范围较为宽泛，而且对教学的目标要求也较高。因此在进行教学内容的梳理时，应该根据知识之间的系统性进行组织和安排。通过对体育教学内容的研究可以发现，体育教学内容的系统性主要表现在以下几个方面：

（1）教学内容本身的系统性。通过以上对体育内容的介绍，我们了解到，体育教学内容具有很大的复杂性，但是每一个知识内容之间又表现出一定的联系性和逻辑性。

（2）体育教学目标的系统性。在体育教学过程中，需要根据体育教学的特点、学生的成长特点和教学环境等，深刻地认识体育教学在过程和教学内容之间的规律性。因此教学必须根据学生的成长过程系统地、有逻辑地安排各个学校、各个年级的教学内容，并处理好他们之间的相互关系，将体育教学贯穿于教学的始终，这就是体育教学目标的系统性。

（二）体育教学内容的专属特性

体育教学内容除了具有与教育内容的共性之外，还具有很多专属于体育教学所有的特性，这些特性在体育教学过程中发挥着非常重要的作用，主要表现在以下几个方面：

1. 内容的实践性

众所周知，体育教学内容主要是一些有教育意义的运动项目，并且需要学生的肢体和肌肉群的共同作用才能完成，因此运动实践是体育教学中一个较为突出的特点。一般学科都是通过教师的课堂讲授，加上听、说、读、写一系列训练完成的一种教学任务，而体育教学内容仅仅依靠听说读写这种相对静态的方式是无法保证完成的，需要在特定的场地，通过一定的体育运动才能达成，虽然国家规定的体育教学目标中，包括对学生的心理健康的教育，但是这种教育也是通过某种体育活动的开展，在活动的过程中让学生体会到的。由此可见，体育教学内容具有实践性的特点。

2. 内容的娱乐性

体育教学内容的主要来源是体育运动项目，体育运动项目大多具有很强的运动性及竞技性。同时，体育运动项目也具有相当的趣味性、娱乐性的特点，所以体育教学内容不可或缺地要有一定程度的趣味性与娱乐性。体育教学内容的学习方式往往是运动学习及运动比赛，只有在这一过程中体育教学内容才能得到真正体现，这些运动之所以具备乐趣，主要源于运动学习和运动竞赛过程中存在的诸如竞争、合作、表现欲等一系列的心理过程。在这些心理过程中就能够体会到很大程度上的乐趣，学生对运动的新体验和学习的成就感也会加强乐趣。除此之外，运动的环境、场地、比赛规则、比赛形式等的变化和加工方面也能够体现体育教学内容的娱乐性。学生在教师的指导下钻研体育教学内容时，不可缺少的动机之一就是对运动乐趣的追求，所以在追求运动乐趣的过程中学生就会得到一些从别的教学内容当中无法习得的体验，从而在情感上获得深刻而丰富的陶冶，达到愉悦身心的目的。

3. 健身性

体育教学的目的之一就是增强学生体质，保证每一位学生都能拥有健康的体魄，因为体育教学内容有很大一部分是以肌体的大肌肉群运动为形式的技能传授与练习，因此很多能为身体带来动能的体育运动都会增加学生身体中的运动负荷。因此，学生在对体育教学内容进行学习和练习的过程中，都能通过肌肉群的运动对肌体产生锻炼。再加上青少年正处于身体发育的关键时期，适当的体育运动能够促进他们的身体成长，提高他们的肺活量和身体承重力，不断地激发他们身体内部的潜能，从而达到强身健体的作用。

4. 人际交流的开放性

体育教学内容的主要形式是集体活动，并在集体的基础上进行运动的学习和竞赛，运动的进行方式与其他教学内容不同，往往是进行时空的变换。因此，在体育教学中对运动的学习、练习和比赛中，学生之间有着非常频繁的交往和交流，所以相比其他学科的教学内容，体育教学内容在人际交往方面，具有更明显的开放性。体育教学内容正是由于人际交流的开放性，并以此为基础而体现出其对集体精神、竞争精神进行协同培养的独特功能，这样在体育教学内容的学习过程中，老师与学生之间、学生与学生之间的关系能够更加密切开放，在教学内容以小组为单位进行时，组内的分工也得以更加明确清晰。在体育教学内容的学习过程中，学生、老师在角色变化上相较其他学科更多，因此体育教学内容能够帮助学生在社会适应能力上更强。

5. 非逻辑性

体育教学内容相比于其他学科教学内容不同的地方体现在，体育教学内容往往不存在一般学科教学内容之间清晰的由易到难、由简到繁的阶梯性结构，在逻辑结构上，没有明显的从基础到高级的体系，体育教学内容的排列并不是直线递进式的，而是复合螺旋式的。体育教学内容的组成是众多的相互平行的、可以替代的运动项目及身体练习，其中有着丰富的体育与健康的理论知识。这种特性使得体育教学内容在选择时的灵活性更强。

三、体育教学内容的意义

体育教学内容最大的意义就是能最大程度上帮助体育目标实现，在教学活动中体育教学内容是重要的要素，而要实现教学目标，体育教学内容也是不可或缺的条件，体育教学内容当中的每一个步骤都使得体育教学目标更加接近于实现。

在体育教师进行教学的过程中，体育教学目标是教师执行教学方案的直接依据，因此体育教师对这方面内容的掌握和了解必须深入，只有做到这点，体育教师的工作才是合格的。同时随着社会的发展，体育教学的要求不断提高，体育教学内容决不能一成不变，受限于特定时期内人的认知能力是有限的，所以随着时代的发展，体育教师对体育教学内容的钻研学习必须是持续的。体育教师不断钻研学习教学内容的过程就是教师自身提高的过程。

体育教学内容必须要经过对学生的身心发展特点和已有体育水平进行研究的基础上才能进行选择和确定，所以从身心发展方面，体育教学内容应该起到进一步的积极促进作用。需要指出的是，这种积极作用要想从理论转变为实践，那么必须由体育教师进行细心指导，这样教学内容才能发挥最大的作用。这就要求体育教师能够循循善诱，将制定编选的教学内容非常完美地转化成学生发展所需的内容，使其真正感知到这是必需的，这样教师的教和学生的学才能真正融汇到一起，促成师生双方的共同进步。

综上所述，体育教学内容科学的合理的选定非常有益于学生在体育课程中的学习，同时强身健体，在体育方面养成良好的习惯，使学生德才兼备，并且不失个性。

第二节　高校体育教学内容的发展

一、体育教学内容发展的特点

（一）体育教学内容的功能具有多样性

体育教学内容由于起源不同，又受到所处文化形态的影响，这就决定了体育教学内容具有不同的功能，这一特点使得人们对体育教学内容的判断也必然会受到其传统起源的影响。因此在进行体育教学的时候，要注重因材施教的原则，这样才能保证体育教学的顺利进行。

（二）教学内容的更新速度较快

体育教学本身就是一个对实践性要求较强的学校教育形式，受到当前有关体育教学方针的影响，体育教学中所涉及的因素也非常多，再加上体育教学本身受到地域、经济、政治、文化的影响较大，因此增加了体育教学工作者在进行体育教学时候的工作难度。要想与时俱进地开展体育教学，在进行体育教学内容编写的时候，就要根据社会的需求，不断地更新教学内容。

（三）体育教学内容之间是一种平行性的关系

体育教学虽然涉及的内容较多，但是各内容之间并没有太多的联系和牵制，每个内容之间都是一种平行的关系。如跑步和跳远之间，就是相对平行的两种内容，在教学的过程中，两者之间没有太大的联系。体育教学内容的这一特点，有助于教师在进行教学时的选择。

（四）被赋予的教学任务不同

体育教学内容具有很强的时代性，不同时代的人对于体育教学的要求不同，因此每一种教学内容所承担的教学目标和任务也就不同，如在体育教学中开展各种体育锻炼，是为了提升学生的体育素质，进行比赛是为了培养学生的团队精神、合作意识等综合素质。因此在进行体育教学或是内容的挑选时，应该仔细地分析教学目标，以便根据教学内容所具有的不同的任务性，进行内容的梳理和选择。

二、我国高校现代体育教学内容体系的演变

在全面推进的教育改革中，教育指导思想是改革的先导，作为课程体系重要组成部分的教学内容是改革的核心和切入点。教学改革只有进入了课程改革阶段，改革才算进入了实质性阶段。20 世纪 80 年代以前，我国高校体育教学内容基本以竞技体育为主，大部分教学内容是中学体育的翻版与简单重复，这使得体育课成了学生硬着头皮要应付的教学形式活动，成为学生的负担。许多酷爱体育运动的学生也不喜欢体育课，因为体育课的教学内容是刻板的，没有生机的，它背离了体育作为运动和游戏形式的根本特点。虽然在教育改革过程中，体育教学内容也一直在改革中，但由于传统体育教学内容的惯性影响，体育教学内容改革始终没有取得积极进展。当然，体育教学内容的改革涉及体育教学组织、体育运动场地器材、师资等诸方面的问题，体育教学内容改革比起体育教学思想与教学大纲的改革需要更多的时间、经费和人力。经过几年的努力，我国高校体育教学内容的变化与指导思想的改革基本达到了协调发展，总体上体现出教学内容的不断实践、拓展、总结和丰富的过程。

（一）体质健康思想指导下的竞技体育改造

在教育改革大潮中，我国高校体育教学内容体系改革取得了一些成绩，但从教学的核心内容来看，仍然是延续了旧的体育教学内容体系的基本框架，从体育课程的制定上，竞技体育（篮球、排球、田径和体操等）内容依然占据着主导地位，甚至可以说，高校体育教学内容基本都是奥运会比赛项目，从体育教学评价方面也似乎跟竞技体育评价内容一样——技评和达标。虽然体育教学思想和指导方针有了根本性的变化，但体育教学内容改革是体育教学改革的实质，在教学内容改革的初级阶段，只能是在原有的内容体系的基础上进行改造、加工，在此基础上再引进一些内容简单、娱乐性强、游戏性强的运动项目作为体育教学的内容补充。这种做法，较快地实现了对高校体育教学内容体系的改革，并形成了初步的新时期体育教学内容体系的框架，进而使高校体育教学内容开始逐渐丰富起来。

（二）素质教育形势下的教学内容大众化

素质教育的根本要求就是使学生能够全方位地提高自身素质，对于体育教学而言，素质教育就是要培养学生爱好体育运动，能够积极参与体育运动，陶冶情操，培养积极的情绪控制能力，汲取体育人文精神，并自觉地终身从事体育活动。如此看来，健康体育也好，素质教育也好，终身体育才是体育教学中最重要的教学目标，而终身体育的前提是培养学生对体育的兴趣。为此，体育教学必须安排能够选择适应学生身体条件和运动能力的、适应学生心理特点的、迎合学生兴趣的运动活动。同时，要从理论上使学生理解体育运动的多种功能，理解体育的魅力所在，理解体育运动中所包含的科学与人文精神。因此，体育理论课是新形势下体育教学内容体系改革需要考虑的问题，不仅要合理安排体育理论课程的教学时数、考试方式，而且更重要的是要考虑理论课所要教授的内容，要通过理论课引导学生了解和认识体育运动的功能及体育运动本身的魅力所在。经过许多学校的教学实践检验发现，学生对体育理论课的兴趣很强，体育理论课的作用不可替代，越来越多的学校尝试增加体育理论课的教学时数。有研究显示，有些高校的体育理论课达到总课时的 30%～50%。体育技术课的分化与组合更体现了大众化现象，如一些高校将器械体操、艺术体操、技巧运动、健身操、广播体操等组合为新的体操课程。而某些现代时尚运动，如跆拳道、散打、网球、街舞、攀

岩等被引入了大学体育课堂，并深受学生的喜爱。体育教学内容的时尚化、大众化增加了体育课的魅力，激发了学生对体育课的兴趣，使学生通过体育课学习到了与现实生活紧密联系、与社会体育形式紧密联系的体育活动内容，这样他们能够在走出校园的时候仍然可以继续他们的运动爱好，这是实现终身体育目标的重要因素。因此是体育教学内容改革成功的范例。

（三）21 世纪初期以休闲为主体的高校体育教学内容

进入 21 世纪，随着东、西方文化交融的不断深入，休闲、健康、娱乐的体育活动备受西方社会的青睐，同时也冲击着中国人对体育运动核心价值的再思考。在学校体育中，学生从事的体育运动果真不需要那么高的技术水平和运动成绩吗？运动技术水平高、运动成绩高就能体现学生健康水平高吗？而事实并非如此，相反，是那些休闲性、娱乐性的体育运动活动更能激发学生从事体育活动的热情，正因为如此，《全国普通高等学校体育课程教学指导纲要》明确提出了确定体育课程内容的原则："健身性与文化相结合；选择性与时效性相结合；科学性和可接受性相结合；民族性与世界性相结合"。与此同时，高校体育研究领域也在积极寻求改革的有效途径，而休闲娱乐体育研究成为体育教学研究领域的新热点。有调查显示，仅 2012—2014 年，我国高校野外生存生活训练课程研究论文的数量达 200 余篇，且呈逐年上升趋势。

我国高校体育教学思想与内容体系是随着社会发展和人们观念的变迁逐渐形成和发展起来的，是人们对于社会、教育、生活进行总体思考而得出的全新的价值观念在体育教学中的具体体现。它是现代体育教学思想与内容所包含的核心价值，具体表现为：①体育教学的指导思想与内容必须适应时代的特性，迎合人们固有的心理需求和人的本质特性，只有这样，体育教学才能真正为师生所接受，才能真正成为培养学生终身体育的重要途径；②体育教学内容必须融入社会全面发展的大环境中，实现教学的社会化、生活化和科学化，这样才能形成高等体育教育校内、外，课内、外一体化，实现对学生全方位立体的影响，才能真正起到促进学生身心健康的作用；③通过体育课的教学培养学生积极的生活态度、良好的情绪、较强的人际交往能力，使学生能够主动改变自身身体和心理的不足，自觉地完善自我。这是现代高效体育教学的核心价值所在。

三、体育教学内容的趋势及改革

（一）体育教学内容的变化趋势

体育教学内容是从人们传统的生活方式和习惯中演变而来的一种运动，但是由于时代的不同，体育教学内容也产生了不同程度的变化。下面将体育教学内容的发展趋势总结如下：

1. 正规的体育运动项目的迅速兴起

人们逐渐增加了对体育教学的认识，以及对体育教学的重视程度逐渐提高，加之现代竞技体育运动的不断兴起和普及，正规的体育竞技运动不断兴起和普及，并逐渐取代了乡土性的体育教学内容。

2. 对体育教师的要求较高

虽然随着新课标的推行，体育教学内容的数量正在不断地减少，但是随着体育大纲教学目标的强度不断加大，体育教学内容的难度也有所增加。这就表明承担体育教学工作的教师必须由受过专门体育训练的人员担任并传授。

3. 体育教学的娱乐性因素在减少

随着教育事业的不断创新和发展，体育教学也在素质教育的推动下，逐渐发挥了其重要作用。目前，体育教学成为社会培养全面发展人才，培养学生健康体魄的重要途径。在这一目标的驱使下，体育教学逐渐淡去了其本身具有的娱乐性，加大了对锻炼性的要求。

4. 运动器材的正规化

体育运动已经作为一种正规的体育教学被推上了教育舞台，并且得到了足够重视，随着科学技术的不断发展，一些新兴的具有锻炼意义的体育器材，作为一种正规的体育器材被推上了教育舞台。

（二）体育教学内容的改革

通过上述对体育教学变化的分析，我们可以看出体育教学内容虽然日益正规，但却很单调，技术难度在不断地增加，但是娱乐性却在不断地减少，长此以往，就会使学生逐渐降低对体育运动的兴趣，针对这种情况，必须进行以下体育教学内容的改革。

1. 改变体育教学内容中的生硬化

体育教学内容的生硬化将会使体育教学变得枯燥无味，并降低学生对体育运动的兴趣，不利于教学的加强和教学质量的提高。因此，当前最主要的是应该改变体育教学内容生硬化这一现象，使学生重新燃起对体育学习的兴趣。

2. 解决体育教学内容与学生社会体育活动之间的差异

体育内容的原型源于人们日常的生活，也正因为如此，才能够使得体育教学内容与生活运动联系起来，有利于学生对体育知识和技能的掌握及巩固。因此，当前的体育教学内容中应该改变体育教学内容与学生社会体育活动之间的差异，推进体育教学的群众性和实践性。

3. 提高学生的体育兴趣

兴趣是促进学生更好地学习的催化剂，但是随着近几年来体育教学内容减少娱乐性的特点，很多学生觉得目前较为正规的体育教学变得非常枯燥无味，逐渐对体育教学失去了兴趣。这对于体育教学而言是非常不利的，因此，教学内容应该重视其娱乐性，以便提高学生对体育学习的兴趣。

4. 多增加一些具有民族性的体育内容

体育教学具有促进学生身体健康成长，增加学生对民族文化认识，弘扬民族精神的作用。因此体育教学内容中应该多增加一些具有民族性的体育内容，从而促进民族体育文化的传播。

正是因为体育教学内容处于不断变化之中，才使得体育教学内容不断增加，因此体育教学工作者在教学的过程中，要清楚各种体育教学内容的目标和要求，这样才能保证教学的科学性，进而促进教学质量的提高。

第三节　高校体育教学内容的划分与选择方法

一、体育教学内容的层次与分类

体育教学内容是由某些层次组成的，同时内容本身还分为若干个种类。对体育教学内容的层次和分类进行分析有助于更彻底地了解体育教学内容，从而为其革新与发展找到合适的道路。

（一）体育教学内容的层次

体育教学内容的层次可以从宏观和微观两个层面来进行分析研究。从宏观层面来看，体育教学内容包括上位层次（国家课程和教学内容）、中位层次（地方课程和教学内容）及下位层次（学校课程和教学内容）三个层次。而从微观层面对体育教学内容进行分析则又包括第一层次（课程标准所规定的学习领域）、第二层次（课程标准所示的水平目标）、第三层次（教学硬件与软件）、第四层次（具体练习方法与手段）四个层次。下面就从宏观和微观两个层面来对体育教学内容的层次进行分析。

1. *宏观层面*

根据我国相关部门的会议指示，决定对课程体系、结构、内容进行调整和改革，同时在基础教育课程体系的建立上运用更新的模式，试行国家课程、地方课程与学校课程。这些指示说明我国的基础教育课程模式将从单一的模式转向多元化的发展。因此以这一基本思想为依据，从宏观层面来对体育教学内容的层次进行划分，可以分为以下三个：

（1）上位层次——国家课程和教学内容。在体育教学内容当中，其上位层次就是国家课程和教学内容。这些上位层次的内容是经由国家的教育相关部门规划制定的统一课程及教学内容，这些内容符合国家意志，能够使学生在接受基础教育之后达到我国的共同体育素质，在体育方面成为一个合格的公民。国家在体育课程和教学内容的开发方面，依据通常是不同教育阶段的性质与培养目标，通过这些因素对体育课程标准等方面进行制定，从而编写出符合实际的教学内容。这些因素在我国基础教育体育课程框架中是作为主体部分而存在的，无论是涵盖的内容还是占的课时比例，地方课程和学校课程的内容和课时比例相比都是数量最大的。所以它决定着我国基础教育中的体育教学质量的好与坏。

（2）中位层次——地方课程和教学内容。地方课程和教学内容在体育教学内容中被归类到中位层次。地方课程和教学内容是在国家规定的各个教育阶段的体育课程内，由省一级的教育行政部门或授权的教育部门根据当地的政治、经济、文化、民族等发展的需要而开发的体育课程和教学内容。这部分体育教学内容能够充分地利用地方体育教育资源，以及体育基础教育的地域特点，同时还能够增强体育课程和教学内容的地方适应性，这些都具有非常重大的意义。

（3）下位层次——学校课程和教学内容。学校课程和教学内容在体育教学内容的层次划分中被分为下位层次。这一层次的体育教学内容的主体是学校教师，在对国家课程和教学内容、地方课程与教学内容共同实施的基础上，以本校学生的特点和需求为依据，对当地社区和学校的体育教育资源进行充分利用，同时符合学校的办学思想，以此为依据而进行多样性的、可供学生选择的体育课程和教学内容的开发。学校课程和教学内容开发的依据主要源于国家教育部门和地方政策，其特点为以学校为主体和基地，对学校师生的独特性和差异性有着充分的尊重和满足，特别是使学生在国家课程与地方课程的教学内容中难以满足的发展，能够在这里得到补充。

上述三个层次的体育教学内容的建设是由国家、地方、学校共同完成的，这三个层次的职责不同，所以其所涵盖的范围和在教学当中所占的比重也有所不同。

2. 微观层面

课程的实现以教学内容为载体，根据教学内容论的观点，教学内容是包含多层意义的，从微观层面来看，根据教学内容的具体化程度，体育教学内容的微观层次包含以下四点：

(1) 第一层次。微观层面的第一层次即体育课程标准所示的学习内容，以体育与健康课程标准规定为例，运动参与、运动技能、身体健康、心理健康、社会适应这五个学习领域即是从这一层次而进行的分析。这种分析实际上是活动领域的一种表述，并非常规意义上的体育教学内容。

(2) 第二层次。第二层次详细来说就是第一层次形式上的具体化。从某种角度来分析，第二层次属于能力目标分析，同样并非常规意义上的体育教学内容，具体事例如体育与健康课程标准明示的水平目标：获得运动的基础知识，说出所做简单运动动作的术语（转体、侧平举、体前屈、踢腿等）。

(3) 第三层次。在这一层次中指的是教学中需要具体运用到的硬件与软件等物质设施，也就是说属于普遍意义上的教学内容教具，比如，篮球、足球、体操、武术等运动项目，以及与这些项目相关的场地器材。这一层面是常规意义上所说的体育教学内容。

(4) 第四层次。这一层次指的是具体的练习方法手段，即某项教学内容下的具体教学内容，比如，一项运动的具体练习教学内容，包括游戏教学内容及认知教学内容等一系列拆分开来的教学内容。

(二) 体育教学内容的分类

1. 体育教学内容分类的基本要求

体育教学内容与其他教学内容的区别很大，体育教学内容通常来说在属性与功能等方面有着多样化的特征，因此要对体系庞大丰富多彩的体育运动项目及其身体练习的分类追求合理性和具体性，具体需要符合以下几点要求：

(1) 符合教育价值取向。体育教学内容的分类是随着社会和教学需要的发展而处在不断变化中的，并没有哪一种体育教学内容的分类是一成不变的。所以体育教学内容在分类上应当遵循一定的变化规律来进行。

(2) 服务于体育课程目标。体育教学内容在实现体育课程目标的过程中是重要的手段，因此，体育教学内容的分类必须要考虑到能否有效帮助体育课程目标的实现。体育教学内容往往是多功能的，所以对体育教学内容进行分类，必须注意到每一个体育运动项目或身体练习有什么特点，主要的功能是什么。

(3) 符合学生的身心发展规律。在不同年龄的学生当中，在生理上及心理上两方面的阶段性特点都非常鲜明。因此对体育教学内容进行分类时，学生的特点是必须纳入考虑范围的。因此在学生的这一阶段往往比较适合采用以基本活动能力与游戏来进行分类，如此做对于发展学生的基本活动能力，以及对学生在体育兴趣方面的培养是非常有利的，从而使学生未来接受体育教育产生积极的影响。

(4) 有利于体育教学实践。对体育教学内容进行分类时还需要贯彻为体育教学实践服务的理念。对体育教学内容进行具体分类时，更重要的是对体育教学实践中体育教师对体育课程内容的选择与安排更方便有利。体育教学内容的分类不但要合理，而且必须符合科学规律，分类的正确与否将交由实践来验证。

(5) 应与体育教学方法和体育教学评价方法相联系。体育教学内容的分类应当做到与体育教学方法和评价方法能够相互呼应而形成一个系统，从而成为一个整体，这样对体育教学的评价也将十分有利，也就是说，进行体育教学内容分类时，系统观念是必不可少的。

2. 常见的体育教学内容分类方法

体育运动项目的种类数不胜数，所以体育教学的内容也随之非常丰富。因此安排体育教学内容的分类时，根据哪种逻辑进行分类成了重点问题。对体育教学内容进行合理分类能够使教师和学生对体育教学内容的认识更加深刻，在此基础上符合教学目标。大多体育教学内容之间的关系是平行的，并没有过多的纵向逻辑关系，加之体育教学内容往往是可替代的，因此在体育教学内容的分类中，争议还是比较广泛的。目前，体育教学内容的分类方法大致包含以下几大类：

(1) 根据人体基本活动能力分类。以人体的基本活动能力为依据进行，也就是根据人类具有的走、跑、跳、投、攀登、爬越、钻、负重等基本活动能力，从而对所有的运动项目、身体练习按照这一标准进行分类。这种分类能够有目的、有针对性地对学生的基本活动能力进行培养，并且不会受到正规的体育运动项目条框的限制。所以，这种方法在有利于组合教学内容的基础上来对学生的各种身体动作和发展基本活动能力进行发展。这种分类模式对于低年级的学生比较适合。但这种分类在学习掌握体育运动技能、发展体能等方面的局限性比较强，对于高年级学生来说其要求往往无法满足，容易使高年级学生缺乏对体育运动的动机。

(2) 根据身体素质分类。体育教学的主要目标之一就是帮助学生增强身体素质。根据身体素质进行分类，可以将速度、力量、耐力、灵敏、柔韧，或者根据与动作技能相关的体能分为速度、力量、灵敏、协调、平衡、反应等，也可以根据与健康相关的体能将身体素质分为心肺耐力、柔韧性、肌肉力量、肌肉耐力、身体成分等，将这样各个不同运动项目的身体练习进行完全不同的分类组合。

运用这种分类方法在提升学生的身体素质时可以有更加突出的针对性，对于使学生正确认识各种体育运动项目与身体练习，以及对体能的发展相当有利，同时还能够有目的、有针对性地使学生的体能获得非常大的进步。但其中的弊端是，在体育运动项目中，许多项目并不是以提高某一方面身体素质为前提的，因此对待这类项目时，这种分类显得比较模糊，而且这种分类在学生对体育教学内容的文化特性的认识上可能会将学生带入误区中，可能会使学生忽视了体育运动文化方面的认识。

(3) 根据运动项目分类。根据运动项目进行分类在体育教学内容的分类中是最常见的分类方法，它是按照各个运动项目的名称和内容进行具体的系统分类的，大致可以分为球类、体操、田径、武术、体育舞蹈、冰雪运动、水上运动等，对各式各样的运动项目的分类特点加以详细划分。这种分类对于分析了解各个体育运动项目的特点，而后再进行教学是特别有利的，因为这种分类和通常意义下的竞技运动的分类相一致，在各个方面都更加容易理解，对于学生掌握并理解竞技运动文化具有非常大的帮助。但是这种分类方法将导致一些在教育上可能有突出作用，但并没有被列入正规体育比赛的项目中的一些运动项目被忽略，而且即使在正式比赛的项目中，也可能由于规则、技能等方面具有相当高的水平，而对于学校体育教育并不相符，所以如果将其纳入体育教育内容中必须进行一定程度的改造，但经过改造后，这类教学内容往往会与本来的运动项目出现非常大的差异，所以在内容上更加难以判别，对学生在运动项目的理解和掌握上也会造成非常大的影响。

（4）综合交叉分类。综合交叉分类是一种将基本部分与选用部分、理论与实践教学内容、各项运动的基本教学内容与提高身体素质练习教学内容等相互交叉的综合分类方法。

综合交叉的分类方法能够准确地将不同学生的不同年龄阶段的身心发展特点和对学生学习的基本要求反映出来，对达成体育教学目标有非常突出的作用，在有助于保持运动项目的固有特点和系统性的基础上，同时增强学生进行身体锻炼的实效性，从而在体育教学内容的运用上使运动项目的技术和学生身体素质的练习同时发展，相互配合。但是这种分类方法往往无法用同一标准进行衡量，因此对于事物分类的基本原则是一种违背。

（5）根据体育教学目标分类。根据体育教学目标进行分类，在体育教学内容的分类方法中比较常见。这种方法的依据是人们赋予的体育教学所要达到的目的。比如，在进行掌握体育运动技能的练习、发展体能的练习、掌握科学锻炼方法的练习、提高基本活动能力的练习、提高安全意识与能力的练习、发展学生心理素质的练习、提高学生社会交往能力的练习的时候等。

根据体育教学目标进行分类，能够使根据多种目的的身体练习进行人为的规定得以实现，这种方法能够使教学内容具有更加明确的目的性和教学方法，同时对于打破陈旧的、以竞赛为目的的教学内容编排体系非常有利，从而保证学生能够学到足够的竞技运动的知识和内容。

（6）根据体育的功能分类。根据我国体育课程的相关文件，以三维健康观、体育的本质特征、体育与健康课程等五个领域的目标为依据对体育课程的内容体系进行了重新构建，体育教学内容被划分为运动参与、运动技能、身体健康、心理健康及社会适应五个方面。

二、体育教学内容的编排与选择

在运用体育教学内容的过程中，如果对教学内容不能够合理地进行编排，并且教学过程中对教学内容不加以挑选，那么教学的进行将会变得杂乱无章，并且浪费很多时间在无用的内容上。因此在运用体育教学内容时对其进行编排和选择就显得非常重要。

（一）体育教学内容的编排

体育教学内容的主要编排方式包括直线式排列和螺旋式排列，同时还包括以上两者综合在一起而得到的混合型排列方式。在历届的教学大纲中，关于直线式排列和螺旋式排列所能够运用的教学内容，往往只是模糊地说明一些对锻炼身体作用大的教材是适合用螺旋式排列来进行编排的，而对于适合于直线式排列的体育教学内容却丝毫没有提及。因此，与体育教学内容编排的理论相关的研究仍存在以下问题：

1. 并不是仅仅有锻炼身体作用大的教材才适合于螺旋式排列的编排方式

这是由于一些兼具难度和深度的教学内容，并且总是要求学生熟练掌握的运动技能，对于螺旋式排列方式来说是更加适合的。

2. 对于适用于直线式排列的教学内容没有明确

迄今为止，所有的体育教学大纲都缺乏对这一问题的详细说明，提及最多的地方仅仅是说体育卫生的相关知识的编排适合用直线排列来进行。所以适用于直线式排列编排方式的体育教学内容，成为在体育教学内容编排理论中的一大盲区。

3. 对直线式排列和螺旋式排列中单元的区别缺乏明确的说明

以下面为例，每学期 3 课时“螺旋式排列”、一次 3 课时“直线式排列”和一次 30 课时“直线式排列”的教学内容，对于教学计划的安排，以及产生的教学效果一定是非常不同的。假如进行编排时选用排列方式的比例没有影响，编排理论中所说的螺旋式排列和直线式排列这两种排列方式的不同点究竟是什么。假如在体育教学内容的编排中并不存在这样的统一规定，那么，适合 3 课时“螺旋式排列”的内容包含什么，适合 30 课时“螺旋式排列”的内容又包含什么，适合 3 课时“直线式排列”或者适合 30 课时“直线式排列”的教学内容又是什么，这些问题是切实存在的，因此必须有一个合理的说明。

教育科学出版社出版的《体育与健康》一书中，对于体育教学内容的编排提出了以下理论。

体育教学内容的编排中，存在循环周期的现象。这种循环是指，在同一教学内容中，不同的学段、学年等范围中进行的反复的重复安排就是循环周期现象。这种循环的周期有的是课、有的是单元、有的是学期、有的是学年，甚至有的循环是在某一个学段中。以跑步为例，一节体育课上要进行 100 米跑，下一次课中仍要进行 100 米跑就是以课为周期的循环。在一个学期内安排 100 米跑，在下一个学期内的课程上仍要安排 100 米跑就是以单元和学期为周期的循环。以此类推，根据以上理论，我国体育教学学者根据不同的内容性质对体育教学内容的编排分为以下四个层面：

(1)“精学类”教学内容——充实螺旋式。

(2)“粗学类”教学内容——充实直线式。

(3)“介绍类”教学内容——单薄直线式。

(4)“锻炼类”教学内容——单薄螺旋式。

以上编排方式在新课程标准中对体育教学内容的要求作出了满足，并根据体育教学内容中的自身理论，结合当前体育教学内容中的各种情况的现状，创新地将各个方面的内容合理地编排在体育教学中，所以在未来很长一段时间内，这种编排方式都将是非常实用的。

(二) 体育教学内容的选择

体育教学内容这一因素在体育教学中非常重要，体育教学内容对整个体育教学活动的过程产生着非常大的影响。体育教学内容同时还将教师与学生联系在一起，从而促进学生和教师的信息交流。体育教学对于体育教学方法和教学手段通常起着制约作用，这有助于体育教学目标与课程目标的实现。为了适应时代的需求，体育教学内容的选择必须要符合一定的依据，遵循一定的原则。

1. 体育教学内容选择的依据

(1) 体育课程目标。体育课程内容在实现体育课程目标的过程中，是作为手段而不是目的存在的。体育课程目标存在多元性的特征，体育运动项目和身体练习也具备可替代性的特征，这都使体育教学内容的选择变得更加多样性。所以选择体育教学内容时必须有标准可以依据。

体育课程目标是对教学内容选择的重要依据，这是由于体育课程目标在体育课程编制的过程中，在每一个阶段内都作为教学内容的先导和方向，所以它经过了多方专家的合理思考验证，对各个方面的影响都进行了认真合理的验证。因此，进行体育教学内容时，目标是必须遵循的，体育课程目标必须对应着相应的体育课程内容。

（2）学生的需要及身心发展规律。选择体育教学内容时，学生的需要是必须考虑的。体育教学以促进学生身心发展为目的，所以对体育教学内容进行选择的一个必要因素就是学生对体育的需要和兴趣，这对于学生有效的学习是非常重要的。学习需要学生的主动参与，而主动参与就是说，学生自身的积极和努力是必不可少的。通常学生如果面对感兴趣的事情，参与的动力就会大大增加，学习的效率也会倍增。这非常符合一些教育学者提出的观点：如果学习是被迫的而不是学生出于兴趣而进行的，那么学习在某种意义上来讲可以说是无效的。调查结果也非常符合这一说法，那就是如今大学生虽然非常喜欢参与课外体育课程，但对于体育课却是兴味索然，最重要的因素就是教学内容缺乏趣味性。

学生对教学内容的接受程度取决于其身心发展规律及特点，因此从这个角度来说，体育教学内容必须使学生可以接受，并且感兴趣。所以进行体育教学内容的选择时，学生的特点就决定着教学内容中的各项要素，绝对不能忽略学生的实际情况。

（3）社会发展的需要。学生的个体发展无法脱离社会的发展。因此，体育教学能够在健康方面为学生打下良好的基础。在进行体育教学的内容选择时，除了考虑学生本身的需求，社会现实发展的需求也必须要考虑。体育内容在选择方面不能够忽视学生走入社会后发展所必需的体育素质，体育教学内容必须能够满足学生在社会发展中各方面的需要。除此之外，体育教学内容必须做到与社会生活和学生生活联系在一起，这样才能让学生体会到它的作用，其功能也会得以实现。因此，体育教学内容的选择与社会实际相符是非常重要的。

（4）体育教学素材的特性。在体育教学内容的选择方面重要的要素就是体育教学素材，而它最大的特性就是没有非常强的内在逻辑关系性，这种特性使得体育教学内容的选择无法完全按照难易程度和学生素质来进行。因此体育教学内容往往只是以运动项目来进行划分，但各个教材内容之间的关系是平行和并列的，比如，篮球和足球、体操和武术。表面上看似有联系，但这种联系并非能够认得非常清楚，而且没有先后顺序，一项也无法判断能够作为另一项的基础。所以在这里是无法确定教学内容内部的规定性和顺序性的。

体育教学素材的另一个特性是具有“一项多能”和“多项一能”的特点。所谓的“一项多能”就是指通过一个运动项目，能够达到非常多的体育目的，这就是说在这个项目中有着目标多指向性的特点，以健美操为例，有人利用这个项目来锻炼身体，有人用这个项目进行娱乐，同时这个项目还有表演的作用。在很多情况下，进行健美操运动往往能实现多个功能，这就是说，学生掌握了一项运动之后，就能够实现多种目的。“多项一能”则突出了体育教学内容之间具备相互的可替代性。比如像从事投掷练习，可以扔沙袋，投小垒球也能够实现，推实心球也可以，推铅球也算是能够实现。想通过体育运动得到娱乐放松，可以踢足球，可以打排球，同样打篮球打网球也可以实现。这就是说想达到目的并非只有一个项目可以实现，不同的项目同样也能够做到。正是由于这个特性的存在，使得在体育教学内容中没有无可或缺的项目，使得体育教学内容并不具备强烈的规定性。

体育教学素材还有第三个特性，那就是它拥有庞大的数量。庞大的数量使得其内容相当庞杂，并且在归类上存在一定难度。自从人类文明诞生以来，创造出的体育运动项目数不胜数，丰富多彩，并且每一个运动技能对于练习者的身体素质也有着各种各样的要求。鉴于这个原因，没有哪个体育教师能够精通全部的体育项目，体育教师的培养要求一专多能，体育课程的设计者也很难寻找到最合理的运动组合运用到体育教学内容中，同时也几乎不可能编写出适合所有地区和教学条件的教材。

体育教学素材的第四个特性就是指在每个运动项目中，其乐趣的关注点是各不相同的。以篮球和足球为例，其乐趣就是在激烈的直接对抗中，通过娴熟的技术和精妙的战术配合而得分。再如在隔网类运动中，其乐趣则是双方队员在各自的场地中通过巧妙配合，将球击到对方场地而得分，等等。因此，体育运动有各自乐趣的特性使得体育教学内容的选择上乐趣是无法忽略的内容，这同时是快乐体育理论存在的事实依据，并且是这一理论在体育改革进程中发挥着重要作用的原因。

2. 体育教学内容选择的七结合原则

(1) 选择教学内容与健身性结合。选择教学内容与健身性结合就是要根据学生的健身需要，以增进学生的身体健康为主要目标，符合学生的生理、心理特点，具有增强体质、改善机能、愉悦身心的特征。通过体育的健身功能，既能使学生获得知识技能，又能培养学生强健的体魄和良好的思想品质。因此，选择有助于促进学生健康的内容、方法和对不同阶段学生的身心健康发展具有积极意义的教学内容是我们应该考虑的。例如，教师可以对田径、体操、球类、武术等一些运动项目进行适当的改造与创新，如简化规则、简化技战术、降低难度等，也可以引入一些学生喜爱的新兴运动项目，如健美、攀岩、现代舞等，还可以挑选、整理一些民族民间体育活动项目。

(2) 选择教学内容与科学性结合。选择教学内容与科学性结合就是要符合不同阶段学生的身心发展特点，有效地促进学生的生长和发育，又要符合安全性，还应该表现在关注学生的个体差异方面，即选择和设计教学内容时要考虑到学生的个体差异，要给学生留有充分的余地，使得学生在参与体育活动的过程中能够平等受益。例如，学生学习篮球项目，如果我们考虑到学生体能和技能上的差异，我们可以同时采用大小篮球进行课堂教学，让体能和技能较差的学生使用小篮球，这有助于促进他们进行有效的学习。

(3) 选择教学内容与可行性结合。选择教学内容与可行性结合就是选择适合在本地区和本学校开展的运动项目，或具有地方或学校特色的项目。例如，本学校自编或选编的校本教材中的健美操、素质操、现代舞等和民间、少数民族盛行的跳绳、拔河、武术、滚铁环、抽陀螺、放风筝、斗鸡等运动项目。这既可以使学生了解中国民间、民族的传统文化，增强学生的民族感和自豪感，又可以激发和保持学生参与体育活动的兴趣和提高学生的健康水平。

(4) 选择教学内容与兴趣性结合。选择教学内容与兴趣性结合就是选择学生所爱好的、所喜欢的、所感兴趣的，并能终身发展的教学内容。学生是否对教学内容有兴趣应从他们的角度来考虑。学生对其内容一旦产生了浓厚的兴趣，随之就会激发起强烈的求知欲，就会自觉地去学习，逐渐养成对运动的爱好和坚持自主锻炼的习惯，培养终身体育意识。学生对过于简单、复杂、难度大的内容会感到兴味索然，可以通过教师的创造性劳动来激发学生的兴趣。例如，对学生兴趣相对不强的竞技性的田径项目，教师可以利用丰富多样的教学手段与教学方法来将这些教学内容教“活”，使学生喜欢和参与这些运动项目，并达到学习目标。

(5) 选择教学内容与实效性结合。选择教学内容与实效性结合就是选择的教学内容对于促进学生的身心健康有效。若某项技术对学生要求太高，学习有较大的难度，和生活联系又不紧密，就不具备较高的实效性。例如，推铅球是一种发展力量的教学内容，但效果很差，可以通过选择实效性强、学生有兴趣的掷实心球、投垒球等方法与手段来发展力量。又如背越式跳高的技术动作过于复杂，学习这一技术的实效性也就很难体现，但可以作为介绍性内容进行教学，以便有兴趣的学生在课外练习，而没有必要要求每个学生都要学习或掌握这些技术。

（6）选择教学内容与简易性结合。选择教学内容与简易性结合就是要因地制宜地选择一些比较简单易行的教学内容，以便在体育设施简陋或体育器材不足的情况下满足学生学习和参与体育活动的需要。教师可通过对一些运动项目进行改造，例如，简化规则、简化技战术、降低难度要求等；教师也可通过教学内容之间的可替代性，例如，练习上肢力量，掷羽毛球、沙包可以，打保龄球也行，甚至利用废报纸团、废布团练习投掷同样可以达到学习目标，从而促进身心健康的发展。

（7）选择教学内容与发展性结合。选择教学内容与发展性结合就是选择对学生终身体育具有重要影响的基础知识、基本技能和活动内容，以有利于学生学会学习，并引导学生对不同的学习内容进行价值判断与选择，具有一定的自我设计、自我锻炼、自我评价能力，使学生的身体、心理、社会适应等方面健康和谐发展。例如，通过“如何应用科学的方法参加体育锻炼”“如何制订锻炼计划与运动处方”“球类运动的编排方法”等基础知识和篮球、乒乓球、太极拳等运动技能的学习，可以让每一个学生能够掌握一至两项科学的健身方法和运动技能，并坚持开展下去，为终身体育锻炼与娱乐打下坚实的基础。

3．体育教学内容的选择方法

什么样的选择方法决定什么样的内容，方法决定选择内容的质量和效益。教学内容选择的总体方法是依据体育课程目标和教学大纲（或教科书）规定的内容，遵循选择内容的原则，从学校、教师和学生实际需要出发，根据教学内容的分类，确定教学内容的比重，对教学内容进行加工、处理、组合排列，制定出合理、有效、可操作的学期和单元计划。

（1）教学内容和教学方法不能混淆。由于体育教学内容是以身体练习形式和手段出现的，所以有时教学内容和教学方法的界限不是很明显。当前在体育教学中内容和方法混淆，把教学方法当作教学内容的现象很普遍。作为教学内容，它必须有要领、目标、重点和难度的要求，而方法是为内容服务的，是实现目的的手段。

（2）竞技项目教材化的选择方法。将正规、高难度的竞技运动项目，不按照竞技比赛的规则和竞技技术的要求去选择，而是通过降低器械高度、减轻器材重量、缩小场地、简化技术和规则等方法进行处理加工后，成为适合学生、学校的条件，适合教师的教学能力，适合教学目标需要的、实用而有趣味的教学内容。

（3）游戏内容的选择方法。游戏深受青少年喜爱，是体育教学的重要内容。游戏对每个人的成长过程有着不可估量的作用。在选择和创编游戏内容时，要注意以下几个方面：①游戏的内容要富有健身性、教育性、趣味性和创造性；②不是为游戏而游戏，游戏的价值不在于游戏的本身，而是为实现课程目标服务的；③以身体锻炼为主要形式，不是以思维活动为主要形式，在身体活动中发展思维；④要重视游戏过程，在过程中传授知识、强身健体、接受教育、学会合作、体验乐趣，理解人与自然、人与人、人与社会的哲理；⑤游戏既是内容又可作为方法，能将动作技能融在游戏中的游戏，是一个很好的内容和方法，具有明显的教学效果；⑥要重视游戏规则的内容，在游戏过程中培养学生遵守纪律、遵守法规、诚实诚信的品质；⑦拓宽思路，充分利用游戏的素材资源，创编新的游戏内容。

（4）身体锻炼内容的选择方法。身体锻炼内容是教学的基本内容之一，它是按照运动训练的原理，根据学生身体全面发展的原则选用的教学内容。选用时既可以作为教学内容的辅助练习手段，又可以组合成身体锻炼的循环练习，同时还可以根据学生不同的身体锻炼需要，组成运动处方进行锻炼和教学。

（5）完整为主、分解为辅的选择方法。鉴于学生动作技能处于基础学习阶段，又受到学习时间的限制，在选择教学内容时仅能以完整的教学内容为主，不要过多地强调动作的分解与细节，让学生在跑步中学会跑步，在打球中学会打球。过多地进行投掷的最后用力、肩上屈肘和高抬腿、小步跑的练习，会使原本自然的投掷和跑的动作变得僵硬，这不但无助于完整动作的练习，有时还会有负面效果，分解的目的是完整。

第六章 新背景下的高校体育教学文化改革与发展

第一节 高校体育教学文化的现状

一、相关概念

（一）文化

文化是人类语汇中最不确定的概念之一。当前有众多的学者一直在对文化进行着孜孜不倦的研究，不同的学者也从不同的角度对文化的概念进行了描述。《辞海》的注释为“从广义来说，指人类社会历史实践过程中所创造的物质财富和精神财富的总和。从狭义来说，指社会的意识形态，以及与之相适应的制度和组织机构。文化是一种历史现象，每一个社会都有与其相适应的文化，并随着社会物质生产的发展而发展”。按《新华词典》注释，广义的含义与上述相同，其特指为“精神财富，如教育、科学、文艺等”。文化是一种无形的、隐含的、不可捉摸而又理所当然、习以为常的东西。文化是一种复合体，既指文学、艺术、音乐等，也包括人类赖以生存的价值、信仰、观念、道德、法律等。文化有大、中、小之分。“大文化”是指和自然相对应，人的所有创造物都是文化。“中文化”是指精神文化，即人在精神领域的创造物，包括思想、理论、宗教、道德、科学等。“小文化”是指与经济相对应的文化产业和文化事业。对于“文化”定义目前还没有形成统一的、严格的界定标准。而比较普遍认同的是“文化就是人类在与自然相互作用及社会生活中创造的物质财富、精神的总和，包括人类所创造的物质产品、社会活动条件和精神产品”。文化具有可集性、创造性、共享性和时空性。文化既是教育之基，更是大学之魂。文化是大学赖以生存、发展的重要根基和血脉，也是大学间相互区别的重要标志和特征。

（二）校园文化

校园文化的含义一般来说可分为广义和狭义两类。广义的校园文化指学校存在方式的总和，主要表现为学校物质文化、学校制度文化和精神文化。狭义的校园文化指以学校课外文化活动为主要内容的文化氛围和学校精神文化。从这个意义上讲，校园文化即特指区别于课程文化按照国家教学计划规定的课程及其教学过程的课延文化。所谓“课延文化”，即课程文化的延伸形式，是指相对于校内课程文化、课堂教学等主导活动之外，学校组织和引导师生开展和参加的各种有意义的活动。

校园文化属于文化的一个重要组成部分，文化丰富的层次内涵决定了校园文化也是一个内容广泛、系统开放的文化形式。广义上的校园文化作为一个相对独立的子系统，其系统内又可分为精神文化、制度文化和物质文化三大层面，它的载体是学校师生员工。精神文化是校园文化的深层文化，包括师生员工的价值观念、文化素养、心理素质及校风和校训、学风和教风、学校的传统习惯、校内文体活动等制度文化，即由校园文化的组织、机构及其规章制度确定的制度文化。物质文化包括校园建筑特色、文化活动场所和设施、校园绿化美化、学校的信息传媒等。校园文化的核心是校园价值观。上述几个层次的校园文化并不是相互孤立的，而是相互依赖、相互补充的。物质文化是基础、制度文化是保证、精神文化是灵魂。一定精神文化的作用有赖于一定物质文化的保证。正如物质文化的建立有赖于一定观念体系的支配和支持一样。制度本身要有精神文化的内涵，而精神文化的倡导与开掘则是制度和规则的集中反映。

（三）体育文化

“体育文化”是文化的一个下属概念，它综合了各种利用身体锻炼来提高人的生物学潜力的范畴、规律、制度和物质设施。体育学领域中认为体育文化是关于人类体育运动的物质、制度及精神文化的总和，主要包括体育认识、体育价值、体育道德、体育理想、体育情感和体育制度等。所谓体育文化，是一切体育现象和体育生活中展现出来的一种特殊的文化现象。人们为了谋求身心的健康发展，通过教育性、娱乐性、竞技性等手段，以身体形态变化和动作技能所表现出来的具有运动属性的文化。体育文化是在特定的社会中，成员所共享并互相传递的体育态度、体育知识等的总和。现代校园体育文化，是学校体育教育和运动竞赛中创造的、具有学校特色的体育精神财富及体育物质形态，具体表现形式主要有体育观念价值、精神、道德规范、行为准则、历史传统、制度、环境及体育竞赛成绩等。

（四）校园体育文化

“校园体育文化”是在20世纪90年代初期提出的一个概念，它源于20世纪80年代“文化热”的背景下对“体育文化”与“校园文化”的进一步探讨。校园文化和体育文化存在着一定的联系，校园体育文化正是联系二者之间的桥梁。校园体育文化通过对校园文化与体育文化的选择和重构，在不断构建自身的同时，既创造了新的体育文化，又丰富了校园文化的内容。映射出校园文化与体育文化水乳交融的光辉。校园文化与体育文化互相影响、融合、渗透、促进和发展，有着密不可分的联系。我们应重视校园体育文化的研究，进而促进校园文化和体育文化的共同繁荣和共同发展。

（五）高校体育教学文化

高校体育教学文化乃校园文化之首，高校体育教学文化即校园文化之躯。因此，高校体育教学文化作为校园文化建设的有效途径和具体形态，不断促进校园文化更有活力、更加丰满。

二、高校体育教学文化的重要性

高校体育教学文化作为社会亚文化的一种特有现象，是校园体育教育的延伸，集体育教学、体育比赛、课外体育活动、自身体育锻炼等内容于一身的一种校园内所特有的教学文化，是校园文化的组成部分，更是育人过程中不可或缺的重要部分。校园体育教学文化经过长时间的培植与发展才能形成，它与学校的校风校纪、培养目标、生活方式、校园文化等诸多方面的形态密切相关，并有机地融合到一起；与校园智育、德育、美育等共同组成校园文化群；与社区体育、竞技体育等组成体育文化群。高校体育教学文化在自身的构建与传承的过程中，同时实现着与高校其他教学文化形式的相互融合与渗透，而且是校园文化内容的进一步丰富。丰富多彩的高校体育教学文化对学生各方面的发展均大有益处，它能挖掘学生的潜能、培养学生的能力、提高学生的智力，也是学生走向社会的助动力，对学生的心理、行为、观念、意识等方面都能起到不可忽视的教育、审美、娱乐和社会化作用。

三、高校体育教学文化的功能

（一）教化功能

人的全面素质培养包括思想品德素质、科学文化素质、身体心理素质、审美素质和劳动技能等方面的教育。由于高校的主要目的是将学生培养成为对社会有用的人才，自身具有教育功能。在高校体育教学文化建设过程中，高校通过体育教学形成教化的作用，从而促进学生掌握体育文化知识和基本技术，提高身心健康，培养顽强拼搏的精神，树立坚定的品质意志，锻炼坚忍不拔的精神。高校体育教学文化教化功能的形成得益于高校体育文化氛围的建设，体育物质文化的保障使学生在比赛和体育教学过程中，得到教师的传道授业解惑，教师通过体育文化知识传授学生做人做事的道理，指导和教育学生认真做事、用心做人，培养学生的集体主义和爱国主义，提升学生的创新意识，将学生培养成为有理想、有道德、有纪律的一代新人。

（二）陶冶功能

健康的高校体育教学文化能够起到陶冶学生情操的功能。在高校体育场地设施建设过程中，校园里的建筑和设计体现着体育公平公正的精神，能够使学生的心中埋下公平竞赛的种子，通过高校体育物质文化达到陶冶学生心境的功能。另外，在高校体育教学中，会举办相应的体育活动，在此过程中所营造出来的积极向上的体育精神文化氛围，加之高校独特的校风精神，会使学生感受到体育对人心灵的熏陶和启迪，久而久之，影响到学生性格的塑造，从而提升学生自身的修养。

（三）育人功能

1. 健身强心功能

健身强心是体育教学最基本、最直接的功能。①体育运动能改造人体骨骼和肌肉系统，改善内脏系统，促进人体的生长发育，增强人体的机能能力。在体育运动中，身体的各个器官都参与活动，并得到一定的刺激，从而实现器官的组织结构和功能的进一步强化与协调，最终实现身体协调发展，强健体魄。②体育能调节人的不健康情绪和心理，促进个体心理健康。研究表明，在体育教学中，体育运动会使人体产生多巴胺、肾上腺素等有助于人们增强兴奋感、安全感和幸福感的物质，对缓解心理压力，减轻焦虑、抑郁、紧张等情绪有明显的帮助。此外，观看体育表演或体育竞赛，体会其巧妙配合、完美动作的美感，也能给人带来愉悦，缓解不良情绪。

2. 价值导向功能

大学生正处于世界观、人生观、价值观形成的关键时期，他们对社会中所呈现的积极思潮和消极思潮的认识与理解处于一种不稳定的状态，因而具有很强的可塑性。所以，加大高校体育教学文化的建设力度，营造健康向上的体育教学文化环境，让大学生在优良的校园体育文化中，始终受到积极思潮的熏陶，从而抵制消极思潮的侵蚀，形成正确的人生三观。例如，体育教学文化中包含的永不言弃、公平竞争、团结协作、艰苦奋斗、顽强拼搏、永攀高峰等体育精神，都在潜移默化地引导当代大学生树立崇高的理想信念，明确正确的价值追求。

3. 塑造完善功能

大学生受到良好的校园体育教学文化的影响，能积极主动地参加体育活动，从而改善身体外貌和身体活动能力，提高自我认识和自我评价。此外，良好的校园体育教学文化中所蕴含的形态美和精神美，有助于大学生优良品质和健全人格的形成。如我国近代著名体育教育家马约翰所说："运动场是培养学生品格的极好场所，可以批评错误，鼓励高尚，陶冶性情，激励品质"，并将此概括为"体育是培养人格的最好的工具"。例如，体育竞赛中的竞争性和比赛结果的不确定性，就是教育大学生在面临竞争时，要全力以赴、尽力一搏，面对竞争结果，也要有胜不骄、败不馁的豁达之态。

四、新背景下高校体育教学文化的要求

高校体育教学文化是教学文化的重要组成部分，高校体育教学文化不仅是营造大学人文气息和文化氛围重要的且不可缺少的内容，而且还是推动高校校园文化发展的最有力的催化剂，高校体育教学文化对塑造大学生体质和人格，培养终身体育意识，掌握运动技能与方法，促进高等教育改革具有重要的作用。

改革开放以来，在党中央、国务院的领导下，经过各级政府和全社会的共同努力，我国高等教育事业取得了历史性的伟大成就。为社会主义现代化建设前两步战略目标的实现，提供了强有力的人才支持和知识贡献。高等教育正在成为促进我国经济、社会发展，推动科技进步，增强综合国力的重要力量。随着国家《中华人民共和国教育法》的实施，以及全国教育事业第十个五年计划的制定，新一轮的高等教育体制改革已经展开。在院校规划、专业设置、办学体制、办学渠道、考试评价和招生选拔制度、内部管理、教师队伍的建设、教育资金的投入、教育法律体系的完善等方面制定了一系列新的措施与政策。国家《全民健身计划纲要》的实施，给我国学校体育的开展带来了深刻的影响，校园广大师生参加体育锻炼的热情与需求将产生质和量的巨大变化，也对高校体育教学文化的开展提出了更新的要求和标准。同时随着知识经济时代的到来，面对高等教育国际化、大众化的大趋势，特别是在高校扩招及发展高等教育的大背景下，促使高校体育教学文化相应发生了新的变化，这就要求我们重新审视现存的高校体育教学文化的建设与发展问题。为了适应新时期出现的新趋势、新特点与新问题，面对高等教育国际化的大趋势，迫切地要求对高校体育教学文化建设方面作出一些探讨与研究。因此，高校体育教学文化必然面临着新的改革。

第二节　高校体育教学文化的改革

一、高校体育教学文化改革的指导思想

基于经济社会的现实和长远发展，以及全国各省市发展的需要，高校体育教学文化改革的指导思想为“独立共享，优势互补，面向师生，服务高校教学的文化建设”。所谓“独立共享，优势互补，面向师生，服务高校教学的文化建设”指的是在全国高校现行行政体制下，各高校校园体育教学文化建设保持独立，形成有自己特色的校园体育教学文化。而各高校校园体育教学文化在长期体育教育实践中形成的优势和特色及体育资源（包括各个高校体育资源、共享区体育资源），是各高校之间的共享资源，做到高校之间的校园体育教学文化优势互补，实现高等教育资源的优化配置，通过优势互补和资源共享促进高校体育教学文化的发展。面向大学城的师生，营造科学、合理、和谐的高校体育教学文化氛围，满足高校师生的体育需求，让各个高校内的师生融洽地享受体育带来的快乐，培育更多的德、智、体全面发展的人才，更好地服务于高校体育教学文化的改革。

二、高校体育教学文化改革的原则

（一）以人为本

“以人为本”是高校体育教学文化构建的根本原则，是服务于德、智、体全面发展的高素质、创新型人才的培养。要根据不断变化的高校改革实践和师生思想实际，深入探索高校体育教学文化的丰富内涵，以实现高校体育教学文化的育心、育人功能。高校体育教学文化构建始终离不开人的参与，高校体育教学文化构建必须以教育方针为指导，坚持以人为本，高度重视和发挥人的主体作用，给学生搭建充分展示才华和特长的平台，形成尊重体育、尊重人才、尊重创造的良好体育机制和体育文化氛围，充分调动一切积极因素，发挥人的聪明才智，将以人为本的教育理念贯穿于高校体育教学文化构建的全过程。

（二）坚持系统性、开放性的原则

高校体育教学文化是校园教学文化中一个不可缺少的重要组成部分，它们之间是局部与整体、分支与主流的关系。因此，高校体育教学文化不是孤立存在的，是和校园文化相互开放的同一系统。一方面，高校体育教学文化的形成、发展和创新受到校园主流文化的影响和制约，它只有不断地从校园文化中吸取营养才能欣欣向荣、根深叶茂；另一方面，高校体育教学文化的发展又会对校园文化产生深刻的影响，并具有很强的渗透力和辐射力。随着市场经济的不断发展，高校与社会的联系越来越密切，高校体育教学文化与校园文化的联系也日趋加深，并逐渐融为一体。

（三）坚持普及与提高相协调原则

体育的发展需要走大众化的道路，没有普及就没有提高；没有众多的体育迷就没有体育市场；没有市场就没有持久的生命力。因此，大力开展形式各样、风格迥异、层次丰富的体

育教学文化建设活动，努力增大体育教学文化活动的覆盖面，给予尽可能多的学生以接受锻炼的机会。让各个层次、最大范围的学生最全面地参与，使他们都能得到施展才华、培养素质、陶冶情操的机会，从而实现高校体育教学文化活动最广泛的普及。在高校体育教学文化构建的过程中，既要有群众性体育活动的开展、一般知识型体育讲座等，又要有较高水平的体育比赛和体育赛事欣赏；既要抓普及基础上的提高，也要抓提高基础上的普及。

三、高校体育教学文化改革的策略

（一）有机结合体育教学和体育文化

高等院校的文化教育和体育教育是教育改革的重要组成部分，在高等院校的体育教学模式中要增加文化教育的渗透，对体育教育中的文化教育进行加强，坚持以人为本的基本理念，对高等院校体育文化的建设要不断创新和完善，同时达到增强体魄和文化素养的双重目标，进而促进校园体育文化的传承。

（二）在体育教学模式中融合文化传承

中华民族的文化经过上千年的沉淀积累，孕育了丰富的内容，在每一个人心中烙下了深刻的烙印，所以，在高等院校体育教学中结合文化的传承，构建新的教学模式，一定可以推动体育教学的创新改革，使其良好发展，中华文化也会在新的体育教学模式中得到有效发展和传承。文化的传承和体育教学模式的有机结合不是一朝一夕就能实现的，要对体育模式的构建进行深刻探讨，要制定符合实际情况并可行的计划。在体育教学中加强对中华文化的弘扬和传承，在传递体育知识的基础上，加强对体育精神的培养，重点要明确学生对文化传承的意愿，提升学生对传统文化追求的自主性，这样才能提高学生主动参加体育活动、学习文化知识的自主性。

（三）完善高校体育物质文化构建

高校体育物质文化包括具有体育重要含义的建筑物、体育场地、基础设施和体育设备器材等，这种体育物质文化代表了非凡的意义。首先，体育物质文化承载着人们的意志和传统价值观念，凝聚和展示着人类的知识、思想和智慧，对大学生起着潜移默化的陶冶作用。它导引着学生的思想，规范着学生的行为，塑造着学生的个性。通过有形的物质，给学生带来了极大的愉悦感，充分激起他们内在的工作动力。因此，要积极完善高校体育物质文化建设，加大对体育基础设施的建设，合理规划体育场地，提高体育设备器材的利用率，使学生人均体育占有面积和体育器材使用率增大，使学校体育物质文化环境达到使用功能和审美需求的和谐统一。

（四）加强高校体育教学文化制度建设

高校体育教学文化制度的建设，一是要有科学性，二是要有可行性，三是要有稳定性。这些体育教学文化制度的建设，不是消极地约束师生教学活动的条文，而是根据教学过程的各种科学量标，运用教学分值反映规章制度的规范要求。高校体育教学文化制度的构建是高校体育教学文化构建的重要一环，其为高校体育教学文化构建提供了良好的保障。高校体育教学文化制度的构建，就是要使有关体育规章制度成为一种规范性的文件和政策，利用其自身强制性的特点，确保相关体育教学活动能够顺利进行，为高校体育教学文化制度构建长远的发展目标和方向，使主管体育部门的工作人员在遇到事情时做到有章可循。没有规范性的体育教学文化制度，就会使高校体育教学文化构建失去方向性。因此，完善高校体育教学文化制度需要建立健全学校体育的各项规章制度，比如，体育教学制度、体育教师的档案制度、体育教师的职称评定制度、高校体育管理制度和体育器材设备管理制度等，将具体的程序和内容都形成制度化，使体育教学职能部门能够有条不紊地开展工作并有效执行。

（五）加大对体育设施的投入

高校体育教学文化环境建设的一个重要组成部分，就反映在学生对学校可利用的体育场馆设施的满意程度上。学校场地器材好坏、场馆设施的质量直接影响学生体育活动的练习，间接影响体育文化活动的传播和继承，最终影响学校体育活动的顺利开展。所以要加强学校体育设施的投资力度，将体育设施纳入学校整体物质文化建设的规划中去，良好的体育设施、优美的建筑、不但能增加学生对体育的兴趣，激发他们对体育的热情，更能引导学生热爱体育事业，增强争夺第一、永不气馁的信心和魄力。此外，在注重体育物质文化建设的同时，应注意层次分明，点面结合。在进行场馆建设的同时应考虑建筑美的结合，以丰富校园体育文化内涵，拓展高校体育教学文化环境空间，提高对校园文化的品位。

（六）丰富体育教学内容，激发学生学习兴趣

各高校应该建立常态的激励机制，鼓励教师外出学习，不断拓展知识面，认真钻研教材教法，教授一些与时俱进和学生喜爱的运动技术内容，激发学生的学习兴趣，使学生参与到喜欢的项目运动中，从而养成长期运动的习惯，甚至终身体育的意识。所有院校现代教学技术条件保持开课项目有音像资料、多媒体课件，有机房和网页，并在教学中使用的水平，随着时代的发展，应该努力加强现代教学技术条件的建设。

同时，在体育课堂上，需要体育教师切实把握住学生的心理，在活跃的课堂气氛中灌输给学生希望获得的体育知识；在课余体育活动中培养学生体育观念、道德的形成，通过大型的体育比赛检验学生体育观念及体育道德状况；潜移默化地使学校师生形成共同的体育观念、风尚、道德，从而营造出文明和谐的高校体育教学文化。

第三节　高校体育教学文化的发展

一、高校体育教学文化体现高校文化精神

高校体育教学文化这一特殊的文化形态与其他文化形式相比，在培育大学生的作用上，最显著独特的方面是“身心双育”，即不仅能够促进大学生的身体健康，还能够对他们的思想观念和心理品质产生积极的影响。

高校几乎都有各自所提倡的世界观、价值观、人生观等精神观念，体育教学文化是一所学校文化精神的体现，在传播和推广健康进步的思想观念中有着重要作用，它是高校校园内呈现出的一种特定文化氛围和文化影响。

二、体育精神得到广泛传播，达到体育教育的教化功能

高校体育教学文化建设的主要内容是体育精神文化，营造和谐的高校体育精神文化氛围有利于大学生养成体育行为、思维、情感方式和审美情趣的习惯，形成高校独有的大学生体育文化风气，这一切都对促进大学生的成长成才有重要意义。拥有良好的高校大学生体育精神文化，可以使大学生在有限的空间里形成一个小的体育文化范围，该范围中各成员的积极的体育观念、体育精神等得到广泛传播，从而达到体育教育的教化功能。

三、推动高校物质文化的发展

首先，高校体育物质文化是大学生参加体育活动的物质基础，是大学生在高校体育活动过程中所拥有的外在物质形式的文化统称，是高校大学生体育文化发展的物质保障。

其次，健康的体育教学文化既需要高雅的学术理论作支撑，也需要活力四射的体育活动来丰满。

最后，良好的高校体育教学文化需要先进的运动器材和健全的体育设施来衬托，让刚进入校园的大学生在第一时间感受到体育文化的渲染，从而引起心灵的冲动和培养体育运动的兴趣爱好。

总之，高校体育教学文化的提升对于推动高校物质文化的发展有着至关重要的作用。

第七章　新背景下的高校体育教学方法改革与发展

第一节　高校体育教学方法的产生与发展

一、相关概念

（一）教学方法概念界定

教学方法非常重要，只有掌握了正确的教学方法，无论是对教育本身的发展，还是对培养学生的才能发挥，以及知识的有效组合，把握研究方向，取得最优的科研成果，都有着积极的作用。只有通晓一般规律，才能正确地对待教育，才能正确地研究教学方法。随着科学的迅猛发展，方法将越来越显示出它在科学认识和逻辑思维中的重要作用，以及其在实践中解决问题的核心位置。对此，我们要充分认识教学方法的本质是至关重要的。

（二）体育教学方法概念界定

体育教学方法是指通过教学过程中所运用的手段去更加有效地实现体育教学设定的目标。它包括体育教师教授的各种方法，体育教师运用体育知识、技术和技能等，促进学生学习掌握和锻炼的过程，达到促成学生体格健壮、心理健康的体育教学目的的方法。

体育教学方法的选用的最终目的就是让学生牢固记住知识理念，熟练掌握并运用体育相关技能项目，从而达到培养合格人才的目的。

体育教学方法的基本途径主要有理论和技能两个方面。高校体育教学不仅关注本科生理论、技能的掌握，而且更加重视对其三观的培养，努力做到身心全面发展，提高学生的综合素质。体育专业本科生在掌握技能传授的同时，其综合能力也在过程中得到提升和发展。

体育教学方法的选用是为了促进体育专业本科生综合能力的全面发展，需要体育教师与学生相互协作，和谐配合，发挥学生主观能动性的作用，让其秉持积极的态度去进行体育相关项目的活动，体育教学方法选用的最优化功能才能得以发挥。体育教学过程是一个动态渐进的发展过程，体育教学中各个要素也在不断地发生变化，因此更应该把体育教学方法看作是动态的、可变的、发展的，而不是一成不变的、僵化的方法。

二、体育教学方法的分类

我国的体育教学方法已经从以前的比较单调、单一的体育教学方法转化为时至今日种类繁多且十分丰富多彩的体育教学方法，构成了一个硕大的体育教学方法宝库。体育教学方法繁多，容易使体育教师眼花缭乱、无法辨别，需要对其进行科学分类，有利于体育教学方法的系统性，有利于体育教学的学习、掌握和运用。①根据体育教育学常规教学方法分类可以分为：语言法、直观法、完整与分解法、练习法、游戏法与比赛法、预防与纠正错误法；②根据体育技术性动作教学方法系统性的分类可以分为：体育逻辑教学方法、体育常规教学方法、体育类别教学方法、体育形态教学方法、体育动作各个环节技术教学方法；③根据体育技术性动作教学方法的分类方式可以分为：完整教学方法和分解教学方法。

至今关于体育教学方法的分类有很多，根据各种不同的分类依据，有着不同的分类方法。随着时间的推移、社会的发展，为了更好地为国家培养优秀的体育人才，在我国体育教学方法分类内容方面，也在不断进行演进（如图 7-1 所示）。

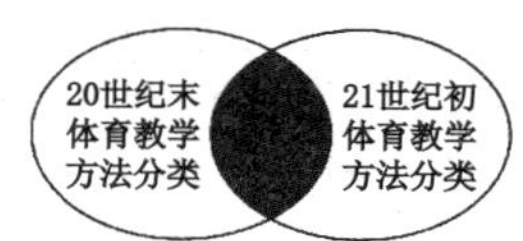

图 7-1　中国体育教学方法分类演进

由图 7-1 可以看出，20 世纪末与 21 世纪初有相同的体育教学方法分类，主要如下：

（1）传授体育知识与技能的方法：语言法、直观法、完整法、分析法、矫正法。

（2）练习法：重复练习法、变换练习法、循环练习法、游戏练习法。

（3）思想品德与发展个性的方法：说服法、榜样法、评比法、表扬法、批评法。

三、高校体育教学方法的产生

高校体育教学是随着人类社会的产生、发展而产生和发展起来的。高校体育教学方法是人们在高校长期的体育教育规律认识的基础上不断总结和归纳出来的，虽然高校体育教学方法随着时代的变迁会不断得到改善，但那些前人留下的教学经验和教法成果始终影响着现如今体育教学方法的发展。

在历史长河中，人们的一些日常活动方法就暗藏着一些体育教学方法的含义和作用。例如，外出踏青、爬山中会有类似速度、耐力和力量素质的练习方法；武术的演练中存在着类似武术教育的方法；在杂技和技巧训练中表现出来的类似体操和灵敏、柔韧素质的教学方法；在涉水的活动中存在着水上运动的教学方法。直到近代建立体育教育制度后，高校体育教学方法才逐渐作为一种独立的教学研究对象逐渐被广大高校体育教育工作者所重视。

由于受各种时代特征及社会发展需要的影响，高校体育教学内容在各种社会形态和历史背景下有明显差异，这也成为高校体育教学方法发生实质性变迁的主要因素之一。

四、高校体育教学方法对体育教学的重要作用

高校体育教学方法是达成体育教学目标的核心条件，是实施体育与健康课程标准的重要途径。高校体育教学方法也是体育教学中的一个重要环节，是体育教学活动的直接方法和基础，其有效性直接关系到体育教学目的的实现与否，以及实现的程度。教育部《关于深化教学改革，培养适应 21 世纪需要的高质量人才的意见》中指出："改革教学方法是深化教学改革的重要内容。"体育教学方法是否科学，直接决定着体育教学效果的质量。在课程内容、教学设施确定的前提下，高校教学方法的选择和运用是衡量高校体育教师水平的关键性依据。

五、高校体育教学方法的构成要素

（一）目标

任何一种体育教学方法都力图对教师的教和学生的学能产生最大的效果，它的产生和使用都有明确的目标或任务，它为一定的目标服务，否则就不能称之为真正意义上的方法。如为了展示动作技术的各个环节、方向、路线和步骤等，一般会采用示范和演示等方法。

（二）沟通介质

高校体育教学方法的实施是为了学生能更好、更快地掌握各种体育知识，教师是各种体育教学方法的管理者和执行者，它的效果最终是通过学生体现的。因此，高校体育教学方法也是教师与学生发生关系的介质。人与人之间的交流主要是用口头语言进行的，体育教学过程也是如此。但体育教学方法除了直接使用话语外，还有大量肢体语言的运用。

（三）动作

体育教学是靠身体练习实现其目标的，所以体育教学方法也需要大量的身体运动作为其主旨的体现和效果的表现形式，这也是它的最显著特征。

（四）环境

任何一项运动技术的教与学都需要一定的环境支持，包括场地、器材、季节、气候等，离开了这些条件的保障，该项运动的技术动作就可能被改变，甚至是不复存在。

六、高校体育教学方法的特点

（一）以身体运动为基本特征

学生直接从事各种身体练习来进行体育学习是体育教育的主要特点，身体运动不仅是一种身心特点综合体现的过程，也是体育教育特有的手段和方式。体育教育过程是一种运动性认知过程，是通过身体练习将肢体运动与思维活动有机结合，掌握体育知识、技术，培养运动能力，形成正确的体育锻炼态度、情感、价值观，这也是体育教育方法与其他教育活动所采用的实施措施最本质的区别。

（二）效果的综合性

学生在从事各种身体练习时需要具有一定的体能水平，从外表上看这仅仅是一种肢体活动，实际上学生进行身体练习的过程是思维、情感、意志等活动的综合体现，在这个过程中不仅有对完成运动技术寻找方法和途径的行为，也会有相互之间的知识探讨和情感交流，这期间也使参与者获得思想道德、品质、审美能力的提升。所以，高校体育教育方法的实施也是体力与智力、情感、品德活动相结合、相统一的过程与结果。

（三）具有一定的运动负荷要求

各种形式的体育教育会对参与者形成一定的运动负荷，但是也只有经过适当负荷刺激的锻炼，学生的体质和健康状况才能有所改善。学生在进行各种身体练习的过程中，机体各器官系统，尤其是运动系统、神经系统、呼吸系统、心血管系统等积极参与运动，学生的身体承受着一定的生理和心理负荷。运动刺激的大小不仅影响学生学习掌握体育知识技能的效果，而且对学生的健康也具有非常直接的影响。

（四）实践性

俗话说："理论来自实践"，而实践又是以理论作为基础。在体育这门特殊的学科中，掌握技术动作质量，提高训练效果，不仅需要掌握扎实的理论知识，而且还需要不断地反复进行实践，才能提高动作质量。

（五）整体性

随着体育教学的不断改革，体系不断地完善，呈现出多种多样的体育教学方法，而每一种教学方法都有着各自不同的特点。根据体育教学方法各自的特点，可以将多种教学方法在某种条件下同时运用到教学过程中，利用它们之间的相互联系、相互合作的关系，在教学中发挥相应的作用，从而促进教学任务的完成。

在体育教学中，有目的性地选取多种教学方法，并整合起来有针对性地运用到教学中，对顺利完成教学任务，实现教学目标有事半功倍的效果。

（六）继承性

继承是对先辈留下的有价值的东西的一种传承。在体育教学中，现代很多的教学方法都是在继承了传统体育教学方法的基础上才能够沿用至今。比如，问答法。问答法也称谈话法，在体育教学中，老师和学生相互之间通过语言的提问和回答的形式在教学中进行互动来传递教学信息，完成教学任务的一种方法。另外，还有"启发式"教学方法的继承过程。古时候的"启发式"教学方法和现代的"启发式"教学方法有着相同的特点，都是以启发引导学生为目的，但二者的不同之处在于，传统的"启发式"教学方法注重的是启发引导学生对所学基本知识的领悟，而现代的"启发式"教学方法不仅重视对已有基本技术知识的领悟，还更重视学生在新的领域里不断地探究、创新，寻找出新的思维、新的发现。

传统的体育教学方法只有通过在不断加工改造的基础上，继承传统体育教学方法的精华，才能使更多的教学方法得到发展。

七、高校体育教师选择教学方法的依据

（一）体育教育目标与任务

不同的体育教育目标与教育任务及课程类型，它所需要的体育教育方法不同。比如，在新授课中，多采用讲解法、问答法、分解法、示范法和演示法等；复习课和综合课则更多地使用完整法、循环练习法、游戏法和比赛法等教法。

（二）教材内容的特点

对一些动作结构比较复杂、难度较大的技术一般多采用分解法进行教学，有利于降低学生的学习难度，树立良好的学习信心。而对连贯性较明显，且难度稍小的项目，如立定跳

远、行进间投篮等动作技术的教学多使用完整法，便于学生对动作形成完整结构认识。另外，集体项目很适合用小群体教学法和发现式教学法，有利于发挥集体智慧，从而促进学习。对那些学生感到比较厌烦、枯燥的项目就适合用游戏法或比赛法进行教学，以调动学生学习的兴趣和积极性。

（三）学生的身心特点和实际运动、学习能力

体育教育方法除了保证教师教授效果之外，还应能帮助和促进学生的学习活动，所选择的体育教育方法还应对学生的身体锻炼活动产生积极影响。因此，体育教师在选择体育教授方法时，要考虑学生在年龄、智力、新知识接受能力、学习习惯、运动技能水平、学习态度等方面的实际情况，并在具体的实施过程中进行适当调整，做到因材施教、区别对待，力争让所有学生都能受益。

（四）教师自身的综合素质和教学特点

体育教师是教学方法的实施者，如果教师没有扎实的专业知识和素养，就不能较好地运用各种教学方法，更不能体现出这些教学方法的价值和用途。因此，体育教育方法的选择还应与教师的基本素质和能力，以及教学风格等特征相结合。另外，体育教师个人的教学风格、特点，以及个性特征也会影响到教学方法的实施和最终效果。因而，在实施体育教育的过程中，体育教师应将自己的教学优势与教学方法的特点相结合，最大限度地发挥个人的特长，如生动形象的语言表达、精湛的运动技术演示、幽默风趣的语风、良好的师生沟通能力和缜密的思维能力等，以保证各种教学方法及体育教育方法体系效果的最大化和最优化。

（五）各种体育教育方法的功能和特点

任何一种体育教育方法都不是万能的，都有各自的优点和缺点，其使用会受各自独特的功能、适用范围和条件等因素的限制。同时，体育教育方法的实施和效果也容易受教育过程中各种因素的影响，既可能是积极的，但也可能对整个体育教育过程产生不良后果。例如，讲解的次数和时间过多就会变成啰唆，学生也会厌烦；游戏可以调动学习兴趣、活跃课堂气氛，但游戏的内容偏难或简单都会适得其反。另外，将动作技术进行分解教学可以降低学习难度、减轻学习负担，但对一些比较简单的动作学习就可能是“多此一举”了。产生这些不良结果的主要原因就是教师对各种体育教育方法的功能没有做到深刻、全面、透彻地理解，对使用这些教育方法的时机把握不准，以及对这些方法的功能、适用范围、使用环境等研究不够。如果不能完全满足上述研究要求，不管是使用哪种教育方法都不会取得良好的效果。

（六）教学时间和效率的要求

每种体育教育方法所需要的效果实现时间是不一样的，所以在实际选择体育教育方法时，也应考虑该方法必须消耗的工作时间是否与完成教学任务的课时数量相匹配。恰当的教育方法不仅要满足教学目的、适合学生和教师的特点，更应该是高效率、低成本的。但是，也不能因此就一味地注重这些“时间”和“效率”的要求，应根据各种教学方法的特征合理地安排教学时数，避免无端的浪费。

（七）学校的实际条件

任何一项运动技术的实施都需要一定的场地、器材、天气作为保证，一旦缺少一些必要的物质条件，运动技术本身就会发生质的变化，学生也不能准确地理解和感受运动的内涵和价值。另外，有些教育方法本身就需要大量的场地或器材作为实施条件之一，比如，循环练习法、小群体教学法等。所以，教师在选择教育方法时应先对学校能够提供的物质条件进行详细了解，并在制订学期教学计划时统筹规划，合理地安排同一时段各个班级的教学内容，以便提高场地器材的利用率和使用效果。

八、高校学生选择学习方法的依据

（一）学习动机

学习动机是进行有效学习必不可少的重要内因，学生在准备学习阶段首先就应该充分明确“为什么要学”，清楚学习动机的强弱程度，并树立持之以恒的决心和信心，这些因素能直接影响学生学习的具体行为和表现。

（二）学习目标、计划和要求

学生应能根据自己的实际学习特点和需要制订体育学习或锻炼的目标和计划，包括学期、半学期、每月、每星期或每天等时段，并以此选择合适的学习方法。同时，学生应根据学习环境的变化对自己的学习活动作出及时、准确的反馈和调整。

（三）自我监控、评估和反省能力

学生不仅在准备学习阶段有明确的学习目的和动机，以及科学、切实的学习计划，还应在学习过程中时时对自己的学习活动进行管理和评价，及时获得来自各个方面的反馈信息，并对其进行反思、分析和总结，以科学、客观、严谨、求实的研究态度重新审视自己，从而对正确地理解和选择学习方法有积极的促进作用。

（四）学习环境和物质条件

体育学习和锻炼是需要一定的物质条件和环境作为保障的，每个学生在进行学习时所拥有或可能获得的物质支持是明显不同的，因为它会受到个人的家庭经济条件、体育消费观念、体育价值观、体育消费计划和能力等方面的影响。因此，在选择体育学习方法之前就应客观、合理地预计自己在学习过程中可能会获得的各种条件支持，使各种学习方法的使用更具可行性和现实性。

九、常见的高校体育教学方法

（一）讲解法

讲解法是教师通过口头语言向学生讲授体育知识和运动技术原理、方法的一种方法，是体育教育过程中最重要、使用最多的教授方法。它要求教师在较短的时间内用清晰、准确、简明、生动的语言向学生解释、描绘、陈述与教学内容有关的知识，并做到突出重点，科学组织讲授内容，注意其逻辑性、连贯性和完整性，将学科知识与品德教育内容相结合。用通俗易懂的语言激发学生的学习热情，诱导和启发他们进行积极的探究和学习，为进一步的体育学习奠定基础。但是，在讲解过程中应注意讲解的时机、时间和深度，并适当地结合黑板、挂图等形式进行综合讲授。

（二）问答法

该法采用教师与学生之间相互提问与回答的方式进行，其实施可以与讲解法同步，也可以在学生练习或教师示范过程中使用，其形式和使用时机比较灵活，比如，即问即答、课前提问练习后再答、讨论回答、课前提问课后回答、作业式问答等。但是，在实施时要注意设问和解答的技巧，以及问题的难度必须符合学生的认识水平，使大部分学生通过一定的思考、练习、讨论等探析活动后能得到正确答案。这种方法不仅能转移和调动学生的注意力，启发学生对体育知识的学习，还能培养其思考能力，开发创新能力，强化对知识的记忆和理解，提高学习效率。

（三）动作示范法

动作示范法是根据教学目的和特殊需要，教师或学生以自身完成的动作为范例，用以引导、解释或纠正学生学习的方法，它是体育教育中最常用的一种直观教学方法。将运动技术通过各种示范面的展示，包括正面、背面、侧面和镜面，对学生形成正确的动作表象、掌握和体会运动顺序及技术要领和技术特征等方面能够起到独特的作用。在进行示范的过程中，要根据动作技术的特征和学生的认识能力，准确、合理地安排和选择示范的速度、示范的位置和示范面，以便降低外界环境对学生观察示范动作的视线干扰，最大限度地保证全体学生都能看得见、看得清楚，并积极结合讲解、问答、讨论等方法使学生能更清晰地认识和掌握动作要领及技术关键。

根据动作示范的不同目的，可以将动作示范法分为认知示范、错误示范和学法示范三种。其中，认知示范是要通过标准、大方的示范动作使学生明白要学什么技术，该动作是如何完成的，在头脑中建立对该动作技术的概念，大致形成动作的路线、速度和方向等方面的基本印象和技术整体轮廓，使其形成正确的动作表象。错误示范主要是在学生练习过程中展示一些相对比较明显、严重或比较普遍的错误动作，使学生能以此为参照，及时检查和发现自己的不足或错误之处。进行这种示范时既可以是教师完成，也可以是发生错误的学生进行演示，但在示范过程中教师应注意自己的语言和语气，对错误动作进行真实演示，不能避重就轻。对产生错误的学生应加强鼓励和引导，保持和提升其自信心、自尊心和积极性，从而让学生清楚自己的学习状况，使其在今后能更好地学习和掌握运动技术。学法示范的目的是通过教师或部分学生的动作示范使更多的学生获得简捷、有效的学习方法，并着重关注动作要领、关键及重点、难点，使学生能逐渐体会动作原理，从而促进他们更好、更快地学习。

（四）演示法

在体育教学中通过各种实物、挂图、黑板等教具的展示，使学生对运动技术的认识更加清晰，对动作技术结构、难点和关键环节、细节的把握更加准确。它能把比较抽象的概念、知识生动化、直观化，对动作技术的定型及知识记忆有重要作用。随着现代技术的发展，诸如影像资料、视频、网络、多媒体等工具都逐渐应用于体育教学中，以便能更形象地展示各种体育知识和动作技术。

（五）纠正错误动作与帮助法

在各种运动技术的学习过程中，每个学生都会出现许多的错误或问题，同时也伴随着各种性质和类型的危险，这也是体育学习所固有的，不可避免。这就需要体育教师及时、准确地发现其错误，以及在学习过程中存在的各种安全隐患，并给予有效帮助和正确处理，逐步提高他们的动作技术和技能水平。该方法能让学生在不断地练习中获得正确的指导，不仅是掌握运动技术的需要，也是避免运动损伤的积极手段之一。

（六）分解练习法

分解练习法是指根据相应的标准和原则，将完整的动作分成几部分，并依照一定的组合方式和顺序教授各个部分的方法。这种教育方法的优点是能把难度较大、较复杂的动作技术简单和明了化，便于学生领会动作重点和难点，清晰动作结构，也有利于提高学生的自信心。但是，长期、单一地持续使用该方法容易人为破坏动作技术各部分之间的内在联系，孤立地看待每个部分的教学，不利于学生对动作连贯性和完整性的掌握，容易形成“会分段、难连贯”的现象。

（七）完整练习法

与分解练习法截然不同，完整法不对动作技术进行任何分段，而是从动作技术的开始到结束完整、连贯地进行教学，这种方法比较适用于动作难度不高、动作结构简单及不可分解的运动技术教学，如立定跳远技术。该方法有利于保护动作技术的良好衔接性和动作结构的完整性，但学生对其中的难点、重点或关键环节的学习和掌握效果却不及分解法。

从整体上看，分解法与完整法是相互促进、相互补充的关系，即在使用分解法进行教学时，应及时使用完整法加以巩固，并纠正“为分解而分解”的错误观念。而在运用完整法时，也应适当加入分解法对动作关键和重点、难点进行强化练习，从而提高动作学习质量。两者有机结合，既能让学生详细学习和掌握各技术环节，也能使其形成较好的整体概念和动作结构的完整性。

（八）循环练习法

循环练习法是根据体育教育和锻炼的需要及物质条件，设计一定数量的练习手段，并设置与之相应的练习站点，学生按规定顺序、路线和要求依次完成各站练习，并再次循环的方法。其设计应注意以下要求：①所有练习都是学生已经会做的；②练习一组以 6～8 个为宜，整体运动负荷呈逐渐上升趋势，并控制在学生最大负荷的 1/3～2/3，但要做到大小负荷交替；③各练习动作的安排在整体上应全面发展学生的运动技能和运动素质，并根据肢体活动部位及运动素质练习的要求交替安排不同性质和目的的练习手段；④根据各练习手段的特点，对各种练习应有定时、定量或定性要求，安排适当数量的监督人员；⑤加强安全教育和组织管理，教师应做到对全局的时时监控。

（九）运动竞赛法

运动竞赛法是借助比赛的形式，使学生在身体、知识、技能、智力、心理和技术等方面获得提升的一种娱乐性方法。它具有明显的竞争性和竞技性，并以获得比赛胜利为终极目标。该方法能使学生充分体会到比赛的刺激性和教育性，较好地调动学生学习的参与性，并在比赛过程中形成良好的意志品德、自我概念和自信心。由于比赛的不确定性，使得学生在参与的过程中能自觉发挥和展示自己的综合能力，有助于其个性的完善和发展。

运动竞赛法有利于激发学生的学习积极性，有助于对教学内容的理解和巩固，同时使学生对体育学习、身体锻炼的态度、意识和价值观有一定的改善作用，促进了公平、尊重、信任、自我约束、团结、竞争等社会行为和优良思想品质的形成。它们都要求在实施前应对学生进行场景诱导，从而激发他们的参与欲望，并进行相关的安全教育。对游戏或比赛的安排应符合教学目的和教学内容的教授需要，不能“为游戏而游戏，为比赛而比赛”。教师应做到监控全场，注意观察和分析学生在心理和身体上的反应，及时调控运动负荷。另外，在分组进行游戏或比赛时，应有针对性地均衡各组的整体实力，这样才能增强游戏或比赛活动自身的吸引力，并且在结束时必须对整个实施过程进行总结，包括活动结果、学生的运动技术和技能情况、学生的心理素质和参与表现等，使学生能及时发现自己的优势和不足，获得正确的自我概念。一般情况下，这两种方法同时使用的效果会更加理想。

（十）小群体教学法

小群体教学法是将学生分为各个集团，集团成员通过相互帮助、讨论及交流等学习方式而达到教学要求的一种集团式的教学方法。该方法要求学校有相对比较丰富的教学资源，在分组时应尽可能兼顾优差搭配、兴趣相符、爱好相同等要求，使各组的整体学习能力相当。各组可以同时学习同一内容，也可以各自学习不同的内容，然后组与组之间进行相互教授，不仅提高了学习主动性和主体性，而且也培养了学生的人际交往能力。在实施过程中，教师除了安排好各组的学习内容外，还应加强对他们的安全教育。同时，也可以适当地融入比赛的性质和要求，从而更好地督促学生提高学习效率。

在体育教育过程中，小群体教学法能在较大程度上激发学生的学习自主性，充分发挥其主体作用，有效地培养他们独立思考、创新思维能力，使学生充分展现自己的运动才能、学习能力、交流能力和表达能力等，有利于其个性和人格魅力的彰显，有利于培养和提高他们学会学习的能力。但在实施的过程中应注意：①研究课题或学习内容难度必须符合学生整体学习水平；②加强安全教育；③及时对学生的探究活动进行总结。

十、高校体育教学方法的发展趋势

（一）现代化与科技化

随着现如今科学技术的发展及网络普及程度的提高，体育教学过程逐渐借用各种电子媒介对体育教育方法进行改革和完善。从利用简单的影像设备观看有关运动的录像、课件的制作和使用开始，到多媒体技术的综合运用，以及计算机远程教学和网络教学的实施，都体现了体育教学方法的科技化发展趋势，而这种趋势也必将随着社会现代化的进程，以及信息化建设的高速发展而不断扩大和加强。

（二）重视体育教学方法的心理效用

体育学习不仅是学生在肌体和运动行为、能力及水平等方面发生改变的过程，也是其学习动机、习惯、态度、品德、意识及个性等心理因素获得改善和提高的历程。高校体育教学方法具有较强的实践性和针对性，虽然有助于学生对运动知识和技术的掌握，但在其实施过程中不可避免地会对学生的心理产生积极或消极影响。现代体育教学比较强调学生终身体育能力的培养和形成，但这必须以学生的学习动机、态度及体育价值观、体育锻炼意识、习惯和意志力等心理因素的正确形成和培养为基础和核心。因此，在实施体育教学过程中，对体育教学方法的选择和使用必须考虑到它对学生的心理激励和功能发展因素，从根本上提高体育教学的作用和长期功效。

（三）凸显个性和特色

高校体育教育是直接作用于人体的教育活动，受教育者自身条件和运动状况将会影响到体育教育的实施和发展。因此，在进行体育教育过程中，应当根据受教育者的个人特点采用相应的教学和学习方法，做到统一规划、区别对待，才能保证高校体育教学对所有大学生都能有益。另外，由于各地、各校的实际状况不同，以及高校体育教师的教学特点和知识结构也不同，导致各地、各校、各体育教师对同一教学内容的认识和实施方法手段不一，这也体现出他们各自的优势和特色。

（四）普遍适应性

传统的高校体育教学制度强调教师为中心，具有很强的统一性，学生的个性发展很大程度地受到限制。由于受应试教育的影响，高校体育教学内容大多是教师制定，并且与考试内容有紧密的联系，甚至是以考试内容取代正常的教育内容，不顾学生的运动需要和兴趣发展。另外，高校体育教学也会给予具有运动特长的少数学生较多的关注，这些都将使大部分只具有一般运动水平学生的健康受到影响。因此，在积极推进素质教育的过程中，高校体育教学要面向全体学生，全面发展他们的运动能力，这也要求高校体育教学方法必须具有更广、更大的使用和适用空间、时间及对象，为每个学生的体育学习和日常锻炼服务。

（五）发挥学生的主体性和独立性

在较长时期内，我国高校体育教学主要是以教师为主进行的，学生的主体性体现较差。但体育教学不仅是将各种运动知识和技术、技能及方法传授给学生，关键是使学生能在自己的生活中有选择性地对其加以运用。因此，在现代高校体育教学过程中，教师不应是主宰者，而应是主导者，学生应变被动为主动，积极发挥自己的主体作用，这就需要改变以往教师活动占主要地位的教育观念和方法，增加学生对教学活动的参与性，发挥他们独特而具有创新的思维能力，如“小群体”教学法、“发现式”教学法、合作学习法、目标教学法、主题教学法、分层教学法等，有利于激发学生的学习主动性和创造性，培养其自主学习能力。

第二节　高校体育教学方法存在的问题

一、教学方法传统

随着高校的扩招，学生数量迅速增多，但高校的教育设施、教师数量却没有跟上，教师所负担的教育任务很重，很难根据学生的实际情况采取有针对性的教学方法。同时，体育项目有很多相关新兴的学科，很多教师也不了解应该采用什么样的教学方法，只是采取传统教授、示范、引导的教学方法，难以做到推陈出新，这也导致学生感到老师对教学、对自己都不够重视，久而久之逐渐丧失了学习的兴趣，体育教学的效果也就越发难以改善。事实上，对于零基础的学生而言，在课堂教学中采用讲解、示范的方法是很合理的，但这还不够，体育舞蹈教师只有给予更多的耐心思考，不断丰富教学手段、教学方法，根据学生的具体情况因材施教，才能增强学生的学习信心与学习自觉性。

二、教学方法单一

（一）教学方式单一

对于大部分的高校来说，其体育教学方式过于单一化。大多数高校仍以技术教学为主，许多教师在教学过程中，过分强调技术动作的规范化。让学生掌握某一技术动作的时候，主要看其是否足够规范与正确，这就使得学生对于运动本身丧失兴趣。还有一些教师过分注重自身在课堂中的主导地位，采取单纯的教师讲和学生听的模式，导致学生学习积极性普遍不高，学生的主体性地位被忽略，过低的主观能动性使得体育教学效果较差，显然教学方式的单一化影响了高校体育教学的发展，学生对体育锻炼的兴趣不断降低。由于高校体育教师不能跟上高校教育改革的步伐，教育观念的落后导致教师过分关注其自身的课堂地位，要求学生完全按照其教学方法学习，从而阻碍了学生创新能力的发展，影响了整个教育教学质量水平。

（二）课程设置不充分

教育部提出的《高等学校体育工作基本标准》（以下简称《标准》），《标准》规定保证本科生开设不少于144学时，专科生不少于108学时的体育必修课，每周安排体育课不少于2学时，每学时不少于45分钟。绝大多数高校将《标准》中设置的课时下限定为课时的上限，在完成基本标准后即取消体育课程，导致本科、专科学生分别只有2年、1.5年的体育课程，其余时间不再安排任何有关身体的活动与锻炼。该《标准》还要求各高校需要组织学生参加课外体育锻炼，规定每周不少于3次，确保学生每天至少进行一小时的体育锻炼，并且要求运动会的参与度要在50%以上，很多学校也未能严格落实在此方面的要求，这些都严重影响了当前大学生体质健康的发展水平。

三、教学组织形式落后

（一）场地与器材条件制约

要取得好的体育教学效果，合适的体育场地与器材设施条件是必不可少的，体育教师的教学也要依托学校不同条件的体育场地与器材设施条件进行展开。而部分高校体育场地条件普遍不符合基本设施的规定，并且器材设施条件不能满足体育教师的教学需求，当高校学生较多，采用选项制体育教学很难进行合理的场地分配和体育课程编排。

在高考扩招之后，普通高等院校招生人数总体上有了很大提升，招生人数也有了十分明显的增加，但是面对骤然提升的学生人数，体育专项经费和体育场地器材的不足就显得捉襟见肘，上文中提到，高校体育场地与器材条件的数量与质量在很大程度上取决于学校体育专项经费的多少，学校的经费又与地方经济发展密不可分，而地方经济发展建设不可能如高考扩招一般骤然增加。政府与地方对学校的拨款是高校重要的经费来源，但以当前情况来看，政府与地方的拨款很难满足骤然增加的学生。

（二）教学管理困难

在场地与器材设施条件不足，各学院的学生普遍较多的情况下，要进行班级授课制，体育教学就需要通过体育教学管理手段将学生划分为多个人数较少的班级，这样才能在场地少、器材少而学生多的情况下顺利进行班级授课制体育教学，但是这样会为体育教学管理带来额外的负担。

（三）体育师资专项结构不合理

在班级授课制体育教学的教学过程中，体育教师将会向学生教授多个体育运动项目的知识与技术，因为要在有限的课时内教授更多的体育运动项目，所以每个运动项目只占少量的课时数，不进行深入教学。选项制体育教学则会在一个学期的整个体育教学过程中着重传授学生一种体育运动项目的知识和技能，需要任课体育教师对当前所教授的体育教学内容有较高的运动能力和更深入的研究，通常根据体育教师自身运动专项来决定选项制教学的授课项目。

第三节　新背景下的高校体育教学方法改革

一、国家教育改革发展对教学内容及方法提出的新要求

2010年7月，国务院颁布了《国家中长期教育改革和发展规划纲要（2010—2020年）》（以下简称《纲要》）。《纲要》明确提出："教育要发展，根本靠改革；要遵循教育规律和人才成长规律，深化教育教学改革，创新教育教学方法；要改革教学内容、方法和手段；要提高教师业务素质，改进教学方法，增强课堂教学效果。"可见在国家的教育改革中，教学内容及教学方法手段的改革得到了国家教育行政部门的充分重视，对教学内容、方法、手段的改革及运用提出了新的、更高的要求。

二、新课堂背景下对体育教学方法提出的新要求

（一）新课程背景下体育课程与教学观念的变化

观念是行动的灵魂，教学观念对教学起着指导和统帅的作用。教学改革必然是以教学观念的改变为前提的。体育新课程改革实施以来，除了课程内容不再以大纲的形式作出规定外，最重要的变化则是体育教师教学观念的更新与改变。新课程改革以来体育教学观念的变化总结为：①由重教师教转向重学生学。②由重体育知识技能传授转向重体育能力培养。③由重教学结果转向重教学过程。④由统一规格教学转向差异性教学。⑤由模式化教学转向个性化教学。⑥由单向信息灌输转向综合信息交流。

如今体育教师经常提到的词语是“健康第一”“以人为本”“立德树人”“体育强国”“核心素养”，等等。从这些口头语中我们可以充分感觉到新课程改革对体育教师教学观念的改变。不但如此，基层高校体育教师还在教学过程中积极探索和实践这些新思想、新方法。

（二）新课程背景下对学生学法的新要求

苏联教育家苏霍姆林斯基曾经深刻地指出：“让学生们每天 10 到 12 小时坐在那里读书、听课、思考、记忆、回想、再现，以便能回答教师的问题——这真是一种无法胜任的、使人精疲力竭的劳动，它归根结底会摧残学生的体力和智力，使学生对知识产生冷漠和漠不关心的态度……”由此可见，苏霍姆林斯基认为学习方式的单一会把学习活动变成沉重的、枯燥的、单调乏味的事。而单一的学习方式对于体育知识技能的学习亦然。

传统的体育课强调教师以教为中心，采用传授式的教学方法，而学生的学习方式是一种被动接受式的学习，这种教与学的方式强调了教师的“教”，而忽略了学生的“学”，助长了学生学习的依赖性，同时泯灭了学生的创造性，更不会关注学生的情感体验。新课程标准强调教学要以学生为中心，教师进行必要的启发和引导，转变学生的学习方式，要求学习方式由单一性向多样性转变。教师要引导和启发学生进行主动学习，让学生了解和掌握更多的学习方式，学会根据自己的实际情况来自主选择学习方式，从而提高学习的乐趣。因此，以自主学习、合作学习和探究学习为代表的新型学习方式应运而生。

（三）新课程背景下对教师教法的新要求

著名教育家夸美纽斯在其著作《大教学论》中说道：“教育的主要目的是寻求一种教学方法，使得教员可以少教，但学生可以多学”。保证课堂教学最重要的环节和手段就是教师的教法，新课程标准对教师教法的新要求首先体现在指导思想上。新课标提出“体育与健康以‘健康第一’为指导思想，促进学生的健康成长。要求通过体育与健康课程的教学，使学生掌握运动技能，发展体能，逐步形成健康和安全的意识，以及良好的生活方式，促进学生身心协调、全面发展。”教学有法，但无定法，贵在得法，所以体育教师灵活运用教学方法。“健康第一”和“以人为本”的教育理念，始终以学生的发展为本位，把学生的健康成长放在首要位置，培养学生终身体育意识，让学生终身受益。教师应当基于这样的指导思想，从教学实际出发，将这一指导思想转化并落实在课堂实践的教法上，花大力气去钻研教材、创新教法，从而达成教学目标。

课程改革十年来我国体育教育思想、课程理念、教师教的行为和学生学的行为等均发生了积极变化。从教学方法角度讲，新课程背景下体育教师的教法呈现出乐趣化、生活化、情境化、游戏化、科学化的变化。在大学阶段突出了教学重点，着重提高学生的体育能力；因材施教，强调身心同步发展；强调多种方法的有机结合，注重运用现代化的教学手段。

总体来说，通过十年的基础教育体育课程改革，体育教师教法单一化的状况已得到较大改观，取而代之的是多样化、特色化的方法，师生关系变得融洽、和谐。这些对于调动学生体育学习的积极性和主动性，以及培养他们的创新精神具有显著的效果，符合教育发展的趋势。同时，教学方式的改变充分挖掘了体育教师的创新潜能，拓展了他们的教学思维，提高了他们的科研能力和专业化水平。

三、影响高校体育教学方法改革的因素

（一）外部因素

1. 受教育思想的影响

随着新中国的成立，教育的发展进入了一个崭新的阶段，教学思想也先后经历几次转变。以最初的“增强体质”为中心的教育思想转变为以“传授技术”为中心的教育思想，再到以“全面发展”为中心的教育思想、以“终身体育”为中心的教育思想、以“育人”为中心的教育思想，再到现在的以“健康第一”为中心的教育思想。虽然教学思想在不断发生着转变，寻求着最适合的发展位置，但是始终没有摆脱以“教材、课堂、教师”为中心、注重教师主导地位、注重技能知识传授的这种应试教育。这种以“满堂灌”的教学课堂，在培养学生的兴趣、发展学生的个性、提高教学质量等方面都会产生严重影响。

2. 国家对体育教师工作地位的重视度不够高

“重教育轻体育”的现象在全国各地普遍存在，因此，在各个学校出现其他各科占用体育课，体育课的课时安排较少，体育教师的工资待遇比其他各科教师的工资待遇普遍都低，体育教师专业知识水平培训机会也比其他课教师培训机会少。从而使教师的潜力得不到充分发挥，教师对体育教育工作的热情不高，对教学发展趋势不够关注，教学工作的责任心不强，导致教学在发展中因缺少这些基层老师的支持而对教学的整体发展带来困难。

3. 受到教学设备严重匮乏的影响

由于我国经济实力不强，目前还达不到为全国各地的每所学校提供所需的器材设备，导致我国大部分学校因场地、器材设备达不到要求，严重匮乏的情况，使得体育教学工作无法正常开展，体育课堂成为“放羊式”的课堂，在体育课上显得是毫无组织、毫无纪律，也没有质量保证，这不仅无法按照教学的要求完成教学任务、实现教学目标，而且也无法按照教学要求对体育教学方法进行新的研究改造。

（二）内部因素

影响体育教学方法改革的内部环境因素是对传统体育教学方法的宣传力度不够。体育教学方法的改革与发展就是在对传统体育教学方法进行“取其精华，去其糟粕”的基础上对教学方法进行创新改造，从而促进体育教学方法的研究发展。因此，加大传统体育教学方法的宣传力度对体育教学方法的改革与发展有着重要的作用。否则，我们许多学者或一线教师在通过自己多年的经验和辛苦与努力下研究出来的成果，就会随着时光的流逝慢慢消失，甚至被人们彻底遗忘。这不仅会对体育界造成巨大的损失，而且在体育教学中，也失去了本应为体育教学服务的应有价值，并且这也是对那些伟大的学者或一线教师，在通过自己辛苦与努力之下研究出来的成果的一种不尊重的表现，这对提高教师自身能力，以及教师工作能力等方面都是不利的。同时，这也为日后的体育教学方法在改革中带来了很多困难。如不了解传统体育教学方法在改革中到底存在什么样的问题，弊端在哪里，不了解传统体育教学方法到底有哪些，到底哪些属于传统体育教学方法，哪些属于现代体育教学方法，也不清楚传统体育教学方法的研究方向（以学生为主体还是以教师为主导不清楚）……这些都会成为在体育教学方法改革与发展中存在的问题。

四、新背景下的高校体育教学方法改革策略

（一）从教学要素整体着眼，合理编排体育教学方法

教师怎样根据并运用课程教材来使学生学习，从而达成教学目的呢？这必须依靠一系列方法。所以方法是教学活动的一个重要因素。它包括教师在课内和课外所使用的各种教学方法、教学艺术、教学手段和各种教学组织形式。不管它们是具体的、显见的，还是潜移默化的。

高校体育教学方法受制约于课程内容，通过学生达到教学目的或教学效果。连接方法的两端是教师和学生。高校体育教学方法与效果的关系如图 7-2 所示。

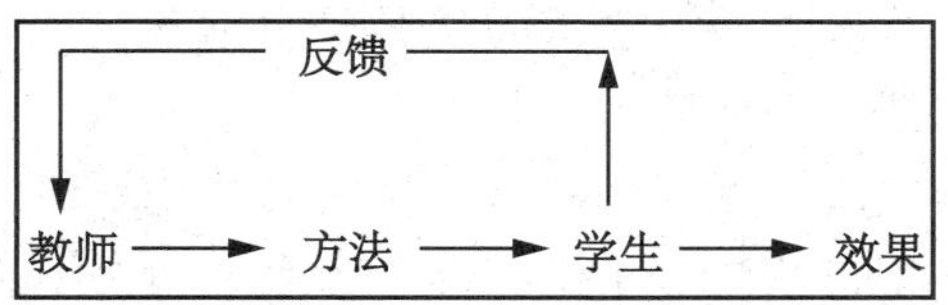

图 7-2　高校体育教学方法与效果的关系

教学效果的评价主要是通过学生反映的，而方法只有作用于学生后才能产生效果。连接方法两端的主体还是教师和学生。影响教学效果的因素除了教师的传授水平、方法的执行情况，还有学生的内化、吸收、创新。也就说，教学方法两端的主体是决定方法实施效果的核心，二者的配合协调更是产生良好效果的关键。

教学方法的编排链接着教师和学生，教师的教学素质、水平、教学艺术、创新意识等都会影响着教学方法的选择和运用，更能影响着教学方法的改编和创新。同样，学生的身体素质基础、训练接受水平、技能掌握规律更是影响教学方法的实施效果。所以，教师不但要提高自身的教学水平，也要了解和掌握学生的接受水平和内化程度，只有两者通力合作，才能做到“教学相长”，共同完成教学方法的改革和教学效果的提高。

（二）从实际情况入手，扩展、改进体育教学方法

体育教学方法丰富多彩，形式各异，要想利用好体育教学方法就必须从实际教学条件考虑。场地的充裕程度、器材的配备、实施体育课的条件等都是选用体育教学方法必须要考虑的因素。

由于城乡地域、经济条件等的差异，不可能所有学校的设备都一样，也不可能都能达到体育教学所需。在条件不允许的情况下，体育教学方法需要扩展和改进，使之更适合体育教学。当然，体育教学方法的扩展和改进只是手段，真正的目的是更好地适合体育课的需要，切实提高学生的健康体质，培养创新意识和锻炼创新能力。

扩展体育教学方法就是扩大某种教学方法的功能和应用范围，主要体现在教学的组织形式方面。如教学分组，以前都是按人数进行分组，但随着教学改革的深入，越来越多的体育教师认识到教学组织形式多种多样，于是出现了扩展，按兴趣分组、按伙伴朋友关系分组、按基础和水平分组、按性格分组等。

改进体育教学方法是在原有方法运用的基础上，教师通过总结，进而改进不足或导出新的教学方法。改进法其实在教学实践中经常用，对组织形式的加工，对教学手段或工具的改

良等。

（三）从教学效果出发，优选、组合体育教学方法

体育课是按照完整的教学程序进行授课的，教学过程具有完整性和独立性。体育教学方法在整个教学过程中只是其中的一个要素而已，但它也是完成教学目标、实现教学任务最直接的途径和方式，体育教学效果取决于各个要素的通力协作，突出的是过程与结果的关联。从教学效果考虑，合理选择、优化组合体育教学方法，利用系统论的理念，将“教”与“学”看成“动态系统”，将目标—方法—效果融于教学环境中。这就要求体育教学方法在实施过程中应该“瞻前顾后”，既考虑教学目标、任务的完成，又考虑所起到的效果，强调学习的内在过程，创造好的教学环境，充分调动学生的主观能动性。注重方法的组合和联合使用，追求方法的“合力”效果和功效，尤其是在教学方法设计时更要全盘考虑，拓宽视野，把握全局，真正做到教学方法“一体化”。

优化组合是为了更好地实现目标，使各个方法的功效叠加起来发挥整体功效。组合本身就是对教学方法的创新，如把讲解法和示范法结合起来，边讲解边示范，还可以加上用讲解法进行启发；把分解法和完整法混合使用（跳高教学中，先分解传授起跳及过杆动作，再完整地加上助跑和落地动作，最后对细节动作分解教学）。改造主要是针对实施手段、工具的加工和改编。一些传统的手段经过加工改造，既不影响实现目标的功能，又能引起学生的好奇心和求知欲，如用图片或录像把典型的动作模仿出来，让学生观看，既形象又逼真，同时也免去了教师的纠错讲解，让学生自己发现问题，并寻求解决问题的办法，起到启发、探究的作用。

（四）从学生未来发展考虑，统整筛选体育教学方法

体育课对学生未来发展的作用至关重要，很多性格、价值观、人格都是在大学阶段形成的。体育这个特殊的学科，再加上运动项目繁多，致使对学生的影响很大，不但影响到躯体和心理健康，而且影响到人生观和价值观的形成。体育教学方法形式多样（有单个的，也有组合的，有为解决短期目标的，也有为长期发展考虑的），就其促进学生发展的角度考虑，对体育教学方法进行统整筛选，尤其对一些多种手段组合的教学法（如探究性教学法、合作性教学法、自主学习法等）要筛选和统整，一方面这些教学法对学生未来发展极为重要，要加强运用；另一方面这些教学法的使用不能太随意，也不能过度。教学方法是实现目标的途径，当然目标可能是单一的，但途径是多种多样的，多种多样的途径总有最省力、最直接的，这就是统整筛选的作用。没有体育教师的精心筛选，实现目标就会走弯路，教学效率就会低下。

（五）从学生的角度出发，科学使用体育教学方法

教师要积极调动学生学习的积极性，从“要我学”转变为“我要学”，使学生转变学习观念，引导学生以探究式、合作式、自主式的学习方法进行体育课程的学习和实践。体育技能的学习只是提高学生体质、形成良好的体育习惯、提高社会适应能力、形成终身体育意识的一种手段。因此，体育教师要转变观念，要从体育技能的“传授者”转变为帮助学生自主学习体育技能和体育知识的“引导者”。要以提高学生体质、形成良好的体育习惯、提高社会适应能力、形成终身体育意识为目的，以体育技术的传授为手段，努力帮助和引导学生以

探究式、合作式、自主式的学习方法进行体育课程的学习和实践，从而提高学生的综合素质和能力。

（六）从课程改革入手，大胆尝试新型教学方法

体育教师要不断提高自己的业务水平，课前充分备课，课上大胆尝试新型教学方法，提高新型教学方法的使用面和使用频率，在教学方法的选择与运用上始终要贯彻新课标所提倡的理念。再好的教学方法不使用也达不到效果，新课程理念的实现关键是落实。体育教师在日常教学实践中应广泛地尝试使用新型的教学方法，不断地提高新型教学方法在教学实践过程中的使用率，才能切实将新课程理念落实到课堂上，也才能从中不断发现问题进行改进和创新。因此，建议体育教师在实践中大胆尝试使用新课标倡导的教学方法，提高新型教学方法的使用面和使用频率。

（七）从学生需求考虑，合理设置体育课时

在术科课时缩减不可逆转的情势下，调整好必修课与选修课的课时数，处理好专业术科课时数限定而课程门类增加是必须认真面对的难题。有的术科课程在必修课教学后又在选修课中出现重复教学的情况，如球类、体操、武术等就设置教学性质、内容相同的普修课与副项提高课课程，其结果不仅花费了课时，也未能收到良好的教学效果。为此，采取把必修课与选修课中相同术科课程归类成为一门课程教学，一方面能避免术科课程重复教学，另一方面可以将调整的课时用于增加其他术科课程的教学时数。针对术科课时数限定而课程门类增加的现状，亦可采取能合则合的教学原则等，将术科专项球类理论课中的竞赛组织与编排、体育术科教材与教法等，采取合班开课的教学形式，把“挤”出的课时增加和利用到需要的术科实践课中，保证了各门术科课程的教学任务和教学效果的提高。

（八）从学生的长远成长方面考虑，加大教学组织形式的投入

1. 加大对场地设施、设备的投资力度

场地设施及设备缺乏已成为当前困扰高校体育发展的一个重要因素。为使广大学生能够根据自己的特点和兴趣，更广泛地选择体育学习与锻炼的内容与形式，以满足他们身心健康的需要，各高校领导应加大对场地设施和设备的投资力度，通过多种渠道、多种形式筹集资金。如试办有偿性课外俱乐部，充分利用高校体育场地资源、高校与社会之间的资源共享来完善目前的场馆设施，给学生一个良好的体育运动氛围，从而促进高校体育的快速发展。

2. 加强师资队伍建设，提高师资队伍的素质

教师是教学组织的核心，教学改革成败的关键是教师。教学改革的动力在教师，阻力也在教师，只有不断地提高教师的素质，变革教师陈旧的思想观念，才可能有高质量的教育水平。

所以，在加大、加强高校体育教师的师资培养的同时，还要加大力度提高教师的积极性。由于高校教学效果的好与坏一定程度上与教师的教学积极性息息相关，其主要特点表现在教学工作中不断地加强精力投入到教学工作的钻研中，以及对学生的情感投入，关心爱护学生的学习和成长，保持一种持久稳定的工作积极性，把学生培养成为全面发展的人。这就要求学校领导在加强教师专业师资建设的同时还要加强教师的道德素质，树立教书育人，为

人师表，严谨执教的职业道德，且要做到尊重教师的劳动成果与创造，给予教师充分的自信心，并解决其生活中遇到的各种困难，使他们对学校产生亲切感和依恋，教育他们把全面培养高素质人才作为工作的目标。

（九）从素质教育方面考虑，合理制定体育教学评价方法

根据教学大纲的规定，课程考核主要是针对学习课程目标完成情况、基本技术掌握情况等进行考核，约占 70%以上，而课外成绩评定、学习态度评价通常只占 20%左右，理论知识考核基本不占分值。为进一步提升考核评价体系的科学性，应从以下方面采取措施：

（1）要提升学生对课余练习的重视程度，把课外训练当初考试评分的重点项目，增加学习态度、课外训练的分值，督促学生自主进行课外练习，弥补课时偏少、学生仅靠课堂时间难以熟练掌握学习内容的缺陷。同时要增加理论考试所占的分值，让学生重视学习理论课。

（2）要实现评价体系的多元化，让教师、学生对课程教学的教学环境、教学内容、教学方法等进行评价，通过评价系统对学生的学习情况、教师的教学情况进行反馈，最终使学生与教师团结协作，共同实现体育舞蹈教学水平的提升。

五、几种体育教学方法的改革

（一）“成功”教学法

“成功”教学法是根据学生的实际情况和接受能力，适当地把教授的技术动作转变为精华部分，降低难度，不过分追求速度、远度、准确度，激发学生以顽强的意志坚持把动作做好，并实施因材施教，让学生在完成动作的同时体验“成功”的乐趣和快感，以此给予鼓励。学生具有很强的自尊心、自信心，往往一点点的成功喜悦感就会激发他们昂扬的斗志和坚持锻炼的决心。部分学生对体育不感兴趣，再加上看到同伴完成动作很好，自己的内心就会排斥或不情愿参与，有了坚持的意志和积极参与的态度，对技术动作的认识和探索就会自然而然地加强。

在实施中，体育教师要为学生创造“成功”的机会，使其体验成功的快乐，促使其追求成功的愿望，最终达到学生主动积极的自学自练的目的。但不可使用过度，处处都是成功不但起不到激发练习的信心，而且还会让学生“飘飘然”。

（二）“娱乐”教学法

体育或体育课对学生体质增强的作用毋庸置疑，每个孩子的家长和老师也都明白。但实际上中小学生对待体育或体育课总是提不起兴趣，更别说积极主动地去练习了。调查显示超过 40%的学生对体育的兴趣一般或不喜欢，接近 40%的学生对体育课的兴趣一般或不喜欢。而实际上，多数学生不是不喜欢体育课，而是觉得体育课太枯燥乏味、没意思，根本提不起兴趣。他们心中的体育课应该是丰富多彩、娱乐身心的一种方式，而不是在文化课本来就很紧张的情况下再去上什么“没意思”的体育课。“娱乐”体育教学法恰恰能激发学生对体育课的兴趣和爱好，从教学方法上激发学生参与练习的积极性，通过设计丰富多彩的教学内容、实施多种多样的教学方式和组织形式，以此调动学生主动地了解体育知识、掌握技术动作，变“被动体育”为“主动体育”。“娱乐”教学法的设计和编排需要体育教师多下功夫，捕捉技术动作的“娱乐”成分和元素，使用各种工具和手段调动学生参与的主动性。这种方

法虽说给体育教师增加了备课的负担，但对学生来说，那种从体育课中获得娱乐的“快感”是坚持锻炼和积极投入到锻炼中的有效“催化剂”。但在应用中，避免只注重娱乐，而忽视了体质锻炼和技能学习，防止本末倒置。

（三）“口诀”教学法

口诀法是体育教师在教学过程中，通过对技术要领的理解和反思，再加上自身教学实践的经验总结，提炼出来的一种包含重要技术动作要领，以顺口、押韵的形式进行教学的方法。

许多一线体育教师在教学实践中对自身教学进行不断总结和归纳，对所教动作的关键环节的技术要领进行反思，以类似“顺口溜”的形式总结成几句话，使用起来方便、快捷，学生容易接受。免去了讲解的啰嗦和枯燥，学生在课后还能时不时地喊几句，进而促进加深记忆。

（四）群体激励教学法

群体激励教学法又称“智力激励法”“头脑风暴法”，是美国人奥斯本提出的，是指通过集体思维共同相互激励的形式，引发众多反应，产生多种解决问题设想的一种教学方法。类似于启发法和小组讨论法的叠加。首先是教师先提出问题，让学生通过创造性思维和实践去探究，最终形成正确的答案或结果。在长期的应试教育影响下，43.8％的体育教师不让学生主动探究新方法、新练法，45.4％的体育教师不给学生自由表达、讨论的机会。这种方法针对我国传统应试教育培养出来的学生来说，培养他们的创造力和创新意识具有重大功效。学生在探索问题的同时就是寻找解决问题的过程，再加上教师专门设置的一些疑难，迫使学生开动脑筋、启发思维，必然提升了学生的创新意识和解决问题的能力。

（五）移植教学法

移植教学法就是将体育教学方法直接的理论基础、普通教学论及其他学科的好经验、好方法，以及边缘学科新涌现的新知识、新理论部分地或全部地引入体育教学领域，并通过一定的改造而获得新的体育教学方法。

体育是个特殊的学科，大量的教学方法来自教育学、心理学领域，练习方法来自训练学领域，这些学科的教学方法在合适的教学步骤、练习阶段内都可以移植过来，以便丰富发展体育课堂教学。体育教师在运用移植教学法时，要视野开阔、酌情使用，做到“举一反三”“异中求同”。体育教师丰富的知识面、发散的思维方式、教学经验的总结与反思是应用移植教学法的决定因素，切忌为求新而进行胡编乱造。

（六）难度增减教学法

难度增减教学法是指在不改变运动技术动作的结构和性质的基础上，对教学内容的难度进行增减调整的一种教学方法。这种教学法在现实体育教学中经常使用，如跳纵箱前先练习跳山羊，肩肘倒立前先练习有人辅助练习，篮球罚球练习前先缩短距离练习等。一般都是先易后难，而在一些训练课上，往往是增加难度的做法，如有人影响下罚篮，故意抛不到位的球让学生垫等。难度增减法不但有助于教学进度的顺利进行，而且对消除学生的恐惧感、增加信心、提高抗干扰能力都能起到重要的作用。在现实体育教学中，难度增减法无时无刻不在用，关键是体育教师要适时适量、找准时机、把握次数、调控难度，这样的设置才会起到事半功倍的效果。

（七）逆向思维教学法

逆向思维教学法是指按照反向思维，反方向引出问题的一种教学方法。人们习惯于按照正向思维进行教学，但一些技术动作按照反向程序进行，反而会取得更好的效果。如掷标枪（先教持枪投掷，再加上助跑，最后完整练习），跳远（先教起跳，再教助跑和落地），等等。这些教学程序的反顺序也需要教学方法的反向进行。此类技术动作的特点往往具有共性，都是先练习较难掌握的技术动作，而且这些技术动作是成绩的决定因素。在实际教学中，体育教师总是抱怨学生笨，学不会动作，运用逆向思维，反思自己教的方法，是"接受"的问题，还是"教授"的问题，是"学不会"的问题，还是"教不会"的问题，这同样是逆向思维教学法的应用。

（八）情境教学法

情境教学法是指在学习动作前，先用语言或场景把学生带入一定的情境，让学生设身处地地强化练习的一种方法。具体的实施手段有以生活展现情境，以实物演示情境，以录像、画片再现情境，以音乐、语言渲染情境，以展示、表演、示范体会情境等。如教中长跑时（把学生比喻成抗震救灾的人民子弟兵），学习篮球变向运球时（模拟比赛现场，启发学生用什么方法摆脱防守队员），放松练习时（想象我们是快乐的小鸟，自由地飞翔）等。再如长春市外国语学校陈永东教师创设的太极放松操——大西瓜"一个圆圆大西瓜——我从中间切开它，一半送给老师您，一半送给同学了，拿去吧！拿去吧！我自己呢！没了，没了！"情境创设需要体育教师"煞费苦心"，启发、激励学生身临其境的练习更是需要教学艺术。这种方法既能激发学生练习的积极性，又能提高教师创设情境、组织教学方法的能力。情境教学法能激起学生的无限遐想，使其感受到自己就是主人公，练习起来自然卖力。

（九）电化教学法

电化教学法即教师指导学生观看自己的练习录像、国内外比赛录像等资料，让学生借助教学设备建立直观印象，达到纠正错误、建立正确动作的效果。

（十）提示教学法和引导教学法

提示教学法是指教师以简单的语言或肢体语言指导学生进行练习的教学方法。引导教学法是指学生在教师的带领下连续完成单个动作、组合动作并进行成套动作练习的教学方法。不同的教学方法有着不同的使用情况，具体来说，教师可通过以下策略对诸多教学方法进行应用：

（1）教师可以将讲解法、分解法、电化教学法等诸多方式结合应用，借助现代信息化手段让学生体会到体育的魅力。同时，在体育课堂上，男女比例失调是一个很常见的问题，教师一定不能忽视这个问题。可以允许男女合班，或是安排男女搭档的方式，同时要尽可能地固定搭档，鼓励他们互相合作、互相学习，提高彼此间的默契程度，进而改善教学效果。

（2）教师可以通过图片、多媒体开展教学，或是邀请表现优秀的同学进行演出，用直观的方式向学生展示标准的体育动作要领，让学生观察高水平的体育运动人员对体育动作的诠释表达、理解，进而领略体育的魅力。教师还要善于使用新颖的教学活动。例如，在讲解动作的时候，可以让跳的比较标准的学生来示范，让其他学生与自己的动作对比，这一方面可以对动作标准的学生的动作予以肯定，另一方面能让其他学生了解自己哪里做错了，并产生改进的积极性。教师也可以在课堂内开展各种体育小比赛、小组交流等，让学生勇于展示自我，提升课堂的趣味性，丰富学生的文化生活。

(3) 高校、教师要注意国内外体育赛事的开展情况，从中截取适合向学生示范的内容，制作成教学材料作为辅助教材，这既能增强体育的吸引力，又能开阔学生的眼界，并能补充和强化课堂教育。

(4) 教师也要善于引导学生养成团队合作、自主学习、探究学习的意识，从而增强学生自己动脑思考的能力，使学生掌握正确地学习方法，养成良好的学习习惯。

(十一) 合作教学法

近年来，合作教学法作为一种新型的教学方法，在实践中受到了社会各阶层的广泛关注与好评。我国的教育机构也先后提出了“鼓励合作学习，促进学习之间的相互交流”的口号。合作学习对于学生的成长具有重要意义，它可以培养学生的创造能力，又能够提高学生的交流沟通能力和团队意识，并最终达到提高学习效率的目的。在合作学习过程中，学生不断锻炼自己的思维能力，培养独立自主完成任务的毅力。同时，学生之间的合作学习更利于发现问题，在看到别人优点的过程中了解自己的短处，为提高自身水平提供良好的参照。

合作教学法在体育教学中的应用方法如下：

1. 建立合作教学目标

合作是在一定的行为主体范围中建立的，教师在应用合作教学法时可以帮助学生合理地分配合作小组人员，并指导各组成员制定切实可行的小组目标。目标的建立要根据本小组人员知识水平、动手能力及思维方式的不同因组制宜地制定。同时选出合作小组的管理人员，在确保各种关系和谐的基础上完成小组的预定目标。

2. 优化实施环境

教师是合作小组的幕后策划者，同时又是保证合作学习进行下去的监督者。教师应该在开始小组协作训练之前面向所有学生进行全面系统的知识讲解、背景分析及目标任务分析，这样学生之间的共同目标就已经明确，具体的操作由学生完成。同时老师要起到画龙点睛的作用，在学习小组遇到困难的时候，及时点拨，保证合作学习的顺利开展。

3. 提高师生互动

传统的教学方法只局限于单方面的交流，是一种单向的沟通，这样就存在着信息反馈上的缺陷。教师不能准确了解学生的需求，就很难满足学生对知识的渴望，更有甚者引发学生的抵触情绪。合作教学法改善了这一缺点，沟通由此具备了双向性。沟通的对象不局限于师生之间，更可以在学生与学生之间、教师与教师之间。这样的方式能够充分发挥教学中的人才优势，发挥出每个人的优点，减轻师生双方教与学的负担，从而开发学生的创造力。

(十二) 互动反馈式教学法

互动反馈式教学相比较传统教学方法有了进步，其改变了传统灌输式的教学方式，而且是以现代教育为教学理念，提倡师生统一主体的理论，将学生作为教学的主体，在实践中不断地挖掘学生的潜力，提高学生学习的主动性，而且可以使学生养成爱运动的好习惯，可以为社会培养出更多德智体美全面发展的人才。互动反馈式教学有助于提高教师的教学水平，而且可以帮助教师更快地完成教学任务，是一种先进的教学方法。互动反馈式教学强调师生之间的平等关系，而且需要学生发挥主观能动性，积极配合教师完成体育训练项目。运用互动反馈式教学，可以增进师生之间的感情，增加师生之间的交流与沟通，可以将理论知识与实践活动有效结合在一起。

互动反馈式教学在体育教学中的应用方法如下：

1. 课堂教学组织的策略

为了提高学生的体育成绩，教师需要以班级或者小组为课堂教学组织，还要加强学生之间的团结精神，做好带头作用，指导学生完成教学任务，还要保证学生动作的规范性，避免在课堂中出现危险。学生在参与体育活动时，一般是以小组为单位，在进行对抗与合作交替的过程中，要加强小组之间的交流，做好各个成员的沟通。小组也可以定期更换组长，在组建活动小组时，男女比例要协调，这样才能保证竞技的公平性。教师还需要对小组进行评估，在评估的过程中，不是针对某个小组成员，而是针对整个小组共同努力的成果进行评估。

2. 推进教学进程的策略

教师在备课过程中，要具有一定的灵活性，在选择教材的过程中，要增加趣味性，还要将教学目标与学生的心理相结合，根据学生个体的差异性，制定不同的知识点与方向，通过与学生的交流互动，可以针对学生存在的问题找到解决措施。教师要鼓励学生提问题，当学生提出具有创造性的问题时，教师可以与学生进行探讨，引导学生找到答案。所以，互动与反馈，可以帮助教师反思自己设计的教学大纲。

3. 课程开发策略

教师要对自己所教授的体育课程教材进行有机整理，同时要根据相关的研究文献进行相应的创新。在教学中，充分发挥教师的主观能动性，经常与同教研室人员进行研讨、交流。

新的体育课程观不仅要求在学习中所传授的基础内容丰富，同时还要考虑到学生在课程有组织的活动中所有的情感体验，从学生所学的专业学科的综合评估和反馈中来检验自己的教学成果。

（十三）微型教学法

微型教学可以促进运动技能（技巧）的形成，使学生从学习动作开始就建立和看到正确的动作行为：体育教学主要靠身体活动和思维活动的紧密结合，以往教学过程重复性练习比重较大，学生思考和分析比重较小，学生开始学习动作时，虽然经过反复练习有所体验，但仍然不能看见自己的动作行为，更无法分析和控制。在体操、武术教学中，经常看到学生对着镜子做动作，随时纠正和调整自己的行为。在一些简单动作中尚可，但复杂的动作就不太可能了，而微型教学可以通过录像设备存储，重放分析，为改进技术提供了良好的条件。教师与学生观看、分析，使正确动作成为正反馈加强中枢神经系统痕迹效应，动力定型更快地趋向于自动化，技能迅速提高。微型教学不同于一般的录像教学，一般的录像不能马上分析，等下课很长时间再放录像，并无完整的设计方案。这样，印象减弱，不能从一开始就建立正确的动作概念，达不到预期效果。微型教学解决了高校学生始终无法看到自己动作行为的矛盾，便于巩固和强化学生的正确行为，纠正错误。

（十四）探究式教学法

探究式教学方法是一个综合性的教学方法，其中包含很多具体的实施对策。在高校体育教学中，教师应当根据具体的教学情况进行教学对策的选择和应用，从而推动探究式教学方法发挥更大的作用。具体对策总结如下：

1. 合理划分小组，加强小组探究学习

探究式教学方法离不开探究，因此教师要对学生进行合理划分，让学生分组进行知识探究，充分发挥小组探究的价值，推动学生学习效果的全面提升。小组合作学习是较为有效的教学模式，其一方面能够推动学生探究兴趣的不断提升，另一方面能够让学生在竞争与团队合作的作用下更好地对知识进行学习，更快、更主动地投入到学习中，从而提升学习效率。

比如，在学习接力赛课程的时候，教师可以根据学生的跑步能力将学生分为若干个小组，让学生在小组中对接力赛知识或者技能进行探究与讨论，寻找接力赛的技巧，并组织小组进行比赛，从而提升学生对接力赛的认识，增强竞争力，实现学习效果的全面提升。

2. 有效创设情境，引导学生进行探究

高校体育课程中有很多内容具有一定的难度，教师单纯地依靠自身的动作演示，很难起到良好的效果，学生也无法对教师的表达进行深入理解，这个时候教师就可以借助于多媒体进行情境创设，让学生在具体的情境中对各种动作进行观看和探究，以便提升探究的有效性，促进教学更好地开展。比如，在学习篮球投球技能的时候，为了让学生更好地理解和掌握投球技能，教师可以在自身演示之后，引导学生到多媒体教室进行投球视频的观看，对示范人员的投、掷、抛等动作进行深入分析和探究，以此达到强化学生对动作要点深入理解的目标。采用这种情景创设的方法，能够推动学生对相关技能进行直观观看，并且能够引导学生在具体的情境中进行知识探究，这也能够促进学习效果的提升。

3. 合理设定问题，引导学生自主探究

问题情景教学法也是一种有效的教学方法，在高校体育教学中，教师可以通过问题的合理设计来引导学生学习，提升探究的有效性。具体来看，教师要根据具体的教学内容进行问题的设计，并遵循循序渐进的原则，首先设计较为简单的问题，然后由浅入深逐渐增加深度，让学生与身边的同学进行问题探究，寻找正确答案。这一方面能够增强学生的知识理解深度，另一方面能够加深印象，推动探究式教学发挥更好的作用。比如，在学习排球基本知识和技能方面内容的时候，教师可以为学生设计如下的问题："你认为排球比赛哪些地方最精彩""为什么已经是高抛球了还不扣杀""排球运动最重要的是什么"，等等。这些问题能够引导学生自主思考，循序渐进地进行内容分析，并且能够推动理论与实践有效连接起来，促进探究式学习发挥更大的作用。另外，遵循循序渐进的原则，还能够有效培养学生的学习兴趣，避免打消学生的学习积极性，为体育教学的全面开展奠定基础。

（十五）分层教学法

分层教学，是一种新流入我国的创新型教学方法，其应用过程首先是分析学生不同的接受能力、潜力及知识水平等因素，据此将学生分成不同的小组。虽然每个小组整体

的水平不一样，但是在同一个小组内，学生的水平比较接近，这样学生可以相互帮助，从而共同进步。将分层教学的方法应用到高校体育教学中，是根据每位学生的运动水平和身体素质等因素，将学生分成不同的小组，每个教学小组的教学目标不尽相同，这样能够真正达到因材施教的目的。不仅如此，通过分组学习还可以有效地增强学生的团队合作意识和责任感。最后，由体育教师采取不同的方法对不同组的学生进行评价，以便对其进行更好的体育教学。

第八章 新背景下的高校体育教学模式改革与发展

第一节 高校体育教学模式的概述

一、体育教学模式的概念

关于体育教学模式定义，曾有如下描述："体育教学模式是体现某种教学思想的教学程序，它包括相对稳定的教学过程结构和相应的教学方法体系，主要体现在教学单元和教学课的设计和实施上。"这个定义的特征有如下几点：内涵定义在"教学过程结构和相应的教学方法体系"，这其中既体现了时间概念和有内在联系的"过程结构"，又加上了与之相辅的"教学方法体系"。成为"空间结构＋方式类型"的框架，以体现一般性和特殊性相结合的特点。它较之"教学程序""课堂结构"的内涵更加全面完整，较之"教学活动模型""教学范型"也更加清晰、明确和具体，具有教学模式概念的全面性和确定性。上述定义还力图明确教学思想与教学模式的关系，把教学模式与教学思想作为"体现"和"被体现"的关系来处理，这比"指导"和"被指导"的提法更加客观，更有余地。这可以促进各种教学模式和各种教学思想的结合，也容易摆脱"一种指导思想有一种模式"的简单对应关系，有利于纠正消除把教学思想等同于教学模式的模糊认识。定义对模式的空间和工作内容范围进行了界定，即"主要体现在教学单元和教学课的设计和实施中"。这是在以前教学模式和体育教学模式研究中尚未明确的（由于这方面规定的含糊不清，就出现了在理论上将课程模式、教学过程模式、教学方法类型、课的类型都称为教学模式的混乱），这种界定既符合当前体育教学以一个教学内容实体（单项）为教学基本单位的实际情况，又不割裂整体与各有机部分（课时的教学过程）之间的联系，而它的优点是使研究对象更加具体。

在我国《教育大辞典》中是这样解释体育教学模式的："体育教学模式是反应特定教学理论逻辑轮廓的、为完成某种教学任务的相对稳定而具体的教学活动结构。具有直观性、假设性、近似性和完整性。"我国学者吴志超认为：教学模式是按照一定原理设计的一种具有相应结构和功能的教学活动的模型或策略。通过以上资料对体育教学模式的表述有以下两点共性：①体育教学模式是具有一定结构并具有可操作性的"模块"；②体育教学模式的形成都是建立在一定的学科理论基础之上。所以在此书中体育教学模式定义为：在一定的教学理论基础的指导下，以一种或多种教学模型或教学策略的组合来完成体育教学的任务或目标。体育教学模式可以体现在一节体育课中，也可以体现在一个完整的单元教学中，还可以体现在一堂课的某一部分。

二、高校体育教学模式的内涵解析

（一）高校体育教学模式是体育价值观和体育指导思想的外化

体育教学活动是人类在漫长的历史过程中根据自身的需要而创造出来的一种特殊的活动。人们在从事体育活动和接受体育教育的过程中，了解和接纳了体育的属性，逐渐形成了体育的属性，逐渐形成了体育的价值观。值得一提的是，不同国家、不同民族的文化观念习俗在体育价值观的形成中，起着十分重要的作用。从东西方文化对体育价值观的影响来看，东方的体育价值观重人格的倾向十分明显，西方的体育价值观重人体胜于重人格。与此相对应，高校体育价值观向体育指导思想渗透，并成为体育教学模式改革的重要内部因素。从这个意义上来说，高校体育教学模式是体育价值观和体育教学思想长期作用的产物，是体育价值观的外化。两者之间是体现和被体现的关系。体育价值观和体育指导思想构成了高校体育教学模式的内涵，我国体育实践的发展即可证明这一点。同时，体育价值观和体育指导思想的多元性使之与高校体育教学模式之间并非一一对应的僵硬关系。所以，一种体育教学模式中的体育价值观又具有多重性和层次性。

（二）高校体育教学模式是体育教学管理的直观形式

体育教学管理就是依据体育管理的理论和方法，结合体育教学的目标、特点规律，对体育教学过程和各教学环节进行有效的管理。高校体育教学模式是高校体育教学管理中具体的、恒定的形式。将体育教学管理作为高校体育教学模式确立的重要依据，具有以下几个方面的意义：①有利于加强高校体育教学的全面质量管理，并使之成为测定高校体育教学模式效益的重要参数。质量管理在高校体育教学系统各环节中落实的过程也即高校体育教学模式化的过程。在具体的高校体育教学模式中，全面质量管理包括两个方面：一是全过程质量管理，如教学计划过程的质量管理和教学辅助过程的质量管理；二是全员性质量管理，它旨在加强教师、学生和教学条件三大要素之间的联系与作用。②通过教学管理，有利于突出高校体育教学模式的专业化特征。建立强有力的教学管理制度和措施，合理把握体育教学机制，强化渗透性管理是高校体育教学模式发挥过程效应和加强信息反馈的具体要求。③体育教学管理在高校体育教学模式中的作用，还表现为教学方法的积淀，如在教学内容上，有利于将健身性与文化性、民族性与国际性、统一性与灵活性、实践性与知识性有机结合起来；在教学宏观控制上，有利于将统一要求与分类指导、行政管理与业务督查、基本评价与专题评价结合起来。

（三）高校体育教学模式是体育教学方法的优化组合

不同的体育教学模式的确立必然依赖于一系列相应教学方法的优化组合，教学方法是教学模式的重要内容和有力支撑。教学方法改革的目标是丰富体育理论传播的载体，并形成以实用性为主要特征的教学方法体系，从而大面积提升教学质量。教学方法改革的过程与教学模式的形成过程方向一致，两者之间，相互依托，由于教学方法的新颖性和多样性，在教学实践领域应用广泛，从而推动了体育教学各类活动模型的产生，并使活动模型在教学模式中占了很大比重。

三、高校体育教学模式的要素

（一）教学理论与教学思想

体育教学理论或者是体育教学指导思想是体育教学模式的深层要素。体育教学模式的形成和发展都是在一定的体育教学理论基础或体育教学指导思想下完成的。其他任何一种教学模式都有其支持的理论依据或指导思想，这也是体育教学模式区别其他不同教学模式的重要依据。

（二）体育教学过程结构

体育教学结构是体育教学模式的要素之一，体育教学模式通常包括体育教学过程中师生相互作用的活动方式和体育教学的操作程序等，这是在体育教学过程中的可见部分，不同于教学指导思想是无形的，不同的体育教学模式具有不同的教学过程。

（三）体育教学方法体系

体育教学模式的核心要素就是体育教学方法体系。不同的体育教学模式都具有与其相匹配的教学指导思想和教学方法体系。体育教学方法的重组和开发也是区别不同体育教学模式的外在表现，在教法层面上体现出其特定的表现。

（四）体育教学条件

体育教学条件也是体育教学模式中不可缺少的要素，就比如你有一辆豪车，但是没有马路或是路面很不好，就发挥不出其优越的性能。所以体育教学模式的实施必须具有与其相匹配的体育教学条件。如学生的体育课学习基础、体育教师的教学水平、场地设施等软硬件设施。没有相应的体育教学条件，那么体育教学模式就发挥不了其有效作用。

四、高校体育教学模式的结构和特点

（一）体育教学模式的结构

高校体育教学模式的结构主要包括教学思想、教学目标、操作程序、实现条件及评价方式等，具体内容如下：

1. 教学思想

作为体育教学模式的灵魂，教学思想是建立体育教学模式所应具备的基本理论与思想基础。也就是说，要想建立体育教学模式，就需要有一定的理论知识对其进行指导，在不同理论指导下所建立起来的体育教学模式是有所差异的。例如，我国在 20 世纪 80 年代所建立起来的愉快教育与日本的快乐体育，这两种教学模式都是根据当时学生学习时的具体需求产生的，有利于学生参与学习活动的积极性和主动性的充分调动，并能够通过体育教育养成终身体育的习惯。

2. 教学目标

在体育教学过程中，建立高校体育教学模式的目的就是更好地实现体育教学目标。如果没有体育教学目标，也就没有体育教学模式存在的必要和价值了。“体育教学模式所能够达到的教学效果是体育教师对某项教学活动在学生身上将产生的效果所作出的预先估计。”体育教学目标是具体化了的体育教学主题的表现，体育教学模式要以教学目标为核心，教学目标能够制约体育教学模式的其他结构要素。

3. 操作程序

教学活动中的教学环节或步骤就是所谓的操作程序。在体育教学活动中，操作程序主要指的是在时间上展开的逻辑步骤，以及各逻辑步骤的具体做法等。无论哪种体育教学模式，其操作程序都是独特的，是与其他教学模式不同的。操作程序并不是一成不变的，但它一定是基本的和相对稳定的。

4. 实现条件

所谓实现条件是指体育教学模式中所采用的策略和手段，它是对操作程序的补充说明，并能够使体育教师选择合理的、正确的教学方法和策略。人力条件、物力条件和动力条件三个方面是体育教学模式中实现条件的主要内容。具体就是体育教师与学生、体育教学内容与时空，以及学校的基础设施等。

5. 评价方式

不同的体育教学模式所要完成的体育教学目标不相同，而且所采用的教学程序和条件也存在差异。因此，不同的体育教学模式也具有不同的评价标准和评价方式。每一种教学模式的评价标准和评价方法都是特定的，如果使用统一的标准进行评价，就会使评价不具备科学性，评价结果也会失去说服力。例如，与标准化评价相比，群体合作教学模式的评价标准是采用计算个人和小组合计总分的评价方式。

（二）高校体育教学模式的特点

1. 整体性

高校体育教学模式对高校体育教学的处理是从整体上进行的，具体来说，它不仅要明确规定高校教学活动中的教学主体（体育教师与学生）、教学客体（教学目标、教学内容等）等主要因素的地位与作用，而且还要对教学物质条件、组织形式、时空条件、师生互动关系或生生合作关系等影响体育教学活动并在教学活动中起重要作用的其他因素进行相应的说明。由此可以看出，这几乎把体育教学论体系中的基本内容都涵盖了，因此，人们也将体育教学模式称为“体育微型教学论”。高校体育教学模式的整体性特征要求学校在对体育教学模式作出正确地认识及运用时，一定要将体育教师的教学风格、学生的年龄特点、体育基础特点、课程内容特点等体育教学模式的主要要素整体全面地确定下来并熟练把握。除此之外，教学场地条件、环境条件、教学班级人数、气候特点等一些次要要素也要列入考虑的范围内，同时还要清楚地认识到它们之间的相互关系，对各环节的相互配合、相互衔接也要引起足够的重视，从而使教学模式成为系统的教学程序。这种多部分、多要素、多环节的有机组合将体育教学的整体性充分体现了出来，同时也对体育教学模式并非多环节、多要素的简单堆积进行了说明，因此，可以说体育教学模式是具有一定科学性的。

2. 优效性

一定的理论基础是建立高校体育教学模式的基础条件，但同时，高校体育教学模式的构建与完善离不开高校体育教学实践的不断修正与补充。因此，促进高校体育教学质量的提高，逐步改进体育教学过程，不断更新与完善体育教学的各个环节，避免教学资源的浪费与缺失，是完善高校体育教学模式的主要着眼点。从这一角度上来说，体育教学模式充分体现了其显著的优效性特点。

3. 针对性

无论何种体育教学模式，其建立都是针对体育教学实践过程中的某个具体问题或问题的某一方面而进行的，针对体育教学内容、体育教学对象、体育教学环境等不同要素所形成的体育教学模式是有很大区别的。从这一点来看，高校体育教学模式有其特定的教学目标和使用范围，是不能包罗万象的。比如，情境教学模式是针对小学生理解能力较差、体育基础不够，而以体育故事形式把各种简单的体育活动动作组合起来进行教学的，因此，这种教学形式对于大学生是不适合的。又如，快乐体育教学模式是与传统体育教学中的强制性教学相对立的，学生在强制性体育教学中是体验不到快乐的，所以设计了快乐体育教学模式。因此，这种教学模式对于学练一些简单的体育活动动作是较为适合的，而对于体育复杂动作的教学则是不适合的。由此可以看出，普遍有效的全能模式或者最优的模式是不存在的。然而教学模式与目标往往是一对多或多对一的关系，而绝非是一对一的关系。

通常来说，一种模式的目标是多种多样的，而多样化目标又可以进行主次划分，其中主要目标不仅是此模式与彼模式相区别的主要特征之一，同时也是人们有针对性地选用模式的一个重要依据。比如，启发式教学模式与快乐体育教学模式中都有发展学生技能、运动参与、情感方面等目标，但是，这些方面的主要目标并不是一样的，而是有一定的差异性的。具体来说，开启学生的学习智力，使学生的运动思维得到有效发展，从而对运动技能的学习与掌握产生积极有利的影响，是启发式教学模式的主要目标；促使学生在学练一些较为简单的体育活动动作中体验运动的乐趣，并创造性地组合一些简单的动作，体验运动成功的感觉，使其自信心有所增加，则是快乐体育教学模式的主要教学目标。

4. 可操作性

这里所说的可操作性主要包括两个方面的内容：一方面，体育教学模式易被教师模仿。究其原因，主要是由于教学模式不仅是教学理论的操作化，同时还是教学实践的概括化。体育教学活动在时间上的开展，以及每一个教学步骤的具体做法都需要教学模式提供相应的逻辑结构与思维，也就是所说的操作程序。这样，教师在教学中应该先做什么，再做什么，最后做什么，就非常条理化，操作性较强。另一方面，体育教学模式的操作程序是处于基本稳定状态的，究其原因，主要是因为体育教学活动的特殊性、复杂性，以及影响体育教学的主要因素不能受到精确控制。关于此，比较具有代表性的是魏书生同志创立的“六阶段教学论”，从总体上看，教学是按照“提出教学要求→组织学生自学→师生讨论启发→开展实践运用→及时作出评价→系统总结”这样的程序进行的；运动技能类教学模式是按照“教师的示范讲解→动作分解教学→学生初步练习→纠正错误动作→再次练习→动作部分的结合练习→纠正错误动作→完整动作练习→强化练习、过渡练习→掌握动作”这样的程序进行的，而且需要强调的是，它们的教学程序是不可逆转的，但是，其中某些步骤可以以教学实际情况为主要依据进行压缩、省略和重叠。这就充分体现了体育教学模式的可操作性特征。

虽然高校体育教学模式具有较强的针对性，但在不同条件与环境下开展体育教学，其产生的体育教学模式也表现出一定的差异性，也会因不同的教学指导思想和理论而表现出一定的差异性。但是一旦确立了体育教学模式，就可以代表一定的教学思想和理念，也就表明某一特定条件下的具体操作的稳定性和可模仿性，具体相同的理念和外在条件，便可以容易地被体育教师所模仿，这就是体育教学迷失的稳定性特点。需要注意的是，随着时代的变迁，指导思想与外在条件等发生质的变化，这就要求适当调整和变更体育教学模式，由此可以看出，体育教学模式的稳定性并不是绝对的，而是相对的。

5. 简洁概括性

高校体育教学模式并非“复写”体育教学活动，而是在能将自己个性充分显示出来的基础上，将教学目标、教学方法、组织形式等开展某一教学活动的不重要因素省去，从理论高度简明系统地将模式自身反映出来。由此可以看出，它是对某一理论的浓缩，对实践的精简，表现出一定的简洁性与概括性。一定的体育教学模式能够将特定的体育教学思想充分反映出来，而且在一定程度上简化教学模式的各环节，通过教学程序的方式将其展现出来，因此，充分体现出了体育教学模式显著的简洁概括性特征。

高校教学模式的概括性主要在教学模式的表现形式、表现内容和表现种类等方面得到体现。具体来说，每一个方面的概括性都有着不同的特点，具体如下：

（1）表现形式的概括性，就是用较少的笔墨、少许的线条、符号或图表就能够将整个教学模式大致反映出来。

（2）表现内容的概括性，就是浓缩、提炼单元体育教学活动的理论或实践。

（3）表现种类的概括性，就是把具有共同特征的模式归结为一类，从而达到将某一体育教学模式的教学目标更明确地表达出来的目的，也可以在体育教学实践中使体育教师对体育教学模式有更加明确的理解与选择，从而使对多种体育教学模式产生相互混淆的现象得到有效避免。

五、高校体育教学模式的分类方法

“分类是研究教学模式的主要手段，它集中反映了研究者对教学模式性质的基本认识，也直接体现了研究的内容和方法。”无论是国内还是国外对教学模式的分类方法都是围绕教学中的学生和教师两个方面活动强度的不同来进行的，现代教学理论认为应该加强教学中学生的主体作用。笔者依据教学式分类的理论，结合体育教学的特殊性，在总结我国体育教学模式研究成果的基础上，对高校体育教学模式分类和讨论。

（一）按蕴含现代教育理论分类

高校体育教学模式蕴含着先进的教育理论、教育思想和教育观念，这是构成高校体育教学模式的内核。依据其内容，构架将高校体育教学模式分为现代教学理论模式、素质教育理论、心理学理论模式、社会学理论模式、系统科学理论模式。

（二）按体育教学目标分类

体育教学目标经历了历史的演进过程，20 世纪 70 年代以前以技术传授为主到以增强体质为主，70 年代提出学习技术、技能与增强体质并重的思想，80 年代初期重视学生的能力培养，90 年代提出知识、能力、素质同步发展的整体教育观念、体育教学模式目标也随之发生了变化，这一变化越来越表现在指向培养人才的目标要求上。按照高校体育教学目标理论，将体育教学模式可以分为高素质教学模式、掌握技能教学模式、激发学习兴趣教学模式、自我健身体验乐趣教学模式、培养学生能力教学模式。

（三）按体育教学方法分类

教学模式被看作是教学过程和教学方法的中介和桥梁，是教学理论向教学实践转化的途径和方法。教学方法的优化是体育教学模式研究的一个特征，教学方法按一定的理论指导，按确定的教学目标进行合理组合，以发挥体育教学方法系统整体功能与综合效果，是体育教学模式一个重要的要素，按照体育教学方法可以分为运用现代教学技术学习模式、交互式学习模式、策略学习模式、资助学习模式、情景式学习模式、讨论式学习模式。

（四）按教学组织形式分类

体育教学模式体系建立对深化教学改革具有十分重要的指导意义，从高校体育教学模式研究的现状来看，体育教学模式的指导思想、教学策略可以通过不同的教学模式得到反映。其意义在于用于指导体育教学实践，更好地为改进体育教学，提高教育教学质量，提供可选择的模式库，这也是这类模式分类的意义所在。按组织形式分为技术辅导教学模式、集体学习模式、个别化学习模式、合作式学习模式、俱乐部式教学模式、课内课外一体化教学模式。

（五）按照课的类型分类

归纳我国学者教学模式理论研究成果，大体上分为教学过程范畴和教学结构范畴，就其教学结构而言，是指事物各要素之间的组织规律和形式。所以，按照课的类型理论将体育教学模式分为种类性，即理论学习模式、新授课学习模式、复习课学习模式、素质课学习模式、考试课学习模式。体育教学模式不是“万能模式”，其发展必须同学校的培养目标协调统一起来。因此，必须把学校的实际情况作为体育教学模式选择的依据，以学生的主观兴趣为出发点，因材施教，注重学生综合素质的培养，努力提高办学的整体效益。

六、高校体育教学模式的功能

（一）简化功能

体育教学活动有着较为显著的特殊性和复杂性的特征，因此，要想取得较为理想地处理这种特殊性和复杂性的效果，除了需要人们的思辨和文字的处理方式外，还需要其他一些简单明了的方式。图示就是这样一种方式，它能够将各系统之间的次序及其作用和相互关系较为清晰地表达出来，这样往往就能够使人们对事物有一个整体的印象。体育教学结构能够反映出各环节各要素的关系，除此之外，也能够将其组织结构和流程框架反映出来，这种结构的主要特点在于注重原则、原理，而且也较为重视行为技能的学习。因此，从客观角度来说，高校体育教学模式有着非常重要的作用和意义，与现代体育教学任务是相符的，具体来说，主要表现在三个方面：①对体育知识的学习和体育技术、体育技能的学习与掌握非常重视；②对学生的学习目标和教师的设计方案非常重视；③在充分反映教学理念的同时，对具体的操作策略也非常重视。由此可以看出，高校体育教学模式具有较强的可操作性，其结构和机制也较为完整。另外，体育教学模式比抽象的理论更具体、简化，不仅与教学实际更为接近，而且它能够为体育教师提供基本操作框架，使教师明确具体的教学程序，因此较容易被教师理解、选用、操作与认可，受到教师的欢迎。

（二）预测功能

高校体育教学模式是以体育教学活动中的内在规律与逻辑关系为基础的，因此，它有利于准确地对体育教学进程和结果作出判断，即使不能准确判断，也能对体育教学进程和结果进行合理估计，甚至可以对教学结果假说进行建立。通常以某种教学模式内在与本质的规律及其现象为主要依据，来对该模式进行预测。例如，快乐体育教学模式，这种教学模式既要注重学生在学习过程中的学习体验，也要使学生对运动技能加以掌握，从而为学生的终身体育打下良好基础。这种模式的预测功能主要体现在两个方面：一方面，如果在教学过程中没有达到预期的教学目标，说明实际与预测存在一定的差距，需要进行合理、正确的调整；另一方面，如果在教学过程中达到了预期的教学目标，说明与事先的预测是相吻合的，证明理论与实践是相统一的。

（三）解释与启发功能

高校体育教学模式的功能和作用主要表现在通过简洁明了的方法来解释相当复杂的现象。比较常见的一种体育教学模式是发展体能教学模式，这一教学模式的建立给人以整体的框架，其中文字的解释让我们能够更加深入地理解教学模式，具体来说，发展体能教学模式中所蕴含的理论知识主要在以下三个方面得到体现：①阶段性的体能目标实施与反馈控制理论。②体育教学系统地、长期地发展体能的指导思想。③非智力、非体力因素参与体育活动并促进技能教学的发展理论。具体来说，体能的发展是比较枯燥的，因此，如何激发发展体能的兴趣就成为一项关键性因素，需要注意的是，这一关键因素是非智力、非体力的。

除此之外，对于整个教学活动来说，具体的某种教学模式的核心环节具有非常重要的作用和意义，其主要在教学目标的制定与教学过程实施的形成性评价中得到一定的体现。具体来说，主要包括以下几个方面：①预先进行体能测验，实施诊断性评价。②以学生的身体条件与身体素质的侧重点为主要依据来对教学单元进行合理安排。③有针对性地对单元中诸体能目标进行练习，并力争达成目标。④对学习效果进行总结，实施总结性评价。⑤以评价的结果为主要依据来使矫正措施得以实施。

（四）调节与反馈功能

马克思主义唯物观认为实践是检验真理的唯一标准，因而体育教学模式是否科学也要通过实践的体育教学活动对其进行检验才能得知。体育教学模式是依据具体的教学指导思想、教学条件和教学环境来进行安排的。例如，在实际运用过程中，如果某一种体育教学模式没有达到预先制定的教学目标，就需要具体分析教学模式操作过程中的各个环节与因素，并找出其中的利弊关系，深入地分析其原因并提出相关对策，以便使体育教学活动更加科学、合理。

第二节　高校体育教学模式的构建与运用

一、高校新型体育教学模式的构建

（一）构建原则

1. 坚持教学目标、内容、形式、结构与功能的统一原则

从本质上讲，新型体育教学模式的建构是处理好体育教学活动中形式与内容、结构与功能的关键问题。所以，体育教师应该对各类体育教学课堂结构和形式的功能与作用进行全面分析，并以教学目标和条件为根据对教学模式作出比较合理的选择。

2. 坚持统一性与多样性的统一原则

（1）体育教学模式构建的统一性是指在构建和创造体育教学模式时，要继承新中国成立以来我国的体育教学思想和成功经验。

（2）新型体育教学模式构建的多样性是指在开发和构建体育教学模式时应尽量实现多样化，避免单一化与程式化的不足。

3. 坚持借鉴与创新的统一原则

高校体育教学模式要坚持创新与借鉴的统一性。这里所说的借鉴具体是指借鉴两方面的内容，一方面要借鉴国外的先进教学模式理论；另一方面是要借鉴国内的先进教学模式理论与成功教学经验。随着全球化趋势的加强，学校体育教学也必然受到教育全球化的影响，不对国外先进教学模式理论加以借鉴或借鉴之后缺乏创新都是故步自封的落后表现。因此要有机结合创新与借鉴，这样才能运用成功的经验，吸取失败的教训，不走或少走弯路。具体来说，统一借鉴与创新，就是要以正确的体育教学思想为指导，革新原有的落后的体育教学模式，借鉴前人和他人的成功经验和理论，结合教学中的客观实际，从而提高体育教学的效率。

（二）构建步骤

概括地讲，新型体育教学模式的构建步骤主要如下：

（1）明确指导思想：选择用什么教学思想作为构建模式的依据，使教学模式更突出主题思想，并具有理论基础。

（2）确定构建模式的目的：在明确指导思想的基础上，确立建构体育教学模式所达到的目的。

（3）寻找典型经验：在完成第一步的基础上，通过调查研究，寻找恰当的典型经验或原型作为教学案例，案例要符合模式构建思想与目的。

（4）抓住基本特征：运用模式方法分析教学案例，对教学案例的基本特征与教学的基本过程进行概括。

（5）确定关键词语：确定表述这一体育教学模式的关键词。

（6）简要定性表述：对这一体育教学模式进行简要的定性表述。

（7）对照模式实施：对照这一体育教学模式具体实践教学，进行实践检验。

（8）总结评价反馈：通过体育教学实践验证，对实践检验的结果进行归纳总结，通过初步实践调整修正模式，并反复实践，以不断完善。

二、高校新型体育教学模式运用的参考依据

新型体育教学模式的选择与运用主要把握以下几个参考依据：

（一）参考体育教材性质

体育教学以教材为基本工具，体育教师教学、学生学习都要借助教材这一基本教学工具。体育教材也是体育教师与学生共同完成体育教学目标的内容载体。通常把体育教材分为概括性教材与分析性教材两大类，这主要是以体育教材内容的性质为依据划分的，具体分析如下：

1．概括性教材

这一类教材中没有较难学习的运动技术需要学生掌握，对概括性教材进行讲解的主要目的是使学生对体育项目有简单的了解、培养学生体育学习的兴趣、促进学生的身心健康。学生在学习该类教材时主要是注重体验乐趣，获取快乐，所以要选择运用快乐式教学模式、情境式教学模式，以及成功教学模式进行教学。

2．分析性教材

这一类教材中的运动技术具有一定的难度，对这类教材进行讲解的主要目的是提高学生的自主学习能力与创新能力，促进学生体育知识与技能的增长。学生在学习该类教材时注重培养学习兴趣与创造力，所以要选择运用主动性体育教学模式、发现式教学模式，以及领会式体育教学模式等进行教学。

（二）参考体育教学目标

高校体育教学模式构建与运用的关键是教学目标，高校体育教学模式需要体育教学思想与目标为其提供活力、指明方向。体育教学思想与目标也是区分教学模式的一个标准。体育教学目标在新课程改革之后有所变化，主要涵盖了四个方面，具体如下：①提高学生运动参与能力与积极性的目标。②促进学生身心健康的目标。③促进学生正确掌握运动技能的目标。④提高学生社会适应能力的目标。

上述体育教学目标要求在体育教学中采用情境式体育教学模式、探究式体育教学模式，以及成功式教学模式等进行教学。

（三）参考体育教学对象

体育教学活动离不开学生这一教学主体，在体育教学活动中，学生也是其中非常重要的一个组成部分，所以要针对不同学生的具体情况与特点来对教学模式进行运用。学生在大学时期，主要是接受专项体育运动教学训练，因此适合这一时期的体育教学模式有技能性体育教学模式，同时也要发挥体能性体育教学模式的辅助作用。

（四）参考体育教学条件

高校体育教学模式不同，其相应的教学条件也会有差异。不同地区或学校的体育教学条

件具有明显的复杂性与差异性。以城市和农村地区为例，两个地区的经济水平差距很大，因此体育教学场所、设施与器材也有差距。针对这一情况，体育教师要实事求是，从实际出发，选用恰当的体育教学模式来完成教学目标与任务。农村学校的教学水平与条件有限，因此不宜采用要求外部教学条件良好的小群体教学模式。

第三节　新背景下的高校体育教学模式改革与发展

一、我国高校传统体育教学模式的不足

（一）不能适应当代大学生身心发展的要求

我国传统体育教学模式比较适合20世纪70—80年代的学生，适合应试教育。但是随着时代的发展与变化，社会经济与文化都发生了翻天覆地的变化。目前的大学生主要以90后为主，这些大学生总体上呈现出个性张扬、乐于表现、目标明确、意识客观等心理特点，他们活泼好动，热情开放，思想前卫，追求时尚，视野开阔，好奇心强，思维活跃，想象力丰富，对新事物的接受能力强，具有很强的主观能动性。他们喜欢体育运动，却又不喜欢参加比较剧烈和需要足够耐力的活动，他们喜欢相对自由广阔的空间，这一系列的心理特点都给传统的体育教学模式提出了很大的挑战。这就需要根据当代大学生的这些特点为大学生的体育教育提供相对自由的发展空间。但是传统的体育教学模式由于本身固有的模式，对教师和学生的自由发挥产生了很大的限制，严重束缚了大学生的创造性和自主性，进而不利于大学生的个性发展。

（二）不能适应素质教育的要求

现代社会中，国家越来越重视学生的素质教育，提倡尊重学生的个性差异，促进学生个性自由全面地发展，高校体育的任务不仅仅是锻炼大学生的身体健康，增强学生的体质，而且还要面向全体学生，向学生传授体育锻炼的技能和学习方法，并在学习和掌握体育技能方法的基础上，培养他们良好的道德品质，形成良好的行为习惯，促进他们人际关系的和谐发展，培养学生良好的认识事物的能力，促进大学生身心健康的和谐发展。然而，传统的体育教学模式由于长期运用于应试教育，其教学思维模式早已固化，只是片面地强调锻炼身体，却忽视了学生的整体发展，这严重制约了大学生综合素质的全面发展，并不适于大多数的学生，不能适应当今素质教育的发展要求，与时代所赋予的历史任务相悖。

二、新背景下的高校体育教学模式发展

（一）理论研究的精细化

研究体育教学理论，其目的既能更好地指导体育教学实践，也能起到对体育教学实践进行总结的作用。如果没有理论研究，又或者缺乏体育实践，那么整个体育教学就会失去意义。因此，必须将体育教学的理论研究与实践研究相结合，来加强理论研究的力度与成效。

（1）与其他理论相同的是，体育教学模式的研究必将从对一般教学模式的研究走向学科

教学模式的研究，再到课堂教学模式的研究。

（2）对体育课堂教学模式的研究又趋向于精细化，包括学期教学模式、单元教学模式、课时教学模式。精细化是体育教学模式研究的必然趋势。

（二）教学目标的情意化

教学实践研究表明，智力因素和非智力因素对学生的学习活动起着非常重要的作用。现代体育教学模式的不断发展也逐渐对传统教学活动中过于强调智力因素，而忽视非智力因素的作用等状况进行了改善，并取得了良好的效果。现代体育教学模式的目标在使学生增长知识，培养学生能力的同时，更加注重人格教育、品德教育、情感教育与知识教育结合在一起。随着人们对人本主义心理学越来越重视，学生的情感陶冶也开始备受关注，并将情感活动视为心理活动的基础，对学生的独立性、情感性和独创性进行了更加全面的培养。例如，情境式体育教学模式和快乐式教学模式通过问题情境的创设，提高教学过程的新奇与趣味性，使学生的学习兴趣得到有效激发，从而产生一种强烈的学习动机，这种动机下学习和掌握体育知识技能带有很强的情感色彩。

（三）教学形式的综合化

体育教学形式的综合化是指体育教学模式向着课内和课外一体化发展。由于受到时间的限制，课内的时间不能充分培养和发展学生自动化的运动技能与锻炼身体的习惯。这就需要在教学中，安排充足的课外时间进行练习和巩固，而课内的主要任务就是学习新知识，并针对错误的动作做进一步改进。只有这样才能更加熟练地掌握运动技能，实现个体运动技能的自动化。但从目前情况来看，我国各高校对课外体育活动的重视程度相比于体育课本身要弱很多，有的甚至处于放任自流的状态，这对体育教学效果有着非常严重的影响。

从体育教学模式发展的角度来看，由于目前对课外体育活动的不够重视，使得有关这方面的研究也受到了很大的影响。“课内外一体化”教学模式虽然设计了课内与课外相结合的教学，但在实际的运用过程中还不够成熟，也没有形成明确的操作模式。因此，目前并没有将其列入现有的体育教学模式体系中。只有当这种模式的理论与实践发展成熟后，其自然能够成为一种重要的体育教学模式。

（四）教学实践的现代化

随着现代教育和科技的快速发展，高校体育教育在教学手段方面也得到了很大程度的突破。各种教学实践活动呈现出较为明显的现代化特点，并逐渐实现了对传统体育教学方法的改革和创新。在现代体育教学活动中，先进技术产品和手段的运用也在很大程度上提高了体育教师的授课效率，同时也进一步增强了学生学习的兴趣，调动了他们主动学习的积极性。目前，现代体育教学模式已经开始与现代教学技术手段相融合。由此可以看出，在体育教学模式中引入和运用先进的技术手段是其发展的重要趋势。

（五）评价标准的多元化

体育教学模式的不同，其评价方式也会有所差异。随着现代教育改革的不断深入，体育教学模式也发生了较为明显的变化。单一的评价方式是很难对某一体育教学模式的科学性作出全面、客观的反映的。这就要求在评价时要采用全面的评价方式，所选择的评价指标也必须多元化。

传统的体育教学模式过于重视结果评价，而忽视了对学生学习和实践过程中的评价，这就使得学生的学习兴趣、爱好、情感反应等方面都很难得到全面的体现和反馈。而现代体育教学模式逐渐摆脱了单一的终结评价方式，开始重视学生的学习过程评价、单元评价，以及学生的自我评价等。

三、新背景下的高校体育教学模式的改革

（一）高校体育教学模式的改革重点

目前常见的体育教学模式是有限的，但随着体育教学改革的不断推进和创新，还会有更多的教学模式不断出现，并且在体育教学中得到应用。而关于未来体育教学模式的改革，其改革的重点主要表现在以下几个方面：

1. 重视学生的主体性

传统的教学模式对教师的主导作用的重视程度比较好，其将教学过程片面地归结于教师的教，而将学生的学忽视了，这就使得学生在教学过程中处于被动地位，对学生主观能动性和能力的培养产生了一定的阻碍作用。

随着以学为中心的教学理论的发展，传统意义上的师生关系有了较大程度的变化，他们的地位和作用也有了一定的改变。“教师中心论”逐渐被“教师主导学生主体论”取代。在这种新的教学观的影响下，体育教学模式也要进行一定的改变。具体来说，主要改革趋势为：由教师中心教学模式向教师主导学生主体的教学模式的转变。教师主导学生主体的教学模式，对于学生创新能力、自学能力、探索能力的培养较为有利，在一定程度上调动了学生学习的能动性和积极性。除此之外，还需要强调的是，这与现代人才的培养理念是相符的，因此，可以将其作为体育教学模式的一个重要的改革方向。

2. 注重学生能力的培养

现代社会科学技术发展迅猛，知识增长迅速，终身教育的普及，以及竞争压力的不断加大，这些都对人们的能力提出了更高的要求，单一的知识积累已经不能使当今社会的需求得到满足。因此，在体育教学过程中，必须在教学模式上进行一定的改进，因为只有这样，才能够更好地培养学生的运动能力、一般能力、创造能力、自学能力和社交能力。

另外，在普及九年义务教育初期，就已经开始强调要使学生全面发展德智体美劳，而且在越来越多的实践活动中，人们已经充分认识到了能力的重要性。在这样的条件下，从强调知识的传授逐渐转向重视能力的培养就成为体育教学模式改革的一个重要方向，这样能够使学生在参与实践活动的同时，对自己有更加全面的认识，从而不断挖掘和培养自身的各项能力。

3. 保留演绎型教学模式

教学模式形成的方法主要由概括实践经验而成的归纳法和靠逻辑生成的演绎法两种。从一种思想或理论假设出发设计成的一种教学模式，就是所谓的演绎教学模式，其中，20 世纪 50 年代以后产生的教学模式大都属于这一类型。演绎教学模式是从理论假设开始的，形成于演绎，其对科学理论基础非常重视。演绎教学模式的这一特点不仅为人们自觉地利用科学理论作指导提供了一定的可能，而且还为主动设计和建构一定的教学模式来达到预期的目

的奠定了一定的基础。由此可以看出，演绎型的体育教学模式的发展是教学模式发展的一个重要趋势，是与教学理论的发展和研究方向相符的，因此改革中要注意保留演绎型的体育教学模式。

(二) 高校体育教学模式的改革策略

1. 目标方面，勇于突破传统的思维束缚

只有明确体育教学目标，才能够朝着目标不断地努力。传统的体育教学目标比较落后，已经越来越不适应素质教育的要求，使得高校的体育教学理念无法冲破传统的束缚，使其无法真正地符合社会的需要。因此，高校必须对体育教学目标进行优化更新，高校教师要明确素质教育目标，避免在具体教学实践过程中脱离了重点内容和技术。首先，高校体育教师在体育教学过程中要正确认识到传统体育教学目标的弊端，认识到其对实现素质教育目标的阻碍作用，因此，在执教过程中，要摒弃传统守旧的思想理念，勇于突破，勇于创新，为学生营造一份轻松、自由、快乐的学习氛围，从而促进学生身心的自由发展。其次，要积极引入一些现代化的适合当代学生发展的教学模式，要与时俱进，将健身性、娱乐性和时尚性等元素积极融入体育教学的环境中，因材施教，深入研究适合当代学生个性发展的教学策略。

2. 强化管理设计，突出指导作用

高校应从组织建设方面做好实践活动的整体规划和科学设计。在国家大力发展体育事业、倡导全民健康的背景下正确定位活动性质，积极地与各地方组织、民间团体联手，充分发挥自己的科研优势和资源优势，展现体育院校的专业特长，进行多方位、多领域的体育活动推广。不仅能够实现促进人民健康、建设体育事业的宏伟夙愿，更能够树立自己的品牌形象，提升院校活动的影响力和号召力，使学生在参加实践活动的锻炼中提升自己的体育专业思想，丰富专业实践内容。

3. 基于人才培养，多元化教学指导

在一个相对较为专业的发展环境中保持事物的多元化，主要是意味着能够获得更多。在当代社会中的大部分环境中，多元化事物的存在能够在较大程度上促进事物的发展与进步，也能够在较大程度上推动事物的可持续发展。在高校体育教学模式改革中，也要对多元化的教学模式给予充分重视，从而丰富教学模式内容，提高高校教育教学改革效率。在当前高校发展与整体社会需求人才培养都在日益多元化的背景下，普通高校体育教学模式与体育人才培养方式也需要多元化发展。当前参与普通高校体育教学课程学生的生活背景、身体素质、体育认知、体育兴趣爱好等方面的差异性，导致普通高校的体育教学模式必须能够满足不同学生的基本需求，能够配合学生更好地参与体育教学课程，从而提高普通高校体育教学效率。

为了进一步实现体育人才的综合培养目标，高校体育教学必须进一步丰富体育教学模式，在全面改革体育教学模式的背景下，实现体育教学模式的多元化。

(三) 新背景下高校体育教学模式改革的具体实施

1. 网络时代背景下高校体育教学模式的改革

(1) 网络对高校体育教学的影响

第一，提高学生对高校体育课程的学习兴趣。网络在学生的生活中随处可见，在一些重

要的或者是大型的赛事举行期间，几乎所有的网站都会对赛事进行直播或者转播，甚至有的网站还会专门为赛事设置专栏，这就使得人手一部智能手机的学生一族可以随时随地地了解最新信息。学生是业余时间利用网络时间较长的群体之一，而体育新闻的广泛性，使学生在浏览网络时随时可以接收体育信息，进而了解到一些体育信息，从而在潜移默化中激发学生对体育的兴趣，因为兴趣一般都是由最初的了解转变而来的。尤其是有的同学在接收到新的体育信息后，会跟周围的同学进行分析谈论，这就进一步加深了学生对体育的兴趣，甚至会使同学们主动利用网络来搜索和了解更多的体育知识，这样一来，我们利用网络传媒来激发学生学习兴趣的目的也就达到了。

第二，拓展学生体育文化的视野，丰富学生的体育知识。随着经济和科学技术的持续发展，网络平台也层出不穷，网络中蕴含着巨大的体育文化知识，是当之无愧的“知识大宝库”。大学生的课余时间相较于中学生来说是比较多的，好多大学生都会利用这些课余时间在网络中畅游，了解和学习到更多的体育文化知识。如果说体育文化是一座殿堂，那么新时期的网络传媒就是打开这座殿堂的钥匙，学生通过多种多样的网络传媒学习更多的体育文化知识，从而拓展了学生的体育文化视野。

第三，为学生构建知识提供丰富的信息。学习是一个主动记录外界信息的过程，即主动地选择一些信息，忽视一些信息，并运用原有的经验，根据具体情况去理解新的信息。学生从记忆系统提取信息时也要按具体情况进行选择，一方面是对新信息的意义的建构，另一方面是对原有经验的改组。在传统体育课堂教学中，一般是精讲多练，提供的知识信息有限，再经过学生筛选，信息量会进一步减少，不利于学生建构自己的知识系统，结果形成了学生能模仿着练，却不知道为什么这样练。网上教学利用网络，按知识结构规律，给学习者提供丰富的信息，使学习者可以自由建构知识，进而起到了传授知识和培养学生能力的作用。

第四，能满足学生的个性化要求。学生在学习知识时，都有其独特的方式，但外界的教学方式却会影响学习者对知识系统的建构。网上教学能给予学生更大的自主权，根据自身条件和能力，按照联想式、非线性方式了解学习信息，选择学习主题和学习路径，自我设计学习情境，自我进行锻炼，自我进行控制与评价。因此，体育网络课程教学是学习方法开放的教学，从而可优化知识建构过程，增强学生的学习动机。

第五，教学时间灵活，学习方式不受限制。网络教学不再受传统固定授课时间的限制，学生可以灵活支配教学课时。传统的体育教学的基本方法是以教师按照教材确定教学内容来教，学生则被动地接受教学内容。而在网络教学模式下，教学部门只是作出初步的计划安排，由学生来解决如何以最好的方式来完成学习。

（2）高校网络体育教学模式的主要构成要素

第一，网络信息技术。网络体育教学模式，自然离不开网络信息技术的支持，它是高校网络体育教学模式的物质基础。互联网及各种多媒体教学设备的使用，可以为信息的传递营造出一个良好的氛围，从而促进教学模式的改革与创新。在网络环境下，可以推动体育教学形式的多样化发展，使高校体育教学迈入一个全新的时代。

第二，教学目标。同其他课程的教学相同，高校体育教学也具有教学目标，网络环境下的高校体育教学也不能够偏离这一既定的教学目标，只能说是利用网络信息技术以更好地实现这一体育教学目标。当前，在素质教育的影响下，在社会对人才多方面需求的作用下，我国高校体育教学目标，已经开始朝着促进学生综合素质全面发展的方向转变，不仅要传授学生相关的体育技能、促进学生体质水平的提升，同时还应该培养学生养成良好的运动习惯，树立终身体育意识；促进学生创新实践能力的提升；将德育、美育融入体育教学中，以提升学生的道德修养及审美修养；等等。

第三，人机互动的交互式学习模式。网络化教学，必须在相关设备的支持下才能够进行。在网络化体育教学活动中，人既可以是教育者，又可以是学习者，同时还必须要依靠网络信息技术，以及相关互联网设备的支持。在网络体育教学模式中，人际关系，既包括了师生之间的关系，也包括了人与计算机之间建立的关系。在高校网络体育教学模式中，师生之间通过计算机网络这一特定的媒介体，开创了一种与传统教学模式存在着明显差异的新型教学模式。在这种新型教学模式之下，师生之间能够不进行直接的面对面接触，教师可以通过计算机网络这一特定的媒介体将相关知识技术传授给学生，学生也可以随时随地通过网络来学习体育教师所上传的学习视频。

（3）高校网络体育教学模式的特点

网络环境下的高校体育教学模式应当具备以下三个特点：①智能化。网络环境之下，高校网络体育课程形态，已经超越了传统书面教材的固定形态，突破了时间与空间的双重限制，在充分利用各种多媒体教学设备的基础上，让体育网络课程变得更加丰富、更加生趣、更具特色。②经济性。虽然说在高校体育网络化教学的构建及开展过程中，需要一些多媒体教学设备及网络技术的支持，但是这些成本投入相对来讲是固定的，只需投入一次，往后便可以通过后期的维护长时间地为全体师生提供服务。从对比来看，这种教学模式比传统的教学模式更加经济实惠，特别是随着体育网络课程的推广，极大地降低了学生的学习成本，计算机、手机几乎每个大学生都有，同时学校也都覆盖了网络。③广泛性。网络环境是一个开放性的环境，无论是教师还是学生，都可以通过网络来获得丰富的教学信息，从而突破传统教材的局限性，提高学生知识获取的广泛性。

（4）高校网络体育教学模式的改革策略

第一，深入分析高校体育教学的内涵与意义。高校体育教学改革已经实施多年，最关键的还是思想理念上的改革，必须要坚持“以人为本”“快乐体育”“健康第一”等教学思想的指导。当前，人们已经不知不觉地迈进了网络时代，高校体育教学在网络环境下也必须要进行相应的改革，在这一环境下，合理地利用高效率的网络，既能够丰富高校体育教学内容，完善高校人才评价标准，也能够推动高校体育教学改革的步伐，更好地实现高校体育教学目标。作为一名高校体育教师，必须要明确高校体育教学活动开展的意义所在，其意义不仅仅是促进学生体质健康状况的提升，更应该是培养学生养成一种良好的运动习惯，让他们能够终身受益；更重要的是能够通过高校体育教学活动的开展，培养学生的创新能力、实践能力、自主学习能力等。

第二，构建并完善高校体育网络教学平台。新型网络体育教学模式的构建已经成为当前体育教学改革的主要发展趋势，因此，必须构建并完善相关教学平台，以促进教学活动的顺利开展。在此，应从以下两方面来强化网络信息技术的应用：首先，对教学设备进行强化，保证教学活动能够在相关硬件设施及软件设施的支持下顺利开展；其次，对高校体育教师的互联网应用能力进行强化，只有提高教师的互联网应用能力，才能够有效提升网络课程开展的质量。

（5）网络时代背景下高校体育教学模式改革的具体实施

第一，利用网络教学平台丰富体育教学，改善体育教学效果。网络教学资源丰富，内容繁多，在我们进行高效体育教学时，对网上的资源可以进行充分利用，从而让高校体育教学不再枯燥乏味，提高大学生对高校体育的学习兴趣。比如，在我们学习三步跨栏时，可以从网络上下载相关的图片和视频，让学生先对三步跨栏有个全面形象的认识，然后我们再进行详细的讲解。这样，学生对此动作的学习便会更加清晰、更加标准，也大大提高了学生的学习兴趣，而且教师不用一边演示一边讲解。最后，我们还能从各种重大赛事中寻找与此相关的精彩视频，供学生欣赏学习。

第二，依托网络环境以促进学生综合素质能力的培养。当前，社会对人才的要求越来越高，这就要求高校毕业生不仅需要具备扎实的专业功底，而且还需要具备健康的体魄，具有良好的沟通能力、合作能力、创新能力等，因此，高校体育教学也突出了对学生综合素质能力的培养。互联网最突出的优势在于融合了大量的教育资源，教师与学生都可以有效利用网络的丰富教学资源来进行教学与学习。通过教学实践发现，网络化教学，不但能够更好地实现体育教学目标，同时也能够促进学生综合素质能力的全面发展。

综上所述，在这个网络时代的新背景下，构建出新型网络体育教学模式已经成为必然趋势。因此，为了促进教学效果的提升，各高校应该加强学校网络信息化教学改革的投入与力度，以推动高校体育网络教学的实现，最终实现学生综合素质全面发展。

（6）高校网络体育教学模式的发展前景与方向

目前，网络教育发展迅猛，许多大学都成立了各自的网络教育学院。与此同时，网络体育教育也得到了迅速普及与发展，很多高校都成立了现代体育远程教育课题研究小组，建设了包括多媒体远程教学资源开发研究室、多媒体远程教育示范教室，以及相关的技术资源系统等一套较为完整、先进、实用的现代化教学环境，为师生提供了培训、学习、研究体育远程网络教学的良好场所，而“传播媒介是信息由传播者到达受众时所必须凭借的手段和工具”。

2.“终身体育”背景下高校体育教学模式的改革

（1）影响大学生终身体育意识及其行为形成的因素

第一，体育兴趣。学生能否积极参与体育锻炼的根本动力之一就是体育兴趣，更是影响终身体育的重要原因。很多大学生认为他们能否参加体育锻炼很大程度是由兴趣导致的。

学生被某项体育运动所吸引，这是他们想要去学习的基本动力。从而对该体育运动产生兴趣，并且很愿意积极地参与其中。对体育锻炼产生兴趣才会使学生观看体育比赛，关心体育消息，并能积极投入到体育锻炼中。还有一点，对于学生的体育兴趣培养是各高校体育教育的重点，这样才能使学生养成自觉锻炼的习惯，也才能够更好地实现终身体育。教师在培养学生体育兴趣的同时，还要发现学生为什么对体育锻炼没兴趣，根据不同学生的情况，采取不同的方法，去激发他们的兴趣，从没兴趣到有兴趣，再由有兴趣变为热爱体育锻炼。

第二，锻炼方法、能力。很多学生因为不知道如何锻炼或者锻炼能力比较差，从而对体育锻炼没兴趣，甚至产生“厌学”的情绪。所以说“不懂锻炼方法”“锻炼能力差”都是实现终身体育道路上的阻碍，同时还会造成对终身体育意识的淡薄。因此，加强体育锻炼能力及掌握科学、正确的锻炼方法非常重要，在不断地练习、巩固各种锻炼技能和动作中坚持下去，在不断地练习中归纳总结。

第三，意志力。体育不仅可以增强体质，还可以锻炼意志。体育锻炼充满着艰辛但同时也给大学生带来了娱乐趣味。因此，加强对大学生参与体育锻炼的思想教育是整个高校体育教育的重中之重。

第四，高校体育课。体育课是高校体育课程中很重要的部分。体育课上的教学能够很好地提高学生的体能，培养德、智、体、美全面发展的人才。提高大学生终身体育意识的基本途径就是实施现代体育教育。

(2)“终身体育”背景下的高校体育教学模式的重要性

第一，有利于提升大学生的身心健康水平。体育运动的形成与发展，与人类社会的发展密切相关，是随着人类的发展而不断发展的。在高校体育改革背景下，强调以身体练习为主要手段，以增进终身体育习惯为目的，是实施教育改革与培养全面发展人才不可缺少的重要途径。因而，作为教师应该观察、了解学生的身体、心理与整体适应能力，构建科学合理、积极主动的教学结构，以促进他们在健康的理念下对体育运动持之以恒，确保将“终身体育”落实到日常生活、学习中，使其健康快乐地成长。

第二，有利于提升大学生的团队意识。团队意识是事业成功的必备因素。我们都知道一根筷子和一捆筷子的故事，一个人的能力总是有限的，但团队的力量是无穷的。因此，在高校教育教学活动中，我们应该有意识、有目的地去培养学生的团队意识。众所周知，绝大多数的体育运动都离不开团队协作，例如，排球、篮球、足球等我们最熟悉的三大球类运动，都需要队员的互相配合、互相成就，方能赢得最后的胜利。由此可见，体育运动对大学生团队意识形成和发展的重要性。

第三，有利于大学生实现未来的可持续发展。高校是学生通向社会的中转站，学生在这里学习知识，武装头脑，学习适应社会需要的一切技能。通过高校的培养，我们走向社会，用自己的知识和技能创造财富，实现自己的人生价值。一方面，高校的终身体育教学理念有利于帮助学生塑造健康的运动观，学生在这里也会养成体育锻炼的良好习惯；另一方面，通过参加各式各样的体育活动，学生能够切实提高自己的人际交往能力、团队写作能力，从而促进自身综合素质的全面提高。从以上两个方面来看，终身体育视域下高校体育教学的改革，有利于大学生实现未来的可持续发展，帮助他们更加适应当代社会对人才资源的需要。

(3) 在终身体育的大背景下，高校体育教学模式存在的问题

终身体育在体育教学的目标、教材的内容、教学的方式方法、有关教学的管理与评价等方面，都会有严格的要求，而现阶段高校体育教学模式在各方面不能与社会要求相适应，还存在很多问题，其中以下几个方面较为突出。

第一，缺乏对终身体育理念的认知。在终身体育的认知方面，不论是高校的教师还是学生，认知都比较匮乏，对终身体育的认知不够深入，这是因为在高校体育教学中，并没有将终身体育的宣传及引导作为关注的重点。在高校体育教学活动中，只是将学生身体方面的教育作为关注要点，而对学生体育兴趣及意识、锻炼能力的培养并不看重。很大一部分学生在体育课上，以敷衍的态度对待体育锻炼，忽略了终身体育的重要性。因此，学生自然不会对终身体育产生较强烈的感触，更不会将此作为终身坚持的习惯。

第二，教学目标不明确。受应试教育的影响，有一部分高校体育教师为了完成教学任务，眼里只看到了短期的效果，对于长远的发展规划却置之不理，对知识点的讲解不清晰，这样的教学理念令人担忧；另一部分教师则是注重体质健康，以体能教育为教学目的，参考教材详细讲解知识理论与动作技能，没能从根源上调动学习的积极性，使得很多高校生不愿参与体育活动，甚至对体育学科产生抵触情绪，这与终身体育锻炼是背道而驰的。

第三，体育教学内容单一，学生对体育课缺乏兴趣。现阶段，我国高校体育教材内容依然是以传统的竞技体育为主，而现代体育涵盖面要更广泛一些，包含了休闲、娱乐、健身、探险、搏击等方面的内容。因此，大众在体育项目的选择上更趋于多样化，保健体育、武

术、搏击、散打、跆拳道等拓展运动项目在如今都有了很大的发展空间。由于一些体育项目难度较大，例如，传统的体操、篮球、排球等运动项目，对学生身体素质会要求较高，但与之相对的教学内容却过于乏味、单调，学生无法产生浓厚的兴趣。与此同时，学生的实际需求也没有得到满足，这造成了很多学生对体育课兴趣不大。据调查，近一半的学生对体育课没有兴趣，主动参与活动的兴趣不大，在学生观念中，没有形成主动的体育意识。

第四，教学方法比较陈旧，教育手段单一。目前我国高校在体育教学模式中仍然存在着很多的问题，大部分的学校只追求眼前的利益，而忽视了学生将来的长久利益，学校主要考虑学生的学分是否能够完成，或者学生只要完成在大学大纲里面的课程就可以视为成绩合格或者成绩优异，却忽视了学生的综合素质和学生的自身特长，大学生在大学阶段，思想成熟，而且有很多的自我想法和创造力，学校一味地追求固定成绩，限制了大学生的发展和学习空间。

第五，学生没有足够的体育锻炼时间。受当前高等教育现状的影响，学生除了每周一两节的体育课之外，基本不会自主锻炼。对于将要毕业的大学生来说，体育锻炼就如同奢侈品一般，他们主要是为了将来的工作而努力，基本不进行体育锻炼。除此以外，一部分大学生在网络游戏中难以自拔，更加没有自主锻炼的习惯，这就导致了很多大学生身体素质逐渐下降，还可能由于生病而不能正常毕业。

第六，教师队伍的整体素质和能力偏低。体育教师整体素质与教学能力的高低对教学质量的好坏起决定性作用。当前由于教师对终身体育理念认识不到位，再加上传统教育理念对于教师思想的重大影响，使得如今的体育教学效果并不是很理想。当前的教师无论是从教学理念、教学方法上，还是从体育专业素养上，都远远落后于时代的步伐，这无疑成为体育教学发展的绊脚石。

(4) 终身体育背景下高校体育教学模式改革的原因

个人观念的变化。改革开放大大提高了人们的生活水平，如今也基本实现了全民小康的愿望，所以目前人们更愿意提高自己的生活质量，不单单是去提高自己的经济水平。当人们更加关注自身的健康时，体育强身健体必然会成为人们选择的一种大趋势。尤其在国家高校中，学生的学习压力大、易于情绪化，他们便会选择一种宣泄情绪的方式去保持他们的正常心态，这时各种类型的体育运动便是他们的最佳选择。

(5) 终身体育背景下高校体育教学模式改革的主要途径

第一，教学理念上要以人为本。在我国传统的教学观念中，教师的一切教学工作都要以教材为准，为了实现教学目标，完成教学任务，不管学生是否能够跟上教学进度，教师都会按照既定计划继续往下讲，在这种为教学而教学的体育教学理念下，学生个人的成长进程没有得到足够的重视，自然也就无法使教学效果得到切实提高。随着人们对教育认识的不断加深，以人为本成为一切教育教学工作的出发点和落脚点，各高校也在不断革新教育理念，在安排教学计划时充分考虑了学生发展的需要，以学生的兴趣和需要为导向，设置更多受到大学生欢迎的体育课程，丰富学生的体育生活。首先，在进行体育教学工作、设计教学环节时，我们应更加注重对学生的引导过程，帮助学生奠定扎实的体育知识基础，让学生在训练中培养兴趣，在兴趣的支撑下自觉学习；其次，高校在体育教学过程中，应该帮助学生获得更加广阔的体育视野，注意教学内容和社会体育之间的衔接；最后，高校体育教学应该是一个循序渐进的过程，从最基础的体育常识开始，逐渐加深所授内容的技巧性。

第二，教学内容要贴近生活。高校进行体育教学的目的是培养学生热爱体育运动、养成健身的良好习惯，因此，高校在安排教学内容时，应该充分考虑到我们生活的实际需要，多教授一些贴近我们生活的体育知识，开设一些全民性的体育课程，与此同时，我们还要充分考虑学生的兴趣。比如，对于一些女大学生来说，她们可能会对健美操、瑜伽、形体等课程更加感兴趣一些，而对于男生来说，他们可能会更加倾向于篮球、足球等具有较强竞技性的体育运动。因此，高校在设置体育课程时，应该秉持着学生主体的原则，更多地从学生的角度去考虑问题。同时，我们也可以根据各地具备的运动场地和设施安排相应的体育课程，以便于学生走出校园后也能够找到适合的运动场所，从而促进学生终身体育的可持续发展。

第三，教学模式要新颖别致。教学模式不是一成不变的，面对不同的学习群体、不同的教学内容，我们往往需要采取不同的教学模式，以达到最佳的预期效果。在传统的教学模式中，高校体育教师通常采取“讲解—示范—练习”的教学方法来进行课程知识的讲授，但是这种单一、枯燥的教学模式有时候不但不能实现既定的教学目标，还会加重学生对体育知识学习的厌学心理，所讲的内容抓不住学生的注意力，自然也就不能称之为一次成功的教学了。为了避免这种情况，我们应该积极调整教学模式，打破传统教学模式的束缚，采取更加新颖、更加符合学生心理期待的教学模式，增强体育教学的民主性，让广大学生更乐于去加入其中，进而自觉主动地去了解相关的体育知识和训练体育技巧。而学生作为体育学习的主体，他们对体育学习的兴趣提高了，自然也就促进了教学效果的提高，甚至因为学生是出于兴趣，而不是因为什么其他目的学习，有时候反而会获得许多意想不到的惊喜。就当前普通高等院校开展的体育教学内容来说，我们完全可以根据学生的基础掌握情况来划分小组，把同一层次的学生放在一起，能够让每一位学生都能体会到个人的进步，从而帮助学生建立良好的自信心，进而形成终身体育意识。

第四，教学方法要灵活多样。即便是同样的教学内容，不同的教学方法也会得到不同的教学效果，为了满足学生对新奇刺激感兴趣的心理需要，高校体育教师应积极探索新颖有趣的教学方法，来吸引学生的课堂注意力。在实际教学工作中，我们可以采取多样的活动组织形式与教学方法相结合，例如，开展节奏跑、接力跑等活动，以提高大学生的学练兴趣，当学生在活动的过程中体会到该项体育项目的独特魅力时，自然也就乐在其中，愿意主动汲取相关的体育知识。

第五，理论实践相结合。以往的体育教学要么是纯理论，要么是纯实践，而如今所采取的模式是理论加实践。不同的高校所采取的具体形式也不尽相同。有些是先开展理论教学，对学生循序渐进地提出终身体育理念，讲授各种体育锻炼方法；后实践操作给同学们纠正改错，让同学们切实体会到体育的魅力，逐渐爱上体育锻炼。有些高校则采用一边理论讲授，一边实际操作，这一类的高校更加偏重于让学生自己总结体验，在有一定的实践操作后，说出自己的切身感受，这样一来老师们一点就通了。但这样存在一些缺陷，没有理论学习，实践中就算改错学生也不知道原因，导致一些同学在理论学习后恍然大悟，而一些同学则还是一头雾水。

第六，注重对教师的培养。高校对教师进行规模专业的培养，才能提高整体的教学质量和水平，只有加强对教师思想专业能力的提高，教师的专业知识才能不断地延伸发展，教师自身的理论知识才能有结构性系统性。学生身上总体现着老师的影子，只有让老师身上有终身体育理念观，学生才会有这样的觉悟。对于教育来说，学生的发展完全取决于老师的专业素养，当高校具有一支优秀的教学教师团队时，才会孕育出优秀的人才，这也是传承的力量。

第七，建立科学全面体系。高校为提高学生的综合素质，通常将体育这方面作为大学生是否合格的标准，这种方式一定程度上可以达到学生强身健体的目的，但长远来看不能持久。比如说当体育锻炼成为一种强制手段，大家都会有一种逆反心理，想方设法地为了成为合格的大学生而去要小聪明，甚至作弊等。这样不仅不会树立大家终身体育的理念，反而对大家以后想锻炼的心理有不良的影响。从以上的情况来看，建立科学全面的体育教学体系成为一大难题。不少高校纷纷采取降低体育在综合素质测评所占比重等方式，但对一些体育不是很好、不是很擅长的同学应该给予安慰和鼓励，让同学们进行自我评价，有努力就有进步，然后可以让周围同学对其近期的观察进行鼓励评价，在他们克服了自身的心理难题时，他们便会提高自信，更加愿意去锻炼，形成一种良性循环。所以对学生的体育评价应该是综合全面的。

(6) 终身体育背景下高校体育教学模式改革的意义

第一，督促监督作用。现如今很多的高校学生都不能正确地认识体育教育的意义，或者说对体育锻炼的认识太过于片面，认为体育课是一种任务，对锻炼没有采取主动的措施，不具有积极的态度。在改革高校体育教学的举措实施后，首先，对学生是一种很大的提高，督促监督并非一种强制，它属于一种正确的引导，是为了让学生树立一种正确的体育观念，其次，当高校督促监督学生进行体育锻炼时，高校作为一个监督者，它会以实际效果作为标准，对大学生负责。最后，当大学生被监管时，虽采取的是强制措施，但从另一个角度来说，也算是提高了学生的体育素质。

第二，增强学生素质。何谓体育，体育的终极意义应该是发展自身，那么终身体育理念应该是让大家都热爱体育锻炼，有一种终身体育的潜意识，从而锻炼自身，强身健体。在这一观念下的体育教育可谓是大大增强了学生的体育素质，进一步发展而言，有一种终身体育的精神。笔者相信增强的不仅仅是体育方面的素质，好习惯好素质会伴随一生，不论何时何地，对自身绝对有益无害。

第三，扩大影响范围。生命在于运动，高校的体育教学是终身体育教育的前提基础。虽是在终身体育观念下进行高校体育教学改革，但事实并非如此。高校体育教学改革只是终身体育观念体现的一个表现形式，终身体育可以有很多的途径让全民参与，但只有从一个点才能发展成一条线，进而发展为一个面。由于各种因素的影响，中小学生包括大学生的身体都存在着一些小毛病，强身健体、提升自我便算得上是终身体育的意义了。

(7) 终身体育背景下的高校体育教学模式改革策略

第一，树立终身体育意识，健全体育课程体系。教学理念是教学的方向，所以高校体育教师首先应该及时更新教育理念，加强对终身体育理念的认识，并在实际教学中落实终身体育理念。此外，教学课程应该建立以学生为主体的科学的、丰富的、可以满足学生个性化发展需求的体系，为落实终身体育理念奠定条件。

第二，关注个体差异，确保每一位学生受益。每一位学生都是一个独立的个体，他们出现操作上的失误时，其他学生可以给予帮助或意见，小组成员间互相取长补短，不断提高学习效率，同时对学生集中注意力、提高课堂教学与学习效率有着重要作用。

第三，对体育教学内容进行创新。尊重每个学生的个性差异，以及不同的兴趣爱好，有针对性地选择体育教学内容，保证教学具有时效性。目前，随着社会的不断发展和进步，出现了很多新颖的体育运动形式，比如，轮滑及竞技游戏和健美操等，学生对这些比较有兴趣，因此有必要将其引入到体育教学中来。

第四，对体育教学的方法进行创新。根据时代发展的需要及学生自身的心理意愿选择较为科学新颖的教学方法，必须要以灵活性以及使用性为基础进行创新，教师要针对不同的体育教学内容选择适当的方法，将二者有机融合，积极引导学生能够独立自主地进行课外体育锻炼活动。

第五，提高教师队伍的整体素质。教师在高校体育整个教学过程中发挥着不可替代的作用，所以需要提高教师的体育教学水平。教师可以通过参加专业培训提高自身的体育知识水平，加强对终身体育理念的认识并在整个教学过程中贯彻落实终身体育理念。另外，教师还可以到其他学校参观学习其他学校优秀的教学经验，为开展体育教学活动提供条件。

第六，坚持身体与心理健康并重。高等院校的体育教学的主要目的就是让学生在学习文化课的同时还要学会劳逸结合，通过体育锻炼让自己拥有更强健的体魄，从而才能更好地学习。因此，在教师进行体育教学的过程中不但要让学生形成体育锻炼的意识和习惯，还要锻炼学生的心理。鉴于此，教师可以在学生学习体育知识与技能时对学生进行心理健康教育，教会学生减压与调节情绪的方法。身体与心理健康并重是终身教育的主要目标，所以教师要坚持学生身体与心理健康的统一，让学生成为更加积极乐观的人。

(8) 终身体育背景下高校体育教学模式改革的具体实施

第一，明确教学目标，改变教学观念，贯彻“终身体育”理念。据调查，很多大学生在毕业之后就很少主动参加体育锻炼了，能够自觉锻炼的人更是少之又少。换句话说，体育运动成为学生在校期间的一种存在形式。这主要是因为：中学的体育教学与大学体育教学内容衔接不够，大学其他学科与学生高中所学习的内容衔接紧密，因高考中体育并不是最重要的一门学科，与中学区别大，致使部分学生在进入大学校园后，因以前没有受到体育教学的指导，甚至需要大学体育课教师对学生中学的体育课程进行补习，这为大学体育教学工作的开展带来了很大的不便。除此之外，还有部分大学没有将学生的兴趣爱好作为教学的出发点，在教学的手段、教学的内容等方面与学生的高中体育无异，甚至是重复高中体育的学习内容，导致学生对体育课提不起兴趣，也没有对大学体育有一个全新的体会。长此以往，学生对体育的兴趣只会越来越淡，更不会将“终身体育”作为自己的理念，更无从谈起成为他们的习惯了。还有部分大学采用传统的注入式教学法、教学模式，只是关注学生身体素质及运动技能，这些问题的产生都与体育理念有着密不可分的关系。因此，除了要对学生的运动技能进行相关指导，也要将“终身体育”理念转化为学生的信念，将体育教学内容与学生的未来生活有效结合起来，对学生的健身意识及参与意识进行关注及培养，使之成为学生未来人生观、价值观不可分离的一部分，最终转化为学生的良好习惯。因此，体育观念及高校的教学目标是未来改革的先决条件，可以将“选项课＋教学俱乐部”作为高校体育教学的模式，以学生的兴趣爱好作为出发点，促使学生养成良好的锻炼习惯，进而解决高校教师授课过程中以教师为中心的状况。在体育教学过程中，应该将“以人为本”作为关注点，以培育学生“终身体育”为出发点，顺应学生个性的发展，尊重他们，发挥他们的个人特长，将自身的创造力展现至最佳。因此，体育教师应对教学内容进行精心构思，努力将各种各样的体育活动技能传授给学生，把最终的关注点放在培养学生长期稳定地进行锻炼的理念之上。

第二，加强学生体育项目知识的培养。教学过程中，对于学生的猜想，教育者应进行积极的引导，在培养学生发散思维的同时要引导学生对猜想进行归纳提取。在培养学生体育意识时，教师要进行积极的引导，让学生发散思维，提出自己的不同观点。与此同时教师还要通过各种有效的方式来培养学生对观点进行整理、归纳、提升的能力，让学生能从各种不同的观点中得出科学正确的观点和概念。比如，在讲解有关奥运会体育项目的时候，教师应该提前准备好各类体育项目的特征，还可以准备一些相关项目优秀运动员的资料或者名人名事，在教学过程中，以趣味性的、开放性的综合问题来引导学生，最终达到让学生在轻松的氛围中掌握奥运知识的目的。

第三，转变高校体育课堂的教学模式。高校体育教学中提升同学们的终身体育意识的关键是调动同学们对体育运动的兴趣。因此在高校体育教学中，教学内容一定要贴近同学们的身心特征，以游戏化的体育运动项目取代竞技化的体育运动项目，来提升同学们对体育教育及运动的参与性。因为大学生具备相对成熟稳重的思想与一定的体育基础，所以传统的体育教学方式很难符合高校课堂的需求。高校必须转变体育课堂的教学模式，例如，在足球教学中，目前大学生普遍都对足球有一个基本了解，所以老师并不用亲手去教学生基本动作或者是让学生对某些动作进行深入研究，反而应该在“终身体育”的思想下，引导学生利用实践与指导的结合来进行趣味竞赛等，从而营造轻松自在的课堂氛围。并且老师也可以参与到活动中去，这样既缩短了老师与同学们之间的距离，又有利于随时随地的纠正同学们的动作，充分调动同学们的主观能动性。

第四，建立高校体育教学模式改革特色，展现出高校体育教学独特之处。各高校应利用院校的优势，在保障基本条件和标准的基础上利用自身优势，例如，地区文化、环境、高校专业等方面的差异，以此将自身体育教学的独特风格呈现在学生面前，不再以单一化或者统一化的方式来进行教学。不过，现阶段我国很多高校体育教学依然保持稳定的统一化教学风格，未能摆脱传统的教学模式。依据《基础教育课程改革纲要》的实施，体育教学的模式需要各高校勇敢地进行尝试和改革。这样一来，各高校的体育教学会因改革注入新的血液，各高校应对体育教学目标、内容、方法、手段、形式或者相关内容进行探索研究并进行改革试验，在此前提下，教学体系也需要逐步完善。

第五，建设高校体育师资队伍。老师是实现高校体育教学模式改革的必要因素，这就必须提升教师的素质，将其作为高校工作的着力点。首先，要将高校体育老师推向社会，让教师参加高校之间或者是社会俱乐部举办的活动，并且在参与的同时不断地积累自身的经验与提升自身的能力；其次，高校可以定期地展开培训活动，鼓舞教师积极参与，在辅导材料中可以加入心理学和卫生健康等内容，进而让教师在无形中受到熏染，自主树立终身教育理念；最后，可以加大课程的创新力度，教师可以积极地借鉴有关终身体育背景下高校体育教学模式的先进经验，并将其引入自身的授课中，让其成为高校体育教学实践中可以应用的方法。

第九章　新背景下的高校体育教学评价改革与发展

第一节　高校体育教学评价的发展历程

一、相关概念概述

（一）评价

评价的含义主要包括两个方面：一是评定价值高低；二是确定对象的意义价值。胡中锋教授认为评价是评价主体根据一定的标准对评价对象及其属性进行价值判断和衡量的过程。

因此，本书中尝试把评价的概念界定为：评价是一个对评价对象进行价值分析和判断的过程。

（二）教学评价

教学评价是对各个学科教学活动完整过程的评价。任何教育活动都需要通过教学过程实施，对于教学过程的评价已成为教育评价所关注的关键环节。教学是教师和学生以课程内容为中介的有目的的教和学的双边活动，通过这一活动使学生掌握了系统知识和技能，并在此过程中发展智力、体力和创造才能，形成科学的世界观和道德品质。

教学评价在教与学两个方面展开，即依据一定的教学目标和标准，对学生的学和教师的教进行系统调查，并评定其价值的优缺点以求改进的过程，是实现教学目的的一个重要手段，是衡量教与学双边活动成功与否的一种机制，是检验教学效果的参考标准，是对师生最终考核评定的评价指数。教学评价是对教学工作质量所做的测量、分析和评定，它以参与教学活动的教师、学生及教学目标、教学内容、教学方法、教学设备、教学场地和时间等因素有机组合的过程和结果为评价对象，是对教学活动的整体功能所做的评价。教学评价主要包括学生认知水平、学业成绩的评价、教师教学质量的评价和课程评价。教学评价集中体现了教学活动中的教育观、价值观和质量观。教学评价应该在教与学两个方面展开。

教学评价的定义：教学评价是依据一定社会的教育性质、教育方针和政策，对所确立的目标，运用有效的方法和手段，对实施的各种教学活动的过程与效果，完成和满足个体学习与发展需要的程度做出价值判断的过程，是对学生实现教学目标程度的行为进行系统的定量与定性描述，最终做出价值判断的过程。是依据一定的客观标准，通过各种测量和相关资料的收集，对教学活动及其效果进行客观衡量和科学判定的系统过程。

1. 教学评价的本质与相关概念

（1）教学评价从本质上讲是一种对教学活动及其效果的价值判断。要很好地完成这一判断，得出科学结论，评价者必须在一定的客观标准下，认真地进行各种测量，系统地收集教学活动各方面的资料或证据。

（2）测量是一种评价手段，是指评价者对评价对象进行的某种数量化的确定。测量的最基本特征是将事物进行区分，它只以数学方法对事物进行描述而不管其价值如何。而评价则要以这种描述为基础确定事物的价值，即根据测量结果对事物作出价值判断。如学生在考试中获得了分数，分数只是简单的测量结果，成绩所表示的意义，就需进一步判断，即给予评价。

（3）测验也是与教学评价密切相关的概念。测验就是引起某种行为的工具，是一种测量的工具或测量量表。考试即是一种测验，而考试的实施过程则是测量，对考试结果的分析评判是评价。测量、测验、评价是教学评价中经常使用的三个基本概念，对教学评价的实施具有重要意义。

2. 教学评价的功能

教学评价是教学活动中不可缺少的一个基本环节，它在教学过程中发挥着多方面的作用，从整体上调节、控制教学活动的进行，保证教学活动向预定目标前进，并最终达到该目标。教学评价的功能主要表现在以下几方面：

（1）诊断功能。评价是对教学结果及其成因的分析过程，借此可以了解到教学各方面的情况，从而判断它的成效和缺陷、矛盾和问题。全面的评价工作不仅能评价学生的成绩方面实现教学目标的程度，而且能解释学生成绩优劣的原因，如学校、家庭、社会和个人等主要影响因素的存在。就学生个体可以以此分析主要是智力因素，还是学习动机等其他非智力因素的影响，抑或是两者兼而有之。教学评价如同体格检查，是对教学现状进行的一次严谨的科学诊断，以便为教学的决策或改进指明方向。

（2）激励功能。评价对教学过程有监督和控制作用，对教师和学生则是一种促进和强化。通过评价反映出教师的教学成果和学生的学习成绩。经验和研究都表明，在一定限度内，经常进行记录成绩的测验对学生的学习动机具有很大的激发作用。这是因为较高的评价能给教师、学生以心理上的满足和精神上的鼓励，可激发他们向更高目标努力的积极性；即使评价较低，也能催人深思，激起师生奋进的情绪，起到推动和督促作用。

（3）调控功能。评价的结果必然是一种反馈信息。这种信息可以使教师及时知道自己的教学情况，也可以使学生得到学习成功和失败的体验，从而为师生调整教与学的行为提供客观依据。教师据此修订教学计划、改进教学方法、完善教学指导；学生据此变更学习策略、改进学习方法、增强学习的自觉性。教学评价有利于使教学过程成为一个随时得到反馈调节的可控系统，使教学效果越来越接近预期目标。

（4）教学功能。评价本身也是一种教学活动。在这种活动中，学生的知识、技能将获得长进，甚至产生飞跃。教学评价作为一种有效的教学方法，能够起到鼓励和督促的作用。如测验是一种重要的学习经验，它要求学生事先对教材进行复习，巩固和整合已学到的知识技能，事后对试题进行分析，又可以确认、澄清和纠正一些观念。另外，教师可以在估计学生水平的前提下，将有关学习内容以测试题形式呈现，使题目包含某些有意义的启示，让学生自己探索、领悟，从而获得新的学习经验或达到更高的教学目标。

3. 教学评价的范围

教学评价的范围十分广泛，从广义上讲，教学活动的范围也就是教学评价的范围。在教学评价过程中，人们往往根据不同的需要，在不同的范围内进行评价。根据目前的研究状况，我们可以将教学评价的范围分为三个方面：

(1) 对教学结果的评价

对教学结果的评价，是教学评价传统的、最主要的工作范围。教学结果的评价是总结性评价，它着重测定学生知识、技能的掌握及提高程度，以及一般能力和学科能力的发展程度等。教学结果的评价可以帮助人们从整体上了解教学质量，判断教学任务的完成程度和教育目标的达成程度。对教学结果的评价非常重要，但它只能反映教学的总体水平和质量，不能及时、全面地反映教学过程中各种因素的发展变化及其原因，不能及时提供调控信息。因此，评价只局限于教学结果的范围是远远不够的，还必须对处于动态过程中的教师的教学行为进行评价。

(2) 对教师的教学行为评价

对教师教学行为的评价是在动态的教学过程中进行的，因而所得到的评价是诊断性的和及时的。教师的教学行为是多种多样的，从教学环节的角度看，有课前准备、教学过程、学生学习成绩的考查与讲评等一系列具体行为。具体行为不同，评价的着重点自然也就不同。例如，对备课行为的评价主要看教师是否认真钻研了教材，是否深入了解了学生，是否在此基础上对教学目标、内容、方法、环境等进行了合理设计，形成了完整的教学设计方案。对一堂课的评价则主要看教学目的是否明确，教学内容是否正确，教学速度、节奏是否适当，教学方法是否合理，是否有效调动了学生学习的积极主动性，是否达到了预先的教学设计要求。学生所学知识是否形成了相应的技能、技巧；教师课上的评价是否及时、细致、认真，评语是否恰如其分地指出了学生的优缺点，能否对症下药帮助学生纠正错误。对教师考试、考查行为的评价主要看教师命题是否科学、合理，评分是否公平、客观，能否根据考试结果提供的反馈信息改进教学，等等。另外，从其他角度还可以对教师的教学行为进行划分，如可分为教师的教学设计行为、组织实施行为、课堂管理行为、人际交往行为等。总之，教师教学行为的评价是教学评价的一个重要方面。获取这方面的评价资料，对于提高教学评价的全面性和准确性具有重要意义。

(3) 对学生的学习行为评价

以往的教学评价大多只关心学生学习的结果，在具体评价中往往以对学习结果的评价来代替对学习行为的评价，这种状况不仅缩小了教学评价的范围，而且影响了评价的效果。

在教学实践中，学生的学习行为是丰富多彩和不断变化的，它们既受教师行为的影响，同时又反过来影响教师的行为，即学生的学习行为是在教与学的双边活动中变化发展的。通过对学生课堂动态行为的观察、评价，评价者可以获得大量的有助于了解、判定教学现状及其效率的真实资料，以及改进学生学习、提高教学质量的信息。从这个角度看，必须将学生的学习行为纳入教学评价的范围并认真对待。

4. 教学评价的过程

从教与学角度来看，教学评价是判定教师与学生达到教学目标程度的综合过程，因此，它包括以下三个方面的内容：

(1) 教学评价是一个综合过程，这个过程可分为定性分析、定量分析和价值判断。即：

教学评价＝量的描述（测量结果）＋质的描述（量形成的过程）＋价值判断（量以后所起到的作用）。

（2）教学目标是进行教学评价的前提条件，以预期的教学目标判断教师的教和学生学的质量达到的程度，选择和设计评价的方法，因此，确定教学目标是教学评价过程的首要问题。

（3）教学评价是一种全程评价，涉及教学的各个环节，存在于整个教学过程中，从时间上分为初始评价、形成性评价、终结性评价。初始评价（诊断性评价）可了解学生的基本能力和起点行为；形成性评价在于了解学生学习和进步情况与缺失所在，具有对教学品质管制与诊断的功能；终结性评价是对学生学习的总检查，评定是否达成目标。这三种评价过程在学年、学期、每个单元、每节课都应得以体现，才能起到它应有的作用。

教学评价和教育评价既有联系，又有区别。教学评价是教育评价的一个重要方面，是构成教育评价的主要部分和基础。教学评价的对象是在教学领域，它主要对教师的备课、上课、作业批改、课外辅导、课外活动等工作、教学成果及学生学习情况进行评价。而教育评价是以教育的全部领域为对象，它涉及教育的一切方面。从外部看，教育与政治、教育与社会、教育与经济、教育与文化等关系需要评价；从内部看，课程设置教育内容、教育目标、教育方法、教育管理、教育质量、教师、教育体系、学生等都需要评价。从教育评价的层次上看，根据教育现象的不同，教育评价可分为宏观评价（以某一地区或一个国家的教育为主的对象）、中观评价（以一个学校的办学水平和教育质量为对象）、微观评价（以一个学校内部的教育、教学、管理等为对象）三个层次，教学评价主要是一种中观和微观的教育评价。

教学评价是整个教学工作的一个重要组成部分，教学评价所涉及的内容也很广泛。它不仅体现在对教师与学生的评价，体现在对具体的课堂教学过程、教学设计、教学手段、教学方法、教学内容等的评价，而且还涉及对与教学活动和教学效果紧密相关的教学管理、教研室建设、办学水平等情况的评价。

（三）体育教学评价

体育教学评价是对体育学科教学活动的完整过程的评价。体育教学评价是教学评价理论在体育教学中的具体应用，是一般评价活动在体育领域的具体表现。对于一个完整有效的体育教学过程来说，教学评价是体育教学过程中不可缺少的重要环节，它具有对体育教学活动及其效果进行判断，通过信息反馈调控教学过程，保证体育教学活动达成体育教学目标的功能；是以既定的体育教育目标为依据，运用教学评价理论、方法和技术，系统地、科学地收集处理体育教学信息，对体育教学设计、教学过程和教学成果进行客观描述的过程、价值判断的过程、心理同构的过程。体育教学评价对于体育教育发展和改革，对于体育教学管理和决策，都有至关重要的作用。

体育教学评价作为衡量体育教学活动效果的重要工具，不仅可以揭示体育教学工作中的是与非，合理与不合理，从而加以肯定与否定，同时还具有指导和促进体育教育工作朝着正确的方向发展的作用。它直接关系到教学目标的设计、教学理念的更新、教学方法手段的利用、教学内容的选择等诸多理论与实践过程。

1．体育教学评价概念的界定

体育教学评价是依据一定的体育教学目标及其有关标准，对整个体育教学过程进行系统调查，并评定其价值和优缺点以求改进的过程。

体育教学评价是依据体育教学目标和体育教学原则，对体育的教与学的过程及其结果进行的价值判断和量评工作。

上述体育教学评价的概念中包含以下五个基本含义：

（1）体育教学评价是依据体育教学目标和体育教学原则来进行的；体育教学目标是对体育教学“是否获得了预先设定的成果”“是否完成任务的评判依据”；体育教学原则是对教学“是否做得合理”“是否合乎体育教学基本要求”的评判依据。两个评价依据都具有客观性和规范性。

（2）体育教学评价的内容是教与学的过程和结果；体育教学评价的对象是作为受教育对象的学生的学习，包括学生的学习水平和品德行为等；体育教学评价也要对教师的教授进行评价，包括教师的教学水平、教学效果和师德行为等。

（3）体育教学评价的工作内容是“价值判断和量评”工作；价值判断是定性的评价，主要是评价教学方向的正误，教学方法的恰当与否等；量评工作是指定量性评价，主要是评价可以量化的学习效果，如身体素质增长和技能掌握的数量等。

（4）体育教学评价贯穿于教学目标确定、内容选择、组织实施的各个环节；目的是及时修正体育教学目标、解决体育教学中出现的问题，以及实现体育教学资源的合理配置与组合，追求最佳效果和目标的达成，是一项实践性和操作性很强的工作。

（5）体育教学评价是以体育教育的价值观为标准，以达到体育教学目标的程度来评量体育教学成绩和效果，它要求对体育教育和体育学习的知、情、意各方面全面地进行考核。

综上所述，广义的体育教学评价是以体育教学的全部领域为对象，它涉及体育教学的一切方面：体育教学与社会、家庭，体育教学与美学、心理学，体育教学与美育、德育、智育、体育及体育教学体系、体育教学目标、体育教学内容、体育教学方法等。狭义的体育教学评价是以学生为评价对象，专指在学生的体育学习领域中在知识与技能、过程与方法、情感态度与价值观等方面给予价值上的判断。形成现代体育教学评价是依据《新体育课程标准》的价值、理念、目标，运用科学可行的方法和手段，对体育教学要素、过程和效果进行价值判断的活动。通过体育教学评价，促进学生不断进步，促进教师不断提高，促进学校不断发展，促进课程不断完善，以达到体育教学价值增值的目的。

2. 体育教学评价的特点

（1）体育教学评价功能的决策性。体育教学评价具体来说，有导向、激励、协调、控制、管理等方面的功能，概括来讲，则是通过广泛收集分析各方面的信息，综合判断教学现状所达到教学目标的程度来决策教学实践活动的运行。例如，教师可以通过反馈信息，来协调教学程序、改进教学方法、作出正确的决策，使教学沿着既定的教学目标前进。学生可以通过信息反馈，来决策自己的学习是否存在问题，通过评价。校领导还可以得到教学决策信息，从而加强教学工作的管理。

（2）体育教学评价指标的客观性。体育教学评价的目的是揭示教学的真正价值，因此，必须做到评价指标的客观性，以便实现有效评价的结果。在我们制定评定指标时应符合全面性、具体性、预测性原则。评价指标应力求全面反映体育教学的状态及其效果；评价指标还需要具体明确，制定评价指标应从分析教学过程的基本因素入手，精选那些能反映教学质量的主要因素进行分析，并依据各因素的重要程度，赋予不同的权重值。要使评价具有客观性，必须使评价精确化，那么就需要实施测量，这就要求选取指标时，首先应考虑选取那些可以用某些手段进行测量的指标，以便进行客观评价。

（3）体育教学评价过程的有序性。体育教学评价是一个有序性的过程，这个过程由计划、实施、检查、总结四个阶段构成。计划阶段主要是制订评价方案，评价方案反映了评价的决策，是评价工作的依据。实施阶段主要是做好评价的组织工作，明确工作职责，按评价方案开展评价活动，工作重点是收集和处理评价信息，检查阶段主要了解评价方案的执行情况，纠正偏离评价目标的行为，使评价工作顺利进行。总结时运用正确的数据和典型材料，提出评价结论，进而改进教学评价制度。

（4）体育教学评价的即时性

在体育教学中，教师的教学行为和学生的学习行为实际上时时都在被即时评价着，教师的教学行为具有外显性，对学生的学习产生着影响，而学生的体育学习具有很强的外显性和即时性，会及时反馈给教师。这种即时性能够对教师教学评价和学生对自身的评价产生良好的影响。教师应正确地运用这个评价特点，恰当、及时地对学生学习作出评价，扬长避短，使体育教学评价发挥激励和发展作用。

3. 体育教学评价的类型

体育教学评价是现代教育和教育科学发展及改革的产物，它与人们以往所熟知的一般的体育教学检查和评定不同，有一套较为完整的理论和方法。下面从各种不同的角度、依据不同的标准，对教学评价进行分类。

（1）综合评价和单项评价。根据所涉及方面的不同，体育教学可以把教学评价分为综合评价和单项评价。综合评价是指对某一学校整个体育教学活动进行完整的、系统的评价，如对某一学校体育教学质量的全面评价；单项评价是指对体育教学活动的某个侧面进行评价，如对学生学业成绩的评价。这两类评价是整体和局部的关系，不以单项评价为基础；如果不从整体把握体育教学也会影响到对单项评价结果的解释。因为学生的体育学业成绩同教学活动的所有方面都有着密切的联系，单项评价必然寓于综合评价系统中。单项和综合的教学评价都是非常必要的。

（2）对学生的评价和对教师的评价。参与教学活动的主要是学生和教师，据此，体育教学评价可分为对学生的评价和对教师的评价。学生和教师作为教学活动的主要参与者，他们的表现最集中地体现了教学过程的性质和教学活动的结果。因此，对师生双方在教学活动中表现的评价是教学评价的重点。

（3）内部参与者的评价和外部参与者的评价。参与教学评价的主体评价者，有内部参与者和外部参与者。内部参与者除学生和教师外，还有教师的同事和学校领导；外部参与者除家长外，还有社会与学校有关方面的人员等。依此划分，体育教学评价有师生双方进行的自我评价，也有学生对教师或教师对学生作出的评价，还有同事评价和学校领导评价。在外部参与者方面，包括家长评价和其他“局外人”可能作出的有关教学的评价。

（4）主观评价和客观评价。从教学评价运用的方式看，有以评价者通过听课、谈话，以主观体验方式而进行的主观性评价，也有以通过客观的测量和测验收集资料而作出的客观性评价。从达到的结果看，又有定性的评价和定量的评价之分。但是实际上所作出的教学评价，往往是通过主观和客观的结合、定性和定量的结合而进行的。

（5）相对评价和绝对评价。由于体育教学评价的标准不同，又有相对评价和绝对评价之分。相对评价是以被评价对象为集合，考虑该集合目前的状态，在确定标准之后将各个个体与之相比较。绝对评价是以被评价对象为集合，不考虑该集合体的现状，使其同标准对比，让各个个体知道与目标的差距。相对评价和绝对评价的标准的性质区分在于前者是表现在正态分布中的、一贯稳定的、个人和个人之间的差异，它在原则上属于“心理测定性”，后者是以达到目标的形式，设定所期待的、通过教育活动来实现的学习内容，并且就每个人来测定这些目标是否达到，它在原则上属于“教育测定性”。

（6）初始评价、形成性评价和终结性评价。斯克里芬（M. Scriven）于1967年在论述教育课程计划的发展时，曾提出有形成性评价和终结性评价两种类型的评价，后经布卢姆（B. S. Bloom）运用于教学活动中，进而丰富发展为三种类型的教学评价：初始评价（诊断性评价）、形成性评价和终结性评价。这个分类已被广泛接受，也比较适合我国的教学实践。

初始评价（诊断性评价）的目的主要是通过了解学生的准备状态，以便更好地编班分组，妥当地安排教学计划。它经常要通过专门的“摸底”，一些测验在教学活动开始前或开始时进行。

形成性评价在教学过程中进行，目的是通过对仍在发展和进行中的教学活动进行价值上的判断，探究教学中所存在的问题或缺陷，以便形成适合于教学对象的教学方法或教学手段。形成性评价既是向学生提供学习上的反馈来改进学生的学习，又是对教师进行评价，以改进教师的教学。由于形成性评价所特有的诊断和改进教学的功能，目前已成为教学评价的重要内容，发展很快，并受到人们的高度重视。

终结性评价是在教学活动完成后，对教学成果进行的评价，是对已经完成的教学加以价值判断，目的是为作出各种决定或决策提供资料或依据。人们习惯采用的教学评价基本上都是终结性评价。我们普遍采用的学生成绩报告单就是终结性评价结果的典型表现。

以上是一些最重要的教学评价的类型，通过这样的划分，我们相信体育教学评价的含义将更清晰。人们还可以根据不同的需要，从更多的角度对体育教学评价进行分类。

（四）高校体育教学评价

高校体育教学评价依据体育教学目标，运用一定的方法对教学过程进行判断的过程，即高校体育教学评价是依据相关标准，对高校体育教学过程进行测量、分析和判定的过程。

二、国外体育教学评价的发展情况

进入21世纪，世界各国体育教学评价的改革，正沿着由终结性评价向过程性评价、由相对评价向绝对评价转移的方向发展，评价视角多元化趋势日益强劲。注重评价的教育功能，促进学生个性全面发展和人格完善是当今体育教学评价改革的重要特征。回顾国外体育教学评价的发展历史，随着社会的发展，教育在发展，体育教学评价的理念和方法也随着教育的发展在不断地变化和发展，评价体系也随之日臻完善，并反映出明显的时代特征。所以教学评价的概念，即属历史性概念，把握历史发展进程中的体育教学评价的观念和方法的特征，对于正在贯彻体育与健康课程标准的广大体育教育工作者而言，不仅是一项必要的学术背景，也是教学改革取得成功所必需的理论前提之一。

（一）美国学校教学评价的改革与发展

自20世纪以来美国展开了一场持续不断的基础教育改革运动。为提高美国基础教育的整体水平，“为了全体美国人的科学”，美国政府先后出台了一系列教育改革报告和计划，《国家处于危机之中：教育改革势在必行》（1983年）、《2061计划：为了全体美国人的科学》

(1985年)、《美国2000年教育战略》(1991年)等。这场教育改革的关键是课程改革和对学生的学习评价改革。美国学校体育教学评价研究的总体思路是：淡化评价结果，重视评价过程。当学生参与的是改造过的和潜在性的活动时，教师应该对这些学生的活动作出高水平的描述和判断。

20世纪30年代以前，美国一般采用口试、面试、笔试等方法评定学生的成绩，由于没有统一标准，教师主观评定成分大，造成测试的结果缺乏可重复性，即难以保证测试结果的客观性，桑代克（E. T. Thorndike）对此进行了尖锐的批评，并提出了学习能力的评价概念，即学力评价。20世纪30—40年代，在美国的八年研究中，由泰勒（Taylor）领导的评价委员会的工作是这一时期教学评价领域最具代表性的工作。泰勒指出，评价应该是一个过程，而不仅仅是一两个测验。评价过程不仅要报告学生成绩，更要描述教育结果与教育目标的一致程度，从而发现问题，改进课程教材和教育教学方案与方法。教育评价界认为，正是在泰勒的努力下，“评价”一词才取代了“考试”和“测验”两个术语，使评价领域有了一种新的指导思想。

20世纪50—70年代，这一时期注重了真正的价值判断问题，目标参照测验在这一阶段发展起来。目标参照测验以教学目标为评价标准，评价所关注的是教学是否达到了教学目标。这一时期，布卢姆提出了教育目标分类理论，并详细论述了终结性、诊断性和形成性评价。泰勒的“八年研究”，以及布卢姆的形成性评价思想和掌握学习思想，使绝对评价逐渐在美国发展起来，并逐渐成为美国教学评价的一种重要方法。

自20世纪80年代以来，美国展开了基础教育改革运动，这场教育改革的关键是课程改革和对学生的学习评价改革，学习评价受到高度重视。美国传统的体育教学评价主要是通过标准化的运动技能和体能测试、书面测验、教师观察等手段综合评定学生的成绩。在体育教学中过于强调技能发展任务，用统一标准要求全体学生，对学生进行横向比较，奖励少数优秀者，具有明显的终结性评价特征。而在20世纪80年代兴起的基础教育改革中提出了多种评价方式，其中最具有代表性的是“替代性评价”，它体现了这场课程改革和评价的核心思想：真实教育和能力教育。替代性评价思想主要源于建构主义学习理论和多元智能理论。由于受这两种理论观点和替代性评价思想的影响，在真实情景下运用多种方法对学生的体育能力进行综合评估已成为体育教学所追求的主要目标。在美国体育教学中的替代性评价方法主要有：学习档案展示、角色扮演、健康测验、书面表达等几种方法。这些方法共同的特征就是培养学生对所学知识和技能的实际操作和运用能力，注重多种能力的综合评估。特别关注的是，在健康测验中主要涉及与健康有关的体适能，而不是与提高竞技运动成绩有关的体适能，并根据学生获得的分数来设定具体的学习目标，评价学生通过学习是否有所进步。

美国最佳体能教育计划的评价内容包括身体活动的态度、健康概念知识、健康测验、身体活动的努力水平、健康技能的应用，并给予态度部分最大的权重。

（二）日本学校体育教学评价改革与发展

日本的教学评价深受美国教学评价思想的影响。在美国教育测验运动的影响下，从大正到昭和初年，建立在相对评价原则上的成绩评定法相当普及。1938年，日本对评价方法做了明确规定，统一了评价标准，要求学科成绩实行相对评定。20世纪40—50年代，体育教学中的学习评价也只是主观的相对评价。在学期终结时，中学按“健康与生活的理解”“健康与生活的习惯”“运动技能的提高”“竞技活动的参加”四个方面评分，采用五级制评分标准。20世纪60年代，日本国立教育研究所的板仓圣宣发表了《正确的学力评价》一文，第一次提出了“到达目标”与“到达度评价”概念，他主张对“到达目标”采用“到达度评价”。到达度评价属于“绝对评价”，但此时体育教学评价的内容和方法没有发生根本性变化。进入21世纪70年代，日本体育教学开始从学科中心主义转向体力注重个体差异，不使体力水平较低的学生丧失学习信心而成为不喜欢体育的学生。日本每年定期进行全国统一的学生运动能力的测定，学生通过对结果的自我评价，判断自己体能发展的动态，但此项成绩不作为评定体育课成绩的依据，在体育课成绩考核的内容与要求方面，与我国现行的体育教学评价有较大差别。

三、体育教学评价研究现状与发展趋势

（一）体育教学评价研究与发展对现实的影响和意义

1. 教学评价职能上的形成性更加明确

现代教育评价模式不再将评价看成是鉴别、分等和检查的工具，而是逐步使评价成为改进工作、推动教育发展、提高教育质量的手段，评价的结果也主要用于提供各方面的信息，提出建议或通过社会舆论的力量来影响和促进学校的工作。现代评价虽然并不否认终结性评价在决策和管理中的作用，但更注重的是评价上的形成性职能，即使如鉴定等典型的终结性评价，也都或多或少地包含着形成性评价的因素。

2. 评价方法上的主观性受到重视

在传统的评价中，定量的方法、实验的方法，以及各种客观数据收集的方法备受青睐，人们普遍认为只有定量的客观方法才是科学的，但由于定量方法的局限性，人们逐渐注重定量的客观方法与定性的主观方法的结合。现代的评价模式，在注意客观方法与主观方法结合的同时，越来越注重评价方法上的主观性，甚至放弃了部分评价的严谨性和精确性，来求得评价的弹性和适用性，目的是掌握更多的有用信息，协调评价与被评价者双方的关系，共同为改进工作、提高教育工作质量服务。

3. 评价实施中的参与性与民主性结合

现代教育评价模式非常重视自我评价的作用，重视评价中各类人员的参与和评价要能体现不同人的意向。如目标导向模式和决策导向模式更多的是考虑管理者的意图，而其后的各模式则强调评价要反映消费者等活动参与者的意图；被评价者不再是被检查的对象，而是逐步成为评价活动的主体，他们可以发挥自己的能动性，以自己特有的方式和标准来参与评价活动；评价的实施也越来越重视收集和充分考虑所有与评价有关的人员的意见，越来越尊重不同人、不同团体和不同文化体系的不同的价值判断。这一方面反映了现代人教学评价价值观念上的发散性，另一方面也体现了教学评价模式中的民主性。

（二）我国体育教学评价的发展趋势及基本走向

在体育教学评价的实践过程中，众多学者坚持一边实践一边研究的原则，重视吸收国外体育教学评价理论研究的新成果，同时认真总结我国宝贵的实践经验，进而上升为科学理论，用以指导体育教学评价的实践活动，促进了我国体育教学评价理论研究和实践活动的发展。基本上形成了适合我国国情的体育教学评价的实践模式。当前我国的体育教学评价呈现

以下几个发展趋势：

1. 体育教学评价内容的全面性

在传统的体育教学中，对学生学习结果的评价主要集中在知识的掌握、智力的发展等认知领域，对教师教学水平的评价往往以学生的考试成绩为依据，而对学生的思想品德、个性、人格等的发展，以及教师的教学行为、授课质量不够重视。随着人们对体育教学评价目标和功能认识的不断深化，素质体育教学评价的内容也日益全面，不仅要评价教师的教，还要评价学生的学；不仅评价体育教学活动的结果，也评价体育教学活动的过程；不仅评价学生在知识、技能、智力和能力等认知方面的发展，还要评价情感、意志、个性、人格等非认知因素的发展。

2. 体育教学评价方法的多样性

在传统的体育教学中，评价大多采用单一的方法，或是单纯定量的方法，或是单纯定性的方法，由于多因素的制约性，以及评价技术和手段的局限性，严重影响了体育教学评价结果的客观性、科学性。因此，体育教学改革主张把各种评价方法结合起来，例如，把定性方法与定量方法，自评与他评，结果评价与过程评价，诊断性评价、形成性评价与终结性评价相结合，这样既可以充分发挥各种评价方法的优势和特长，又可以互相弥补其缺陷和不足，从而使评价的结果更加客观、公正。

3. 体育教学评价主体的多元化

在传统的体育教学中，体育教学评价活动的主体主要是学校管理人员或体育教学行政部门，是一种单一性的他人评价，作为评价对象的教师和学生则完全处于被动地位，没有任何主动选择的余地。当前体育教学评价的一个重要转折点就是评价主体的多元化，即评价主体由单纯的体育教学行政部门转变为学校管理者、同行教师、学生，以及教师本人都可以对体育教学活动进行评价。评价主体的多元化，一方面可以从多个方面、多个角度出发对体育教学活动进行更全面、更客观、更科学的评价，另一方面，由原先的评价对象成为评价主体的教师和学生，在进行评价的过程中，也不再处于过去单纯的被动状态，而是处于一种主动的积极参与状态，充分体现了他们在体育教学评价活动中的主体地位，这十分有利于教师、学生不断地对自己的体育教学活动和学习活动进行反思，对自己的活动进行自我调控、自我完善、自我修正，从而不断提高体育教学的质量和效率。

4. 日益注重体育教学评价的教育性和发展性功能

传统的体育教学评价注重的往往是区分、甄别、选拔性功能，只看体育教学的结果而不问体育教学的过程，是一种单纯的结果评价和终结性评价，一般用于对教师的奖惩和选拔学生。素质体育教学则更加重视体育教学评价的体育教学性和发展性功能，力图通过过程评价和形成性评价，及时地向教师和学生提供反馈信息，使他们能够了解体育教学活动中存在的缺陷和不足，从而促使教师和学生能够不断地改进、完善自己的体育教学活动和学习活动，也使体育教学活动更好地为学生的发展服务。

目前，从体育教学改革和发展的需求来看，我国当前的体育教学评价工作尚存在一些急需解决的问题：

（1）体育教学评价的指导思想仍需转变。“为促进学生的发展而评价”“为促进体育教学质量的全面提高而评价”，还没有真正成为大多数人的实践活动。

（2）体育教学评价的基础理论研究还比较薄弱。对学生个体素质的测评仍是一个难题，尤其是对学生在非认知因素、思想道德素质、心理健康水平等方面的测评，缺乏科学、有效的技术和手段。

（3）对于以往体育教学评价的缺点论述过多，不能全面反映我国体育教学评价在体育教学过程中的功能效果；对于教学评价的观点缺少实证研究，大多数研究者没有经过实证调查，因而对于现状的评述缺少客观性。体育教学评价指标体系的设计缺乏坚实的科学依据，操作性较差，而且体系过于庞杂，影响了体育教学评价的可操作性。

（4）理论探讨多于实践研究，理论研究评价内容体系越来越繁杂，出现了评价研究有过分追求完备的倾向，以至于评价方案越来越细，冗余指标增多，从而使人对评价望而生畏，厌烦评价乃至不愿评价。

（5）在正确评价体育教学的进程和结果中，忽略教学评价的教与学的某个方面，因而在问题讨论中会出现逻辑上的混乱。通过对众多专家学者的研究成果的综述，进一步阐明了体育教学评价的重要意义及其对体育教学的影响力，进一步说明了我国学校体育教学评价体系在逐步走向完善，而在这个体系下的具体实施方案还有待于研究，这就为我们的进一步研究留下了相应的空间。

（三）我国高校体育教学评价的现状

随着时代的发展，我国在诸多领域都取得了很好的成绩，在经济飞速发展下，我国的经济地位逐渐提高，然而随之而来的是巨大的社会竞争力和日益变快的生活节奏，这就从一定程度上要求人们具备一个良好的心理素质和身体素质，才能以一个良好的心态来面对人生未来的挫折与竞争。高校作为一个不断向外界灌输新型知识型人才和技术型人才的场所，肩负着培养高素质人才的艰巨任务，由此看来，高校要加强对体育教学的重视程度，利用最精准到位的方法力求取得最大的效益。然而，我国作为在世界上享有盛誉的体育强国，在高校体育教学评价中存在着诸多不足，目前在体育教学评估上仍然有许多问题。例如，体育教学评价的方式太过死板和单一，让学生无法提起兴趣，从而影响教学质量；我国高校体育教学评价的课程内容跟不上时代发展；教学目标不明确，严重影响到学生接受体育教学评估的质量，对学生的个人素质和道德水平产生了极大的害处；体育教学评估目标与体育教学实践内容无法对接，对教学理念缺乏足够的认识，从而阻碍了体育教学水平的进一步提升；体育教学评价内容太过空泛和不切实际，实用性不强，深刻地影响到学生个人价值观的形成；体育教学评估模式已经大大落后于时代的发展，教学思维古板落后，不利于学生的个人发展。

总而言之，高校体育教学评估的现状在一定程度上阻碍了教师进行体育教学工作的顺利进行，不利于学生提高个人素质和教师的教学水平，对于教学效果造成了一定的限制。

第二节　高校体育教学评价体系的构建

一、高校体育教学评价体系构建的理论基础

（一）评价体系的概念

《现代汉语词典》对“体系”的解释是指“若干有关事物或某些意识互相关联而构成的

一个整体”，是具有特定功能的、相互间有机联系的许多要素所构成的一个整体，是由整体的构成要素在相互联系和配合中构成的整体。体系是由两个以上的有机联系和相互作用的要素所组成，具有特定结构和功能的整体，或指为了协调与联系必需的组织结构。体育教学评价体系是指在体育教学评价中由两个以上有机联系和相互作用的要素组成的，依据一定的标准对体育教学及其有关影响因素进行评价，从而对体育教学进行监控和反馈调节，以改进决策、保证体育教学的组织、行为、决策系统。研究体育教学评价就必须对评价体系和构成评价的诸要素进行分析。

按照系统论的观点，系统是诸要素的有秩序的集合，是由多种要素相互联系、相互作用而形成的有机整体。体育教学评价不是单因素、单方面的，而是一个系统，是一个由体育教学评价目的、评价对象、评价指标体系、评价方法、评价主体、评价管理与实施等要素或子系统相互联系、相互作用而形成的复杂系统，从整体上调节、控制着体育教学活动的进行，保证着教学活动向预定目标前进并最终达到目标。

（二）构建高校体育教学评价体系的理论基础

高校体育教学评价作为高校教育评价的组成部分，必须依据相关的评价理论，不断进行探索和实践，从实践中总结出行之有效的高校体育教学评价内容和方法，确立对教师的教和学生的学进行客观评价的评价系统，发挥教学评价的评价作用，力求能够体现公正、全面、有效、可操作的特征，能够体现现代教育思想和体育教育思想，发挥教学评价的管理和教育的双重作用。

确立我国高校体育教学评价体系的主要理论依据应该是泰勒的目标达成度模式和布卢姆的教育目标分类理论。

1．泰勒（行为目标模式）评价模式

泰勒的教育评价模式，简称“泰勒模式”，又称“行为目标模式”，是西方现代教育史上第一个较完整、影响较大的理论模式，是泰勒教育评价思想的集成。从 20 世纪 30—60 年代，泰勒的教育评价模式一直在评价的实践中雄踞指导地位，而且它也是其他各西方教育评价理论流派攻击与争论的焦点。

（1）“泰勒行为目标模式”的形成。泰勒行为目标模式源于“八年研究”，有其坚实的实践基础。正是在八年研究及其评估期间，形成了泰勒模式的“评价活动原理”，为泰勒模式的形成奠定了实践基础。20 世纪 30 年代美国进步主义教育联盟所发起的课程改革运动，为达成新课程的目标，急需一套与之符合的考核方法。以泰勒为首的评价委员会接受任务后，勇敢地站在新教育学理论之前，接受当时心理学的新见解，不再把教学看成是单纯地为了灌输知识，而是以全面发展人的才能为其主要目标。泰勒在调查后指出，当时学校实行的典型的达标考试，只是简单地测试了学生对所学教科书中内容的记忆而已。在此基础上，他提出了教师教学的目标问题，他建议把学期评价的重点放到学生的学习实质的调查上来，要通过评价，获得学生正在学什么，还没有学到哪些，他们对知识的遗忘有多快等信息，以便实现教学目标，改进教学过程。

泰勒模式是以目标为中心的评价模式。它把教育方案、计划的目标用学生的特殊成就来表示，并把这一行为目标当作教育过程和教育评价的依据。根据这一模式，教育评价就是判断实际活动达到目标的过程。因而，泰勒模式把目标、教育过程与评价作为一个循环圈。预定的目标决定了教育过程，同时也规定了评价就是找出实际活动偏离的程度，从而通过信息反馈，促进实际工作尽可能地达到目标。

泰勒提出的教育目标的概念非常广泛而具体，很多涉及具体的课程。泰勒要求教师制订出具体的教学目标，并在教学后加以评价，以便调整教学过程，保证达到目标。

（2）“泰勒行为目标模式”的基本要点。泰勒行为目标模式把教育方案的目标用学生行为化的成就来表示，并把这一行为目标作为决定教育活动和对其进行评估的依据。预定的行为化、操作化的目标决定了教育活动，同时也规定了教育评价就是找出实际活动相对于教育目标的达成水平，从而通过反馈信息，促进教育活动向教育目标迈进。概括起来，泰勒模式的基本要点体现在如下几个方面：①根据学生的状况和需要、社会生活的要求、学科专家的建议，确定教育目标。②经过若干筛选过程后，用学生外显和内隐的（思维、情感等）行为来定义和表述教育目标，即说明使学生养成哪些行为。③构建使学生内部产生预期行为的条件和情境，这些情境要有助于学生获得信息、培养思维技能、形成社会态度及培养兴趣。④选择和编制满足客观性、可靠性、有效性较高的测量方法，确定问卷、观察、交谈、作品分析等评估手段。因为人的行为是复杂的，只凭纸和笔的测验所获得的分数是不够的，要采用多种评价方法和手段。⑤用所确定的评估方法和手段，在教育方案执行前后对学生的行为进行测量及比较，以估计学生行为变化的量，并对学生行为达到目标的程度作出判断。⑥根据学生行为变化的长处和短处，找出产生的原因，对方案提出改进措施。⑦修改方案，重新执行方案，重复循环过程。

泰勒模式的核心是评定目标达到的程度，把预定结果与实际结果进行比较，评价者以一定的教育目标为指导，根据教育者所希望的、学生应掌握的内容和方法，将教育目标行为化，并对学生进行测量或检查，以学生行为达到目标的程度为基础，来对教学效果作出判断（如图 9-1 所示）。泰勒认为，教育评价就是确定实际教育活动达到预定教育目标的过程，开展评价的依据是把所要评价的内容分成具体可见的可操作的学生行为目标。同时，泰勒还强调对学习和教育结果进行测量、统计。

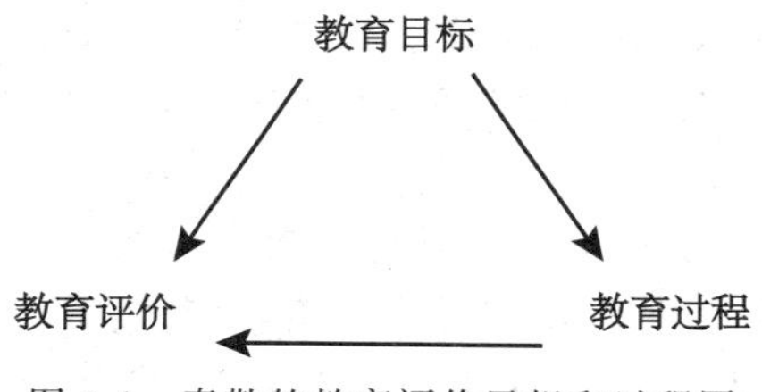

图 9-1　泰勒的教育评价思想和过程图

目标行为评价理论以目标为中心或以目标为导向，用学生的行为化成就来表示教育方案和计划目标，并把这一行为目标作为控制教育活动、评价教育成败的主要依据。同时也规定，评价就是找出教育活动偏离预定教育目标的程度，从而通过信息反馈，使教育活动尽可能地逼近目标。根据目标行为评价理论，评价与教学同步，起着校正教学，使之向目标的方向发展的作用。每次进入新的课程教学实施阶段时，就有必要对原有的教学进行修订，以便更好地接近课程目标，这正是评价的真正价值所在。该理论把确定目标、选择学习内容、总结学习经验和评价结果既看成是教学的全过程，也看作是评价的全过程。泰勒模式以行为目标为中心，结构紧密，具有计划性；用行为术语表示目标，具有可操作性；从目标出发指导实施，以目标为依据检验实际活动达到目标的程度，根据反馈信息修正目标，具有科学性。

2. 布卢姆的教育目标分类模式

泰勒模式强调评价以目标为中心、为依据，但也有其局限性。其回避谈论价值问题，对如何选择目标、评估目标的标准是什么等，没有明确说明；重视总结性的效果评价，忽视形成性的过程评价，及时反馈功能发挥不足；注重对教育预期效果的评估，忽视对非预期效果和影响的评估；教育目标的确定多从教育管理出发制定，强调目标的规范性和统一性，较少考虑学生的需求与个性的发展等。

美国著名心理学家和课程权威、芝加哥大学教授布卢姆在 1956 年提出的教育目标分类学，正是适应了评价在这方面的需要。布卢姆完善和发展了泰勒的行为目标模式，使其更具体和实用。布卢姆的教育目标分类学的要旨是要使教育目标具体化、可操作化，以使在评价中能够围绕这些目标进行观测和测定。

布卢姆的教育目标分类学是要把模糊的教育目标变为具体的、可操作的，从而也可进行评价的目标。依据这种认识，布卢姆把整个教育目标分为认知领域、情感领域和动作技能领域。每个领域在实现最终目标的过程中，各自都设定了相应的目标系列。布卢姆根据学习的心理活动过程，认为这三个领域都可以有层次地再进行分解。

认知领域分类把教育目标分为递进的六个层次和十五个亚类，按照由低级到高级的难易程度形成一种递进的等级关系。六个层次分别为：知识、领会、运用、分析、综合、评价。

情感领域分类把教育目标分成五个大类十二个亚目标，其中包括：接受、反应、价值判断、组织化、价值或价值复合体的个体化。

以布卢姆为代表的一批专家虽然把教育目标分为三个领域，但对动作技能却没有给予相应的重视。这一领域直到 20 世纪 70 年代由哈罗（A. J. Harrow）和辛普森（E. J. Simpson）两人分别研究才得以完成。哈罗把动作技能领域分为六大类：反射动作、基本基础动作、知觉能力、体能、技巧动作、有意沟通。辛普森把该领域分为七类：知觉、定势、指导下的反应、机制、复杂的外显反应、适应、创作。

上述三个领域各有各的要求。一般来说属于智能方面的教授科目的重点是放在认知领域；特殊专业的体育和艺术方面将重点放在运动领域，而品德方面的重点则放在情感领域。三大领域的要求，反映了各自的特点，但三者的相互关系是极为密切的。因此，在教育实践中要注意它们之间的联系，决不能机械地进行目标分类。但值得指出的是，情感领域接受一个国家的社会与文化等的影响特别大，各国的要求也不一样，但作为评价理论是可以借鉴的。

布卢姆借鉴了生物学上的动植物分类学方法，建构了教育目标分类理论。将认知领域的六类目标和情感领域的五类目标（包括技能目标的分类），以及各亚类目标下的子目标都是由简单到复杂递增，后一类目标只能建立在已经达成的前一类目标的基础上，从而形成了目标的层次结构。布卢姆的教育目标分类理论具有可测性的特征，能够指导教学结果的测量和教学评价，使得教学目标在表述上逐步实现了具体化、准确化，便于加深对教学体系的再认识，明确了各阶段的具体教学要求，更使得教学评价有了一条较为明确、合理的标准，有效地实现了对教学和管理的控制，避免了教学过程中的随意性和盲目性，达到了对当时传统教学进行深化改革的目的。尽管这一分类远不如化学、生物科学的分类精确，但它已被证明极其有用，而且已在很多国家的教学中得到广泛运用。

作为教育家，布卢姆不仅创建了著名的教育目标分类理论，而且还提出了“掌握学习”及教学评价等教学理论。认为教学是有意识的活动，是在力图使学生掌握传授给他的知识。

测验着眼于客观地正确地把学生达到教学目标的程度加以数量化，而评价则是评估测验的结果拥有的价值，它主要突出的是价值观；测验重在客观事实的“获得”，而评价重在事实的“解释”“诊断”与“价值判断”方面。从教育的观点来看，真正重要的是教学评价在整个教学中的应用价值。他把教学评价与教学目标密切地联系起来，指出评价必须首先明确教学目标，以分析目标为出发点，然后评价学生达到目标要求的程度。布卢姆较突出地从教学目标和教学评价的关系入手，通过理论研究和改革实践的密切结合，提出了教学评价中一系列具有指导性的理论问题，对教学评价理论的发展作出了贡献。目前，许多国家采用了布卢姆提出的“诊断性评价”“形成性评价”与“总结性评价”，尤其是他倡导的“形成性评价”，已成为当代教学评价的主要内容。他认为，教学目标不仅对教师来说是教学指导的目标，对学生来说也可以作为学习的目标，使他们积极发挥创造精神去自觉主动地学习，并经常对照目标进行自我评价，从而确定自己的努力方向。布卢姆的教学评价十分注重全面地评价学生的学习，不仅评价学生的基础知识和基本技能，而且善于评价学生的智力水平，如分析力、综合力、评价力等。其教学评价从目标的分析开始，到教学前的诊断性评价，教学过程中的形成性评价和教学结束时的总结性评价，整个过程贯穿着评价、反馈与调节，使整个教学活动十分协调。我国目前的教学评价指标体系实质上由此而来，教育目标的具体化和可操作化已成为我国现行教学评价的原则之一。

布卢姆的目标分类理论与教学评价思想对我国的教育评价有重要影响，现行评价模式源于科学实证的哲学观，是客观主义的认识论，即存在着一个客观的实在的教学质量，而这种客观实在的教学质量可以通过某种科学的方法予以准确反映。因此，借鉴和研究布卢姆的教学评价理论对构建具有可操作性的体育教学评价体系，提高我国学校体育教学评价的科学化水平和体育教学质量具有重要意义。

（三）高校体育教师对学生进行评价的建议

高校学生的学习评价应是对学习效果和过程的评价，主要包括体能与运动技能、认知、学习态度与行为、交往与合作精神、情意表现等，通过学生自评、互评和教师评定等方式进行。评价中应淡化甄别、选拔功能，强化激励、发展功能，把学生的进步幅度纳入其中。教师的教学评价内容主要包括教师业务素养（专业素质、教学能力、科研能力、教学工作量）和课堂教学两个方面，可通过教师自评、学生评价、同行专家评议等方式进行，评价过程中，应重视学生的学习效果和反应，重视社会有关方面的评价意见。

高校体育教师评价是课程评价的重要内容。运用恰当的评价理论和方法对教师的教学活动与结果，以及教师的专业素质进行评价，是提高教学质量的重要手段。

1. 评价的目的

体育教师评价的目的是通过对体育教师教学工作的质量和效果、体育教师的专业素质进行客观、公正、及时的评价，为体育教师提供具体、准确的反馈信息，以促进教师改进教学工作，不断提高体育教师自身的专业素质和教学水平。

2. 评价的内容

体育教师评价包括体育教师专业素质评价和课堂教学评价两个方面。

体育教师专业素质评价包括对教师的职业道德、教学能力和教育科研能力三方面的考核评价。教师的职业道德主要包括：正确的职业态度、敬业精神；热爱与尊重学生、诚恳待人、团结合作的行为表现等。教学能力主要包括：对体育教学内容、教学参考资料的理解能力；学习、掌握与运用现代教育理论、体育理论、健康理论的能力；设计高中体育与健康课程教学的能力；激发学生学习的主动性、积极性的能力；恰当地指导学生学习和掌握体育与健康知识和技能的能力；运用多媒体教学手段辅助教学，以及利用和开发体育与健康资源的能力等。教育科研能力主要包括：根据教育、体育与健康课程的发展不断充实和完善自身素质的能力；发现并提出学校体育与健康教育有关的课题，以及进行研究设计的能力；进行教学研究、撰写科学研究论文的能力等。

课堂教学评价的目的是通过发展性的评价激励体育教师不断改进体育与健康课的教学工作。高中体育与健康课堂教学评价应关注教学活动的有效性，即教学活动对达成教学目标的有效程度，应特别关注学生在体育与健康课学习中的体能、知识与技能、学习态度、情意表现与合作精神等情况，并以此作为对体育教师课堂教学评价的重点。

3. 评价的组织与实施

体育教师专业素质的综合评价主要由学校领导和教师本人进行，同时采用同行评价的形式，一般可每学年进行一次。体育教师课堂教学评价主要采用教师自我评价、同行评价、专家评价、学生评价和学生成绩分析等多种评价形式进行。教师的课堂教学自我评价可以采用每堂课后在教学日志或教案工作上以简要评述的方式进行；由学生、同行或专家进行的课堂教学评价，可采用随机的方式在每学期进行若干次；课程教学实施的阶段性或总体评价应在课堂教学评价的基础上，由学校组织至少每学年进行一次，并将评价结论和修改建议及时反馈给被评教师本人。应提倡体育教师的自我评价，以便体育教师在对教育教学的不断反思中，提高自身的教学能力与水平。以上评价理论与国家政策为构建体育教学评价体系提供了重要的理论支持。

二、高校体育教学评价体系的构建

（一）构建高校体育教学评价体系的基本原则

1. 客观性原则

构建现阶段体育教学评价体系，是在相应评价理论的指导下，以我国学校的现实状况为出发点，系统全面客观地分析评价中存在的诸多因素，使评价体系的各组成要素具有客观性，真正体现能够有效促进体育教学效果的特点，特别是在进行体育教学评价过程中，要客观公正合理，能够对教师的教和学生的学作出客观的、实事求是的判定。

2. 可行性原则

评价体系中的指标要符合体育学科的特点和学生的身心发育特点，所制定的标准应该具有可行性。在制定评价目标和指标体系前，应对我国学校体育教学现状进行系统调查和分析，对体育教学评价现状进行深入了解，从中找出存在的问题与不足，又要肯定存在于体育教学评价中的优势所在，在此基础上构建评价体系。所选择制定的评价指标能够反映体育教学的效果，并能够与体育教学呈正相关。

3. 科学性原则

整体评价指标体系必须完备，使评价体系能全面反映评价目标的要求。选择指标时应尊重教育规律，使指标体系内的指标相互独立，同一层次的各项指标不存在包含和被包含的重叠关系，也不存在因果关系。

4. 可比性原则

体育教学评价体系中的各项指标必须反映评价对象的共同属性，应具有可测性，即指标作为具体目标，要用具体可操作的语言进行定义，通过评价方法的使用，能够观测和了解并得出明确结果，评价指标设置应尽量简明，便于操作，具备可比性。

5. 全面性原则

体育教学评价要对评价对象的各个方面作出全面的考核和描述，应能够对被评价者进行综合评价和全面考核。对评价指标中各个指标的信息都要收集，最后进行全面分析，作出恰当的判定。

6. 导向性原则

体育教学评价体系要能够指导体育教学工作的发展方向并能促进体育教学活动的开展，要充分发挥教学评价的导向功能，及时反馈信息，以便使教学得到及时的改正和提高。教育评价的目的是提高教育质量，促进学生的全面发展。要通过评价，揭示体育教学活动中存在的合理性和不合理性，从而加以肯定和否定，为教师改进教学工作提供改进意见，为学生的体育学习提供有益帮助。

体育教学评价体系因素分析是以体育教学评价体系为研究对象，采用系统分析的一系列理论、方法、技术和手段，对构建体育教学评价体系的构成要素进行的系统分析。

体育教学评价体系是一个多因素、多层次的复杂系统，必须采用系统科学中最奏效的系统分析理论和方法进行全面的、整体的、全方位的分析和研究，才能科学、深刻地认识它的运作规律。

（二）高校体育教学评价体系的构成与分析

按照系统论的观点，系统是由多种要素相互联系、相互作用而形成的有机整体。体育教育评价的多维性、多层次性决定了其结构的多面性和立体特征，它的每个纬度又包括许多要素，而各个要素往往又是一个具有一定结构的系统，这些子系统彼此互相联系、互相制约，进行着非线性的相互作用，并通过与外界交流信息形成和维持着时空的有序结构。体育教学评价不是单因素、单方面的，而是一个由体育教学评价目的、评价对象、评价主体、评价指标体系、评价方法、评价过程、评价管理等要素相互联系、相互作用而形成的复杂系统。对于评价体系的诸因素进行分析有助于我们进一步明确各个因素存在的意义。

1. 对评价目的的分析

评价目的是系统分析的主要依据，也是评价活动的出发点。评价目的是人们认识的反映和价值观念的体现，评价目的会随着社会的发展，随着人们认识的进步和价值观念的变化而发生变化。评价目的的选择和分析是体育教学评价系统分析中至关重要的一步。体育教学评价体系是一个多对象、多因素的复杂系统，对于不同的被评价对象有不同的评价目的。评价目的是要说明为什么进行评价，因而必须有明确的具体准确的表述。由评价目的决定了评价内容、评价指标、采取的评价方法、使用的评价工具，以及处理和反馈评价信息的方法。体育教学评价的目的主要体现在以下五个方面：

（1）对教学效果作定期检查，诊断并改进教学。体育教学评价的最主要目的是诊断教学效果并改进教学；无论是处于哪个环节的教学评价，无论是对教师还是对学生的评价，评价的主要作用是诊断和改进教学，以提高教学质量为目的。对教学效果作定期检查，可以了解学生的体育学习情况与表现，以及达到学习目标的程度，可以了解教师教学生设计和教学过程中存在的问题，以便寻找适宜改进教学的方法。

（2）验证教学计划的制订是否符合学生、社会和学科教学的需求。教学计划是教师实施教学活动的主要依据，进行体育教学评价可以验证体育教学计划制订是否符合学生的学习需求、社会需求和学科教学的需求，找出存在的问题，为教学计划的及时调整提供依据。同时也可以为教师的教学水平作出判断。

（3）获得各个学生的评价资料，以便进行有针对性的指导。体育教学中学生的个体差异较大，通过教学评价可以了解学生逻辑认知、技术技能、情意表现、体质健康等方面的基本状况，从中发现学生的潜能，为学生提供展示自己能力、水平、个性的机会，并鼓励和促进学生的进步与发展；同时还能判断学生在体育学习中存在的不足，分析其原因，为教师教学指导的区别对待和针对性指导提供参考。

（4）向学校、社会、家长及学生本人提供关于学生体育学习情况的信息。

（5）为教育和教学研究本身提供资料。一般而言，教学评价的所有目的都可以归结于这5条之下。例如，教学评价还可能用于教师个人的提高，用于因材施教、修订课程和课程计划，但它们都没有超出以上的目的范围。确定体育教学评价的目的是很重要的，因为决定评价对象和评价者，选择评价类型和手段等，都要依赖于教学评价的目的。

2．对评价对象的分析

评价对象是指在教学过程中具体反映教育现实的一切事物。一般来说，教师和学生是教学评价中最普遍的对象。体育教学评价对象的确定，会受到教学本身规律的制约。教学评价只能选择教学活动的一个或多个方面为对象，要做到绝对“全面”的评价是很困难的，因为人们不可能穷尽教学活动所涉及的各个方面，以及影响教学过程的所有因素。所谓“综合”“全面”的评价只能是相对而言。

（1）对教师的评价。教师是教学过程的主导，教师水平的高低直接影响着体育教学的效果，也影响着学生健康成长。教师的一言一行、声音笑貌、语言讲解、动作示范都会对学生产生影响，最重要的条件是在长期与学生、家长、社会互动的过程中，获得了广泛的高度信任。而教师的政治素质、工作态度、遵纪守法、为人师表等均会通过教学过程，以教师的教学行为展示给学生，体现在体育教学的示范讲解、教学组织的教学过程中，会以自己的言传身教影响每一个学生。一个班级会因为有高素质的班主任而成为优秀的班集体，一位学生也会因为有一位优秀的体育教师而成为终身体育实践者。

（2）学生的评价。学生是学习的主体。教学评价首先要考虑的问题是从教学的基本目标和教学过程中的各种目标出发，对学生的现状，以及到达目标的程度进行考核。因此，体育教学评价的首要任务之一是对教学主体——学生，进行评价，包括学习的评价、学力的评价和体育学习态度的评价等。有时评价并不仅限于人，它还包括物的评价，如课程评价、教学条件评价等。

3．对评价主体的分析

评价主体是指参与评价的人员或机构。一般由体育专家、体育教师、体育专业评价人员、教学管理人员和学生构成，同时也会吸收评价对象的自我评价参与。确认评价主体实际上是解决参与评价人员的地位问题。对于参与评价人员在素质上也应有所要求，他们应该熟悉评价内容，具有一定的评价知识和测量技巧，有较强的责任心、组织能力和正直的人格，以求相互协调构成功能较强的系统，提高体育教学评价水平。

例如，在评价学生的体育学习状况时，教师就是评价人员；在评价教师的教学质量时，管理者、教师或学生则是评价人员；各级各类学校的教学督导员在评价教师的课堂教学时，也是评价人员。作为现代教学评价，不仅强调自身以外的评价者，而且还强调评价对象的自我评价。也就是说，评价者与评价对象有时可以是同一个人或同一个机构。即使是两者并不统一时，评价者也要注意倾听评价对象的意见及其自我评价的结果，以此作为进一步评价的基础。

4. 对评价内容（评价指标体系）的分析

如何确立教学评价的内容，既是当前教学评价理论探讨与研究的重点问题，也是教学评价实践工作中迫切需要解决的问题。因为教学要反映时代精神与时代要求，所以教学评价内容的确立也离不开时代要求。

评价内容是将评价对象所包含的评价要素具体化。首先将其内容划分为教师评价、学生评价两个维度，然后，每一维度又根据体育教学评价的要求划分出不同的层面。评价内容一般具有多类型、多层次的复杂结构。经过对评价内容横向和纵向的双向分解，得出与评介内容整体性等效的多层次、多系列的内容分解体系。然后根据评价指标的选择原则进行内容组分功能性、特征性、代表性的分析，形成评价指标体系。在不同的评价阶段，由于评价的内容与要求各有不同，且各个阶段在评价内容上还要具有延续性，由易至难的层层递进，以实现评价的整体性与系统性，最终形成一个具有逻辑层次的评价指标体系。

在整个评价体系中的指标体系是一个最复杂的子系统，主要由指标项目、权重集合两个要素构成，是确立体育教学评价系统中最复杂、内容最丰富的子系统和中心环节，是实现体育教学评价功能的主要层面。评价指标要素集合是要解决体育教学评价评什么的问题。各要素互相联系构成统一的有序的整体，它是一个开放系统，指标应体现方向性、科学性、可测性和发展性原则，尽量以量的规定性指标代替描述性指标。评价指标的要素是进行教学评价的依据，可以减少主观因素，力求反映教学过程的本质和特点，在充分考虑教师的主导和学生的学习主体，以及体育教学规律特点的基础上，使评价指标不断细化，以至于分解到具体的教学行为，使之可测量、可比较，简化繁杂的形式，从而直接量化打分。

5. 对评价方法的分析

评价方法主要解决如何评价的问题，是指搜集和处理信息给出结论的方法，它囊括了教育评价和心理测量的各种方法，传统的及一切可以被利用的现代科学方法。它是达到评价目的的主要手段。由于评价方法具有层次性，可以从不同的角度分类，也可以根据评价的具体需要进行选择。评价方法的层次分类包括：进行一般价值判断的方法，如相对评价法、绝对评价法、个体内差异评价法；收集信息的方法，如观察法、测验法、问卷法、访谈法等；整合处理评价结果的方法，有定量评价方法与定性评价方法；为了全面评价体育教学的状况与结果，体育教学评价的方法可以采用安置性评价、形成性评价、诊断性评价和终结性评价等评价方法，并采用相应的测量工具，如预备性测验、自我报告清单、教师自编的量表测验或标准参照性测验、诊断性测验、成就测验等。

随着体育教学评价改革的进行，定性评价方法与定量相结合的方法具有综合性。它是多因素、多视角的综合。它不完全依靠统计数据，因此可以发挥人的智力，考虑相关的所有因素，从更多的角度来认识评价对象，并把评价对象当作一个整体，是多种方法和多种思维的综合。

6. 对评价过程的分析

评价过程是一个系统的活动过程，是实施评价的完整程序。它包括评价的准备阶段、评价的实施阶段和评价的总结阶段。评价的准备阶段是评价的开始阶段，它包括思想准备、组织准备、方案准备、物质准备。思想准备是对所有参评人员及单位进行思想动员与发动工作，以减少评价中的各种主观因素的影响。组织准备主要是解决由谁来评的问题，它包括建立专门的评价委员会，设置一定形式的评价机构，聘请有关专家、教师、学生、家长等参加评价活动，培训有关的评价人员。方案准备的主要工作包括确定评价目标和评价对象，设计评价的表格和文件，解决为什么评和评什么两大问题，其中设计评价的指标体系和标准体系，解决怎样评的问题；选择适当的量化处理方法，解决如何分析评价结果的问题。物质准备则是准备评价工作所需的办公设施及条件等。评价的过程既包括量化的教育测验，也包括定性的描述判断，并在此基础上经过评价者的分析综合以后，作出某种价值判断，为改进教学工作提出指导性的建议。体育教学评价过程一般会由于评价目的不同、评价内容不同而具有不同的组织形式和实施过程。

7. 对评价管理的分析

评价管理包括与之相关的政策、条例和制度，对参与主体的评价教育和伦理教育，对评价结果的反馈与应用等，也包括对于评价人员的评价技术管理和评价思想管理，同时对于评价结果的使用也应纳入管理的有效范围。目前，我国有关教育评价、教学评价的各项法规制度建设虽然起步较晚，但已初见成效。目前，各级学校管理部门对于教学评价的管理和改进作用发挥得不够完善。对于参与评价的主体评价教育还不够，如学生评价的意义已经得到重视，但是缺少对学生进行客观评价的教育等，因而导致评价工作进行和评价作用发挥得不到保障。只有建立起明确、规范、有效的各项法规制度，才能有效地调动起所有评价因素的积极性，使评价工作更开放、更丰富、更易于实施和改进工作。

综上所述，构建体育教学评价体系，充分考虑了构成体育教学评价系统的这些要素或子系统。一方面，评价体系是一个有机的整体，每个要素和子系统不能单独发挥作用，缺少其中一个要素或子系统，就无法进行体育教学评价，或者不能进行有效的评价，进而达不到体育教学评价的基本要求。例如，没有评价指标体系，没有评价参与人员就不能开展体育教学评价活动；没有体育教学评价的管理，虽然也能进行评价活动，但难以保证体育教学评价的科学性、有效性、合理性和规范性等。另一方面，构成体育教学评价系统的要素或子系统又是相互联系、相互作用的。体育教学评价的对象不同，评价目的与要求不同，建立的评价指标体系就有所区别；评价指标体系不同，对评价的参与人员的要求也不同。体育教学评价系统中某一要素或子系统发生变化，其他要素与子系统也应作相应的调整，评价的功能与效果也随之变化。在整个评价体系中，评价指标体系的确立尤为重要。

三、高校体育教学评价指标的构建

“指标”是对评价对象品质的衡量标准及其项目数。它反映了对评价对象的认识角度或评价内容覆盖面的大小范围，它既明确了评价对象某一特征的概念，即性质，又反映了评价对象的数量，是对评价对象行为的质的导向，具有定性认识和定量认识的双重作用。不同的评价对象，可从不同的角度或内容去评价。客观全面地对评价对象予以认识，应采取多方面多角度多指标的选择。根据评价任务与评价目标的需要，能够全面系统地反映某一特定评价对象的一系列较为完整的、相互之间存在有机联系的教学评价指标就是评价指标体系。

评价指标体系是评价工作的操作规程，它规定了“评价什么”。一般而言，评价指标本身对教学有导向作用，即评价什么指标，教师就会重视什么指标。因此，指标的确立和选择极为重要，不仅要求反映教学的本质，选出典型的、客观的指标，而且还要注意超前的导向作用。

（一）建立高校体育教学评价指标体系的理论分析

1. 评价指标体系是教学目标的分解

体育教学评价的指标体系不同于评价体系，评价体系是较为宏观的，涉及体育教学评价工作的方方面面，而评价的指标体系属于评价体系中的一个环节，且是一个重要的环节。在体育教学评价中，评价指标体系是体育教学目标的具体化，能够起到指导教学的作用，也是评价目标的具体化，能够指示评价主体或教师应该去评价什么，重视什么或忽略什么。评价的指标体系不存在或者不完善，会使得整个教学评价活动受到影响。

一般而言，目标总带有某种程度的原则性、抽象性和笼统性。因此，目标很难作为评估的依据。而评价指标正是对教学目标的一个方面的规定，它是具体的、可测量的、行为化和操作化的目标。具体地说，指标规定的内容是可以通过对客体的实际观察得出明确结论的。指标的这一性质是它成为评价的直接依据的重要原因，也是我们判断它能否成为一条特定指标的重要依据。与目标相比，指标往往具有更强的指挥定向作用。事实上，指标与目标的辩证关系决定：“指标并不只是消极地被目标所规定，同时它也积极地规定着目标能否成为实际意义上的目标。”从指标与目标的这一关系中可以看出科学地设计评价的指标体系的重要意义。所以评价指标体系是进行体育教学评价的具体化目标和进行教学评价的依据，是构成评价目标的具体因素。尽管评价指标与评价目标的关系十分密切，但两者之间还是有一定的区别的，目标反映评价对象的全貌，带有一定程度的原则性、抽象性，并且比较稳定，不容易改变，而评价指标则是反映评价对象的局部，具有较高的具体性和实在性，并且可以在反映目标的前提下，根据不同时期的特点做适当的变动。

2. “权重”确定每一项评价指标在指标体系中的重要程度

“权重”，是指每一项评价指标在评价指标体系中的主次区分和重要程度。是在对评价对象的不同品质的作用进行权衡比较时的一种量上的区分判断，是对对象在活动时间和精力分配的合理性方面作的限定和导向。在现实中，对任何事物的认识，都不会把其不同的品质作等价的判定，而不分主次轻重缓急。对同一事物的认识评价，由于不同的目的导向，同一指标也可以有不同的权重。在同一目的同一对象的评价中，对诸评价指标权重的赋定准确与否，则直接关系到能否客观准确地把握对象，能否实现评价目的，能否给对象发展予以正确的导向的大问题，因此，确立高校体育教学评价指标体系对于高校各项指标“权重”的分配给予了充分的重视。

3. 建立高校体育教学评价指标体系的条件与要求

指标体系确立的一般原则应满足下列条件：

①与目标的一致性：主要体现蕴含在系统内各条具体指标与目标的一致性。

②直接可测性：指标所规定的内容是可通过实际观察加以直接测量以获得明确结论的。

③系统内指标的相互独立性：指同级指标必须不相容。

④指标系统的整体完备性：指标的全面性，它与独立性一起直接关系到指标体系的科学性。

⑤可比性：指标必须反映被评价对象的共同属性，以便于比较。

⑥可接受性：符合教育发展的实际水平，按指标进行评价是可行的。

确立高校体育教学评价指标体系，应当置于体育教学目标之下，即为了更有效地实现学校体育教育的目的，要尊重不同学段学生的生理和心理特征，还要能够体现学科教育的特点，同时也要满足社会对学校体育教学的期望。

由于教学活动的长周期、有计划，与教学评价活动本身的随机即时性的矛盾，决定了体育教学评价指标应该具备易理解、可接受、非主观、能区别、相制约的可操作性特征。教学的突出特征在于它是一种特殊的教育活动，这就使得体育教学评价指标体系的建立成为一项较为复杂的系统工程，它一方面受制于其指标的特点、参评人员的认知角度和水平，另一方面则受制于方法的应用。从科学方法的角度来看，高校教学评价应尽可能地揭示和反映高效的体育教学本质、典型的特征。

4. 建立高校体育教学评价指标体系的原则

建立高校体育教学评价指标体系，既是评价工作的基础，又是评价工作的核心。指标是被评价的因素，而被评价的全部因素的集合便是评价的指标体系，一般包括评价的内容（指标）和评价的要点（标准），以及各项指标的权重系统与标准的文字描述。广义的评价指标体系还包括评价的方法、技术及其有关说明。体育教学评价指标体系建立的原则如下：

（1）充分体现体育评价特征的原则。体育教学评价改革是为适应课程改革的需要而进行的改革，是以促进学生发展为宗旨，注重发挥教学评价，促进教师提高、改进教学的功能，而淡化甄别与选拔。体育教学评价具有注重教学过程、强调质性评价，提倡评价目标与主体多元，强调参与与互动，关注个体差异等特征，因此，在建立体育教学评价指标体系过程中，必须体现体育教学评价的理念与观点，按此建立起来的评价指标体系不仅是评价者评课的依据，而且是被评价者不断转变教学思想、改进教学方法、规范教学行为的参照物，具有导向性。

（2）突出重点的原则。体育教学是一个多要素组成的复杂系统，又是一个动态、多变的认识与实践过程，体育教学的学科特点和课程特性使得评价很难全部反映这个过程的诸多因素及所有情况。因此，设计评价指标体系应着眼于教学全过程，应以体育教学评价的理念，根据体育课程标准的具体要求来设计评价内容与要素，抓住主要矛盾，突出评价重点，反映教学活动的实质性倾向。

（3）独立性原则。根据评价指标体系建立的科学性的要求，从事物的某一个分类基准出发，各项指标之间互不相容，每个指标都独立地提供信息，不能有重叠关系分解要素项目，避免冗余指标的干扰，保证评价的信度与效度。

（4）可测性原则。体育教学评价是通过指标体系来判断既定教学目标的达到度，因此评价指标体系应是体育教学目标的具体化、行为化，其测定方式和表述语言要具有可操作性，评价内容和要素是可观察、可感受、可测定、可评价的，语言要简洁、准确、便于操作。

（5）共性与个性相结合的原则。体育教学评价指标体系是对体育教师进行体育教学评价提出的基本要求，具有普遍意义，对体育教学活动和教学效果的评价具有相对一致的标准。

但是由于学生在体育学习过程中处于不同的学习阶段，其学习目标不同，又有着不同的生理和心理特点，教学活动诸要素的多变性及活动方式的多样性，教师的个性、特长也是千差万别，从这个意义上讲，用一把固定的尺子去衡量个性不同的学生和教师或发生非预设性的教学活动状态是有困难的；教学既有共性、有规范，同时也有个性、有创新、有特色，因此，评价指标体系中既要为不同状况的学生提供评价要素，也要为教师的个性化教学、形成个体的教学风格留有空间和余地。

（二）高校体育教学评价指标体系设计的程序

要保证评价指标体系设计过程的准确性，使指标内容符合设计要求，需要采用一定的科学程序与技术进行操作。教学评价指标体系的设计程序有如下步骤：

1. 拟订评价指标体系的初稿

指标体系的建立应遵循设计原则，即首先应将教学目标进行层层分解，分解为可以操作的具体指标，这样就可以获得一个初拟的指标体系。笔者在分解教学目标时考虑了如下问题：

（1）体育教学指标体系是一个庞大的分类系统，必须按照一定的逻辑准则和分类标准将同质性对象归为一类。在分类时，首先，最上一层是概括性最大、包容性最强的母概念，其次，按一定标准将母概念分解成若干子概念，然后再将这若干个子概念按一定标准分解为若干更小的概念，直至分解为具有独立意义的、最小的、可操作的子概念为止。

（2）指标体系之间具有等级层次关系，因此必须将总目标分解成三到四个层级，而每一相同层级的概念就是一个等级。一般而言，层次越高的等级，内涵越丰富，概括性越大；层级越低的等级，内涵越单纯、越具体，越便于测量与操作。层级之间的关系：一是包容关系，即低层级概念包容在高层级概念中；二是等级关系，即低层级概念从属于高层级概念，并比高层级概念简单。

（3）分解的每项指标要尽可能做到量化，有一些指标难以量化或不能量化，则要采用准确的语言进行描述，使人们能够依据语言的描述而进行评价和判断。目标分解之后，对每一个指标进行等级标准的划分，如体育学习兴趣这一指标，评价对象达到什么程度时为优秀，达到什么标准时属于良好，在什么标准下属于一般等，要给出明确的定义。

2. 理论推导，归类合并

在初拟的指标与标准体系中，容易存在指标互相交叉重叠、相互包含矛盾，主次不分、因果不明、本末倒置等混乱局面，有的则不能反映评价对象的本质特征。因此，拟定指标与标准体系后，采用了专家问卷的方法，如德尔菲法（Delphi Method）、逻辑分析等多种方法，对所有指标与标准做进一步的分析综合，以便取主舍次、去难存易、归类合并、筛选淘汰，达到指标“少而精”“简而要”的要求，以体现指标与标准体系设计的独立性、可接受性等原则。

3. 专家评判为评价指标体系提供了权威性依据

为了保证体育教学评价指标体系建立的动态性、发展性、超前性及可持续性，聘请有关专家学者及有经验的评价人员进行访谈请教，讨论初稿中指标与标准的科学性、方向性、可操作性等诸方面的问题。并且采用德尔菲法进行专家问卷调查。在评判指标体系的同时，请专家对每一指标的重要程度给予赋值，以确定每一指标的权重分配。最后根据专家的意见进行整理汇编，统计分析，从而建立了体育教学评价指标体系的理论框架。

第三节　新背景下的高校体育教学评价改革与发展

一、高校体育教学评价存在的主要问题

（一）对体育教学评价的认识缺陷

就目前现状来看，高校体育教学评价工作实施的目的主要有两个：①针对教师的教学情况进行检查和评估，以便于教师能够及时发现自己在执教过程中存在的问题，从而更好地改进教学方式，提升教学水平和质量；②帮助学生能够对自己的体育学习情况进行全面理解，通过教学评价明晰自身不足，并积极努力地进行改进，从而促进自身体育学习水平的提升。综合两大目的来看，高校体育教学的最终目的就是为了促进师生的共同发展。然而，在很多教师的执教过程中，对于教学评价的认识都不够客观，普遍地将教学评价认定为一种教学目的，教学评价工作的实施单纯也是为了体育成绩考核而进行，表现在教学活动中就是反复地让学生针对考试时所考的技术动作进行练习，而对于学生的主观体育意识培养却没有足够的关注。

（二）评价内容不完善

现在体育教学评价都是以考核的形式进行。而由于传统的教学观念的影响，使得各个学科之间的独立性很强，所以在高校体育教学评价中，传统的评价方法也是评价学生的体育能力。

现在的体育教学评价，着重考查学生对于体育知识、体育技能的掌握和学生的身体素质情况，但是没有考虑对学生对体育的情感及学生的心理情况的考查。这种考核方式是看重体育教学达到的结果，却忽略了在体育教学中对学生的影响，比如说对学生的终身体育能力，学生的心理健康发展情况，学生的学习能力等没有进行良好的评价，但是这些都是素质教育很重要的方面，所以评价内容需要进一步改善。

（三）教学评价主体与方式过于单一

在现行体育教学评价模式下，对于教学主体的界定一般都需要具有较高的综合素质和丰富的知识内涵，在这样一种条件的限定下，教学评价主体也只能由体育教师或学校相应的行政管理部门来承担，学生的主体性得不到应有的发挥。在评价过程中，教师完全按照传统的模式及机制来对自身的教学行为进行测评，而学校行政管理部门则一味地将学生的体育成绩作为指标来衡量一个教师执教能力的高低和教学质量的优劣。在这样一种评价机制下，学生的体育学习兴趣势必也会受到一定的消极影响。须知，教学的主体是学生，以人为本也是当前素质教育所坚持的一大核心理念，如果在教学评价过程中学生的主体地位得不到应有的凸显，学生的利益得不到应有的尊重，教学评价不能从学生的实际需求出发，而错误地将以牺牲学生利益和兴趣为代价谋求教学质量的提升，这样的模式必定会随着教育事业的发展而淘汰。就目前高校教学评价现状来看，在评价方式方面更多的还是以教师评价为主，而凸显学生主体地位的学生自评和师生互评等方式并未

纳入体系，由此也导致了现存严重的评价主体单一的问题。

二、高校体育教学评价的改革策略

（一）及时更新教学评价理念

新背景下，为更好地实现高校体育教学评价体系的构建，首先需要从思想上引入一套全新的教学评价理念与思路，进行教学评价理念的革新，从而更好地围绕具体的教学目标，促使体育教学评价活动更加高效，使其教学的促进作用能够得以全面发挥。在具体的教学评价工作中，要注重提升评价方法的可行性，使得评价自身所具备的导向作用能够得以全面实现与发挥。对于一些大型活动的开展要坚持以多元化评价为主，确保评价检验作用、激励作用及反馈作用的发挥。

（二）不断创新教学内容及教学模式

高校教育在理念的创新和转变上，应该紧跟时代前沿思潮，在时代发展的创新精神上发挥时速研究的前沿性优势。

所以必须对体育教学内容及教学方式进行改革创新，不能单一地使用教学模式，应该针对不同的学生进行不同的教学，寻求新的策略，适量减少课堂上的教学内容，重视理论和实践。并且在教学过程中合理科学地运用教学设备，这让学生能够简单易懂地掌握教学内容。此外学校可以设置相关的政策，来激发老师的工作热情，这样不仅能够让老师的物质得到保障，同时也能够促进教师教学能力的提高，让师生在传授教学的过程中达到双赢的效果——学生的综合能力得到了提高，老师的综合水平也得到了提高。

（三）以学生为主体进行教学评价

接受体育教育的主体是学生，那么对于高校体育教师教学评价最有发言权的也应该是学生，我们进行教学评价的主要目的是发现平时的教学问题，明确自身教学方式的优劣势，争取在以后达到更好的教学质量，那么学生在以体育教师的教学手法为中心的体育学习过程中最能了解教师的优点与劣势，同时也是对这些问题有最直观感受的群体。在高校体育教学评价过程中重视学生意见的参考是改善当前体育教学评价问题的重要一步，学生在评价体育教师的阶段性教学质量的过程中，能够将问题清晰化，也能够将问题简单化，让其教学过程中存在的问题一目了然。当然，学生在教学评价的过程中也能让教师在教学中的优点显而易见。学生在体育课程学习的过程中，教师的优点和优势学生往往能够深刻记忆并在评价教师的过程中充分表达，这样，教师针对自身的问题，有了一个明确的认识，能够在接下来的教学工作中认真思考并改进，同时也能让教师发现自身的闪光点，增强自身的教学自信。

三、新背景下高校体育教学评价改革的具体实施

（一）大数据应用背景下的高校体育教学评价

1. 构建高校体育教学评价主体框架体系

评价按主体可分为两类：一是自我评价，二是他人评价。影响教学评价的因素有很多，但主要因素是“教”和“学”。“教”是指体育教师的教学情况；“学”是指学生的学习情况。

因此，我们在构建高校体育教学评价系统时，应该认识到不同的评价主体具有不同的作用，通过评价指标和指标权重来明确主体间的共性与个性。大数据应用背景下高校体育教学评价选择的评价主体有四个，即体育教师、学生、同行和体育教学主管部门人员。具体框架如图9-2所示。

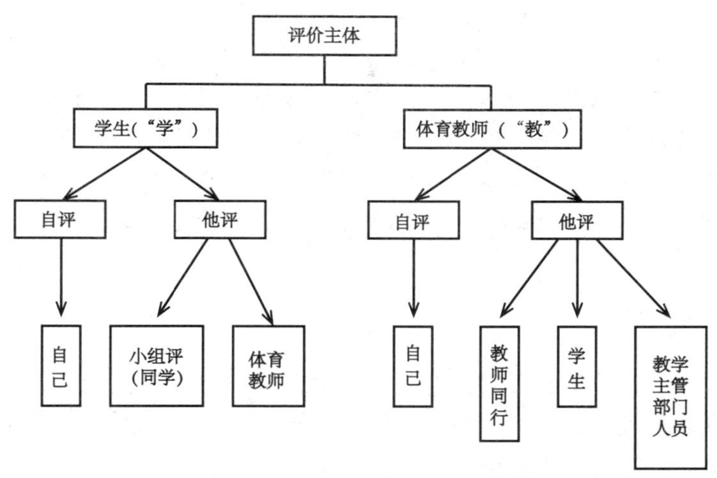

图 9-2　高校体育教学评价主体框架

2. 对高校学生的体育教学评价

（1）学生的自评。学生自我评价是指学生对自我学习质量的一种认识，即学生对学习过程的一种自我认识，自评有助于学生自我了解学习过程中的问题，从而改进自我的学习方法，进而提高学习质量。学生根据评价指标进行自我检查、总结与评价，从而认清自己的优缺点，在以后的学习过程中充分发挥主观能动性，促进自身的学习进步。学生可以通过登录自己的评教账号，对自己的上课情况进行自评。

（2）小组（同学）评价。小组评价就是将班级学生平均的分组，小组成员采取一对一的评价方式按照指标进行评价。这样不但能更好地激发学生之间体育学习的积极性，同学之间相互促进学习，而且能借鉴他人的体育学习方法，改进自己的学习方法。所以采取组评的形式能更多地收集学生在体育学习过程中发展、变化和进步的资料。体育教师提前录入分组信息，学生登录评价系统对同组其他组员进行评价。

（3）体育教师的评价。在对学生进行体育教学评价的活动中，体育教师是评价的主体，而学生是评价的客体，体育教师对学生的评价是最真实、直接和最有说服力的。学生的体育学习情况如何，最有发言权的是体育教师，所以在对学生进行体育教学评价时，体育教师的评价是主要组成部分。在大数据应用背景下，体育教师可以登录教师系统对所代课班级的学生进行体育教学评价。

3. 对高校体育教师的教学评价

（1）高校体育教师的自评。高校体育教师自我评价是指体育教师对自我教学质量的一种认识，是教学质量评价的基本方式。高校体育教师进行自我评价，可以清楚地认识到自我在体育教学过程中的不足，从而自我改进。高校体育教师登录教师系统对自己的上课情况进行自我评价。

（2）学生的评教。学生和体育教师是体育教学成败的直接联系人，学生对体育教师的评价是最有说服力的，所以不能忽视学生的评教活动。在学生评价时，我们要清楚学生是主体而体育教师是客体，学生作为主体，主动作用于教师。学生可通过登录自己的评教账号，对体育教师上课情况进行评价。

(3) 同行评价。同行评价是同行体育教师对体育教师的教学质量的一种认识，在评价过程中，同行体育教师是主体，而被评价的体育教师是客体。在同行评价时，同行教师不能凭借主观经验去评价，更不能以个人感情等非教学因素去评价，从而忽视了具体的体育教学课堂调查。同行体育教师可以以旁听的方式对体育教师进行体育教学评价。

(4) 体育教学主管部门人员评价。首先，体育教学主管部门人员熟知体育教学内容和目标。其次，体育教学主管部门人员能直接掌握体育教师的第一手资料，因而他们的评价具有权威性。体育教学主管部门人员对体育教师的上课情况可以采取抽查、旁听的方式进行评价。

(二) 构建高校体育教学评价流程

根据目前高校教学评价实施现状分析，在大数据应用背景下设计了高校体育教学评价的流程，主体用户分别是教学管理者、教师、学生三类，评价流程大概包括数据收集、数据分析、评价结果输出和结果反馈等环节，具体流程如图 9-3 所示。

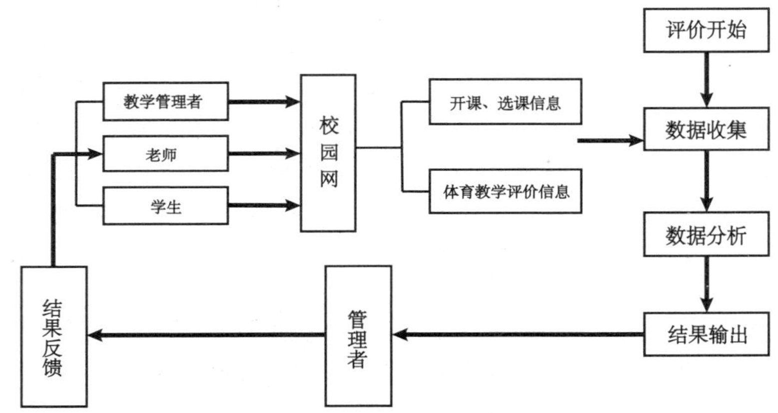

图 9-3　高校体育教学评价流程

1. 数据的收集

数据的收集是在新建好一个项目以后，根据项目类别、已规定评价方法等，最后录入评价数据。在高校，领导、体育教师和学生从校园网平台录入体育教学评价数据，同时可以有添加、修改、删除等操作功能。主要收集的数据是体育教师的基本信息（姓名、教龄、性别等）、学生的基本信息（姓名、性别、学号、年级、专业等）及领导、教师和学生的体育教学评价信息，按照统一的格式存入到数据库，数据库及时保存录入的评价数据，以确保后期评价分析的顺利进行。

2. 数据的处理分析

在大数据应用背景下，高校体育教学评价过程中所收集的数据，我们可以应用大数据相关技术进行处理，将大数据相关技术运用到体育教学评价中，可以将采集到的数据进行整合分析，深度挖掘并获取大量的信息，使评价结果较为科学、客观，具有一定的应用价值。

3. 结果输出及反馈

评价结束之后还有必不可少的一环，即反馈环节，没有反馈环节的评价是不完整的。高校体育评价要通过最后的反馈来发挥作用，高校体育教学评价缺少反馈，就会失去应有的意义和作用。高校体育教学评价可利用大数据时代网络的便利、移动智能终端的普及，通过网上反馈的方式及时反馈给教学管理者、体育教师及学生，提高反馈效果，以达到体育教学评价的目的。

（三）“以人为本”理念背景下的高校体育教学评价

1. “以人为本”理念背景下高校体育教学评价内容框架的构建

（1）框架构建的主要依据

第一，以人为本理念。以人为本的“人”，是指人民群众。包括社会各阶层人民在内的中国广大人民。以人为本的“本”，就是本源，就是根本，就是出发点、落脚点，就是广大人民的根本利益。

坚持以人为本，就要始终坚持人民在中国特色社会主义事业中的主体地位，尊重人民的首创精神，发挥人民的积极性、主动性、创造性；就要坚持从人民的根本利益出发谋发展、促发展，不断满足人民日益增长的物质文化需要，不断实现好、维护好、发展好最广大人民的根本利益；就要坚持在全体人民根本利益一致的基础上，正确反映和兼顾不同地区、不同部门、不同方面群众的利益，妥善协调各方面的利益关系，走共同富裕的道路；就要切实保障人民依法享有各项权益，维护社会公平正义，满足人们的发展愿望和多样性需求，关心人的价值、权益和自由，尊重人的尊严，促进人的全面发展。体育教学评价中的以人为本，就是以学生为本，尊重学生，让学生的个性得到充分发展，保证不同体育基础的学生享有同等的体育学习、受教育的机会与权力；发挥学生在评价中的主体作用，提高学生学习的兴趣与积极性；从学生的根本利益出发，以学生的利益为重，满足学生不断增长的体育需求，从而促进学生的全面发展。

第二，素质教育理论。广义的素质指的是教育学意义上的素质概念，指“人在先天生理的基础上，在后天通过环境影响和教育训练所获得的、内在的、相对稳定的、长期发挥作用的身心特征及其基本品质结构，通常又称为素养。主要包括人的道德素质、智力素质、身体素质、审美素质、劳动技能素质等”。关于素质教育的含义，1997 年国家教育委员会《关于当前积极推进中小学实施素质教育的若干意见》中做了明确解释：“素质教育是以提高民族素质为宗旨的教育。它是依据《教育法》规定的国家教育方针，着眼于受教育者及社会长远发展的要求，以面向全体学生、全面提高学生的基本素质为根本宗旨，以注重培养受教育者的态度、能力、促进他们在德智体等方面生动、活泼、主动地发展为基本特征的教育。”

素质教育与全面发展教育从根本上说具有一致性。全面发展教育就是要促进人的智力和体力充分自由地、主动活泼地发展，就是要促进人的各方面才能和兴趣、特长的和谐统一地发展。同时包括人的道德修养、审美情操的发展。素质教育同样把教育工作的重点放在促进人的全面发展和综合素质的提高上，这两种教育观所达到的教育目的和人才培养目标在本质上是一致的。素质教育是对全面发展教育的完善。

（2）框架构建的主要原则

框架的确立主要坚持两大原则——继承性与创造性原则。

改革的价值在于创造与创新，但是任何创造与创新都离不开对前人成果的继承，没有继承就不会有创造和创新。创造和创新就是通过研究提出新的观点、新的理论，或对原有的理论进行补充和发展，或把原有的理论和方法或新出现的理论，运用到某个领域或某个研究中去。因此，高校公共体育教学评价改革既要继承前人留下的优良传统和精华、舍弃糟粕，又要发展与创新。在原有的基础上结合以人为本的理念对教学评价内容进行补充和发展，在教学评价理论与方法上虽然不能进行创新，但在引进新理念的同时，在应用上我们可以进行创新。

2. “以人为本”理念背景下高校体育教学评价的方法

（1）即时评价

即时评价是指在教学活动过程中，对教学现象作出的实时评价，对教学活动进行诊断，具有及时性、全面性、公正性、激励性等特点。教师对学生的课堂学习表现进行即时的表扬或批评，成绩肯定或错误纠正，是教师在课堂教学过程中对学生的学习行为表现给予的倾向性意见。即时评价往往与教学活动过程融为一体，一般是教师口头上的语言行为，没有严格意义上的评价方案和评价结论，只是强调对具体行为的评价和指导。即时评价在课堂中运用比较多，使用起来方便、简洁、快速，而且效果比较好。

（2）形成性评价

形成性评价又称过程评价，是相对于终结性评价而言的，主要是对学生在课堂学习过程中所表现的行为、态度与情感进行持续观察、记录而作出的发展性评价。其重点在学习过程，通过信息反馈，对学生的学习过程作出诊断，从而改进教学和完善教学活动。其目的是激发学生学习的兴趣，对在学习过程中出现的偏差进行有效调控，从而使学生增强学生学习的自信心，对所取得的成就感到自豪。形成性评价使学生从评价的被动者转变成评价的主动者和评价的积极参与者。形成性评价是对每一阶段性目标完成的情况作出判断，使教师根据反馈信息，调整教学活动，从而起到强化学习行为的作用。在高校体育教学中，形成性评价运用得很少。一般是在一个学期结束时进行一次期末考试，对学生进行终结性评价。形成性评价注重学生的课堂表现和学习过程，时刻了解和关注学生的学习情况。以人为本的教学评价，要极力提倡运用形成性评价。

（3）终结性评价

终结性评价常见于期末考试，一般是在学期结束时对学生学习的效果作出结论性的评价。目的是检查学生达成教学目标的程度和完成情况。终结性评价是一种综合性的评分方法，对学生的评价主要源于即时评价、形成性评价和学期结束时对学生的终结性评价。在实际运用中，我们只对学生所学知识和技术动作作出一次性评价，更关注结果，没有反映学生学习的过程，缺乏即时评价和形成性评价的成分。因此，把形成性评价与终结性评价结合起来，才能形成对学生相对完整全面的评价。在过去的教学评价中，终结性评价最常见，在以人为本的体育教学评价中，终结性评价是一种必不可少的评价方法。

（4）自我评价

自我评价是自我意识的一种形式，是自我意识发展的产物，也就是学生自己成为自己的认识对象。学生对自己的身心状况、能力和自身特点，对自己的思想、愿望、行为、情感、能力、状态和发展趋势作出认识和评价。自我评价是学生对自己的学习进行描绘和判断，对自己的学习过程与学习效果进行评价。在自我评价中，本着实事求是的原则，学生应客观地评价自己，正确的自我评价能不断地完善自我和发展自我。让学生进行自我评价，意味着学生要进行自我导向与控制、自我审视与诊断、自我促进与激励，这就是元认知，是对自我评价功能的一种运用途径。在体育教学评价中，自我评价还比较缺乏，学生一直是评价的被动者，要做到以人为本，自我评价一直是体育教学评价改革努力的目标。

（5）他人评价

在体育教学评价中，他人评价主要是体育任课教师和体育课堂中的同学。通过教师和同学对自己的体育学习成绩作出的评价，能够对自己的学习和行为作出正确判断，了解自己的情况，从他人的评价中认识自己、调整自己。从某种程度上说，他人评价比自己的主观认识更具有客观性。如果他人评价与自己的评价相差过大，那么则说明对自己的认识产生了偏差；如果自我评价与他人的评价有较大的相似性，那么则表明对自己比较了解，自我认识符合实际。当然对待他人的评价，不能只关注某一方面的评价，应该进行综合全面的分析，然后再对自己进行评价和校正。在我们的体育教学评价中，评价的主体只有体育教师，没有其他主体参与。在体育教学评价中运用他人评价，如学生的互评，既可以知晓被评价学生在课堂中的一贯表现，也可以反映评价学生的人格特征，教师可以根据反馈信息调整教学重点，改进教学手段，根据个体差异纠正错误。

（6）定量评价

定量评价是采用数学的方法，通过对收集资料和采录的数据进行处理分析，对评价对象用数值进行描述和价值判断。它具有两大特点：一是具体化，二是客观性。因此，它具有标准性、精确性、简便性和公平性等鲜明的特征。在应用上主要用于甄别和选拔。定量评价一般只关注可测性的品质与行为，要求的是量化，强调共性、稳定性和统一性。在体育教学评价中主要对长度、高度和时间进行测验。不完美的地方就是有些难以量化的内容经常被忽视，不能对评价结果作出恰如其分的反映；即使勉强量化，那也只是一个形式。它忽略了那些难以量化的重要品质，忽视了学生的个性发展与评价的多元标准，把学生的个性发展和行为表现只是简单地换算成了数据。

定量评价是体育教学评价中最传统的评价方法，也是运用最多的一种评价方法。在以人为本的体育教学评价中，虽然强调质性评价，但也不能否定定量评价，定量评价是一种最基本的评价方法。

（7）定性评价

定性评价是无法或不适合用数据描述的方法对学生的学习成绩进行评价，而是根据评价者对学生平时的表现、完成技术动作达到目标的程度和质量进行观察和分析，对学生的学习情况作出定性结论的判断，如写出评语、评出等级等。定性评价是利用已有的经验和知识及相关标准或规范，通过比较的方法来进行评价。定性评价强调观察、分析、归纳与描述。

重视学生在“质”方面的发展，是定性评价的主要特征。强调学习结果和学习目标之间的一致性；对学生的进步和不足进行系统的考查。定性评价在“质”上对学生的学习表现从教育学、心理学的意义上进行实质性的解释、分析与推论，重在现场和专业判断，侧重定性描述。因此，定性评价具有现代人本思想的理念。

（8）发展性评价

发展性评价是我国教育界理论家提出的一种新的评价方法。发展性评价是一种综合性的教学评价方法，强调自我评价、形成性评价、过程评价和定性评价；注重个体差异，着力于学生内在情感、意志、态度的激发，注重人的全面发展，是一种新型的评价方法。发展性评价理论的核心思想是促进学生的发展，指导思想是“以人为本”的现代教育理念。强调在评价中一切要有利于学生的发展，无论是评价内容、评价标准，还是评价方式；重视学生的现在和过去，更重视学生的未来，主要评价学生在原有基础上的进步与发展；考虑学生的个体差异，从横向上避免评价的绝对性和统一性，从纵向上体现学生连续、渐进、不断上升的进步过程，从量变到质变，要求评价具有动态性、发展性；强调评价主体的互动性，增进师生之间的沟通，共同商定学习和发展目标，共同评价目标达成情况，构建师生互动的、良好的教学环境。发展性评价是从发展的角度看待学生的成长，强调学生积极参与评价，进行自我评价、自我反思和自我监控，使评价成为促进学生身心全面发展的教育活动，在实践中逐步构建促进学生发展与教师成长的发展性体育教学评价体系。

四、新背景下高校体育教学评价的发展

（一）运用新的评价理念指导促进研究方法的更新

评价理念的更新和运用是构建现代化评价体系，改革传统评价方法的基础，而评价研究方法的进步与完善又是体育教学评价研究完善的标志，这说明研究方法的更新应在评价理念的指导下进行。从 20 世纪 90 年代以来，越来越多的国家开始将学生的学业成就作为评价教育质量的核心因素，并通过学生的学业成就对区域、学校教育质量、学校教学效果，以及学生个体发展水平展开评价研究，以此衡量国家教育质量高低。在这种背景下，我国新型的高校评价理念也强调评价的本质功能在于促进高校学生的发展。因此，在具体研究中，应该加强对新理念的传播与应用，从而促进高校体育教学评价的发展。

（二）融合多学科知识，促进更多标志性研究成果出现

标志性研究成果更能凸显教学与评价重点、评价对象、评价过程与价值，加强和深化标志性研究有助于促进体育教学评价理论与实践的结合，巩固其研究基础。促进更多标志性研究的出现，应融合多学科知识，加强团队合作。融合多学科知识，加强研究合作可以实现资源共享与优势互补，促进知识交流与创新，缩短研究进程，节约研究资源，提高科研成功效率和研究成果的影响力。在信息交互发展的现代世界中，各行各业的相关度越来越高，融合多学科知识进行研究是学科发展趋势，也是学术研究产生标志性成果的途径。想不断打破体育教学评价研究界限，促进更多标志性研究出现，应构建体育教学评价与其他学科的交叉研究组织。例如，加强国际、国家、地区之间的交流与合作，将近现代教育教学评价研究中的多元评价、发展性评价、增值性评价等理念进行优化组合，进而实现高校体育教学评价的研究创新、系统构建。

第十章　新背景下高校体育教学理念的改革研究

第一节　“核心素养”理念下高校体育教学的改革研究

一、相关概述

（一）核心素养的概念

“核心素养”最早出现在经济合作与发展组织和欧盟理事会的研究报告中，1997 年才启动概念的遴选，2005 年发布了概念的界定，从而应用于教育方面具有了可操控性。2010 年欧盟委员会也发布了类似的报告。经合组织提出的核心素养，确定了三个维度共计九项素养；欧盟提出的核心素养涉及八个方面，即母语、外语、数学与科学技术素养、信息素养、学习能力、公民与社会素养、创业精神及艺术素养；联合国教科文组织从人本主义思想出发，主要关注了基础教育阶段七个维度的核心素养，即身体健康、社会情绪、文化艺术、文字沟通、学习方法与认知、数字与数学、科学与技术。美国、加拿大、新加坡等一些国家也发布了本国的核心素养概念、框架等相关内容。

2016 年中国教育学会正式发布了《中国学生发展核心素养》，将我国的核心素养定义为以“培养全面发展的人”为核心，以坚持科学性，注重时代性，强化民族性为基本原则，指学生应具备的，能够适应终身发展和社会发展需要的必备品格和关键能力，包括文化基础、自主发展、社会参与三个层面，综合表现为人文底蕴、科学精神、学会学习、健康生活、责任担当、实践创新六大素养，具体表现为 18 个基本要点（如图 10-1 所示），是各学科各学段根据其特点制定具体要求的基本框架。

（二）学科核心素养的概念

学科核心素养是在核心素养的基础上，某一具体学科所呈现出来的特性，它是指学生在经过了某一学科的学习过程之后，通过自身不断地反思与锻炼，最终所具备的一些品格与能力。

（三）体育学科核心素养的内涵

体育学科核心素养是在我国大力倡导体育与课程改革的背景下，将核心素养相关理论充分应用到体育学科当中，从而呈现出一些学生必须具备的素质与能力。其所包含的内容范围

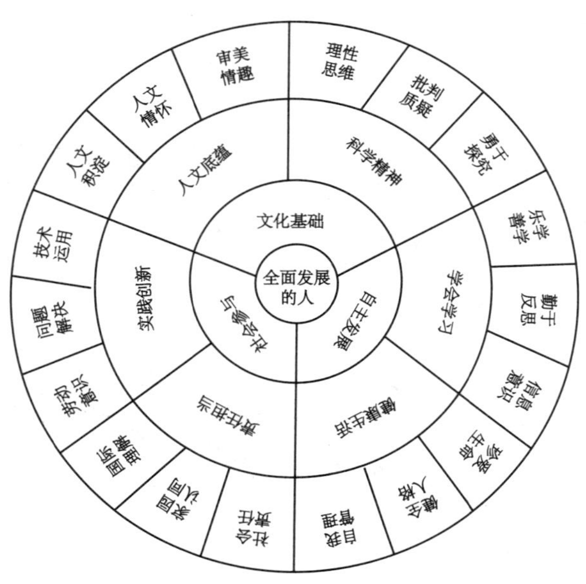

图 10-1 核心素养构成图

较为广泛，不仅重视对基础知识、基本技能等方面的教授与培养，还特别注重发展学生有关参与社会活动，以及与外界进行交流互动等方面。

（四）体育学科核心素养的特点

1. 运动能力与认知

运动能力和运动认知是运动能力与认知的两个重要分支。运动能力是在体育活动中通过神经系统调节身体不同肌肉群间的协调性，以期能够达到完成特定动作的能力。运动能力包括基本运动能力和专项运动能力，前者又包含走、跑、跳、投、掷、爬越、攀登等能力，后者包含锻炼能力和竞技比赛能力等。基本运动能力是专项运动能力的基础，专项运动能力是基本运动能力的反映。运动认知是一种对体育理论知识、运动技术技能、运动健康的获取、转化和评价的行为，具有思考、感觉和结果的能力体现。运动认知是对运动能力的一种情感支撑。

2. 健康行为与知识

健康行为和健康知识是健康行为与知识的两个重要组成部分。健康行为是人们对于生理、心理，以及社会适应能力等各方面都处于良好状态的行为表现。在体育学科中是对体育运动之前有一个充分的认识，运动前后根据自身的实际情况选择适宜的锻炼方式及锻炼后的放松行为。健康知识则是通过有计划、有组织、有系统的学习活动，促进人们自觉采纳健康的生活方式和行为习惯来进行科学的健身、运动损伤的预防、安全意识的培养与安全事故的防范等多种知识的综合体现。学生在拥有了丰富的健康知识储备后，就会对健康的体育行为有一个正确的认识，才能做出有利于健康的体育行为。健康知识是对健康行为的一种理论铺垫。

3. 体育情感与体育品德

体育情感与体育品德是由体育情感和体育品德两个部分组成的。体育情感主要是以学生为主体，充分调动学生的积极性，有效激发学生的运动兴趣，努力培养学生对运动产生喜爱，使学生由对运动的不喜欢到喜欢的转变，体现了学生对于体育的兴趣和态度。体育品德主要包含具备良好的体育品格（遵守规则、尊重裁判、尊重对手等）、体育精神（坚强意志、不怕吃苦、坚韧不拔等）、体育道德（爱护公共器材、善于合作等）。体育情感与体育品德相辅相成，是体育核心素养的感情基调。

（五）体育学科核心素养的培养方法

1. 注重教师自身专业素养的发展

“师者，传道授业解惑也。”体育教师的角色逐渐由核心素养发展的传授者，变为核心素养的引导者和实施者，由教会学生知识到教会学生学习，体育教师在对学生的教育中起到了非常关键的作用。俗话说，“给学生一杯水，教师就要有一桶水”。教师在培养学生核心素养的同时应不断地提高自身的专业素养水平，要与时俱进，树立终身学习观念。尤其对大学体育教师来说，不仅自身应具备良好的思想品德，而且还要有各种知识和专业技能要求，不断提高自己的专业技能，不断更新传统的教育观念和方法，用现代教育思想来指导学生。在体育教学过程中，体育教师还应具备用专业的知识储备、专业的技能素养、专业的课堂组织和教学能力，根据不同层次的学生来制订不同的教学计划的能力，通过良好的语言表达和动作示范能力来顺利完成教学任务，结合学生身心发展的阶段性规律，进行学生阶段性教育，对学生进行形成性评价。简单易懂的语言表达、生动形象的肢体示范动作会给学生带来赏心悦目的感觉，教师也会成为学生心目中的偶像，对核心素养的培养会起到积极的推动作用。

2. 加强体育教学德育功能的渗透

大学承担着培养高素质人才的重任，德育教育又是评价人才素养的重要标准，体育教育在发挥德育教育功能上有着不可替代的作用。体育教师在体育教学中，一方面进行专业技能的教学，一方面对学生进行思想文化道德教育，利用教学过程中科学文化知识与思想道德素养相结合的原则，对学生进行德育的培养。体育训练是体育教学过程中不可缺少的环节，在此过程中，应充分锻炼学生坚韧不拔、吃苦耐劳，以及面对困难时毅力的锻炼。同时要注重在训练过程中，培养学生团结合作、互帮互助的品德。在体育竞赛中加强学生突破自我、勇于挑战、不怕失败的自强表现。结合教学内容，对学生进行潜移默化的德育培养，充分利用体育教学，对学生进行思想品德的培养。

3. 提高学生运动认知能力的培养

对于学生运动认知能力的培养主要体现在以下三个方面：学生对运动的认识、学生对运动能力的培养，以及学生对运动习惯的培养。体育教师应该转变传统的教育思想，充分发挥学生的兴趣爱好，鼓励学生积极参加喜欢的体育运动，让他们在兴趣爱好中提高对运动的认识。

在教学过程中，体育教师应该在思想上使学生培养正确的体育观念和恰当的运动观。对待体育态度上应积极端正，利用科学的教学方法，对学生进行有效的培养，在完成教学目标的基础上，使学生能够具有锻炼的意识，养成良好的健身习惯，真正响应全民健身的号召，努力做到德、智、体、美全面发展。

4. 增加学生健康行为知识的积累

体育学科核心素质培养的过程中，需要学生注意健康行为知识的学习。学生的身心发展具有不平衡性的规律，学习和了解体育健康知识和行为方法有利于学生身心健康的发展，体育教师应注重学生健康行为的重要性，明确体育运动对良好的健康行为的积极影响。在体育教学上，需要不断地向学生灌输运动健康知识及运动健康行为，让学生能够充分了解到为什么运动、如何运动及运动后的注意事项，排除运动中的潜在风险和安全隐患，调整学生的心理平衡，不断增加学生健康行为知识的积累，使学生能够在一个健康的环境中合理地进行体育锻炼，从而使身体和心理得到健康成长，增强自身的社会适应能力。

（六）体育学科核心素养的构建

将核心素养落实到具体学科，建立体现核心素养要求的学科教学策略，需要教学目标设计、教学内容选择与组织、教学活动安排和教学评价实施都要着力于核心素养的形成与发展，使学科教学合力发挥作用、形成育人整体。有学者提出了培育学科核心素养的三个教学问题，即：在知识的样态上，建构和获得学科本质有利于学生的学科核心素养发展；在知识学习的样态上，问题解决学习有利于学生的学科核心素养发展；在知识教学的样态上，问题驱动的整合式教学有利于学生的学科核心素养发展。还有学者提出了学生体育学科核心素养指标体系，认为培养学生的体育学科核心素养应该从以下几个方面着手：一是学生体育情感与品格的培养，二是学生运动能力与习惯形成策略，三是学生健康知识与行为提升策略。

二、核心素养研究现状

（一）国外核心素养研究现状

1970 年左右，西方多个国家开始对个体素养教育、培养等问题展开了探讨与研究。20 世纪 90 年代，核心素养理论的提出掀起了一股研究热潮。到目前为止，全球范围内对于核心素养及其相关理论的研究相对成熟，并与教育改革紧密结合，广泛应用到各个学科的课程体系当中，推动了多个国家的教育改革和课程研究。

2002 年，美国开始对核心素养进行深入研究，并且把主要研究内容按技能类别划分为三大领域。联合国教科文组织多次提及并倡导“终身学习”的观点，并以此观点为出发点进行了多项深入细致的研究，最终向世人展示了多种以核心素养为理论基础的研究成果。比利时对于“关键能力”的研究相对较早，其更加侧重于国民个体的发展，重视对人们最基本能力的培养。

在英国，首先提出核心素养概念的机构是“继续教育联盟”，该机构将核心素养划分为 10 个大的领域，并将各个领域细分为诸多具体素养。2007 年，核心素养理论的相关研究得到认可，并以此为依据修订了《国家课程》。

（二）国内核心素养研究现状

《人民教育》曾对核心素养理念进行了阐述，强调核心素养概念与一般“素养”含义不同，核心素养是指学生应具备的适应终身发展和社会发展需要的必备品格和关键能力，注重自主发展、合作参与、创新实践，着重强调个人修养、社会关爱、家国情怀。在价值取向角度，不仅要求培养学生终身学习所需要的素养，还要培养学生具备符合国家、社会发展的价值取向。在指标选取角度，不仅重视学科基础，还要重视个人符合社会发展所需具备的基本素养。

我国核心素养研究的开端得益于十八届三中全会，会议中提出要落实立德树人这一根本任务。2014 年《教育部关于全面深化课程改革落实立德树人根本任务的意见》中指出“根据核心素养体系，明确学生完成不同学段、不同年级、不同学科学习内容后应该达到的程度要求，指导教师准确把握教学的深度和广度，使考试评价更加准确反映人才培养要求”。2016 年 9 月，核心素养课题组发布《中国学生发展核心素养》，以科学性、时代性和民族性为基本原则，在继承与发扬我国传统优秀历史文化的基础上，满足符合我国社会主义核心价值观对人才的培养需求。学生发展核心素养，指学生应具备的，能够适应终身发展和社会发展需要的必备品格和关键能力，分为文化基础、自主发展、社会参与三个方面，综合表现为人文底蕴、科学精神、学会学习、健康生活、责任担当、实践创新六大素养，具体细化为国家认同等十八个基本要点。明确和完善党的教育方针，落实立德树人、培养全面发展人才的根本任务，是增强新时代人才竞争力，发展中国学生核心素质的根本出发点。

（三）高校体育核心素养培养的现状

纵观当下高校体育教学活动，由于受传统教育观念影响较为深远，导致体育课程无论是从学校层面还是教师层面来讲都没有对其给予充分重视，只将体育教学作为辅助其他主学科和放松学生压力的一项内容来对待，错误地认为过于关注体育教学会影响到学生其他知识的学习，浪费了学生的学习时间。在此背景下，学校并未开展针对性的体育意识培养课程，学生体育核心素养的培养也更无从谈起。学生不仅不能掌握基本的体育知识和技能，而且对其良好生活习惯的养成具有负面影响。在长期缺乏体育核心素养教学环境和氛围的影响下，学生即使拥有良好的身体素质，也极容易出现消极对待体育项目训练的情况。学生学习体育课程、参与体育训练仅仅是为了修学分、娱乐，并没有将提高自身的体育核心素养作为主要的学习目标，终身体育意识得不到有效培养，与我国素质教育、全面发展的要求也是相违背的。

三、发展核心素养的意义

（一）核心素养培养是我国基础教育改革的新方向

在 2018 年 9 月全国教育大会上，习总书记指出中国特色社会主义教育发展要以完善人格、开发人力、培育人才等为目标，培养全面发展的社会主义接班人和建设者。这些重要论述对我国各阶段教育改革给予了更具体、更丰富的时代性内涵和指向。发展学生核心素养符合完善人格、开发人力、培育人才的中国特色社会主义教育发展目标。核心素养是以培养“全面发展的人”为核心，以立德树人为根本任务，从文化基础、自主发展、社会参与三个方面指明学生应具备且能够适应未来社会发展和终身发展需求的品格与能力。核心素养理念符合我国时代需求，是素质教育发展的关键节点，是我国基础教育改革的新契机。根据各学科不同的学科特点，教育部发布了基础教育阶段各学科核心素养，引起了各学科教学改革的新热潮。

（二）立足终身体育，适应时代发展

培养学生核心素养的发展，使学生养成自主健身的习惯，有利于学生身体素质的提高。让学生掌握更多有关体育的基本知识、运动技能、健康手段、心理调节等。利用所学知识，

科学地进行体育锻炼，面对复杂的社会环境具备良好的自我调节能力。不断提高体育意识，养成终身体育锻炼的能力，在不断进步和发展的社会生活中，掌握适应终身学习和不断发展的品质与能力，使其成为社会发展的综合性人才。

（三）培养学生兴趣，提升学生综合素养

学生通过核心素养的发展，对于运动认知与认识、健康行为与知识，以及体育道德与品格相关知识的不断学习和积累，使他们对于体育运动及其相关知识有了充分认识。随着学习程度的不断深入，认识到体育对于自身发展的重要性和不可或缺性。通过量变到质变的转换，以此达到培养学生个人对于体育学科的兴趣爱好，让学生由被动变主动，形成自主锻炼和健身的行为习惯，让学生在兴趣爱好中不断提升自身的综合素养。

（四）挖掘学生潜能，发展学生个性

学生潜能无止境。教师作为体育学科的主导者和实践者，在教学实践发展核心素养的过程中，运用自身专业知识储备、专业的技能素养，以及专业的课堂组织和能力，在面对不同层次的学生，结合学生自身的身体条件，让学生明确自己适合什么样的运动项目，适合什么样的锻炼方式，来挖掘学生对不同体育项目的隐藏潜能。指导学生学习符合自身的运动项目，发展学生的自我个性。

（五）深化课程改革，明确目标定位

学校为了适应体育学科核心素养的特点、培养体育学科核心素养的手段，就会注重体育教学内容的制定和选择。围绕“健康第一”的基本原则，从教师队伍建设、教学设施的配置、教学环境的差异、学校自身的特点，以及学生的身体和心理需求，结合学校自身体育的发展，制定出适合本学校的教学内容。定位更精准，目标更明确，从而达到深入教育课程改革的目的。

四、核心素养导向下高校体育课堂的教学作用

培养高校学生的核心素养，可以提升高校学生参加体育项目的积极性，在以往开展高校体育课堂教学时，高校学生在体育课堂学习时，出现被动学习的情况，从而影响了课堂学习效果，降低了体育课堂的教学质量。高校体育教学需要采用多元化的教学模式，体育教师也需要改变以往的单一教学方式。体育教师在课堂上应该跟学生进行有效的互动，使高校学生积极主动地参与体育课堂学习。在开展核心素养的导向下，高校体育课堂教学需要教师改变以往的教学观念，在课堂上多鼓励高校学生，给学生树立明确的体育目标，提升学生自身身体素质，熟练地掌握课堂上所学习的体育知识内容。在课堂教学时帮助学生养成良好的体育学习态度及观念，逐渐提高高校学生自主锻炼体育运动的能力，培养高校学生的体育意识，增加高校学生对体育的理解。在开展核心素养高校体育教学时，可以采用体育人文社会学，通过采用社会科学、人文科学的方法和理论，有效地研究高校体育和学生、社会与体育之间的关系，有效地培养更多的优秀人才。

五、核心素养对高校体育课程发展的影响

（一）提升学生的运动实践能力

运动能力是高校开展体育课程教学最基本的培养目标，也是体育核心素养中最重要的维度。传统高校体育课程过于强调体育技能的运动能力，而忽视了体育认知与学生体能的培养。体育核心素养下高校体育课程建设，在注重体育运动技能培养的同时更加注重学生运动认知和学生体能的培养。体育核心素养对于明确学生体育运动认知，提升体育专项技能水平和发展学生体能具有重要的促进作用。

体育运动认知是体育学习的基础。体育核心素养下高校体育课程建设要求学生明确体育认知，使得学生认识参加体育课程学习的意义和参与体育运动的动机，了解体育的本质、明确学生的体育认知有利于激发学生学习体育技能的兴趣，使其身心有效参与到体育学习的活动中来，并有助于学生激发参加课外体育活动的兴趣，从而达到体育运动参与的目标。

提升学生体能的意义。体能是指学生正常劳动，以及生活学习所必备的运动能力。体能作为体育课程的一个重要分支，培养学生体能也是体育核心素养下运动能力维度中的重要环节。传统的高校体育教学偏重于套路教学而忽视体能的训练，加之教师演示时间过长，学生模仿时间较长等因素，使得体育课堂教学比较难以达到规定的运动负荷，不利于提升学生的身体素质和运动能力。体育核心素养下高校体育教学将发展学生体能作为运动能力维度下重要的评定指标，通过高校体育课程提升学生体能，进而提升身体素质是高校体育课程最基础的要求。

（二）培养学生的体育品德

体育品德是体育核心素养下高校体育教学中的重要因素，通过体育教学使学生了解体育运动竞技中正确的价值追求和体育精神风貌，体育的魅力就在于此，这也是传统高校体育课程中不可或缺的重要环节。

体育核心素养下高校体育课程改革重视体育品德教学在体育课程的重要价值，有助于培养学生的体育精神、体育道德和体育品格。在体育训练中培养学生意志顽强、超越自我、勇于进取的体育精神。在体育竞技比赛中培养学生遵守规则、诚信自律、公平正义的体育道德。在体育文化教学中培养学生文明礼貌、相互尊重和强烈的社会责任感的体育品德。

（三）培养学生的健康行为

健康行为是高校开展体育课程的重要目的，同时也是体育核心素养中最重要的维度。健康行为是学生增进身心健康、培养良好的社会环境适应力的综合体现，同时也是改善高校大学生健康状况，培养体育爱好，养成良好生活方式的关键。传统的体育课程教学手法单一，体育课程缺乏趣味，使得学生对于体育运动参与兴趣度低，训练效果不佳，运动强度不足，无法达到锻炼体能、促进健康的目的。体育课程内容缺乏对抗练习及互动，在团队合作中培养学生学会团结互助的社会适应力，然而单一的体育课堂教学形式使得学生之间无法通过体育这一媒介进行有效的社会交流。

在体育核心素养下，通过体育运动本身具有的健身性、对抗性、养生性，以及文化性娱乐等特点，发挥体育课程促进学生身心健康的作用。教师通过在体育教学中丰富体育基础素

质练习，提高学生身体机能水平，通过渗透体育文化中养生的基本理念，培养学生正确的生活习惯和养生观念。在对抗练习和合作练习中，培养学生谦让、团结的社会适应能力。以体育核心素养为指导理念，以体育课程为媒介，从而达到促进学生身心健康的体育目标。

六、高校体育核心素养的体系构建

教育部高等学校体育教学指导委员会理论学科组根据核心素养的三个维度，结合体育学科的特点，将其划分为运动能力、健康行为、体育品格三个层次。

1. 运动能力

运动能力可划分为运动认知、运动技能和运动体能三个方面。运动能力是身体体能，体育技战术能力，心理承受能力在体育运动中的综合反映和体现，运动能力是人类维持身体正常功能的基础，狭义的运动能力包含专项运动能力和基本运动能力。专项运动能力是指参与某项特定体育运动所具备的运动能力，如武术、篮球、足球的运动能力等，而基础运动能力是人为了满足正常生活活动所必备的运动能力。

2. 健康行为

健康行为是身心健康及社会适应能力的综合体现，是促进身心健康，培养良好生活方式的关键因素。总体来讲，健康行为可划分为锻炼习惯、身心健康和适应能力三个方面。健康行为包含良好的锻炼、饮食及作息习惯，避免不良的嗜好，预防运动损伤的基本知识和能力，以及适应社会和自然的能力，合理控制情绪等。

3. 体育品德

体育品德是指在从事体育活动中，应当遵守的行为规范，以及体育中所体现的正确的价值追求和精神态度。体育品德对于维护社会的和谐与稳定具有重要的促进作用。体育品德主要包含体育精神、体育道德和体育品格三个方面。体育精神主要是指自尊自信、意志顽强、超越自我、勇于进取；体育道德主要体现遵守规则、诚信自律、公平正义；体育品格主要包含文明礼貌、相互尊重、社会责任感、正确的胜负观（见表 10-1）。

表 10-1　体育核心素养理论体系框架

核心素养分类	关键素养能力	
运动能力	运动认知	身体体能、体育技战术能力、心理承受能力
	运动技能	
	运动体能	
健康行为	锻炼习惯	良好的锻炼习惯、健康的饮食习惯、规律的作息习惯、预防运动损伤基本知识、社会和自然的适应能力、合理控制情绪的能力
	身心健康	
	社会适应	
体育品德	体育精神	自尊自信、意志顽强、超越自我、用于进取
	体育道德	遵守规则、诚信自律、公平正义
	体育品格	文明礼貌、相互尊重、社会责任、正确的胜负观

七、高校体育核心素养的内容制定

课程内容是体育核心素养实施的载体和支撑。教学内容的制定必须符合体育核心素养下普通高校体育课程编选的原则。在内容选择上要具备科学性、实用性、趣味性、文化性等特点。从运动能力、健康行为、体育品德三方面出发，选择有利于培养学生体育核心素养的教学内容，将其分为：必修基础类、选修实践类、能力拓展类三大类。

1. 必修基础类

必修基础类包含：基础体育文化知识、体育课堂的保健知识、体育专项体能、体育基本技能。体育必修基础的课程内容是比较容易学习的内容，要求所有学生都要掌握。体育文化知识可以在体育课堂中穿插，有效增加学生学习兴趣的同时让学生了解传统文化。保健知识使学生了解在训练中如何避免运动损伤和如何处理简单的运动损伤问题。体育部专项体能是体育学习的基础，缺乏专项素质无法标准地完成体育动作，增加柔韧、力量、速度、灵敏、协调的身体素质练习十分重要。

2. 选修实践类

选修实践类是指学生根据自己的兴趣爱好，进一步学习体育的内容，主要分为学习体育的竞技规则、参加相关的体育比赛等。实战比赛可以使学生更好地运用体育技能，在比赛中发扬勇于拼搏、自强不息的体育精神，从而培养学生的体育品德和运动能力。

3. 能力拓展类

能力拓展类主要是学生在社会中所参加的体育活动，主要包括：参加体育竞赛、组织体育活动、观看体育赛事等，能力拓展类的教学内容相对于其他内容，对于学生的自主性要求会更高，有助于培养学生终身体育的运动爱好。

八、核心素养理念下高校体育教学改革的主要依据

（一）核心素养体系为体育教学改革的建构提供重要参考

2016 年中国教育学会正式发布了《中国学生发展核心素养》，将我国的核心素养定义为以“培养全面发展的人”为核心，以坚持科学性，注重时代性，强化民族性为基本原则，指学生应具备的，能够适应终身发展和社会发展需要的必备品格和关键能力，包括文化基础、自主发展、社会参与三个层面。

核心素养中的自主发展，指个人能有效管理自己的学习和生活，认识和发现自我价值，发掘自身潜力，有效应对复杂多变的环境，成就出彩的人生，发展成为有明确的人生方向、有生活品质的人。自主发展在核心素养中表现为学会学习与健康生活两大素养的结合。体育技术水平的提高，是一个个人学习、自我完善的过程，通过对自己的技术动作进行审视，找出出现问题的原因，调整自身技术，做到勤于思考，学会学习。体育运动项目众多，不同的体育项目对学生意志品质的培养存在差别，体育项目更注重学生坚韧不拔、锲而不舍等品质的培养，体育项目更注重学生挑战自我、追求卓越品质的养成，通过体育教学，有助于健全学生人格，增强韧性，运用田径运动手段，促进个人的健康生活。

核心素养中的社会参与，指能处理好自我与社会的关系，养成现代公民所必须遵守和履行的道德准则和行为规范，增强社会责任感，提升创新精神和实践能力，促进个人价值实

现，推动社会发展进步，发展成为有理想信念、敢于担当的人，包括责任担当和实践创新两大素养。高校体育课程通过对中国体育运动发展历程的讲解，使学生感受到国家整体实力的提升，弘扬爱国主义精神，增强学生的国家认同感，感受责任担当。

（二）核心素养框架为体育教学改革的建构奠定了理论基础

体育核心素养是在核心素养的基础上，结合体育学科特点，使学生养成终身体育行为，增强意志品质，促进全面发展所应具备的体育知识、行为与品格。2016 年教育部提出体育核心素养，将其分为运动能力、健康行为、体育品德三个方面，具体构成如图 10-2 所示。运动能力是体育核心素养的基础，是技战术、体能和心理能力等活动的综合表现，包含运动知识、技能方法；参加、组织比赛；运用裁判知识与规则；制定并实施体能锻炼计划；了解国内外大型体育赛事和重要体育事件；运动鉴赏能力等。健康行为是健康生活的关键，能够加强个体对外部环境的适应能力、促进身心健康发展，包含掌握科学体育锻炼方法；形成运动习惯，学会健康生活管理；适应自然环境；养成良好的生活方式，提高生活和生存能力等方面。体育品德指个体在体育运动中主动遵循运动规则，形成正确的价值追求、积极向上的精神面貌，有助于促进社会风尚，包含主动克服内外困难、勇敢顽强、积极进取、挑战自我、追求卓越的精神；正确对待比赛胜负的态度；能够胜任运动角色，表现出负责的行为；遵守规则、尊重他人、公平竞争等方面。

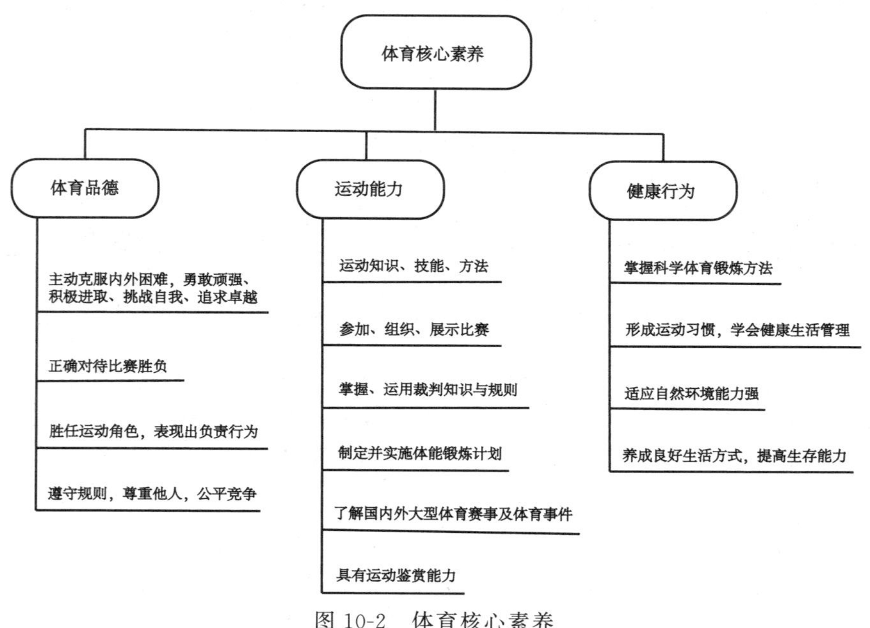

图 10-2　体育核心素养

九、核心素养理念下高校体育课程教学改革措施

（一）以社会主义核心价值观为指导思想

高校体育在塑造学生爱国情怀，以及高校文化继承发扬上有紧密的联系，要把社会主义核心价值观当作指导思想，精心开发出高校体育学科的核心素养体系。个人的发展与国家及

社会有非常大的关系，将社会主义核心价值观当作指导思想培育良好的体育学科核心素养，直接表现出国家及社会公认的价值观，不但会给个体全方位发展带来巨大的帮助，还会与国家社会对个体的价值期望相统一。所以，把社会主义核心价值观当作指导思想，是健设中国特色社会主义的需要，也是贯彻落实党与国家的教育方针的需要。

在开展高校体育课堂教学时，充分发挥体育人文社会学优势，需要建立完善的核心素养高校体育课堂教学体系。教师应该将国家、社会及学生个人的未来发展情况进行有效结合，在体育课堂教学时，引导学生树立明确的社会主义核心价值观念，严格落实教育方针，为社会培养更多的优秀人才。

（二）建立起基于核心素养的高校体育课程体系

核心素养并不是虚无缥缈的抽象理论框架，而是要严格按照学生的成长详细制定出不同教育时期的培养目标。落实培养目标，关键在课程，建立起基于核心素养的高校体育课程体系成为核心素养具体体现的形式。建立起高校体育课程标准体系，突出课程的整体性，重视学科间、专业间的补充融合，彰显了课程的整体性，从而良好地培育整体性的素养。把高校体育课程当作载体，把培养能力及素质当成目标，把学科知识当成素材，重视培养学生的能力与素质，建立起基于核心素养的高校体育课程体系，囊括具体化的教学目标、内容标准、教学建议及质量标准四个方面。建立高校体育课程体系过程中一定要重视避免产生两个标准——学科核心素养及学业质量标准。如果两个标准可以一同并行实施，肯定会给将来的教学及考核带来巨大的影响，所以一定要统一。

（三）构建和谐关系

在高校体育教学过程中，体育教育者之间的配合是非常重要的。教育者在对学生进行体育教学的过程中一定要积极主动地与其他体育教学者进行进一步沟通和交流，并且教育者与教育者之间相互尊重，密切配合。只有这样才能够让学生从体育教育者这里看到团结一致助人为乐的优良品质，在教学条件允许的情况下，教育者一定要对那些体育技能水平较差的学生给予锻炼的机会，让学生在轻松愉悦的氛围中不断地完成他们的体育课堂任务，使得他们感受到集体的温暖及体育课堂的自信，只有这样才能够使得学生在体育学习过程中将内心产生的消极情绪转化为积极情绪，培养学生对人对事的正确观念。其实，在体育课堂上教育者不仅要教会的是体育运动，更多的是需要教会学生在生活中的锻炼意识和团结合作的意识，以及坚韧不拔的毅力，所以对于教育者来说一定要尽可能地与其他教育者进行及时沟通和交流，让学生在体育课堂上看到合作的重要性。这对于学生以后的生活和工作过程中的团队意识及合作意识的培养有非常重要的意义。另外，教育者不仅要和其他教育者构建和谐的关系，同时还要在体育运动项目中与学生之间构建一个和谐的关系，这对于学生体育学习的兴趣和热情的提高有着非常积极的作用和意义，让学生能够在一个轻松愉悦和谐的氛围中进行体育锻炼。

（四）培养学生的体育运动能力

体育教学相比其他学科最大的不同就是其他学科只能培养学生的文化知识，而体育教学在培养学生一定科学的体育文化知识的同时加入了体育运动，加强学生体育运动能力，提高学生对于体育运动的热爱。在过去，传统的高校体育教学仅仅是让学生在学期末可以对某些体育项目达标就行。但是在如今教育部对大学生的核心素养发展有了新的改革和要求后，使得体育教师不再只是大学生身体素质的质检员，而是其培养者，帮助学生树立正确的体育观念，同时对于学生来说，进行体育锻炼的目的并不是为了可以在某些体育活动中获胜，而是为了锻炼身体，提高自身身体素质，锻炼自身的心理素质。并且高校在培养学生体育运动能力时，也要培养学生终身进行体育锻炼的信念和习惯。作为学生接受体育教学的最后一站，今后学生进行体育锻炼完全凭借自己的习惯和对体育运动的热爱才能完成，因此，高校完全有必要培养学生终身进行体育锻炼的习惯和对于运动的一份热爱，使其成为体育教师在培养大学生核心素养时的核心工作。

（五）培养学生的自我评价能力

学生在进行体育学习时不仅要积极掌握体育相关的理论知识，了解理论学习的方法，更应该提升自身的自我认知能力与自我发展能力，提升自己对自己的认知，了解学生对自己的需求，了解自身当前的状况，促进自身发展。学生的自我评价能力，是指学生对自己学习掌握体育知识的程度、水平的简单了解，是指学生对自身发展能力与发展潜力的评估。培养学生的自我评价能力，不仅可以帮助学生对自己当前的学习状况更好地认知，更能帮助学生了解当前对知识的掌握程度。学生通过对自己学习状况的自我评价，将更好地分配自己的学习阶段任务与阶段目标，帮助学生更好地进行规划，并且学生可以通过自我评价实现自身心理上的满足，从而提升体育学习的积极性，更有助于提升学生学习的积极性，提升体育学习的效率。另外，培养学生的自我评价能力，学生可以将自我评价的结果反馈给老师，从而提升老师上课的效率与水平。

（六）培养学生群体活动参与意识与能力

根据体育活动的群体性、氛围性等特点，教师科学地利用各种项目及其活动形式，有机地培养大学生的自觉参与、主动参与与创造性参与的意识和能力，让其在开展健身活动的基础上，能为创造职业体育文化与社会体育文化氛围作出贡献。操作模式有：①群体项目教学多样性运用设计。在学校和年级的体育教学计划内，针对正在教授的群体性项目，教师可以组织多种形式运用，如足球教学中的三人足球、五人足球与常规的足球活动；对非常群体性项目的教学，如短跑、中跑与单人体操等，则可以组织学生出于相互关心等需要，以辅助者、裁判与其他相关角色去参与到活动中，既服务于个人的体育活动，也服务于他人的体育活动。②社会体育活动参与情境设计。教师在既定的教学内容和计划内，有机地设计和组织“社会体育”活动形式，既让学生在运动后得到身心放松，又可以让学生培养自觉参与意识，如社会常见的组织广场舞、健美操、交际舞与街舞活动等，以此来培养大学生的人际适应能力、环境适应能力与项目适应能力，为其未来职业发展中的职业体育和职业健康打下参与能力的基础。

（七）培养学生健康知识和健康行为

现如今的学生从初中开始就有了体育考查，使得学生早早地就产生了一种体育运动只是为了考核达标的意识，也使学生无法体会到体育运动的真正意识与价值。然而学校开设体育课程的根本目的是使学生在身体发育期间的运动需求，提高学生的身体素质。因此，必须要让学生认识到体育教学并不是为体测考核，而是为了自己的身体健康。因此，需要高校开设健康知识理论课程，使学生明白要想有一个健康的身体就必须有一个健康的行为，并且在体育运动中了解如何避免危险，以及在受伤之后如何进行伤口处理，避免造成二次伤害。使学生在离开体育教师时，可以自主地进行体育锻炼，以及应对出现的问题。

（八）强化教师自身专业素养的发展

在教育改革逐渐深化的背景下，体育教师的角色也发生了本质性变化，逐渐由最初的核心素养传授者向引导者和实施者转变，由以往教授知识内容向教授学习方法转变。“师者，传道授业解惑也。”由此可见，教师在学生教育过程中的作用是至关重要的。因此，想要在体育教学过程中培养与发展学生的核心素养，就必须建立在教师自身专业素养水平不断提升的基础上进行，并始终具备与时俱进的思想观念和终身学习的意识形态。对于大学体育教师来讲，首先，要具备先进的、良好的思想品德，以此给学生树立表率，并以自身的优秀品德去影响学生；其次，要不断完善与丰富自身现有的知识储备，运用理论知识指导自身专业技能的提升，从而将其更好地应用到教学过程中，确保教育观念和方法的与时俱进，以现代化的教育思想实施教学活动；最后，体育教师还应具备善于运用自身的专业知识储备、技能素养和专业的课堂组织和教学能力、以学生的实际能力水平为依据开展针对性教学活动的能力、标准的动作示范能力和生动的语言表达能力，从而更好地推动体育教学目标的完成，并严格参照处于此阶段大学生的身心发展规律，完成阶段性教育和过程评价。也正是由于教学过程中生动形象的语言表达、优美且标准的动作示范，不仅会有效地吸引学生的注意力，而且也会使学生对体育学科产生不同以往的感受，无论是体育学科还是教师在学生心目中的形象也会更加立体，从而对学生核心素养的培养有着重要的促进作用。

（九）利用现代信息技术

体育课具有非常强的操作性，教材中需要教给学生较为专业的技术动作，学生如果单纯依赖课堂上的文字描述或者是插图，根本无法深刻地理解，那么教师就需要进行动作示范，可是有部分教师根本不能对每一个动作做出最标准的示范。因此利用多媒体设备可以展示出最准确的技术动作，从而保证学生可以建立起清晰直观的印象。一旦有部分动作较难理解，就把画面定格或者是利用慢镜头来展示，如此一来可以让每一名学生了解每一个动作细节，提高教学效果。科学地应用现代信息技术可以更好地增强学生的学习兴趣，激发学生的学习积极性。利用现代信息技术图形及音频等综合性的技术，让学生可以获取主动的直观的资料，帮助学生学习，让学生练习动作变得越发主动积极，这样一来才能够更好地集中学生的注意力。

（十）建立完备的奖励机制

在激励性评价理念被越来越多的教师认同和采纳的今天，奖励作为激励学生的手段在教学中的作用越来越明显，越来越受到重视。对学生进行适当的奖励，就是对他们所表现出来的符合教育者所预期的认知或行为进行肯定评价。奖励作为一种教育方法，被教师广泛地接受和采用。在体育教学过程中运用一定的奖励手段，能极大地激发学生学习体育的兴趣，从而促进他们主动地参与写作学习。奖励的潜在作用是能为学生将来的行动指明方向，使学生受到鼓舞而更加进步。将奖励分为两种，即正式奖励和非正式奖励。非正式奖励主要包括表扬与赞美、微笑、赞许的眼神、鼓掌等。正式奖励主要有奖品、奖状、证书等。对在体育学习过程中表现突出的学生视情况加以奖励。

十、基于核心素养提升的高校体育教学模式

（一）模拟竞技模式

在课堂教学的过程中，教师直接设计一个教学内容的模拟竞技环节，让大学生利用现学的项目运动技能和相关规则，开展模拟实战的比赛活动，让学生在实践中去生成和强化教学内容中的核心素养内涵。操作模式有：①规范性模拟竞技。在课堂教学环节中，设计 10 分钟或 15 分钟的时间，让学生开展规范性的单场比赛活动，使学生在相互配合与“真实”的竞技中，去自觉生成自己的参与意识、责任意识与主人翁精神。如开展单场 10 分钟的篮球赛或排球赛等，让学生在尽情地运动中去体验和生成自己所缺少的核心素养。②游戏性模拟竞技。如花样篮球、花样足球、花样跳绳等各种体育游戏竞技活动，让大学生在愉快的氛围中开展负荷适中的竞技活动，让其体验到运动快乐的同时，也能学习和总结人际关系处理、运动角色意识等，让自己的体能与各种相关的职业素养在合作、共享、共进中得到全面成长。

（二）职业体育教学与研究模式

实践创新意识作为大学生的基本核心素养之一，是驱动其开展职业创新与其他特长创新的内动力。教师可以利用课堂教学的契机实施职业体育教学，把培养学生终身体育意识与良好的职业体育习惯结合起来。建议模式有：①职业病预防体育技能教学。以传统民族体育中具有医疗功能的体育方式为主，如气功、八段锦、易筋经、五禽戏等为教学内容，既让大学生掌握其基本的运动技能，更教育其每个分解技能或整体项目的医学功效，为其职业过程中的健康做好体育教学指导。但出于各种职业的特点，教师还要教育学生开展个性化的创新，如根据个人体质水平、体重、身高，以及是否有其他潜在性的疾病等，可以有选择性地进行运动，在保证个人健康的基础上去开展科学的职业健身活动。②职业性健身方式研发。教师以课堂教学内容及其技能作为基本要素，结合所任教班级学生的专业，开展与其专业对应的职业体育研发，是把职业体育技能、职业体育研发能力与个性化体育方式创新能力培养统一的最佳方式。例如，在体操教学时，可以抽取 5～10 分钟的时间，对未来久坐职业的开展能多活动腰部减少劳损、多活动下肢减少肌肉萎缩等职业方式的研发等，以支持和启发学生把更多对自己有用的体育技能抽取和创编，创新适合个人职业健身的体育方式。

（三）小群体模式

纵观现存的教学模式，小群体教学模式就是一种以学生为中心，培养学生互帮、共赢的教学模式。与其他体育教学模式相比较，其优点是：①具有非正式性特征，活跃课堂氛围，激发学生体育学习兴趣；②强调学生的自主性学习，让学生在竞争交流和亲密合作的交流中取长补短，从而不断完善自己的认知结构；③增强学生顽强拼搏的品质，提高学生的社会适应能力。体育学科核心素养与小群体教学模式既有区别又有联系。二者之间的区别主要表现为体育学科核心素养是学生要形成的一种体育素养，主要表现在学生体育活动后；而小群体教学模式是教师在体育教学过程中采用的一种教学方法、模式，主要表现在体育活动过程中。二者之间的联系主要表现为小群体教学模式是培育体育学科核心素养的有效举措。体育

学科核心内容主要分为三个方面：运动能力、健康行为和体育品德。小群体教学模式主要是通过小组学习的形式进行学习交流，进而提高学生的运动能力，主要是培养学生的运动习惯、合作能力、集体凝聚力等意志品质。体育学科核心素养中的运动能力，与小群体教学模式中提高学生的运动能力相对应；体育学科核心素养中的健康行为与小群体教学模式中的体育习惯相对应；体育学科核心素养中的体育品德与小群体教学模式中的集体合作能力相对应。因此，从体育学科核心素养的视域，以立德树人为落脚点，从体育新课程改革中的教学模式的改革入手，进行小群体教学模式的研究显得尤为重要。

同时，把小群体教学模式与传统教学模式进行可以发现，小群体学习法适用于运动技能课教学。教学中要克服死搬硬套的教学方式，防止将小群体教学演变成为“放羊式教学”，在课堂上适当地选用小群体教学组织形式，有利于提高课堂练习密度，调动学生学习的积极性、主动性，培养学生人际关系的交往。

体育学科核心素养和小群体教学模式具有共同的本质特征，小群体教学模式是培育体育学科核心素养的有效手段，高校应把体育学科核心素养的培育和小群体教学模式的运用落到实处，把两者有机地结合在一起，共同促进体育教学质量的提高。

（四）在核心素养背景下合理运用分层教学模式

最新的课程标准要求体育课程的教学应面向整体，让每个学生都能学习到有价值的体育，人人都能够获得有益的体育知识，每个学生在体育层面都能得到不同程度的发展。针对此课程标准要求，应针对不同学生的差异性，因材施教。由于每个学生的教育背景、先天素质和后天努力都有所差异，所以在实际教学过程中，必须合理利用教学资源，尊重学生之间的差异，采用分层教学的方式，促进学生的发展。

虽然体育教学模式的创新转变得到了一定程度的发展，但还是有许多学校还陷在传统体育教学的沼泽之中。许多高校体育老师在应试教育理念的影响下，过于关注对学生理论知识的灌输，对于学生来说，被动接受枯燥无味的理论知识可能是唯一的选择，长此以往，学生也就无法感受到体育学习的乐趣，情况严重的话，还有可能会对体育学习甚至其他科目的学习产生抵触情绪，更别说将所学到的体育知识内化于心之后再应用于实际生活了。高校体育是高考中必不可少的一门科目，所以体育老师应竭尽全力地提高学生的体育成绩，但必须有方法有策略性地进行教学。由此看来，转变高校体育的教学模式迫在眉睫。分层教学并不意味着体育教师要对学习成绩优异的学生另眼相待，而是要对所有的学生一视同仁。一定要尊重学生的主体地位，保护好学生的自尊心。这样一来，教师就需要针对实际的分层情况来转变体育的教学方式。不同层级的学生的体育学习要求也要有针对性，要充分、合理、有效地实施分层教学。举个例子，关于乒乓球课程中横拍和直拍的学习，大部分的同学只需要掌握好基础的横拍和直拍的握拍方法就好，并按照个人习惯在横拍和直拍中二者选其一即可。对班级中体育成绩较好的同学来说不仅要掌握基础知识，而且还要对与此相关的相互转化关系进行深入剖析，通俗来讲，就是在比赛过程中，根据具体需要，适时转换握拍姿势，如此一来，学生的体育素养才能不断得到提升。

第二节 “立德树人”理念下高校体育教学的改革研究

一、相关概述

（一）立德树人

中国自古以来便将德育作为教育的首要目标，《左传》有云：“太上有立德”，即阐述了育人乃是教育的根本初衷。“立德”即树立德行，“树人”即是培养人才。立德树人是高校教育教学的标准，其核心是帮助学生树立正确的世界观、人生观和价值观，积极践行社会主义核心价值观，培养德智体美劳全面发展的社会主义合格的建设者和可靠的接班人。“立德树人”内涵之一是指明高等教育的方向是要坚持育人为本，德育为先，关系着培养什么样的人、如何培养人这个根本问题，通过合适的教育教学来发展人、改造人、塑造人；其内涵二是指出高等教育的途径就是立德，通过正面的教育来引导人、感化人和激励人；其内涵三是强调高等教育的内容就是要在传道、明道的同时，使学生树立正确的世界观、人生观和价值观，突出社会主义核心价值观，从而规范人、要求人和提高人。

1. 大学体育“立德树人”的概念认知

（1）关于“德”的思考。“德”代表的是价值观、价值取向，也可以说是一种价值规范。“立德”表达的是对“真、善、美”的批判和认同。“立德树人”作为当代教育实践的根本任务，具体到大学体育该如何“立德”应从以下几个方面考虑：首先，必须界定“德”的范畴及其内涵。“德”的范畴应该表现为三个层次：第一层表现为技能技巧。大学体育教育就是让大学生“个体”在体育学习中熟练掌握一至两项运动项目及其健身方法。如果这一基本要求难以实现，从“人”的长期发展过程来看，何以立德？第二层次表现为行为规范。大学生个体在体育运动项目的参与和体验过程中，通过学习运动项目规则来约束自己的行动，一方面是在践行规则，另一方面是在实现“人”的行为规训，即从项目文化中体悟生活中的“行为规范”。第三层次表现为价值判断。大学生个体通过体育教育的规训能够增强体质、增进健康，进一步建立“身体与健康、健康与民族、民族与国家、国家与强盛”的价值取向和价值判断。由此，从“德”的范畴理解其内涵，就是指为实现民族强盛、国家富强。大学体育的实施主体和执行客体在体育教育实践过程中，遵循体育教育的发展规律，依托运动项目文化，实现对参与者的身体、思想、行为进行改造，使其对物质世界“真、善、美”的价值产生判断，据此所形成的一种价值取向或行为规范，是世界观、人生观、价值观的集中反映。其次，是“立德”的过程。“立”强调的是行为实践，在效果上要对社会、国家、他人有贡献。“立德”的过程表现为两个方面：一方面是主动“立德”，即“内化”的实践过程。大学生“个体”通过大学体育项目文化的学习，明确自我价值取向，规范自己的行为，形成内在的价值判断。另一方面是被动“立德”，即“外化”的实践过程。大学体育实施主体通过学科建设、教师素养、仪式教育等形式对大学生“个体”的价值观、价值取向产生潜移默化的影响，从而实现大学生“个体”道德品质的培育。

（2）关于“人”的思考。“人”是一个复杂、深刻的哲学命题。马克思关于“人”的概念有三个：人、个人、个体。关于“人—个人—个体”之间的关系，以及三者与国家政治之间的关系，马克思从自然法中的“人”到具有“人格”的“个人”，再到国家中社会市民的“个体”进行了全面批判，并在《1857—1858 年经济学手稿》中将“人”的历时发展分为“人格依附”“人格独立”“自由个性”三个阶段。随着时代的变革，“人”学思想也被赋予了时代特征。马克思关于“人”的发展对今天大学体育培养“全面发展的人”有着深刻的指导意义。

“立德树人”作为当代教育实践的根本任务，具体到大学体育如何“树人”，“树”什么样的“人”?“树人”源于《管子·权修》：“一年之计，莫如树谷；十年之计，莫如树木；终身之计，莫如树人。”也有学者指出“树人”应该理解为“助益于人，使之成人”。由此可见，一方面，树“人”有着深厚的历史文化底蕴；另一方面，树“人”是一个长期的过程。在马克思“人”学思想的指导下，结合我国古代传统文化，我们认为大学体育培养的“人”，首先，应该是具有“独立人格”，追求“个性自由”，倡导“全面发展”的“完整的人”。其次，这种“个体”需要掌握一至两门运动项目并养成终身锻炼的习惯，且对体育学科地位产生正确的认知，在今后的生活中能够积极地传播体育健康理念的“人”。最后，这种“个体”在参与体育运动实践的过程中，能够自觉树立社会主义核心价值观，成为国家认同和民族自信的“人”。

诚然，大学体育“树人”的结果会产生一种长远效应。大学生“个体”在大学学习期间所形成的体育价值观念、运动行为技能、运动健康感悟、体育文化记忆会对家庭、社会、国家产生深远的影响。随着健康中国战略和全民健身国家战略的推行，大学生“个体”、工人、农民、军人……已经形成了一个“健康共同体”。这个“健康共同体”所形成的身体认知、健康行为、国家意识、民族精神，将对国家行为和社会发展产生深刻的变革。因此，大学体育“树立”的“人”是具有社会影响力，能够影响国家和民族前行的“人”。

(3) 关于“立德”与“树人”的关系。在大学体育教学实践过程中“立德”和“树人”的关系应该是一种递进关系。“立德”是基础，“树人”是目标，两者结合起来才能完成任务。“立德”是为了“树立”全面发展的“人”，但“树人”不是“立德”的简单重复，而是“助益成为”更有“德性”的“人”。大学体育“德”立不好，就会把学生“个体”培养成为“危险品”。比如，大学体育竞赛中“年龄门”“兴奋剂”事件；大学体育课堂“逃课旷课”事件；大学体育体质测试过程中的“篡改成绩”“请人替考”事件等。这些学生“个体”身上存在的问题，映射出体育“德育”存在的危机。因此，在大学体育“立德树人”的实践过程中，无论是教育者还是管理者必须重视“立德”的重要性，只有“立德”方能“树人”，只有“立德”才能“成人”。大学体育“立德”和“树人”之间的内在逻辑，反映出体育教育者和管理者的责任担当。

2. 大学体育“立德树人”的哲学依据

古希腊体育具有史诗般的教育价值。“身体健硕匀称”是古希腊教育追求的重要目标。体育，作为一种重要的教育制度在古希腊城邦得以实施。在斯巴达，男孩在 7 岁前跟随父亲在俱乐部接受简单的体育锻炼，7 岁之后接受的教育内容几乎全部是体育，18 岁之后就需要参加体育军事实践活动。在雅典，将 6～20 岁的公民分为三个学习阶段，体育训练贯穿于整个学习阶段。在每一所学校里，身体教育或者说身体训练已经成为古希腊教育的必修课。可以说，在守护城邦和对外掠夺的古希腊时期，古希腊人借助强健的体魄抵御外来入侵，实现城邦的安定繁荣及民族（种族）的自信强盛。体育，成为古希腊“人”身体规训的重要工具。

在古希腊，体育不仅是对“人”身体的规训，更是对“人”品质的锻炼。正如古里奥尼斯所言：“体育的最终目的不是使身体强壮，而是雕刻人的灵魂，使社会道德化，令美德占据主导地位。”古希腊“赛会”，为人类追忆文明提供了特殊的“场域”。希腊人以国家的名义划出一块“公共空间”，通过“规则和竞争”获得城邦之间“荣耀和文明”的认同，在体育竞技和角逐中建立起一个广泛的道德标准、价值观念、行为规范。“赛会”成为古希腊人追求“荣誉”的深层期待。体育，甚至成为精英阶层获得荣耀和地位的来源，成为衡量“个体美德”的标准尺度。身体训练让希腊人充满期望，荣誉获得促进了个人的自我发展，运动竞赛实现了城邦文明。体育，满足了古希腊人的“德性”追求。正如哲学家黑格尔所说，“古希腊人的身体已经变为精神的器官，体育也具备了高贵的气质和生命”。

（二）体育课程

《全国普通高等学校体育课程教学指导纲要》明确了体育课程是学生以身体练习为主要手段，通过合理的体育教学和科学的体育锻炼过程，达到增强体质、增进健康和提高体育素养为主要目标的公共必修课程，是学校课程体系的重要组成部分，是学校体育工作的中心环节。体育课程是促进身心和谐发展、思想品德教育、文化科学教育、生活与体育技能教育等与身体活动有机结合的教育过程；是实施素质教育和培养全面发展的人才的重要途径。体育课程分为狭义的体育课程和广义的体育课程。狭义的体育课程是为实现学校体育目标而规定的体育程度和进程。广义的体育课程是指在特定的社会条件下，学校体育课程与某种特定的组织或文化交织在一起所形成的体育教学内容的总和。

（三）体育教学

体育教学，是指由师生共同参与，教师为实现向学生传授体育知识、技能，增强学生体质及品质为目标，而实施的有计划、有组织的教育过程，它是学校体育实现的基本形式。

二、立德树人及体育教学改革认识的必要性

立德树人即人无德则不立，树人先树德。立德树人属于教育范畴，它与其他教育模式一样，反映了一个时代、一个民族或国家的意志、观念、精神，规范了高校学生的品德教育，也对人们的价值观产生了影响。在高校层面上，立德树人逐渐实践于高校师生的体育授课与学习、体育生活等教学中。它既是体育文化的一部分，也是高校文化的一部分。立德树人通过校园内的各类活动、多种体育实践行为得到传播，帮助高校学生树立了正确的体育素养、体育价值观、体育道德。

三、发展立德树人理念的必要性

（一）高校体育教学的需要

提高学生的身体素质是高校体育教学的主要目的。加强高校的体育工作既是国家方针政策的要求，也是素质教育的要求。德育教育是素质教育的重要内容，高校体育教学可成为德育教育的主要途径，对提升大学生的思想道德素质具有重要作用。因此，把思想政治教育渗透进高校体育教学中，非常有必要。

（二）高校体育教学改革的需求

1. 注重时下德育教育的发展趋势，紧跟形势

体育教学改革要与现在德育的发展创新相结合。改革就是革命，即一个不断追求进步的过程。达尔文曾说过：“物竞天择，适者生存。”在大环境下，高校必须不断地创新改革，紧跟潮流，既要满足学生的需求，也要适应社会的需要。体育教学改革还需要不停地进行自我内部的更替和完善，不断探究创新理论和方法，与德育教育相辅相成，齐头并进。

2. 重视“轻体育”的发展方向

轻体育即轻松、惬意、运动量相对较小、相对简便的体育活动形式。作为当今社会休闲体育的重要活动载体，深受高校师生的欢迎。随着德育在体育改革教学的发展、体育运动的普及化进程，轻体育作为高校体育的主流，其影响之深，必将成为高校体育改革教学中浓墨重彩的一笔。新奇有趣的事物普遍易受当代大学生的青睐，相对新颖的轻体育项目则会成为高校大学生的新宠。它将促使他们参加到体育活动中来，并在此过程中收获健康与快乐，这完全符合体育文化内核。

3. 高校需加强德育在体育教学中的改革

德育既是校园文化的有机构成，也是体育文化的重要组成部分。校方组织举办体育运动，既可以宣传体育文化、发扬体育精神，也可以加强高校的特色文化建设、促进校园的和谐气氛。

（三）社会发展的需要

当今经济发展日新月异，教育的发展水平也应跟上经济发展的步伐。当代大学生成长经历一般比较顺利，没有经历过什么挫折。在高校体育教学中渗透思想政治教育，对于增强大学生的体质，提高思想道德素质水平，磨炼意志品质，培养大学生吃苦精神是非常有帮助的。因此，高校体育课中应挖掘更多的思想政治教育元素，为高校的思想政治教育提供更多的实现路径。为此，应更加重视高校的思想政治教育工作，这样才能为社会主义现代化建设培养更多的人才。

四、高校落实立德树人的基本维度

（一）落实立德树人根本任务的基本内涵与实践

党的十八大提出“把立德树人作为教育的根本任务”，为教育指明了前进的方向。根据中共中央《关于加强和改进新形势下高校思想政治工作的意见》、教育部《关于全面深化课程改革落实立德树人根本任务的意见》为当前高校教育教学事业的改革和发展指明了方向。将立德树人作为我国教育的根本任务，是培养德智体美全面发展的社会主义建设者和接班人的本质要求。教育部明确要求高校毕业生除在具有必备的基础理论知识和技能技术外，还要具备创新精神、良好的职业道德和健全的体魄。

体育作为人类社会的一种文化形态，作为高校教育事业的重要组成部分，在立德树人中具有重要功能。在高校体育教学和思想政治教育的总格局中，体育教育的德育隐性功能发挥着重要作用，以其独特的魅力和“育心”作用与教学活动相结合，成为“立德树人”的有效

载体。它在塑造大学生人格品质、责任感、使命感、荣誉感、团队凝聚力、爱国主义、规则意识等方面具有极大的引领和支撑作用。

体育教学作为学校教育的一种形式，从有形的体育活动到无形的体育精神上，对大学生体育、德育、智育的全面发展起到了重要的“立德树人”的作用。在这一过程中，各个高校应解决好“倡导什么，体现到哪，如何体现，谁来体现”四个基本问题。

（1）倡导什么

体育教学倡导“立德树人”，首先要学习习近平总书记关于“高校立身之本在于立德树人。要坚持把立德树人作为中心环节，把思想政治工作贯穿教育教学的全过程，实现全程育人、全方位育人”的系列讲话和报告。以《关于加强和改进新形势下高校思想政治工作的意见》为基本指导，从高校体育教学自身特点出发，高校党管党治、办学治校的主体责任，落实思想政治教育融入体育教学中的总要求，落实软硬件设施的配套建设，落实师资队伍建设等。

（2）体现到哪

体育教学倡导“立德树人”，不能泛泛而谈，而要在“办学方向”“根本保证”“根本动力”“教学实践”“组织建设”等方方面面，一言以蔽之，就是要以学校及学生长远发展为着眼点，将“立德树人”落实到每个人、每项工作、每个细节中。

（3）如何体现

体育教学倡导“立德树人”，要讲究系统性、全面性和可操作性，在教学理念、教材体系、德育评价体系、校园文化建设等途径多途并进，以“明晰的思路，扎实的举措，得力的措施，有效的办法”落实落细。将思想提到新的高度，进而形成稳固的长效机制。

（4）谁来体现

体育教学倡导“以德树人”的根本任务，决不能仅仅依靠学校单方面的谋划，其他人作壁上观的低效方式，而要做到“人人有目标，人人有任务，人人有责任，人人有行动，人人有变化”的全员机制，尤其是学校管理部门、教师、学生为群体的积极性，营造良好的校园氛围。

（二）高校体育教学目标要实现顽强意志品质

意志是个体通过确定目标，通过自身调节克服困难达到目标的心理活动。在现代社会中，良好的意志品质是优秀人才所具备的重要条件。高等院校培养的高技术型人才所需的工匠精神不仅需要坚持不懈的意志品质，而且还需要艰苦奋斗的精神。体育是培养学生的重要工具，通过体育训练可以培养学生勇往直前和坚持奋斗的精神。实践证明，个体的体质健康与意志品质之间存在高度的协同性，体质较差的个体往往意志品质较低，自卑心较强，体质强的个体则相反。所以，高校在落实立德树人根本任务的过程中，教学目标要充分实现不屈不挠、顽强拼搏的意志品质。

（三）高校体育教学要培养学生的社会适应能力

适应能力是个体从事任何活动的重要基础，是保证从事活动成功的基本条件。社会适应能力亦不是天生的，更多的是通过后天学习获得的。联合国教科文组织发布的四大支柱理论中的“学会做事”就是指学生要有社会适应的能力，这也是对现代教育提出的一个重要要求。对于高校毕业生来说，毕业后走出校门不仅要有过硬的知识与技术，而且还要有与其他人进行沟通的技能，这就要求学生具有较强的社会适应能力，才能在社会中立于不败之地。社会适应能力包括适应社会自然环境能力、处理人际关系能力和学习创造能力。

五、立德树人理念下高校体育教学存在的问题

（一）体育教学内容单一

目前，高校体育教学内容更侧重对学生体能和体育技术的提升，而对于学生喜爱的体育项目缺乏相应的了解，同时缺少与德育工作内容相关的教学内容。

（二）德育队伍建设有待加强

从高校德育队伍的现状来看，德育工作者之间存在着比较大的素质差别。当前，我国高校中承担学生德育任务的人员主要包括四类：一是专门从事思想政治教育研究的专任教师，二是负责学生事务的辅导员，三是从事心理健康教育的相关人员，四是学生处或教务处的工作人员。由此可见，高校德育队伍中既有专业的思想政治教师，又有不具备相关专业知识及工作经验的其他人员，这就导致高校德育队伍人员素质参差不齐，不利于高校德育工作的正常进行。因此，高校负责德育工作的人员应当积极主动地通过理论学习的方式来提升自己的德育工作水平。理论学习可以有效地增强德育工作人员的工作能力，有利于学校在坚持“立德树人”的宗旨下，提升自己的德育工作水平。另外，高校在进行德育队伍建设的过程中，应当注意提升工作人员的专业知识水平和业务能力，使德育工作人员在任何环境中，面对任何工作对象都能保证德育工作的顺利进行。同时德育工作人员应当及时地进行自我反省和工作总结，并以此来促进其德育工作能力的不断提升。除此之外，高校应当引进多方面的人才来从事德育工作，比如，邀请劳动模范或者一些见义勇为事件的当事人来学校进行演讲，这样可以潜移默化地影响学生的德育情况。

（三）大学体育学科建设发展滞后

学科及学科建设是大学体育核心竞争力的重要反映。大学体育部作为“学科建设”的主体机构，围绕体育教学、科学研究、群体活动、运动竞赛、社会服务、人才培养等具体任务，沿着“体育学”的特定方向，实现“‘人’—身体—民族—国家”的“学科育人”逻辑。然而，从总体来看我国大学体育学科建设呈滞后状态。据 2017 年国家三部委联合公布的“双一流”学科建设名单，“体育学”只有北京体育大学和上海体育学院两所专业院校。而我们研究讨论的“大学体育”主要指广义的“大学”，并非“体育专业院校”。

导致我国大学体育“体育学”学科建设发展滞后的原因，主要表现为：①学科归属模糊。就“体育学”本身而言，有专家从学科分类、学术管理、学位管理、国际经验等方面指出其学科归属不明。事实上，在我国，体育在不同的大学其学科归属也不尽相同。“大学体育公共课部”“军体部（军事、体育）”“公共课部（思政、英语、体育）”“健康与体卫部（心理、卫生、体育）”等，这些“组织结构”背后的本质反映的是对“体育学”学科归属的认知模糊和混乱。②学科地位薄弱。“体育”，在绝大部分大学是“术科”，是“身体规训”的工具，是“行政管理”的手段。即使有些大学的体育“学科”地位得到认可，其学科地位也极为薄弱，可谓是“边缘化”学科，获得相应的建设支持极其有限。③学科话语乏力。在中国，大学体育学科建设是一种政策话语背景下的权力博弈。学科建设不是一种“内生”的

自主行为，其学科话语往往通过“政治大背景”“行政权力喜好”来表达“建设”诉求，而且大学体育在综合性大学几乎没有什么话语权。因此，学科建设滞后，在一定程度上阻碍了大学体育的“育人”实践，影响了大学体育对“人”的“德性”的培养。

（四）大学体育仪式教育价值异化

仪式源于宗教，是一种古老的文化现象。仪式借助一系列的象征行为表达集体的文化记忆。“人”在特定的场域，将这种“集体的文化记忆”转化为道德规范、行为标准、社会秩序。可以说，大学体育仪式教育是“立德树人”的重要内容。大学体育仪式教育就是通过一系列古老的体育文化传统，在特有的教育情景和学习情况下依托各种要素和场景，增强主流价值的传播和情感归属的认同，最终实现道德和文化的教化。现实生活中，大学体育仪式教育并没有发挥出应有的价值。比如，大学体育课前课后师生问好“鞠躬仪式”遭到师生的忽视；体育竞赛运动员、裁判员代表进行宣誓过程中场内氛围喧哗、嬉闹，公平公正、庄严肃穆的“宣誓仪式”功能丧失。运动会院系学生方阵“入场仪式”滑稽、奢侈、非主流，道德教育功能式微等。由此可见，大学体育仪式教育由于重视不足、实施不规范、形式和内容不当，而使教育价值出现了异化。习近平总书记指出，“要建立和规范一些礼仪制度……传播主流价值，增强人们的认同感和归属感”。

导致我国大学体育仪式教育价值异化的原因，主要包括：①仪式认同淡薄。仪式是一种文化载体。大学体育仪式能够对参与者或者教育者的人生观、价值观、民族精神、公民道德等进行观念、情感、精神方面的教育。然而，在体育教学实践过程中，仪式价值没有得到足够的认同，师生缺乏足够的情感体验，甚至遭到质疑和否定，仪式失去了应有的“德育”意蕴。②仪式主体失范。在大学体育“立德树人”的教育实践中，仪式教育实践的主体应该是“大学生群体”。本质上，大学体育仪式教育就是希望“大学生群体”通过仪式体验获得生命主体和制度规范的存在。在特定场域，“大学生群体”的身体、服饰、言行、举止、神态都具有特殊的规范要求。如果这种“规范要求”在集体的文化记忆中没有得到足够认同和尊重，仪式主体就失去了教育的价值。③仪式管理缺位。大学体育仪式教育管理的目的就是“立德树人”“文化育人”，并且形成集体的文化记忆。然而，在实践过程中，由于管理缺位，“形式主义”“排场主义”“个性主义”“博眼球”“刷关注”等仪式没有得到有效控制，导致仪式教育价值缺失，而非主流价值上位。

（五）大学体育馆藏文化严重缺失

大学体育博物馆或者收藏馆是体育文化传播的物质载体。同时，大学体育博物馆（收藏馆）为“文、教、体”的结合提供了平台，是传播体育精神、爱国精神、民族精神的重要场所，其本身已经成为文化的象征。大学体育馆藏文化能够唤醒学生、公众对体育项目的记忆和赛事的回忆。大学生群体在馆藏文化的“故事”“器物”“事迹”的激励、熏陶、教化中实现了“人”的进步和发展。可以说，大学体育馆藏文化是“立德树人”的动力源。然而，相比美国等发达国家的高校博物馆，我国部分高校博物馆对自身缺乏清晰的认识，没有充分发挥出其应有的教育价值。大学体育博物馆（收藏馆）也是如此。高校博物馆育人功能的发挥离不开清晰、准确的定位。高校博物馆长期以来被定位为学校的自然衍生物，既不是教学实体，也不是科研部门，在学校归口不尽一致，有的被视作学校直属单位，有的为直属单位的下属部门，还有的委托某一专业院系代管。这严重导致我国高校博物馆教育功能的有效实施。此外，虽然全国高等学校共计2956所（截至2019年6月15日），建有体育博物馆的高校寥寥无几，大学体育馆藏文化严重缺失已经成为不争的事实。

导致我国大学体育馆藏文化严重缺失的原因，主要包括以下几个方面：①资金短缺。中国的大学教育依赖国家财政拨款极为严重。各高校经费来源主要是教育经费拨款、科研经费拨款、教育事业收入和社会捐赠。根据2016年教育部75所直属高校经费排名，不难看出各高校所得政府财政拨款不超过学校总支出预算的50%。也就是说，剩下的经费得靠“大学自己补缺”，而其他非重点大学的资金困境更为严重。在资金短缺的情况下，属于“边缘化”学科的体育学，体育馆藏建设不足应该在情理之中。②传承断裂。文化不但需要积累，更需要传承。大学体育馆藏文化更多的是通过收集代表性的奖杯、奖牌、锦旗、证书、照片、视频、报纸、出版物、秩序册、成绩册、雕塑、标语、标志物等器物为载体，通过历史叙事再现“人”“事”“物”的“在场”。可惜的是，一方面，由于缺乏保护意识，很多珍贵的资料已经遗失；另一方面，历经大合并组建的新大学，原有的体育文化断层，导致体育馆藏文化无法溯源。③制度失实。大学体育的价值和功能，在很长一段时间里处于“说来重要，做来不要”的境遇。高校的行政权力过于干涉体育馆藏文化的建设，相关的政策制度没有落到实处。体育馆藏文化建设不足的本质是制度制定者、执行者、监管者相互博弈的反映。

六、立德树人理念下高校体育教学改革的实施

（一）高校体育教学中渗透思想政治教育

1. 转变体育教育理念

在体育教学中，为了将思想政治教育更好地渗透进体育教学中，教师首先要做的是树立正确的教学理念。比如，在技术课教学中，创设一定的情景，利用投影播放中国队在国际赛场上夺冠的赛事集锦，从而调动学生上课的积极性，活跃课堂氛围。由原来的被动式学习技能到现在的主动式学习。从而使学生在技能学习的同时思想政治素质得到提高。

2. 以“课程思政”为目标的高校体育课堂教学改革

课堂是高校体育思想政治教育最基本的形式，也是最重要的手段。体育课堂是以“课程思政”为目标，以学习为中心的教学实践，创造“学习共同体”的教学，是提高思想政治教育亲和力和针对性的一个重要途径。为了更好地实现高校体育的思想政治教育功能，在具体的课堂中应注意以下几个方面：

（1）体育课堂是师生思想交流、互动的场所。传统的体育课堂上教师做体育教学示范，学生进行模仿练习，进而掌握体育运动技能。这样的课堂是单向的，以教师为中心的传统教学模式，师生之间缺乏交流、互动。要改变这种传统的体育课堂教学模式，建立起“主题—探究—表现”的项目型课堂教学模式，将要讲授的内容以主题的形式提出，引发学生的讨论、思考，并深入理解这项体育运动项目背后所蕴含的体育精神、体育历史和发展趋势，让学生在模仿、训练、探究、表现中通过自学、自练、互帮、互学，达成教学目标。以建构主义理论为指导，将体制教育观与健康教育观有机融合，建立新型的交往式师生关系，充分发挥大学生自我教育、自我管理、自我服务、自觉反思的积极性。通过理想信念、道德情操、体育精神的教育，极大地激发大学生内在、持久的可持续的学习动力，培养不仅身体健康，

而且具有健康思想、远大抱负的新时代的有为青年。

（2）体育课堂是引导学生磨砺品质、主动发展的过程。在体育教学中，要有意识地加强学生的挫折教育、意志品质教育，通过情境教学，在游戏、比赛等环节，设计一些问题、困难，通过磨砺学生品质，引导学生主动克服困难、不怕失败、团结协作等思想品质，引导学生主动发展。注重发挥教师的示范引领和主导作用，通过学生的认同心理和教学的潜移默化，将体育运动中的精神教给学生，正面引导学生，在教会学生身体锻炼的同时，给予其相应的思想启迪，达到润物细无声的效果。

（3）体育课堂是道术结合、教学相长的智慧空间。高校体育课教学多年来都是重视身体发展方面的努力，给予学生体力的重视。注重学生体育技能的掌握和体质的提升，强调“术”的教学，致使体育活动成了简单、僵化、枯燥的固定程式，教学内容的丰富性、延展性不够。体育教师应转变片面的体育教学观念，提倡“道术结合”，充分发挥体育课的思想教育、健身娱乐、社会文化等功能，培养德智体美劳全面发展的学生，使体育课堂不仅是学生合作学习、共同成长的所在，而且还是教师作为教学实践专家共同学习和成长的所在。体育教师对学生的影响不仅仅只是局限于教师自身所凝结的知识，以及教师所具有的教学能力，更依赖于教师的价值观对学生潜移默化的影响。优秀的体育教师不是教书的机器，而是以平等的眼光看待学生，给予学生更多的爱与关注。在教学的双边活动中，教师在关注学生成长的同时，也应当不断地见贤思齐，提升自己的师德师风和道德修养。

3．提升道德观念水平

要想把思想政治教育渗透到高校体育教学中，可以将爱国主义的教学内容穿插进体育教学的课堂中，这样可以培养学生的爱国、团结、奋进的集体主义精神。这就要求教师要具备较高的业务素养和思想道德修养。因此，教师应在体育教学中不仅要让学生掌握相应的项目技能，还要求学生应掌握该项目的理论知识，如竞赛规则，将技能、理论和做人联系起来。只有教师不断地提升自身的业务素质和道德修养水平，才能将思想政治教育更好地渗透进高校体育的教学中。

（二）进行多样化的体育教学

体育教学的内容不同于其他学科，其内容可以是多种多样的，不同的教学内容蕴藏着不同的道德内涵。游戏项目可以培养学生的竞争意识，充分发扬他们精诚合作的精神；长跑运动可以锻炼学生的毅力和恒心，培养他们坚韧不拔的意志；球类运动可以培养他们自信、勇敢、勇于挑战的精神。教师还可以针对学生不同的兴趣，发展他们不同的爱好，让他们在自己擅长的领域发挥出成绩。不同的运动项目可以培养学生不同的品质，这就是为什么我国一直弘扬体育精神的原因，体育精神不仅是代表体育本身，更代表一种崇高的信念和高尚的道德。

（三）体育教师以德育德，切实提升教师的德育意识和价值教育能力

立德树人要落实到具体的教书育人过程中去，落实到每一节课，每一个课堂中去。教师是引导学生树立正确的价值观、人生观、世界观的“领路人”。只有教师对核心价值观有着深刻的理解，明确课堂教育中的德育责任，才能在教学过程中自然而然地将社会主义核心价值观传递给学生。高校要加强体育教师队伍的系统规划，特别是要强化体育教师教书育人的使命感和责任感，把德育意识培养纳入教师的日常培训体系中。遵循教育规律和教师成长发

展规律，加强师德师风建设，培养高素质体育教师队伍。畅通体育教师职业发展通道，建设一支高素质创新型的体育教师队伍。

(四) 加快学科发展，提升专业话语

“立德树人”已经成为各个“学科育人”的总目标，体育学也不例外。大学体育，一方面通过增强体质完善人格来实现“实践育人”；另一方面，通过体育思想、体育文化、体育精神对“大学生个体”进行引导、感化、激励，从而实现“学科育人”。在践行社会主义核心价值观，实现民族复兴、国家富强等方面，大学体育课和其他专业课及通识课一样，都具备“立德树人”的价值功效。大学体育必须加快“体育学”学科建设，落实“立德树人”的根本任务，更好地践行“学科育人”“实践育人”“全程育人”。

(1) 厘清关系

大学体育学科建设需要厘清“学科—专业—课程”的发展关系，以体育课程建设为核心凸显教材特色和教学特点，提高“学科”的认同度。大学体育不像其他学科有自己的专业，但是，大学体育可以通过制度设计来优化课程建设，提高教学质量。毕竟，课程源于学科，而学科通过课程影响专业。体育课程作为“立德树人”的重要载体，通过师生、知识、文化的交织，实现价值、规范、信仰的“育人”逻辑。

(2) 明确方向

体育学向世人传达的是“健体”“塑形”的“工具化”价值，离“博”“雅”价值可能还有不小的“距离”。在“立德树人”的教育过程中，体育学必须明确“工具化”教学向“知识化”教育转向。学科教育的取向与路径是“知识人格化”，大学体育既要有“术”，还要有“学”，知识影响“德性”，学问可以“化人”。体育是知识，是学问，和其他学科一样应该获得足够的尊重和公平的地位。

(3) 提升话语

在大学制度和治理能力现代化的历史时期，高等教育迎来了由“大”向“强”转变的历史机缘。面对“双一流”建设的历史机遇，大学体育学科建设应该寻求“内在性”的发展。大学体育通过举办具有影响力的学术会议、发表高质量的学术论文、出版畅销的学术著作、获批国家级的课题项目、获得高额的财政支持来提升“学科”“学术”的话语权，从而实现体育学的话语影响力。

(五) 强化仪式教育，实现价值回归

大学体育仪式教育更多的是通过身体符号、身体意识、身体场域来表达价值的意蕴。强化大学体育仪式教育，一方面体育仪式借助“群体”规范，给“个体”行为提供“道德的制裁”。另一方面，体育仪式通过特定要素、场景、程序、道义增强“大学生群体”的认同感、归属感和凝聚力。“人”在这些可操作的行为过程中实现“身体的规训”“价值的依附”“制度的规制”。因此，实现大学体育“立德树人”，仪式教育必须回归社会主义核心价值。

大学体育仪式教育实现核心主流价值回归的具体措施有以下几点：

(1) 价值认同

“身体练习和实践”是大学体育课的独特标志，仪式教育更多的是身体表达。从宏观层面讲，这些身体表达蕴涵着社会价值、道德价值、文化价值；从具体层面讲，就是尊师友、

尊师重道、师生互敬的价值表现。“传道授业，莫过于师；劝善规过，莫过于友”，体育课“鞠躬礼”传达的是师生之间相互尊重的“人性”价值。

（2）行为规约

仪式教育具有一定的神圣性和严肃性。法国社会学家爱弥尔·涂尔干（又译为杜尔干、杜尔克姆、迪尔凯姆）指出：“仪式规定了人们在神圣对象面前应该具有怎样的行为举止。”体育仪式教育将参与者置身于规范的程序中，营造合适的社会秩序和道德操守，参与者在宏大的叙事中获得责任感和使命感，并依托集体行动实现个体行为规范。体育竞赛中的“宣誓仪式”表达的是对规则的遵守和尊重。

（3）制度管理

体育仪式的制度管理目的是更好地发挥仪式的“育人育德”价值。仪式的制度管理主要包括仪式选择制度、仪式执行制度、仪式创新制度。仪式选择制度主要是对学校仪式实践中存在的问题加以甄别，从而提高仪式的管理效果。仪式执行制度主要是根据仪式的场域、程序、道义、体验等要素在每个环节加强执管，增强仪式价值观的表达性和传播性。仪式创新制度主要是指仪式表现形式创新。伴随着信息、技术、手段、观念的变化，仪式的表现形式也相应地发生变化，仪式表现形式的创新需要和社会主流核心价值保持一致。

（六）推进馆藏建设，凸显文化育人

文化是国家、民族的灵魂。习近平总书记指出“文化是维系社会和民族生生不息的巨大力量”。在建设社会主义文化强国的过程中，大学文化是“立德树人”的内在驱动力，大学应该承担更多的责任和使命。大学体育博物馆（收藏馆）是集“收藏、研究、教育”三大职能于一体的文化综合体，是大学校园文化的重要组成部分。大学体育博物馆作为一种文化载体，使得大学生群体或者社会参观者在体育馆藏文化的体验中实现了“人”对社会、国家、民族的价值认同。大学体育“博物馆化”的过程，正是对大学生群体或参观者“化人”的过程。因此，推进大学体育馆藏建设，以便落实“立德树人”、凸显文化育人。

（1）召集众筹募赠

相较于欧美发达国家的高校，我国大学体育馆藏建设存在不足，其根本原因是资金短缺。众筹募赠是快速获得资金的有效途径。大学主体通过搭建众筹资金平台向社会、公司、企业、校友等筹集资金，推进馆藏建设，满足大学生群体或社会公众的体育文化需求。同时，通过大学体育馆藏文化开展“育人、育德”活动。

（2）归整档案文物

档案文物是大学体育博物馆（收藏馆）“化人”的实物载体。这些实物载体，在档案文物的宏大叙事中传播体育价值、体育文化、体育精神，最终形成独特的大学体育文化。“人”在体育文化的熏陶中实现“人格”的自我完善。归整档案文物既是馆藏责任意识和职业道德的体现，又是传承校园体育文化的有效手段。

（3）优化制度驱动

现代大学制度治理需要明确行政管理者的权利和责任。大学体育馆藏文化建设事关学校“文化强校”“文化育人”“立德树人”等重大政治性价值取向问题。管理者需要优化制度设计、强化制度执行力，将政策制度落到实处，加快大学体育馆藏文化建设，实施“文化育人”。

在新的历史时期，党中央再次提出高等教育需要落实“立德树人”的根本任务。大学体育在实施人才培养的过程中，“立德”表达的是对“真、善、美”的批判和认同；“树人”主要指树立社会主义核心价值观，成为国家认同和民族自信的“人”。大学体育“立德”和“树人”之间的内在逻辑，反映了体育教育者和管理者的责任担当。大学体育“立德树人”过程中，学科建设是基础，大学体育需要通过厘清关系、明确方向、提升话语等相关措施，加快“体育学”学科建设，践行“学科育人”；体育教师是核心，大学体育应该构建教师共同体、培养教师的责任感、凸显制度的有效性，实现“全员育人”；仪式教育是内容，大学体育通过价值认同、行为规约、制度管理，实现“礼仪育人”；馆藏文化是动力，大学体育通过众筹募赠、档案文物、制度驱动，实施“文化育人”。

第三节 “人文理念”在高校体育教学中的改革研究

一、相关概述

（一）人文体育观的概念和内涵

人文体育观是指以人的和谐发展为目标，提倡尊重人的本性、人的尊严、人的潜能，在教育过程中使人的价值最大实现和发展的教育观念。人文体育观最早引起学界的关注是在20世纪90年代，人文体育观的提出和发展是与人文精神的讨论相伴而行的。确切来说，1997年，体育人文社会学成为一门正式学科后，人文体育观才引起了体育理论界的关注。人文体育观的核心是对人类生存意义的终极关怀，具体到高校体育教学中，人文体育观主张以学生发展为目的进行教学设计，选择教学内容和教学手法，以发掘学生的潜能，发展学生的个性，帮助学生养成终身锻炼的习惯，满足学生的身心发展需求。与传统的教学观念相比，人文体育观更加关注人的价值和作用。高校体育新课程标准要求高校体育坚持“以人为本，健康第一”的原则，以学生为主体去培养学生的运动兴趣和终身体育意识。人文体育观契合了高校新课程改革的要求，所以它也成为高校体育教学新的指导思想。

（二）体育教学的人文原理

英国哲学家休谟曾说过，“人性是一切学科的基础”。那么，体育教学中必不可少的便是重要“人性”的体现；而情感和责任感，又是人性的两大基本要素。情感的修炼有助于人们对周围的一切产生关心或理解的心理，同时也有助于增进自身的心理健康；责任感的修炼有助于制约人类情感的发展变化方向，同时还有助于增加自己对他人、自然与社会不可或缺的使命感。总之，在体育教学中修炼的情感、责任感或其他，都是为了使人类具有更加丰满的人性，使体育参与者的人文精神得以提升。因此，高校体育教学必须严格遵循上述人文原理。

二、高校体育教学现状及其存在的问题

（一）体育教学目标片面

长期以来，我国高校体育教学都以体育知识和技能教学为主，学生的学习热情、体育锻

炼意识和综合素质培养在教学中不受重视，这给高校大学生的情感、心理和个性发展带来了不良影响。虽然高校新课程标准明确提出，高校体育教学要重视学生的运动习惯、兴趣和意识培养，要突出学生的保健和锻炼意识的重要性，但是，受传统教学理念影响，高校体育教学仍以体育基本知识和技能教学为主，大学生的情感需求、心理状况和全面发展在体育教学中仍然被忽视，高校体育教学缺少人文色彩，这与高校新课程改革要求有一定的出入。

（二）教师没有形成先进的教学理念

对体育教学的重要性认识不够深刻，认为体育教学无法作为高校人才培养工作的必要组成部分等，导致体育教学活动与职业院校人才培养工作脱节。

（三）学生缺乏正确的认知

受教育理念和社会环境的影响，学生对体育的认知并不完善，许多大学生认为在学校主要是学习文化课程，体育不好并不重要，他们参加体育课只是为了获得学分，大学生对体育的价值和意义缺乏深入、正确的认识，导致了学生群体对体育持有回避态度。

（四）教学手法僵硬

传统的高校体育教学，以教师为主体，学生在教学中非常被动，学生只能按照教师要求，或者按照教师示范来演练体育技巧和动作。此外，高校教学模式多年来都以灌输式、填鸭式教学为主，体育教学实践所占比例较小，加上体育教学设备短缺、场地建设水平低，校园体育文化发展缓慢，所以，大学生缺少自主学习、合作学习的机会，学生的主体意识和学习热情也因此而受到影响。

（五）高校重视程度不够

目前，高校体育教学中人文理念的渗透与应用存在一些问题，正是由于这些不合理的观念，才进一步影响了高校体育教学的有效性，长期以来，大多数高校对人文理念重视不够，教学的主要目的是提高大学生的体育技能，忽视了对大学生自身素质的培养和人文素养的提高。换句话说，高校体育教学过于强调专业技能的培养，但大学生的团结意识、奋斗精神、集体荣誉感等方面不被重视。

三、高校体育教学与人文理念的密切关系

体育，是社会文明的产物，是人类文化的结晶，更是一种为了使人能够更好地生存、发展的社会实践活动。在这些活动过程中，必然会广泛地涉及人与人、人与社会及人与自然的多重关系；而在这些关系中，必不可少的便是人文精神的展现。因此我们可以说，体育与人文精神是密切相关的。

随着社会的发展和人们生活水平的不断提高，人们对体育运动与体育教学的认识与期望也发生了转变，其人文理念日益受到人们的高度重视。大家不再局限地关注于某一动作怎么学、某一部位如何练、某一奖牌如何得……而更加注重受教育者的身体健康，关注整个人的自由、全面、和谐的可持续发展，强调“以人为本”“健康第一”。就连奥林匹克运动也提出了继“更快、更高、更强”之后的“更干净、更人性、更团结”这一新口号，昭示着当代体育教学也必将与人文精神融合得更紧密这一历史趋势。

从育人的角度来看，高校体育教学与人文理念的培养是不可分割的。一方面，体育教学求真求实，人文精神求善求美，不论何时，对真善美的追求都应该是统一的，所以高校体育教学与人文理念的培养在育人的目标上是一致的；另一方面，“体育与人文都十分重视思维方式与能力，一个强调形象思维，一个强调逻辑思维，两者都是不可或缺的”。从学科发展的角度来看，自然科学与人文科学的融合正如“天下大势，分久必合”的规律一样，已成为一种必然，因此在高校体育教学中融入人文理念也是大势所趋。从课程论的层面来看，在高校体育教学中融入人文精神也是体育教学自身的需要，新时期教学最强调的一点便是以学生为主体，尽可能地促进学生全面、和谐与充分的个性化发展，这就必然少不了人文精神的融入。总之，我们不妨这样认为：人文理念是体育教学的灵魂所在；而体育教学则是人文理念养成的重要途径——为学生“理解和感悟体育的人文理念提供了一个环境，一个特殊的场所；也为高校培养大学生人文精神提供了好教材、好时机”。

有人曾经说过，“体育的必须是人文的。这是体育理念之所在，体育精神本质上是人的精神，是人类普遍价值所在，如果不能达到增进人文、提升人类普遍价值之目的，那么再大的赛事、再多的金银奖牌，也会缺少意义”。可以毫不夸张地说，体育本身就是人文理念的产物，高校体育教学与人文精神密不可分。

四、高校体育教学中渗透人文理念的必要性

（一）社会发展需求

所谓人文精神指关乎人自身生存与发展的与人性、人格、人生价值有关的人生理想和价值尺度。它表现为对人的价值、尊严和命运的理解、尊重和关怀，是一种理想型人格。在知识经济时代，人文理念的内涵不断向外延伸，高等教育也发展至人文、人道和人本新阶段，人文精神的价值和意义受到全社会的广泛认可。构建高校人文精神体系，培养和提高大学生的人文修养，也成为社会对高等教育发展的根本要求。作为高校体育、智育的重要途径，高校体育本身也蕴含着丰富的人文精神，在体育教学中传播健康和人本理念，倡导生命的价值和意义，是大势所趋，也是高校体育发展的新方向。

（二）确保大学生能够跟上社会发展步伐

随着我国社会经济的快速发展和改革开放的加快，社会对高素质人才提出了更高的要求，大学生不仅需要专业知识和技能，还需要意志、精神和良好的素质，而高校体育教育中渗透人文理念不仅可以培养学生良好的体质 ，而且还可以培养其坚强的意志和毅力，能更好地适应社会发展的需要 ，跟上时代发展的步伐，能够满足各种工作需求。因此，高校体育教学必须注重人文理念的渗入，从而促进大学生的全面发展和进步。

（三）提升学生的综合素养

素质教育是当前我国现代教学理念推崇的一种教育方式，也是一直贯彻落实的一种教育策略，体育作为素质教育的重要组成部分及具体的实施途径之一，在当前学生的培养过程中发挥着至关重要的作用。体育并不仅仅局限于竞技项目，也离不开竞技体育中的人文关怀以及团结协作。高校体育教育教学活动是人文精神渗透的一个重要环境，师生之间的相互关怀和相互理解不仅可以提升教师的责任感，而且还能够提高学生的参与意识及合作意识。在提

高学生身体素质的同时，潜移默化地提升学生的人文素养和道德素质水平，对学生的全面发展有着不可或缺的作用。

（四）增强大学生的自信心

自信是一种重要的心理素质，对每一个大学生都非常重要，学生有自信，才可以勇敢地面对生活中的各种问题，从容地应对工作中的各种挑战，帮助大学生更好地生活和发展，而在高校体育教学中渗透人文理念，可以有效地提高大学生的自信心。

（五）培养大学生的终身体育意识

体育教学中最重要的是培养大学生的体育意识，在体育教学中渗透人文理念可以有效地培养大学生的终身体育意识和能力，从而为终身体育锻炼打下良好的基础。

（六）激发学生的学习积极性

高校教育作为培养高质量专业人才的重要手段，人才培养模式，以及培养方法直接影响着社会对人才的认可度。体育教学活动不仅能够强健学生的体魄，而且还可以培养学生的规则意识、吃苦耐劳的意志及团结协作的意识，提高学生的公民意识和人文素养，帮助学生建立起良好的心理素养和完善的人格。从当前的体育教学活动来看，以人为本的教育教学理念落实不到位，缺乏对学生的人文关怀，也没有充分重视起对学生人文素质的培养，导致高校体育教学活动开展过程中存在各种各样的问题，同时，也无法激发学生的学习兴趣，导致学生学习效率不高。因此，需要将人文理念引入高校体育教学过程中，实现高校教学的育人目标，通过采用以人为本的教育教学方法强调学生在教育过程中的主体地位，使得学生能够以积极主动的态度融入体育教学过程中。

（七）高校体育教学发展需要

通过体育教学使大学生成长为身体强壮、心理健康、人格健全的人，是高校体育人文理念教育的根本目的，这也要求高校在体育教学中不仅要关注体育知识教学和体育技能锻炼，还要培养大学生的体育意识、人文意识，帮助大学生养成自主锻炼的好习惯。但是，结合实际来看，我国高校在体育人文理念教学中存在这样或那样的问题，如过于关注体育知识和体育技能教学，教学目标单一；学生个体差异和发展需求不受重视，学生个性被严重束缚；体育内容竞技化，影响了大学生的体育锻炼热情。高校体育教学要想实现新的发展，必须以学生人文精神培养为目标，关心人，培养人，发展人。

五、人文理念应用于高校体育教育的重要性

人文理念在教育领域中的应用具有长远的历史，在人文理念提出后的不长时间，就有教育学研究专家尝试将人文理念应用于教育改革实践中，希望能够为教育改革提供相应的理论指导，从而促进教育改革水平的全面提高。并且在长时间的实践验证中发现人文理念在教育领域中的应用能够为教育改革提供良好的支持。所以在高职院校的体育教育改革中，也可以尝试引入人文教育理念，对体育教育改革提供有效指导。这样能够保证学生在学习相关体育技术动作知识、参与体育强化训练的过程中实现对自身人文素养的培养，为学生的未来发展提供相应的保障。

六、高校体育教学中融入人文理念的可行性

（一）高校体育教学对人文理念的养成具有着实的促进作用

1. 有助于学生的人际交往

体育活动能够有效地增加人与人接触或交流的机会，进而促进彼此之间的情感沟通与人际交往，甚至有可能在此过程中逐渐形成主动与人交往的意识或习惯。

2. 有助于体育锻炼

通过体育锻炼，不但可以增强学生体质、改善个人的生理健康程度，同时也有利于自我心理素质的完善，以及社会适应能力的提高。例如，在高校体育教学过程中，对于如何面对困难与挫折、如何看待成功和荣誉、如何控制情绪、如何调整心态……都有机会一一得到真实的感悟与锻炼。

3. 有助于唤醒学生的竞争意识

除合作外，竞争也是体育运动的主要特征之一。这种竞争既体现了对自己的挑战，也表现了与他人的对决；既有个人之间的竞争，也有团队之间的角逐。竞争意识的形成对日后个人的自我超越与发展，以及社会适应能力的提升均大有裨益。

（二）高校体育教学对人文理念的培养具有自身独到的优势

高校体育教学“寓教于动”，以肢体实践活动为主要方式，其强身健体、修身养性、调和节奏、增添情趣、审美育德、寓教于乐等功能是其他任何学科课程所无法比拟的。

高校体育教学相对其他学科而言，有着更为宽泛的科学基础，它综合了生物、心理、解剖等诸多相关学科，人文精神发展的土壤更为广阔。

高校体育教学有其特殊的时空属性，并没有局限于教室这一有限的活动空间，也没有局限于课堂这一有限的时间，而是可以放逐于辽阔的室外乃至返璞的大自然，放逐于日常生活的每时每刻，更接近于人类学习的原生状态。

高校体育教学能够自然地运用示范等直观教学方式，师生之间、生生之间的交流、切磋也更便利，切实体现了教育对人的主体性的关注。

可见，高校体育教学对人文理念的培养具有其内在优势，是其他学科所无法替代的。这更为在高校体育教学中融入人文精神奠定了坚实的可行性基础。

七、高校体育教学改革中渗透人文理念的策略

（一）更新教学理念，明确人文精神培养目标和要求

体育道德理念、体育行为方式、体育价值观中都蕴含有丰富的体育人文理念。高校体育人文理念渗透主要表现在两个方面：一是在人本主义理念指导下，尊重学生价值和尊严，发展学生个性；二是在和谐理念指导下，促进学生身心、体质、头脑的全面发展。教育大计，思想先行。体育人文理念渗透和教育是一项复杂的工程，它需要从体育教学理念更新入手。这就要求高校更新体育教学理念，突出人文理念培养在体育教学中的作用和地位，以学生为中心制定体育人文理念教育目标和教学计划，明确体育人文教学的要求和方向，将体育教学

的特殊性、全面性与大学生个性差异、专业结合起来，要求高校体育工作者尊重、关心学生个体差异，在大学生体育知识传输、体育行为习惯培养、体育实践活动中培养大学生的人文素养。

（二）更新传统的体育教学理念，突出对人文体育的关注

在传统的“生物体育观”的影响下，高校体育教学长期存在着诸如培养目标有偏差、教学内容片面、教学形式单一、教育主体错位、评价方式不科学等一系列的问题，但更为根本的是高校体育教学的教育理念颇为陈旧，人文理念缺乏的问题严重。若要在高校体育教学中融入人文理念，必须首先从根本上改变传统的体育教学理念。其中，至少应包含的人文思想理念精髓主要体现在以下几个方面：

1.“人本主义”思想指导下对学生个性、主体性的充分尊重

人本主义教育思想是20世纪70年代后期盛行于美国的一股现代教育思潮。它以人本主义心理学为理论基础，主张教育的目的是培养“完整的人”，其中人的尊严与价值得以充分体现，并将人视为具有创造性、主动性及自我实现性的个体。在这种教育思想的指导下，高校体育教学也必须树立“以人为本”的基本教育理念：以学生为一切教育教学活动的中心，在教育目标的制定、教学内容的选取，以及教学方法的采用等方面，均应充分考虑到学生的主体要求及真正需要。

2.“终身教育”思想指导下的终身体育精神

近年来，在高校教学改革的推动下，高校体育教学过程中逐渐衍生出一种“终身体育”的思想，它使一个人“终生都能接受体育教学和从事体育锻炼，使身体健康、身心愉悦、终身受益”。然而，虽然由于现实条件所限，目前我国高校体育教学很可能是一个人此生中所受的系统体育训练的最后阶段，但在高校体育教学过程中，必须向学生传递“终身体育”这一理念，以使人们的运动意识不至于在毕业后很快就被快节奏的社会生活所淹没。

（三）加强高校对体育教学的重视

提高体育学科的地位是提高体育教师积极性的重要保障，高校体育教学一直以来处于高校教学系统中的劣势地位，高校领导普遍缺乏对体育教学的重视，导致高校教师和学生都缺乏参与体育课程的积极性，进而影响体育教学质量的提升。因此，高校领导必须要重视体育学科的作用，提高体育学科的地位，认识到体育学科在教育教学活动中的重要性。同时，体育教师也需要不断地提升自身的专业素养，不仅停留在经验层面，还需要在科学的基础上进行提炼和总结，通过人文理念的渗透提高高校体育教学的专业性、科学性、系统性及应用性。

（四）全面提高体育教师的人文素质

高校在招聘体育教师的过程中，应从专业能力和人文素质入手，把体育专业能力和人文素质放在同等突出的位置。还要建立和完善培训再教育机制，培养现有高校体育教师的人文素质，不断提高体育教师的人文素质。

（五）创新教学方法，展现学生的主体性

教学手法是教学的载体，教学手法创新，也是提高体育教学质量的关键。新课程改革要

求高校在体育教学中要树立人本理念，培养学生的创新精神，这一切都与教学手法创新有着密切关联。因此，高校要在人文体育观的指引下，关注体育基础知识教学，同时根据学生的身体素质、接受能力和发展需求，进行分层教学，针对不同层次的学生施行不同的授课方法，使所有学生都能通过体育教学有所提高。此外，在教学中尊重学生的主观能动性，变填鸭式教学为诱导、合作教学，给学生更多展示自己、自主学习的机会，加强与学生的互动，让学生在情感上与教师达到共鸣，提高体育教学品质。在此基础上，给予学生更多的人文关怀，注意教学的差异性，因材施教，借助项目教学法、趣味教学法、启发式教学法增强教学的灵活性，让学生主动参与到教学中去，以提高学生的身体素质。如有必要，高校还要将课堂内外结合起来，加强校园体育文化建设，以拓宽体育教学外延，优化体育教学效果。

八、人文理念在高校体育教学改革中的实践应用

（一）人文体育教法的设计

1．学科渗透教学法

人文理念融入高校体育教学中的意义在于，它打破了旧的传统的体质教学模式，引进了体育教育与教学以人为本并为人的发展服务的现代思想理念，将有限的、阶段性的、形式上的传统体育教学，改变并拓展为无限的、长远的和本质上的飞跃，使体育教学质量从外在到内在，由形式到实质都发生了一个根本的变化，提升到一个新的境界，较好地做到了与时俱进，使高校体育教学适应并与高速发展的社会需求接轨；由于人文思想地融入，涉及的知识面宽广而深厚，这就给体育教师提出了新的更高的要求，这对提高体育教师队伍的整体素质会起到一个极好的推动和促进作用；由于人文思想教法的运用，使体育教学的内容更加丰富充实，学生对体育教学中的知识、技术和技能理解的渠道和思路更加畅通；由于诸学科知识的相互渗透和联系，其中涉及的高深奥妙的知识和原理，能较好地激发学生的好奇心和求知欲，而对体育教学产生兴趣和爱好。对高师院校的学生而言，通过体育教学对自己本专业的水平、技能和素质都会起到良好的促进作用。

2．幽默教学法

幽默是一种才华和睿智的体现，它能直接反映出一个教师的知识层面、思想修养、文化素质、专业水平及思维反应速度的能力等方面的一个综合素质，它也是一种笑的艺术。教学中教师幽默风趣诙谐的语言能够较好地活跃调节课堂气氛，化解尴尬的局面，反应迅捷、恰到好处的幽默能给学生带来一个好心情，营造一个快乐活泼的教学情境和氛围，使学生在笑声中理解体育理解运动并掌握技术，从而反映出教师高超的教学水平和艺术性。

3．师生互动教学法

我们经常说，学生是主体，教师是主导，体育教学是一个师生双边互动的教学过程，但对一些不同类型和不同层次的高校体育教学的实际观察和分析情况来看，教师的主导有余，而学生的被动现象是比较严重的，不能较好地实现我们所倡导的师生互动的教学情境和目标，仍然是传统的以教师讲解示范后，学生按教师的要求去进行练习的模式为主的情况居多，这显然不能充分调动和激发学生学习的积极性和自主性。对此，针对这种现象，我们在教学中尝试着利用在课的开始部分，根据教学内容对安排指定的学生布置任务，提出要求，写出教案并由教师对其进行指导，在充分准备的基础上由其带领大家进行相关活动内容的练

习，教师及时进行小结，肯定成绩，指出不足；在体育课结束前，教师根据对学生掌握的情况，随机指定那些身怀才艺和技能的学生带领同学们进行各种形式的放松及游戏练习。这些以学生为主导的自编自练的活动形式和内容充分调动了学生的参与意识，激发了学生练习的热情和积极性，同时也较好地弥补了教师教学中某些方面能力上的缺陷和不足。而在教学过程中，教师利用提问、讨论、正误对比等形式引发学生的思考，运用其掌握的相关知识分析问题、解决问题，以便提高对体育教学内容项目技术的更深层次理解和认识。

4．率先垂范教学法

我们经常说“榜样的力量是无穷的”，这在体育教学中也能充分体现出它的作用和力量。我们所面对的教育对象是一群头脑发达、思想活跃、思维敏捷、知识丰富、充满活力与朝气、求知欲极强的青年人，他们对接触到的任何事物都有着自己独特的见解和思考。在教学中，教师的一切言谈举止都可能对他们产生正面或负面的影响，他们不仅在听教师的说教，而且也在看着教师的举动。因此，教师的言行一致，说做相符的程度会对学生产生直接的影响和作用，也就是常说的身教重于言教。针对这种状况，教师首先要树立坚定的信念和信仰，以及高度的事业心和责任感，努力提高自己的文化素质底蕴和修养，提升正面说教水平；以多年体育锻炼而造就的健康强壮的体魄，充满活力的精神面貌给学生一个直接的表象感召作用；通过教学中教师不畏严寒不怕酷热，不插手避寒，也不遮阳避热，严格遵循课堂常规要求，并和学生一起拿送器材布置场地等，事情虽小却能起到“润物细无声”的效果。尤其在体育考核中，由于体育考核缺乏科学性和教师的随意性，以及社会不良风气的影响因素，稍有差错就会对学生造成极其不良的影响；而教师在这些方面和环节中，对学生一视同仁，坚持原则，坚决抵制社会不良风气对体育考核的渗透，从中体现出教师人格力量的魅力，就会在很大程度上调动和激发学生的学习积极性和自觉性，在提高体育教学的效果的同时，也对学生良好思想意识的形成起到了 积极的教育作用。

（二）人文体育课程内容的设计

在人文体育教学理念的引导下，高校要以学生发展为本，优化和完善体育课程，为高校体育教学打好基础。如高校可遵循大学生身心发展规律，增设更多的体育基础课程，或根据大学生兴趣爱好增设更多的体育选修课，开展瑜伽、健美操、轮滑等新兴体育项目教学。当然，高校还可以结合高校体育资源和自身体育教学优势开展不同类型的体育兴趣班、提高班，以满足不同水平、不同兴趣的大学生的需求，从而促进大学生的全面发展。在体育教学中，高校还要结合社会体育、群众体育发展现状有针对性地调整教学内容，适当地简化竞技体育教学难度，对体育教材进行合理加工和运用。结合大学生的身体条件，在体育教学中增加更多的体育营养保健卫生知识。结合专业教学培养大学生终身体育意识、自主锻炼意识，尽量保证体育课程的弹性和灵活性，使高校体育教学目标与内容都符合和满足高等教育体育学科人文精神培养的需求。

第十一章 “健康中国”背景下高校体育教学的改革研究

第一节 “健康中国”背景下高校体育教学的相关概述

一、相关概念

（一）健康

世界卫生组织对健康提出了一个明确和全面的定义：“健康是指在身体、心理和社会各方面都完美的状态，而不仅仅是没有疾病和虚弱。”从中我们可以看出，对健康的评价不仅基于医学生物学的范畴，还扩大到了心理学和社会学的领域。由此可见，一个人只有在身体和心理上保持健康的状态，并具有良好的社会适应能力，才算得上真正的健康。

上述三方面的有机结合，可以构成人的生命质量。在人的生命这个三维立体中，身体、心理和社会三种属性的面积越大，在自然和社会中所占的位置也越高，与社会的接触面也越大，从而显示出该个体的生命质量也越高。反之，如果这三种属性的面积过小，则个体与社会的接触面也越小，生命质量就越低。许多健康者的经验告诉我们，生命的质量越高，则健康长寿的可能性就越大。相反，个体如果心理压抑和自我封闭，则极易产生疾病，缩短寿命。这也说明，一个人只有从生物、心理和社会三方面着手，才能有效地保证其健康幸福地生活，并提高生命的质量。

（1）身体健康

身体健康不仅指无病，而且包括体能。后者是一种满足生活需要和有足够的能量完成各种活动任务的能力。具备这种能力，就可以预防疾病，促进健康，提高生活质量。

（2）心理健康

心理健康是指人的内心世界丰富充实，处世态度和谐安宁，与周围环境保持协调。具体讲，心理健康包括两层含义：其一是自我人格完整，心理平衡，有较好的自控能力，有自知之明，能正确地评价自己，能及时发现并克服自己的缺点；其二是有正确的人生目标，不断追求和进取，对未来充满信心。

（3）社交健康

社交健康是指形成与保持和谐人际关系的能力，此能力使人在交往中有自信感和安全感，与人友好相处，能为他人所理解，为社会所接受，行为符合社会身份，与他人保持正常的人际关系。

（二）健康教育

健康教育问题在基础教育改革领域受到高度关注，作为学校教育的重要组成部分，不仅在实践应用上备受重视，在理论层面也有非常多的研究文献。从医学保健的角度出发解释健康教育，就是利用信息的传播和一些行为干预，让人们了解健康知识、学会运动、养成健康的行为习惯与生活方式的教育活动与过程。

当下的健康教育就是利用一系列完整、系统的教育活动，增强人们的健康理念，培养人们形成科学的、健康的生活方式，从而远离疾病。

与此同时，在20世纪90年代，世界卫生组织把健康界定为“身体健康且心理健康，社会适应性良好和道德等四方面都健全，才算是完全健康的人”。从健康定义我们可以总结出，健康教育需要从多维度做起，才会成为一个健康的人。

（三）学校体育健康教育

学校体育健康教育，属于健康教育的范畴。与此同时，它又作为学校的一种教学活动，与其他社会健康教育存在些许差异。从字面意义理解就是在学校大环境下，通过体育手段来进行健康教育的活动。

二、“健康中国”的理论意义

党的十九大报告将“实施健康中国战略”作为国家发展基本方略中的重要内容，回应了人民的健康需要和对疾病医疗、食品安全、环境污染等方面后顾之忧的关切。将“健康中国”建设提升至国家战略地位是国家治理理念与国家发展目标的升华，有助于促使关注健康、促进健康成为国家、社会、个人及家庭的共同责任与行动。

在2016年8月召开的全国卫生与健康大会上，习近平总书记就明确提出要“将健康融入所有政策，人民共建共享”，强调“没有全民健康，就没有全面小康。要把人民健康放在优先发展的战略地位”。同年10月，中共中央、国务院印发《“健康中国2030”规划纲要》，提出“普及健康生活、优化健康服务、完善健康保障、建设健康环境、发展健康产业”五方面的战略任务。党的十九大报告更是将实施健康中国战略纳入国家发展的基本方略，把人民健康置于“民族昌盛和国家富强的重要标志”地位，并要求“为人民群众提供全方位全周期健康服务”，这表明健康中国建设进入了全面实施阶段。

中共中央、国务院印发《“健康中国2030”规划纲要》第六章“提高全民身体素质”中第四节“促进重点人群体育活动”明确指出“制定实施青少年、妇女、老年人、职业群体及残疾人等特殊群体的体质健康干预计划。实施青少年体育活动促进计划，培育青少年体育爱好，基本实现青少年熟练掌握1项以上体育运动技能，确保学生校内每天体育活动时间不少于1小时。到2030年，学校体育场地设施与器材配置达标率达到100%，青少年学生每周参与体育活动达到中等强度3次以上，国家学生体质健康标准达标优秀率25%以上。”这对高校进一步加强“健康体育活动”的开展提出了新的要求和理论指导。

三、"健康中国"的理论基础

（一）人的全面发展理论

人的全面发展理论是兼具理论价值与实践意义的问题，它是马克思在唯物史观和剩余价值两大理论基础上作出的重要理论贡献，是马克思主义学说中的重要思想成果。这一理论体系从多种视角关注社会主体的发展需求，对于他们优势的充分释放和发挥，对于促进社会和个人的全面发展，推进改革事业和现代化建设，实现富强振兴的民族梦都具有重要意义。

（二）终身体育理论

终身体育的含义包括两个方面的内容：一是指人从生命开始至生命结束中学习与参加身体锻炼，使终身具有明确的目的性，使体育成为其终生生活中始终不可缺少的重要内容；二是在终身体育思想的指导下，以体育的体系化、整体化为目标，为人在不同时期、不同生活领域中提供参加体育活动机会的实践过程。

终身体育作为一种完整的现代体育思想，其基础来自两个方面。

人体自身发展，需要体育锻炼伴随终身。人体自身的发展，是有规律可循的。人的一生一般要经历三个发展时期，即生长发育期、成熟期和衰退期。由于体育锻炼具有增进健康、增强体质的作用，对人的各个不同时期的身体健康，都具有积极的影响。所以，体育锻炼要根据各个不同时期人体发展的特点，提出相应的要求。生长发育时期的要求，是促进身体的正常生长发育；成熟期的要求，是保持旺盛的精力与充沛的体力；衰退期的要求，是延缓衰退、延长工作年限、延年益寿。不同的发展阶段，锻炼的要求不同，锻炼的内容与方法也相应地有所不同。也就是说，人的一生都应当伴随着体育锻炼，不同的时期，有不同的目标和要求，也有不同的内容与方法。锻炼身体不可能"一次完成"，更不能一劳永逸。

另外，终身体育是现代社会发展的需要。现代生产方式和生活方式的变化，给人们的健康状况带来了不利的影响。由于体力活动减少，工作、生活节奏加快，精神过度紧张，生活改善，摄取的热量过多等一系列变化，造成了高血压、心脏病、肥胖症、神经官能症等现代文明病的产生，严重威胁着人们的健康和生命。人们为了改善自己的健康状况，健康意识普遍增强，从而使体育锻炼成为人们提高生活质量、防治文明病和现代生活不可缺少的内容之一。

四、"健康中国"的战略研究

（一）"健康中国"战略的提出

早在 2007 年 9 月，"健康中国"概念由卫生部（现为卫健委）组织数百名专家深入研究而提出，并于 2012 年颁布《"健康中国 2020"战略研究报告》。2015 年 2 月，"打造健康中国"首次在李克强总理的政府工作报告中提出，党的十八大报告中也指出"健康是促进人的全面发展的必然要求"。2016 年 8 月，在全国卫生与健康大会上，习近平总书记发表重要讲话，"没有全民的健康，就没有全面的小康"。接下来，中共中央、国务院发布了《"健康中国 2030"规划纲要》，把人民健康归入到中长期规划纲要之中，"健康中国"战略正式上升到国家战略。2017 年，在党的十九大报告中明确提出了实施"健康中国"战略。2018 年政府工作报告中，推进健康中国战略被纳为提高民生水平的重点工作。

（二）“健康中国”战略的内涵

健康中国战略是健康中国理念与目标的进一步理论化、政策化、具体化的表现。其战略目的是从国家高度出发，然后又细化到各个群体，在积极建立健康友好型社会，不断提高国民的健康水平，同时缩小因经济社会发展水平差异而造成的一系列健康不平等现象，从而形成一个符合我国国情的、可持续发展的、具有成本效益的健康发展战略。

健康中国战略是一个问题导向型和需求牵引型的战略，但同时又是一个具体的战略，其主要从三个层面——健康环境、健康国民、健康覆盖出发，并以此作为确定战略目标和战略行动的基本目标。同时遵循健康优先、科学发展、改革创新与公平公正的原则，把健康放在了“优先发展”的战略地位，立足我国的基本国情，针对当前民众的生活及行为方式，生活与生产环境，医疗卫生服务等方面的健康问题，来制定系统的、完善的、切实可行的战略部署，并且颁布政策文件来指导的国家战略。

五、“健康中国”的战略概要

2016 年 10 月 25 日，中共中央、国务院发布了《“健康中国 2030”规划纲要》，并通知各个部门根据各地的实际情况将政策落实到位。健康是促进人的全面发展和经济社会发展的基本条件，是实现各族人民身体健康、国家富强、建设健康中国社会、全面建设小康社会的必然要求，是实现社会主义现代化建设的重要基础。《“健康中国 2030”规划纲要》是全面提高中华民族健康素质、经济和社会协调发展的国家战略。这是一项积极参与全球卫生治理和履行“2030 年可持续发展议程”国际承诺的重大举措，未来 10 年规划将是促进健康中国发展的重要战略机遇。保持经济的高速增长能为保障人民的健康奠定坚实的基础，消费结构的升级能为卫生服务的发展创造广阔的空间，科技创新能为改善健康提供有力支持，更成熟和更稳定的健康系统将为卫生部门实现可持续发展奠定坚实的保障。《“健康中国 2030“规划纲要》是促进健康中国发展的宏伟蓝图和行动计划。因此，全社会要增强责任感和使命感，全面推进建设健康中国，为中华民族的伟大复兴和人类文明的进步作出更大的贡献。《”健康中国 2030”规划纲要》是实现全民健康的重要战略，其呼吁全体中国人要为建设“健康中国”作出积极的贡献，这最终能促进全民实现共享健康的成果。习近平总书记已经为我们指明了方向：要把人民的健康放在优先发展的战略地位，注重普及健康生活，优化卫生服务，改善医疗保健，营造健康环境，发展健康产业。加快健康中国建设，努力全面地保障人民健康，最终实现健康中国，这为实现两百年的“百年奋斗”目标和实现中华民族的伟大复兴，奠定了坚实的基础。推动全民普及健康生活，形成健康的生活方式是促进健康的源泉，也是建设健康中国的切入点。在建设健康中国的过程中，全国人民将建立、分享和培养健康的生活意识，为推动健康中国的建设作出最有效的回应。

六、“健康中国”的战略主题

“共建共享全民健康”，是建设健康中国的战略主题。核心是以人民健康为中心，坚持以基层为重点，以改革创新为动力，预防为主，中西医并重，把健康融入所有政策，人民共建共享的卫生与健康工作方针，针对生活行为方式、生产生活环境，以及医疗卫生服务等健康影响因素，坚持政府主导与调动社会、个人的积极性相结合，推动人人参与、人人尽力、人人享有，落实预防为主，推行健康的生活方式，减少疾病的发生，强化早诊断、早治疗、早康复，进而实现全民健康。

七、“健康中国”战略遵循的原则

健康优先原则；改革创新原则；科学发展原则；公平公正原则。

八、“健康中国”的指导思想

推进健康中国建设，必须高举中国特色社会主义伟大旗帜，全面贯彻党的十八大和十八届三中、四中、五中全会精神，以马克思列宁主义、毛泽东思想、邓小平理论、“三个代表”重要思想、科学发展观为指导，深入学习贯彻习近平总书记系列重要讲话精神，紧紧围绕统筹推进“五位一体”总体布局和协调推进“四个全面”战略布局，认真落实党中央、国务院决策部署，坚持以人民为中心的发展思想，牢固树立和贯彻落实新发展理念，坚持正确的卫生与健康工作方针，以提高人民健康水平为核心，以体制机制改革创新为动力，以普及健康生活、优化健康服务、完善健康保障、建设健康环境、发展健康产业为重点，把健康融入所有的政策，加快转变健康领域的发展方式，全方位、全周期维护和保障人民健康，大幅度提高健康水平，为实现“两个一百年”奋斗目标和中华民族伟大复兴的中国梦提供坚实的健康基础。

九、“健康中国”背景下民族传统体育文化的传承价值及构建

（一）“健康中国”背景下民族传统体育文化的传承价值

1. 润色全民健身运动，满足多元化的发展需求

全民健身是贯彻落实《“健康中国 2030”规划纲要》的重要途径，全民健身运动的常态化发展是实现《“健康中国 2030”规划纲要》总体目标的必要保障。中国是一个由 56 个民族组成的大家庭，由于不同民族的体育特色、民风民俗，以及文化底蕴各不相同，所以在全民健身的参与过程中会产生多元化的发展需求。高校体育作为与社会体育关联度最密切的环节，在推动我国全民健身运动深入发展的进程中，扮演着重要的角色。通过高校体育对民族传统体育文化进行有效的传承，实现对全民健身运动的润色与充实，有助于促进民族传统体育运动在全民健身体系中的植入与融合，达成对多民族视域下的多元化发展需求的充分满足。既实现了高校体育社会责任的进一步提升，也有效地促进了新时代下中华民族优秀传统体育文化的传承与发展。

2. 拓展高校体育职能，构建适应性的发展体系

高校体育最突出的社会职能是育人，长期以来，围绕育人职能而构建体育教学体系在培养学生体育运动技能方面，发挥着重要的作用。高校体育在我国体育事业的发展中扮演着全新的角色，因此，高校体育的社会职能也发生了全新的转变。开展民族传统体育教学活动，弘扬民族传统体育文化，不仅实现了新形势下高校体育社会职能的拓展与创新，还有助于促进高校体育适应型发展体系的构建与完善。由此可见，依托高校体育来实现对民族传统体育文化的传承，具有重要的社会价值。

（二）“健康中国”背景下民族传统体育文化的构建

1. 课堂教学型传承模式的构建

课堂教学是高校体育的核心内容，是实现体育技能培养，以及体育理论知识传授的重要载体。因此，构建课堂教学型传承模式，依托课堂教学来实现对民族传统体育文化的传承，具有重要的现实意义。这就要求应将民族传统体育项目有机地植入到高校体育教学中，用以增加学生对民族传统体育的了解，进而达到对民族传统体育文化感悟与认知的目的。为了确保对民族传统体育的保护与发展，我国很多高校已经设置了民族传统体育专业，开设了民族传统体育课程。通过体育课堂教学，学生能够较为系统地学习与了解民族传统体育项目的基本技术与民俗特征，体验与感悟蕴含其中的文化信息，形成一定程度的文化认知。高校学生在毕业后，会将这种对于民族传统体育文化的认知与感悟带入到社会体育的实践中，扮演起民族传统体育文化“传播者”的角色，并在社会体育实践中进一步加深对民族传统体育文化内涵的理解，实现真正意义上的传承与发展。由此可见，通过在高校体育课堂教学中融入民族传统体育元素，开设民族传统体育课程，是构建课堂教学型民族传统体育文化传承模式的主要途径。例如，武术在高校的整个武术段位制课程教学方案制定及具体应用过程中，要想在实践中，促使武术段位制可以实现在高校内部有效的宣传和推广，就必须要结合实际情况，采取有针对性的措施，促使师资力量得到有效提升。在实践中，还要保证师资队伍在组建时的专业性，这样才能够保证武术段位制在实践中的有效落实。武术段位制课程教学内容在具体开展过程中，教师本身要具备一定段位等级的武术，这样不仅可以自己做好良好的示范引导作用，而且还可以最大限度保证武术段位制课程在教学过程中的质量和效率能够得到提升。体育职能部门在日常工作过程中，还要定期组织高校教师，积极主动地参与到一些专项的段位制培训活动或者是研讨会议当中。

2. 课外活动型传承模式的构建

伴随着高校体育教学改革的不断深入，课外体育活动的重要性愈加凸显。由于课外体育活动不受课时数、教学大纲、教学班级，以及教师执教理念等多种因素的限制，具有明显的自主性。因此，通过课外体育活动来实现对民族传统体育文化的传承，具有必要性。这就要求通过组建高效民族传统体育社团、组织开展丰富多彩的民族传统体育活动，在吸引、激发与调动学生参与民族传统体育活动的基础上，达成对民族传统体育文化内涵的理解与认知，实现对民族传统体育文化的传承。这种基于课外体育活动支撑与保障下的民族传统体育文化的传承，具有常态化的特征，能够充分满足广大学生参与民族传统体育活动、体验与感悟民族传统体育文化的需求，是推进民族传统体育文化在高校校园得以弘扬与传承的重要保障。

3. 校园文化型传承模式的构建

校园文化是高校精神文明建设与和谐校园发展的重要基础，伴随着《“健康中国 2030”规划纲要》的全面实施，以及全民健身运动的深入普及，高校校园体育文化承载起更大的社会责任，培养学生终身体育思想，提升学生体育文化的感知能力，营造健康和谐的文化氛围，已成为其必须要履行的社会义务。因此，采用“溶盐入水”的方法，在高校校园体育文化中植入民族传统体育文化元素，借助于校园体育文化的传播平台，构建起高校校园民族传统体育文化的传承模式，无论是对于高校校园体育文化的建设而言，还是对于民族传统体育文化在高校校园的传承来讲，都彰显出其重要的实用价值。

十、“健康中国”背景下高校体育发展的使命探析

“健康中国”作为顺应国家经济社会发展和人民生活水平提升的战略选择，旨在提升国家卫生安全水平，为人民群众提供更全面的健康服务。生命在于运动，健康与运动唇齿相依。对于高校而言，要践行“健康中国”理念，必须要明确自身在“健康中国”建设中的使命。

高校体育发展的核心是提升大学生体质健康水平。近年来，我国大学生体质健康状况每况愈下，在中长跑体质健康测试项目中猝死的情况偶有发生，为社会各界所诟病。究其原因，是高校对“保证学生每天体育活动时间 1 小时”落实不够。有数据显示，在各大高校中学生每天体育活动时间超过 1 小时的占全部高校的比例是 57.9%，这不仅说明大学生体育运动量不足，更意味着大学生对体育运动缺乏兴趣，这说明高校体育教育的重视程度还有待提高。在高校生活中，学生浪费太多的时间在网络游戏中，却忽视了日常生活和体育课堂锻炼。为了大学生能够拥有健康的体魄进入社会，高校要重视发展学生的体育意识，因为大学生的身心健康关系到国家的未来。由此，“健康中国”战略的提出，对于高校而言，就是要主动担负起引领大学生提升体质健康的重要使命。

高校学生体育素养的提升是高校体育发展的基础。习近平总书记指出：“文化自信是更基础、更广泛、更深厚的自信。”对于当代大学生而言，必须要具备厚实的文化自信。文化兴则国运兴，文化强则民族强。“健康中国”理念根植于中华传统优秀文化之中，内嵌中国传统体育的优秀因子，包含了精神内涵、爱国主义和奋斗精神等诸多方面。“健康中国”背景下的高校体育发展，不仅提升了大学生的身体素质，而且还蕴涵了增进体育文化的内容，引导大学生传承和发展诸如武术、龙舟、舞龙等传统体育文化，并积极弘扬礼德、修身、天人合一等体育文化精华，进而形成对我国体育文化的自觉认同，担负起传播中华体育文化的重大使命。

十一、“健康中国”背景下高校体育发展的方向

（一）顺应时代需求，提升高校体育的地位

“健康中国”是一项实实在在地提升人民群众身体素质、具有时代意义的国家战略，而并非一句口号。高校必须站在“健康中国”“体育强国”的高度，聚焦于体育的功能和价值，切实提升高校体育的地位。

对此，要加大在体育硬件设施建设上的力度，按照《高等学校体育工作基本标准》的相关要求，配足体育训练场馆，配备素质过硬、教学创新力强的体育教师，提升高校管理者对体育在培养社会精英上的价值认知，使其关注高校体育，并制定文化政策来筑牢高校体育在教育办学中的基础性地位；要制定有利于高校体育发展的机制，规避“唯分数”“唯科研”的弊端，在高校自主招生中嵌入体能测试内容，不达标者不予以录取。在高校学科评估中，把大学生体质测试成绩纳入其中，在院系的年度考核评比中，也把大学生体质健康测试成绩作为重要考量，以此促进学校层面、院系层面抓好体育；要重视高校体育学科建设，引导出台高校体育发展规划，将体育学科上升为学科门类，以学科建设促进高校体育发展，为高校体育发展营造良好的外部环境。

（二）理顺管理层级，健全自我治理体系

高校体育发展受到管理层级的梗阻，尤其是存在不对称、不顺畅、“下级评估上级”的问题，强化了高校体育边缘化趋势。对此，对照国家层面提出“推动公办事业单位与主管部门理顺关系和去行政化，逐步取消学校、科研院所、医院等单位的行政级别”的要求，高校应该积极推进“去行政化”改革，凸显高校的公益性、社会性价值，消除管理层级造成的制度化缺陷。同时，要在国家层面上建立全国高校体育工作领导小组，实现对高校体育工作的全面领导，建成国家、省（市）、市（区）3级纵向管理体系，规避管理层级不对称造成的工作壁垒。优化高校体育评估体系，细化高校体育评估指标，增强评估指标的可操作性，实现对高校体育工作的全面、科学评估。此外，强化高校内部治理，具体在高校体育建设方面，要建立高校体育管理委员会，明确责任和权力分工，制定翔实可行的高校体育发展规划，构建衔接顺畅、分工合理、组织得力的高校体育治理体系，以精细化、科学化的治理来促进高校体育建设。

（三）强化课程建设，打造科学课程体系

课程是高校体育发展的重要支撑，缺乏科学合理的课程体系，高校体育发展就是无源之水，无本之木。对此，必须要把高校体育课程建设作为头等大事来抓，不断优化课程设置，为大学生健康成长成才奠定基础。要将中华传统优秀体育项目纳入高校公共体育课程中来，如划龙舟、武术、射艺等具有民族特色的体育项目，不断提升大学生的文化自信，传承传统优秀体育文化。要坚持问题导向，尤其是针对高校体育与中小学体育之间的重复性问题，从大学生成长成才的基本特点、认知特点、训练特点出发，改革课程教学模式，开展项目化、任务型、趣味性教学，增强大学生参与体育运动的兴趣度，引导其树立终身体育习惯。要顺应时代发展需求，制定与大学生身心发展规律相对照的课程标准，通过设置初级班、中级班、高级班的形式，培育大学生对某些体育项目的兴趣和技能，不断增强大学生的体育文化素养，通过翻转课堂、微课等形式对大学生进行体育理论教学，促进其积极参与体育文化学习，提升其体育理论修养。

少年强则中国强，少年智则中国智。在新时代中国特色社会主义伟大实践中，对照“健康中国”建设目标，高校体育必须主动担负责任，从人力、物力、财力等方面强化投入，理顺管理层级，强化课程建设，有条件的高校还要建立常态化的校园体育比赛机制，营造良好的高校体育发展氛围，唯有如此，高校大学生才能养成终身体育、健康运动的习惯。

十二、“健康中国”战略与普通高校公共体育

（一）以体育意识培养与运动技能传授为重点开展体育教学工作

高速发展的科技虽然给人类的生活带来了非常大的便利，但也促使人类运动量减少，造成了亚健康身体状况的加重，“健康中国”战略正是针对一系列综合问题提出的一种“预防前移策略”。那么高校体育这一环节更多地应该起到一个“建立预防”的作用，以及为步入社会后更好地融入群众体育的“准备”作用。高校体育课程围绕“健康中国”战略改革应该重视高校体育教学内容对社会的贡献和作用，通过这个思路，提出培养终身体育意识、教授科学运动理论两个主要内容。针对大学生的特点和情况，把握他们对于体育的需求，充分发

挥体育的健康、竞争性、社交、休闲娱乐、追求个性等特点，让学生更好地融入体育，发挥学生的主体作用，并教授科学的体育锻炼知识，进而培养学生自己给自己制定方案的能力。

（二）加强师生健康教育力度与终身体育教育

《“健康中国 2030”规划纲要》提出“实施青少年体育活动促进计划”，高校作为青少年的聚集地，对于学生在青少年时期能否形成正确的体育价值观、培养学生终身体育意识，以及基本体育素质与能力起着关键作用。并提出加大学校体育健康教育力度，培养学生正确的体育观念；加强高校体育教育专业在健康教育方面的培养，加强健康教育在体育师资培训中的比重；各地区、学校根据不同的地理优势及所具备条件，开设具有地方特色的体育活动；改善体育教学模式，大力发展课外体育活动；加强体育师资队伍建设。按照合理比例招收体育教师，并做到根据学生人数平衡男女教师比例、提供合理工资待遇；拓宽学校体育经费渠道，加强学校体育设施与环境建设；构建体育安全事故保障体系，保障体育健康工作平稳有序地开展。

（三）加强校园体育文化建设

通过对“健康中国”多元化体育文化进行研究，发现普通高校体育文化中存在的问题并进行研究，得出高校领导要高度重视校园体育文化在学校教育中的重要作用与价值，并依据各高校及地区实际情况突破传统、勇于创新构建特色校园体育文化，以及加强学校体育资料储备，加大体育讯息宣传力度，落实体育经费，加强体育场馆设施建设，形成长期稳定持续的高校体育文化氛围。

（四）学校体育对人的培养作用

从学校体育、学校体育与人的培养的关系出发，可以发现高校体育发展过程中存在以下问题。①学校体育目前存在“注重运动项目的教学与训练”，忽视了对学生体育锻炼意识的培养，无法真正达到“育人”的作用。②学校体育的教学过程应该思考培养什么样的“人”，怎样培养“人”。在这一教育过程中学校体育应该起到引导人、启发人、感化人的作用。③学校体育应当将培养“完整的人”作为学校体育的核心宗旨，在这一前提下进一步从生理、心理、社会等方面对人的全面发展加以完善，最终形成“人”的整体性观念。④学校体育的核心是健身育人。体育课程的特征是通过身体练习的方式达到增强体质、发展体能的效果，这一过程培养了积极的情感和情绪体验、构建了和谐的人际关系，他们会愈加趋近于最高等级的健康状态。⑤学校体育的科学基础包括：生理学依据、心理学依据和社会学依据。生理学依据主要是体育锻炼促进脑健康的机制；心理学依据主要是生命心理学中“促进学生构建生命意义的作用机制”和积极心理学中“福乐理论的作用机制”；社会学依据主要是从社会学角度阐发的马克思需要理论。⑥学校体育遵循的基本规律包括：体育教学过程规律、体育锻炼过程规律、身体养护过程规律和人性修炼过程规律。⑦今后体育将朝着“生存—发展—享受”的发展链条演进；遵循这一发展链条，学校体育会本着“物本—人本—生本”的发展态势，回归生命和生活的学校体育价值观。

通过借鉴 2016 年提出的“健康中国”战略和国内诸多专家和学者专业意见可以得出：①体育在“健康中国”战略中，体现了与医疗卫生领域结合所形成的“防治结合”中的“防”，也就是预防作用。高校体育应该培养学生的健康观念，树立健康意识，学会多项基本的运动技能。②加强体育师资队伍建设。按照合理的比例招收体育教师，并做到根据学生人数平衡男女教师比例，提供合理的工资待遇。③依照“健康第一”的原则开展体育课，学生测评方式也要改进，注重个体差异与学习初对比所得的进步情况。④加强高校体育教育专业在健康教育方面的培养，加强健康教育在体育师资培训中的比重。⑤公共体育发展目标不是培养运动员，应充分考虑本校学生身体素质与运动兴趣，并以此为依据适当增加趣味性较强的体育课程比例。适当引入新兴体育项目，所以公共体育课应按照娱乐休闲性、健身性、实效性、终身性的路线进行设置。⑥各地区、学校根据不同的地理优势及所具备的条件，开设具有地方特色的体育活动。将群众基础高、健身效果好的运动项目与体育教学相结合，大力推广到课余体育活动与课余体育竞赛中去，从而实现帮助学生拓展体育技能，达到学校体育与社会体育形成良好对接的作用。⑦构建体育安全事故保障体系，保障体育健康工作平稳有序地开展。⑧体育相关经费要充足。进一步完善高校体育设施建设。学校应根据有关文件、学生人数、学生运动倾向等因素着重修建体育设施、场地，同时加大对室内综合运动场馆的修建。⑨高校应善于激发学生的体育兴趣，利用体育社团、协会的作用，让学生自发地参与到多种体育运动中。⑩高校领导要高度重视校园体育文化在学校教育中的重要作用与价值，并依据各高校及地区实际情况突破传统、勇于创新，构建特色校园体育文化及加强学校体育资料储备。

第二节　“健康中国”背景下高校体育教学改革的路径

一、现阶段高校体育教学的具体现状

（一）大学生对健康中国政策的认知程度薄弱

当代高校大学生缺乏对体育运动的合理的人生观价值观，他们现在的主要精力除了每天的必要上课时间外，主要都放在对网络游戏等上面，人际交往不多，很多人还不会安排自己的生活，如何顺利毕业成为他们进入大学后的首要目标。而对于如何成为符合时代要求的高素质人才则缺乏全面考虑和综合规划，一部分同学出现了得过且过的思想，缺乏年轻人应有的朝气，自我约束能力差，这使他们的健康素养急剧下降，加上学校除了体育课以外，他们对体育的参与频率并不高。另外，学校并没有把《“健康中国 2030”规划纲要》纳入他们的课程范围之内，所以大学生们对《“健康中国 2030”规划纲要》缺乏应有的认知，甚至不能认清作为当代一名普通大学生的使命是什么。当下党和国家实施的健康中国战略，正是一名大学生迈向未来的转折时期，这个时代为大学生提供施展才华的大好机遇和广阔空间，所以当下大学生确定好自己的人生观、价值观、健康观、体育观是国家赋予当下大学生的历史使命。大学生只有培养出健康的体魄，才能不辜负党和人民的期望，才能更好地回报社会，这才是中华民族朝气蓬勃的生命力的象征。作为当代大学生要把握好自己的人生态度，熟读并理解《“健康中国 2030”规划纲要》，才能在未来的拼搏中找到目标。

（二）体育教师对健康中国政策认知不足的问题

在高校体育教学中，由于高校体育教师对健康中国政策认识不足，所以教师在体育教学

计划中没有融入《“健康中国2030”规划纲要》。在体育教学中，体育教师不仅要有一定的体育教学技能和体育教学素养，还要积极学习，从而更新自身教学理念和教学方法。健康中国作为当下中国特色社会主义的健康观，教师要充分理解这种观念，并把这种观念作为一种更新和强化体育教学的教学手段。教师只有强化自身健康中国的相关知识，从而让学生明白当下健康素质教育的重要性，才能确立教师的教学地位，同时也能提升教师的教学质量和效率。教师通过以健康中国政策为体育教学的理想和信念，才能真正在体育领域中实现自己的职业价值。如何将健康中国政策的先进健康理念运用到教学方法中，这是当下体育教师必须深思熟虑的问题。

（三）高校体育教学观念过于落后

当前，高校在落实体育教学的过程中，由于受以往教学理念的影响作用，从而导致高校教学仅仅注重对文化课程的教育，而忽略了体育教学的重要性，最终促使学生不注重体育课。

在开展体育教学的过程中，特别是针对那些体育专业的学生，仅仅注重培养学生的体育技能，完善他们的相关知识，而不注重培养学生的体育素养。

（四）高校体育课程受束缚

课程设置是保障高校体育良性开展的载体。我国高校公共体育课程长期受传统体育课程束缚，使得我国高校素质教育全面育人的指导思想未能根据学院或学生实际需求而定，导致大部分学生未能形成终身体育的意识和习惯。虽然大部分高校对公共体育课程积极作出改革也取得了一些进展，但改革的深度与广度还是有限的。因此，枯燥乏味的课堂教学难以使学生真正地理解体育运动的价值所在，更谈不上健康观和终身体育观的培养了。

（五）课程组织形式单一，难以激发学生的兴趣

体育运动展开的关键是对体育课堂教学的引导，体育课堂教学是体育运动项目多元化、内容多样化、组织规范化的重要保障，体育课堂教学作为开展体育活动的重要载体，很有必要对体育课堂的组织形式、教学内容、课程设置等进行创新。在体育课堂的组织形式方面，以往传统的体育课堂以体育教师为主导，重单项指导，轻双向互动，导致体育课堂过于死板，缺乏生机。在未来的体育课堂教学上，要注重发挥学生的主观能动性。

（六）高校体育教学方法过于陈旧

高校在开展体育教学时，大都采取传统的教学方式。在实际教学中，教师首先将理论知识传输给学生，然后示范教学，最后让学生依照示范不断练习。这样的教学过程虽然看起来非常合理，但却没有充分发挥学生的主体地位，没有采取合适的教学方式进行因材施教，一味地采取灌输式的教学方式，导致学生始终处于被动状态，并没有考虑到学生对知识的接受程度。

（七）只注重体质测试，忽视了可持续人才培养的目标

众所周知，高校每年都会对学生的体制进行一个整体测试，目的就是引导学生认识到体育锻炼的必要性和身体健康的重要性，传递给学生健康第一的思想，鼓励学生积极锻炼、切

身参与到锻炼中，从而养成体育锻炼的好习惯。近些年，由于政府的报告中指出大学生身体素质在整体下降，所以各个高校都十分重视大学生的体育测试。同时，各省的教育管理机构对那些体测成绩比较好的高校进行了表彰，而对于那些体测成绩不是很理想的高校相应地提出了批评，这使得各个高校在体育测试上会进行比较，人们认为学校的体育测试水平高就是体育教学工作做得好。受这种意识的影响，高校的体育教学工作重心逐渐转移到体育测试上，教师也将大部分的精力放在学生的体育测试上，而忽略了学生全面可持续发展的培养。同时，在高校体育教学过程中，教师也已经习惯地将提高学生的体育技能作为教学目标，而忽视了可持续人才培养的目标。

二、“健康中国”背景下的高校体育教学改革的必要性

（一）时代发展的需要

结合中共中央、国务院发布的《“健康中国 2030”规划纲要》，党和政府努力号召高校领导积极关注大学生的健康问题。体育教学理应受到高校领导的重视，因此，高校领导应努力提出高校体育教学改革发展对策，给予高校体育教学改革一定的鼓励，高校体育教学的高效发展能使得大学生更自觉地参与体育活动，意识到正确的体育人生观价值观，使得体育教师在体育课堂教学中充分发挥积极性，这样高校体育教学在改革过程中就能实现大学生体育价值观的转变，才会使其在有价值的领域充分发展自身能力，体育教师在自己的职业领域内也会感受到光荣感和自豪感。

（二）大学生身体素质的需求

从 20 世纪 70 年代至今的 40 年间，我国教育部等相关部门在全国范围内共进行了七次学生体质数据监测。通过这七次体质监测数据比较，我们发现，随着经济的全面发展和生活质量的提高，尽管学生的身体营养、体脂比重等指标逐年上升，但是高校大学生的身体素质却在下降，其中以大学生在身体力量、速度、耐力等身体素质方面的指标下降最明显。尽管国家的相关部门近年来也意识到大学生体质下降问题的严重性，也积极地采取了一些相关措施进行遏制，但是通过调查近些年的监测报告仍然显示出，我国当代大学生正在成为“手不能提、肩不能抗”的一代人。这也正是近些年造成我国大学校园“运动猝死”“过劳死”等悲剧屡屡发生的根本原因。众所周知，高校教学的最终目标是全面发展身体运动能力、提高自主锻炼身体的能力和提高自身的身体素质，并为社会输送德、智、体、美、劳全面发展的人才。但是从近年来体质监测的数据比较来看，我国大学生体质健康现状与高校体育教学的最终目标相去甚远。因此，针对我国新时期指定的“健康中国”整体国策，对高校大学生体质教育的改革就表现出了紧迫性和必要性。

三、“健康中国”背景下的高校体育教学改革目标

（一）促使大学生形成正确的体育观念

在十八届五中全会上提出的《“健康中国 2030”规划纲要》中，对学校体育的表述是把加大学校健康教育力度作为实现“健康中国 2030”的重大举措之一，并以此为契机，明确提出建立科学的、适应我国国情的国民教育体系，把学生的健康教育纳入新的国民教育体系

中；增大学生健康教育在整体的学校阶段素质教育体系中所占比重。影响我国当代大学生体质下降的因素有许多，如环境因素、食品安全、生活习惯等。但是体育教育对于大学生体质健康的影响是十分重要的。所以，要改变我国当代大学生体质健康下降这一现状，高校体育教学应该以《"健康中国 2030"规划纲要》为契机，在高校体育教学的整体思想上普及体育与健康课程的重要性；加强体质健康基础知识的教学；结合体育课程、课余身体锻炼等多元化的宣传手段对学生进行成体系的、持续性的、科学性的体质健康教育。从根本上使我国当代大学生意识到体质健康教育的重要性，了解体育锻炼与自身体质健康的本质联系，使他们形成正确的、终身体育价值观。

（二）促进健康知识的宣传和普及

1. 健康知识宣传

各级各类媒体加大健康科学知识宣传力度，积极建设和规范各类广播电视等健康栏目，利用新媒体拓展健康教育。强调发挥宣传的手段，传播健康理念。高校应充分利用校园广播、校园网络平台、公众号等传播途径对健康知识进行宣传，在进行健康知识传播的同时营造良好的校园健康氛围，甚至影响学校所在地区的健康氛围。

2. 健康教育普及

将健康教育纳入国民教育体系，把健康教育作为所有教育阶段素质教育的重要内容。构建相关学科教学与教育活动相结合、课堂教育与课外实践相结合、经常性宣传教育与集中式宣传教育相结合的健康教育模式。培养健康教育师资，将健康教育纳入体育教师职前教育和职后培训内容。

国民教育体系是一种针对不同层级、不同形态和不同类型的教育服务系统。涵盖了义务教育、基础教育、高等教育、职业教育和成人教育。将健康教育纳入国民教育体系中，作为素质教育的重要内容要求我们对学生进行健康素质的培养时不能单纯地教授其运动技能，而是要全方位地讲解健康。更重要的一点是，对于众多师范专业的学生来说，健康观念的培养更重要，因为这些人毕业后更有可能参与到各级教育工作当中，首先要让这些"预备教师"重视健康、重视体育，形成"健康第一"的理念。

（三）促进高校体育健康教育的发展

"健康中国"中"健康"是优先发展的战略目标，遵从健康优先的发展原则，并促使健康理念融入贯穿在高校体育教学实施的全过程中，同时这也是高校体育培养学生所遵循的指导思想。

未来我国在健康中国建设方面具有阶段性的目标：到 2020 年，主要健康指标处在中高收入国家的前列；到 2030 年，主要的健康指标归入到高收入水平国家的行列；到 2050 年，建设成和社会主义现代化国家相适应的健康国家。

下面是有关"健康中国"背景下高校体育健康教育的发展目标：

（1）实施促进青少年体育活动的计划，培养青少年的体育爱好，基本达到青少年可以熟练地掌握 1 项以上的体育运动技能，保证学生在校内每天体育活动时间不少于 1 个小时。

（2）到 2030 年时，高校体育的场地设施及器材的配置需要按照规定要求进行建设，达标率实现 100％。

（3）青少年学生每周参与体育活动的强度达到中等强度 3 次以上。

（4）健康知识的宣传。各类媒体应加强健康科学知识的宣传力度，并积极建设及规范广播电视等健康栏目，利用新媒体技术来拓宽健康教育。

（5）健康教育知识的普及。把健康教育归入国民教育制度体系，将健康教育作为每个教育阶段素质教育的主要内容。建立有关学科教学和教育活动相结合、课堂教育和课外实践相结合、集中式宣传教育和经常性宣传教育相结合的健康教育模式。国民教育制度体系是针对不同群体及层次的教育服务制度体系。包括基础教育、义务教育、职业教育、高等教育和成人教育。将健康教育归入国民教育体系中，针对学校体育健康教育中的基础教育，要求平时在对学生的健康素质培养时，不能仅仅教授运动技能，而应当全面讲授健康知识，提升其健康素养。

（6）培养健康教育的师资力量，把健康教育归入到体育教师入职前的教育与入职后的培训内容中。

上述要求既是学校体育健康教育的目标，也是学校体育健康教育实施的具体任务，更是体育健康教育课程与课外体育活动开展的重要抓手。

（四）促使大学生获得“终身体育”的能力

“终身体育”思想是学校体育教学体系中的重要组成部分，对于实现健康中国教学目标有着非常重要的现实意义，也是高校体育教育的教学目标之一。“终身体育”是健康中国整体目标实现的基础，也是个人体育行为的体现。但是在现实的高校体育锻炼中，大多数学生都十分喜爱体育活动，也都了解体育运动对于自身健康的重要性，但是却因为不能充分认识体育运动的特殊性，盲目练习、跟风锻炼，没有科学规划、没有坚持锻炼的恒心，从而造成了学生怕苦畏难或短期看不到锻炼的效果而中途放弃。这是培养当代大学生“终身体育”思想失败的重要因素之一。所以，普通高校体育教学应将培养大学生“终身体育”作为教学重点，不仅要让学生掌握运动技能，还要学习如何进行科学锻炼的体育健身方法，能将体育运动贯穿到日常生活中，进而实现终身体育。

四、“健康中国”背景下高校体育教学改革的实施

（一）落实健康知识普及与“健康中国”战略宣传工作

《“健康中国 2030”规划纲要》中明确指出了“健康中国”战略在学校层面的发展目标，在调查中不难发现高校师生在对战略的认知上存在不足。要想建立并健全健康教育制度体系，提升健康教育的服务能力及水平，高校体育教学就要抓紧落实“健康中国”的教学理念，普及并宣传健康的科学知识，通过方便、快捷的多媒体技术，加强健康科学知识的宣传强度，拓宽体育健康的教育范围。好的健康宣传将对体育健康教育的开展起到立竿见影的效果，这就要求我们在宣传的过程中必须因材施教，移风易俗，选择最适合的内容、采用最直接的方式，进而达到最佳效果。可以针对高校体育教学的现实情况，发挥社会—家庭—学校的联动作用，营造良好的健康知识学习氛围，提高师生战略认知水平。

在高校体育教学中，应该根据学生的实际情况选择易于接受、方便易懂的健康知识进行宣传。普通高校应积极开展、加强体育教师的健康教育培训，加深教师对健康的认知并培养宣传健康知识的责任感；面向大学生，普通高校应充分利用校园广播、互联网、宣传栏、板

报等宣传渠道，对学生开展定期的健康知识讲座等活动，传播健康理念，营造校园健康文化。

（二）严格落实普通高校《国家学生体质健康标准》测试工作

普通高校根据《国家学生体质健康标准》测试的结果，应对身体素质较差的学生提供有针对性的体育健康促进方案。体育教师可以根据不同学生存在的身体问题提供科学的饮食方案、器械健身方案、徒手训练方案、专项健身方案等建议，以便帮助这些身体素质发展状况不佳的学生得到“量身定做”的健康促进方案。另外，对于体质测试结果较差的学生，学校应落实好体育课分班的工作，以保证身体素质参差不齐的学生能尽可能地找到更适合自己的体育学习环境。对于“健康中国”战略要求的“到 2030 年，国家学生体质健康标准达标优秀率 25%以上”的目标，高校更应该在公共体育教学、分班与考核过程中落实区别对待原则。对身体素质基础较好的学生进一步提高考核达标的要求，从而促进这一类学生更接近体质健康测试“优秀”的标准；对身体素质水平相对较差的学生设置体质健康测试“良好”的目标，让他们的学习目标更明确，采取的学习计划更有针对性。

（三）构建科学完整的学校体育健康教育教学体系

1. 明确学校体育健康教育目标体系

明确学校体育健康教育课程目标体系是开展学校体育健康工作的前提条件，也是体育健康教育与评价工作的依据。目前，部分高校还是更多地侧重体育成绩，没有把健康教育的相关知识有机地融入体育课堂中，“健康第一”的教学理念没有得到体现。明确学校体育健康教育目标不仅要考虑学校体育健康教育固有的特性，还要结合国家社会发展的需求，适应学生身心发展的要求。

高校首先要明确“大健康”“全民健康”相关的理念，考虑这些外部依据的同时，从体育健康教育课程自身功能出发，来明确中学生健康教育课程目标体系。构建应以健康优先为原则，在设计培养目标时，要树立全方位培养、全过程培养的意识。根据学校具体情况及健康教育实际形成分学段、学年、学习单元、课时等课内和课外教育相互配合的学校健康教育课程目标制度体系。改善学校教学内容中不适用、教学方法单一、教学评价滞后、教学资源匮乏，以及相关学科教学与体育健康教学缺乏互动，没有形成学科整体性的现状。

2. 丰富学校体育健康教育内容，增强体育教学内容的适用性

部分高校体育教学内容还是以学校考核项目为主进行教学，教学内容单一、枯燥，同时也不能完全满足学生健康发展的需要。所以这就要求高校体育教师从培养学生的健康生活方式、合理营养与膳食、青春期健康教育、安全教育、运动创伤的预防与治疗 、职业病的治疗、传授运动项目相关的知识等方面入手，丰富充实体育健康的教育内容，加大课程教学内容的适用性。

体育教师在教学过程中采取的知识和教学方法均源自其知识结构和已有的学习经验。所以，如果要想从根源上解决教师的师资水平问题，应当适度地增加健康教育课的课时量，使之有充足的课时量对心理、身体健康和社会适应等方面的知识进行深入讲解。与此同时，教师也应当根据《课程标准》的要求来进行健康教育课的教学，以丰富并充实健康教育的内容。

3. 改进和丰富体育课程教学形式

高校体育课程要想体现其社会价值、改善学生的健康状况，适应和满足未来社会发展对受教育者身心提出的要求，就有责任、有义务将工作的重心转移到促进学生的身心健康上来，提高学生的健康意识，使他们养成积极锻炼身体的习惯，形成健康的生活方式和良好的心理健康状态。高校体育课程要考虑到学生的年龄、性别、生理、心理、智力、体力等诸方面，科学合理地对学生进行教育，培养学生自发、自主地进行体育锻炼的能力，使学生能够体会到运动的乐趣，从而形成对体育的良好态度，让学生在体育学习中获得良好的情感体验，满足对体育的需求。

（1）结合《国家学生体质健康标准》的实施激发学生的运动兴趣。兴趣是激发和保持学生行为的内部动力，也是影响学生学习的自觉性和积极性的重要因素。所谓兴趣，是指一个人力求认识、探究某种事物的心理倾向。未来的体育课程和教学应该将激发和保持学生的运动兴趣放在中心位置，学生有了运动兴趣才会经常参与体育锻炼，才能养成经常进行体育锻炼的习惯。因此，如何激发和保持学生的运动兴趣才是体育课程和教学中最重要的事情。同时，兴趣与能力也有着密切的关系。当一个人对某一事物产生浓厚的兴趣的时候，就会把心理活动趋向于这一事物，表现出积极主动的学习态度和克服困难的决心。强烈的兴趣和求知欲是能力、智力形成的动力。因此，可以说培养兴趣是发展能力必不可少的一个重要环节。

利用《国家学生体质健康标准》的激励功能，实现课内外一体化。在实施《国家学生体质健康标准》时应充分重视利用测试的激励功能，既让每个学生知道所测试的具体数据，又要使学生明白各项数据的差异对本人体质健康的影响，并在体育锻炼中学会方法、掌握方法。使《国家学生体质健康标准》测试能很好地与学生自主进行有计划、有目的的体育健身活动一体化。而体育课程学习应以学生的特长和兴趣为主体，强调学习内容的掌握，努力程度，做到体育课程与《国家学生体质健康标准》的测试既统一又有区别，让欢乐的、充满激情的体育与运动重新回到体育课堂中，让《国家学生体质健康标准》成为学生终身体育的有力助手。

（2）结合《国家学生体质健康标准》的实施，发挥学生的主体作用。综观国内外学校体育教育的发展，尽管体育教育的模式各不相同，但它们的共同特点是在教学方式上都采用让学生自主选择学习项目的方式，充分体现了学生的主体作用，特别是在美国和日本最具代表性。这种把学生的学习兴趣、爱好和发展运动能力放在首位的体育课程形式是以人为本的最直接表现，也是现代教育发展潮流的要求。

《国家学生体质健康标准》的实施，将有效地改变大学生对健康概念的正确认识。由于高校大学生基本上具备了较强的自我评价能力，通过《国家学生体质健康标准》在身体形态、身体机能、身体素质等方面的测试和评价，会让学生从真实的、客观的综合数据中看到自己身体的健康程度，促使学生重新审视自己与“健康”的差距，激发并唤醒学生的健康需要，使过去被动地体育锻炼和体育课学习，转变成一种健身的需要，由被动变为主动，从而改变学生对体育学习的态度。

4. 创建弹性化的教学组织形式

伴随着数字化和信息化时代的到来，网络已充分蔓延到人们的日常生活中，将它有效地运用到体育教学的过程中，有助于依据学生的体育锻炼情况，充分满足他们的要求，并促进他们进行自主选择，实现个性化发展。学生可以依据自身的情况，运用先进的校园网络平台及教务管理系统，来自行选择教师、教学内容及上课时间等。有些也可以依据专业情况，进行跨时间和跨校区选课，并且采取自主学习和评价的方式，让学生进行自主选择，从而充分发挥学生的主体地位，促使他们积极、主动地学习体育专业知识和技能。

5. 采取多样化的教学方法

为了给学生创造一个轻松、积极的学习环境，高校在进行体育教学过程中，需要进行教学改革和创新，采用多元化教学方法进行教学，有效地激发了大学生对体育课的热情，使得大学生对体育课程产生兴趣，进而培养了他们的体育意识，最终形成“终身体育”的习惯。因此，在实际教学中，教师要以学生为教学主体，根据教学阶段和运动项目的不同，选用科学、合适的教学方法和手段；根据学生的身体和心理发展特点、不同学生的身体素质，以及运动能力的不同，可以采取分层教学和递进教学等方式，从而充分激发学生的运动潜力，并增强学生对运动的信心；教师在向学生传输相关技能时，也可以综合采取游戏法、分组探究法、案例分析法及多媒体等方式开展教学，从而确保体育活动的有效开展，并推动学生的全面、健康发展。

（四）重视人才培养，以学生为主

传统的高校体育教学忽视了学生的情感态度与认知价值，更重视对学生体育技能的培养。因此，在“健康中国”背景下的高校体育教学改革中，教学理念应从传统的“育体”转变为“育人”，这将更符合当前的体育教学改革形式，对学生而言，也加强了学生情感目标的培育。

高校体育的教学理念核心是充分发挥学生的主体性，面对全体学生开发智慧与潜能，注重学生的创造力并尊重学生的个性，让每一位学生都能得到充分的发展空间。简而言之就是注重并促使学生全面发展，注重人的社会性与自然性协调、统一，并与现代人的社会性发展理念及现代认知心理学相适应。“以学生为主”不是仅在学生与课程之间、知识与素质之间、知识与技能之间取其侧重，而是以社会、学科、学生为基石，完善、发展学生的主体性来进行组织教学，进而实现高校体育教学可持续人才培养的目标。

第三节 “健康中国”背景下高校体育教学改革的意义

一、顺应时代的发展

进入 21 世纪后，科学技术的飞速提升、现代生活节奏的加快，以及全智能工作的快速发展，给当下大学生的身体健康和心理健康带来了巨大的挑战，不良的生活习惯对身体产生的弊端给他们的生活带来了前所未有的压力。大学生是祖国的未来和希望，他们身体的健康将直接影响到未来社会的发展，他们是社会发展的有效投资人。

现代社会对人才培养的需求：随着人类社会不断向前发展和人类对自身认识的日益深化，以及科学技术对高等教育全方位发展的要求，现代社会对高等学校培养人才的质量要求也越来越高。由于现代社会具有经济发展的可持续化、资产投入的无形化、教育终身化等特点，其对未来人才的要求则表现在健全的体魄、高超的智能、良好的心理素质和高尚的道德情操等方面。而高校体育在高校教育中承担着人体完善发展、增强体质的主要任务，它与德、智、体、美教育关系密切配合，共同实现培养身心健康且全面发展的新型人才的教育目标。“德、智皆寓于体”。然而，教育寄托于体育的不光是锻炼学生的身体，还要通过体育实现全面发展的目标。同时，作为国家未来建设者的当代大学生，其身心健康与否，直接关系到我国社会主义事业的宏伟目标能否实现。因此，新世纪的高校体育课程，应注重学生的身心全面健康发展，在增进学生身体健康的同时，更有效地培养学生良好的个性心理品质和社会适应能力，做到育身与育心相结合，促进学生的身心全面健康发展，使其更适应现代社会发展的需要。

新世纪的体育正发生着两个重要的转变：从群体的政治需要转向人类的根本需要；从社会的强制性功利需求转向个体健康幸福生活的主动需求。体育不单是生物和技术上的，还浸润着强烈的人文色彩，以深厚的文化底蕴展现着人类自强不息的精神。同时，体育也将和人类的健康幸福生活更加紧密地联系在一起，它不仅是一种强身健体的教育方式，也是一种通过消费需求来促进经济增长的生产方式，甚至还可以是一种给人以极大快乐和精神享受的准艺术形式。因而，我们的体育课程也不应仅限于发展身体的功能，有效地实施素质教育，是体育的必然归宿。为适应新世纪、新体育的要求，我们必须重新审视体育课程的目标问题，坚持“健康中国”的基本理念，面向全体学生，把体育从增强体质上升到健康教育的更高层次，以满足现代人越来越强烈的身心需求，使体育成为其健康、幸福生活的重要内容，新时期体育功能的转变、观念的更新也迫使我们对普通高校体育课程目标重新构思。

“健康中国”背景下高校体育教学改革是一种新型的高校体育教学理念，它的发展为高校体育的发展带来前所未有的机遇，不仅能有效地增强大学生的体质，促进心理健康，更能快速地与不同的人群建立起良好的人际关系，使得高校学生毕业后就能以健康的、快速的身心姿态投入到工作当中去，这对于我国高校大学生身体健康的培养具有重要的战略意义。高校大学生强壮健康的人格将成为他们实现美好生活的现实基础，因此，加强高校体育教学中对健康中国政策的宣传教育，能使体育教学在“健康中国”背景下的可持续发展具有深远的意义。

二、学生发展的需要

健康教育是实现全民健康最基本的方式，而健康教育最有效的阶段和重要时期就是青少年时期。通过近十多年的全国学生体质健康标准测试结果表明：高校学生体质存在明显的下滑趋势，并且大学生作为青少年群体的重要构成部分，身体素质的下滑也非常明显，十分有必要解决当前我国大学生存在的身体健康问题，他们身心素质的提高和健康发展不仅直接影响其个人的发展，更将影响“健康中国”的建设。因此，关注大学生的健康发展，加强对大学生的体育健康教育刻不容缓。

三、转变高校学生的体育价值观念

高校各级领导应摆正体育教学以往错误的发展观念，结合《“健康中国 2030”规划纲要》，努力解决高校体育教学过程中存在的问题，这样就能有效地提高高校大学生的体育兴趣和运动参与的积极性。实现了以高校大学生自身条件的需要和兴趣为出发点，并实现了他们的终身体育和健康第一的指导思想，这对体育教学的可持续发展具有长远的意义，对提高学生的体质健康，展示大学生的个性，熟练掌握一门运动技能，培养终身体育意识具有深远的意义。

第十二章 “体育强国”背景下高校体育教学的改革研究

第一节 “体育强国”背景下高校体育教学的相关概述

一、相关概念

（一）体育强国

体育强国是一个整体性的综合概念，涉及体育事业的多方面发展，主要是指竞技体育方面在世界重大的综合性比赛中体育竞技水平和影响力名列前茅、群众体育方面体育人口众多、体育产业方面发达且可持续发展、体育文化健康繁荣、体育科技技术先进、体育教育方面各体育项目均衡发展。

1. 从目标状态角度解释体育强国

（1）体育强国的内容由单一到综合。有学者坚持体育强国主要指的是运动竞技水平高或比赛中获得的奖牌多。比如，2005 年再版的《体育概论》对“体育强国”进行了学术上的定义，所谓体育强国，是指在世界重大综合性比赛的运动竞赛中名列前茅的国家，即以竞技水平为最鲜明、最主要的标志。

（2）部分学者认为“前列”与“一流”标识强国的体育发展水平。因此，体育强国是一个整体性概念，指在以社会为基础，竞技体育为先导的体育事业发展各个领域的总体发展水平在世界上处于一流和前列的国家。然而，对体育强国的体育事业发展水平的认知既有将其界定为“前列”者，也有将其界定为“一流”者，还有部分学者将“前列”与“一流”混合使用，而“前列”与“一流”绝非指同一发展水平，这表明学者对体育强国的体育事业发展水平的标识出现不一致。

2. 从发展过程角度解释体育强国

部分学者从哲学角度解释体育强国问题，提出体育强国是一个动态的、发展的概念。有学者认为，体育强国与体育大国不同，体育大国主要指规模大、范围广、数量多，是与“数量”有关的概念。而体育强国主要指程度高、质量优、势力强，是与“质量”有关的概念。一个国家是否是体育大国主要以“数量”为标准进行衡量；而一个国家是否是体育强国主要以“质量”为标准进行评估。随着社会的发展，体育强国含义的演进经历了“奥运会上名列前茅”“奥运会上名列前茅为主”“奥运会上名列前茅、基础性大项的水平与其他世界大赛的成绩”“竞技体育和群众体育协调发展、群众体育发展水平为主”几个阶段。因此，体育强国的含义是动态的、发展的。

综上所述，我国学者对体育强国的理解存在两种观点，一种观点认为，体育强国是一个目标状态概念，即体育强国的内容由单一到综合，以“前列”与“一流”标识体育强国的体育事业发展水平，并存在使用不一致的现象；另一种观点认为，体育强国是一个发展过程概念，即体育强国是一个动态的、发展的概念，是以人的发展为核心，并服务于人的发展的过程。

（二）“中国梦”，体育强国梦

2012 年 11 月 29 日，中共中央总书记习近平同志在国家博物馆参观《复兴之路》展览时第一次阐释了“中国梦”的概念。“中国梦”，即实现中华民族的伟大复兴，是中华民族近代以来最伟大的梦想。

中国梦概念的提出引起了社会各界的共鸣，全国各地掀起了一系列梦的热潮。“中国梦”是国家民族的梦，同时也是每个中国人的梦。“中国梦”的特点在于把国家、民族和每个人的利益紧紧地联系在了一起。“中国梦”的实现离不开体育，同时体育强国梦又能托起“中国梦”。习近平同志在看望第二十二届冬奥会中国代表团时指出，我们每个人的梦想，体育强国梦都与“中国梦”紧密相连。

二、“体育强国”的特征

（一）历史性与时代性结合

就是将体育强国思想置于新时代的坐标中加以审视，既不恋旧也不忘旧，而是要在不断汲取历史经验的基础上关注时代的声音，民生的需求，稳步助力体育强国的实现。

（二）人民性与权威性统一

体育强、中国强的复兴梦需要新时代中国特色体育强国思想的引领，同时也需要党和国家制定相应的政策法规做保障，更需要依靠群众去落实政策的实施。

（三）传统性与现代性互补

就是在体育发展的过程中以传统厚植根基，以现代指引方向，使体育事业的发展蒸蒸日上。

（四）传承性与创新性并存

体育之根本就是要促进人自身的健康与和谐，所以体育事业之强首先要强于人，体育强国首先应该是突出以人为本的理念，坚持以增强人民体质、提高全民族身体素质和生活情趣为基本，以满足最广大人民的健身、欣赏和竞技需求为目标，真正做到依靠人民、为了人民，不断探索寻求新的适应时代需求的指导思想，筑牢全民健康，健康强国的根基，实现“体育强、中国强”的复兴梦。

（五）体育文化建设要立足世界，注重融合，突出特色

从体育强国的特征上讲，强国乃世界之强，其文化的影响力和认同度源于世界范围，不应停留在本国。

体育强国，所谓强主要体现在文化之强，文化的强则应突出本民族文化的世界认同感和文化的特色。处理好传统文化和现代文化，东西方文化和各民族间文化的传承与融合，成为体育强国文化建设的关键。当传统文化和现代文化，西方文化和本民族文化发生冲突的时候，以往一味地盲从于西方的观点和做法，不可避免地带来发展方向的迷失。如何在与外来文化的交流过程中融入民族特色是我们建设体育强国的核心问题，只有带有本民族色彩的文化才会在本国土地上生根发芽，才会被更广泛的百姓所认同和传承。因此，体育文化的建设既要扎根于中国大地，又要放眼于全世界。

（六）社会与个体价值的协调发展

用“以人为本”的核心价值理念来引领我国体育事业的发展，要做到充分认识体育价值的双重属性，要充分满足社会发展和个体需求，两者要协调统一发展。要意识到社会发展是为个体的全面发展服务，个体的全面发展推动社会的进步。在体育强国战略建设中，要始终坚持以人的全面发展为核心。

（七）体育软实力与硬实力的协调发展

体育硬实力建设固然尤为重要，但缺乏软实力的硬实力是没有生命力和持久力的。而缺乏硬实力的软实力是没有载体的浮藻。只有软实力和硬实力的协调发展才是体育事业发展的强大动力。体育软实力包括体育管理、体育法制、体育文化影响力等诸多方面，它对内影响体育发展潜力，对外则具有国际影响力。体育的硬实力为其软实力的提升创造条件，体育在机制体制方面的软实力是体育硬实力提升的前提保障，是确保各项体育事业健康可持续发展的关键。如果我们把竞技体育、学校体育等各项体育事业比作体育强国建设的硬实力，那么，各项体育事业之间体制机制的有效运行和表现出来的高效，及其影响力就是体育强国的软实力。软实力和硬实力的协调发展是保证各项体育事业之间协调、统一，相互依存，共同发挥大体育系统功能的有力保障。

三、建设体育强国的时代背景

建设体育强国是新时期党和国家对体育提出的符合时代发展特征的战略目标，是中国特色社会主义体育发展的方向，是马克思主义理论联系实际在体育领域的具体体现，是国家体育事业发展到特定阶段的必然选择。推进我国由体育大国向体育强国迈进，就是基于对新时期我国体育发展所处的时代背景和时代要求所作出的准确判断，就是基于对中国体育发展现实和发展规律的深刻认识，对中国体育面向未来的科学定位，是党和人民对体育发展提出的明确要求和殷切期望，也是我国体育实现新发展、新跨越，更加充分地发挥自身功能和综合作用的必然选择。准确分析体育强国建设的时代背景，有利于在体育强国建设之初对其作出契合时代发展要求的系统谋划。

四、建设体育强国的路径

（1）体育部门要高举习近平新时代中国特色社会主义思想的伟大旗帜，全面加快推进体育强国建设。

（2）全面推动体育教育事业各项工作内容的协调与发展，逐步完善体育强国目标体系建设。

（3）明确新的历史方位，聚焦体育体制改革，为建设中国特色的体育强国提供制度支撑。

（4）建立大体育、大群体的工作格局，广泛开展全民健身活动，夯实体育强国的建设根基。

（5）加快做大做强体育产业，促进体育消费，为加快体育强国建设提供产业支撑。

（6）大力加强体育文化建设，弘扬中华体育精神，树立体育强国形象。

五、“体育强国”背景下的体育战略定位

由点到面，由大渐强。从旧时代的强健体魄保家卫国“普及与提高相结合侧重抓提高”，再到“实现及全面健身和全面健康的实施”，体育正在以它特有的方式方法促进和滋养人的全面健康发展。

六、“体育强国”背景下的体育发展动力和方向

（一）体育发展的动力

深化改革，协同发展。以人民为中心，依靠人民，上下联动，协同发展，用科学务实的改革办法解决体育领域内这些发展变化的问题，在社会和谐稳定和国家长治久安的基础上推动体育改革发展。

（二）体育的发展方向

体育教育，体育强国。这是新时代中国特色社会主义体育思想把“教育”上升到了国家的战略层面，因此“体育强国”战略的实施离不开体育教育事业的健康、蓬勃发展。

七、高校体育教学与“体育强国”的关系

（一）高校体育教学的发展是培养高素质竞技体育后备人才的重要途径

习近平总书记在党的十九大报告中明确提出，要“广泛开展全民健身活动，加快推进体育强国建设”。“加快体育强国建设”是我国体育事业发展的方向，也是体育发展的重大机遇。如我国2008年北京奥运会上金牌总数第一，2012年伦敦奥运会上金牌总数第二，2016年里约奥运会上金牌总数第三。但与此同时，也带来了运动员退役安置、文化素养提升、社会融入等问题。“三级训练网”虽为竞技体育提供了大量的后备人才，推动了我国竞技体育的发展，使我国一跃而成为体育大国。但随着我国经济社会的转型，举国体制和竞技体育的“三级训练网”已经不能适应社会发展和社会转型的需求。要实现体育强国目标，必须解决竞技体育后备人才培养问题。

高校体育不仅是国家体育后备人才培养的重要途径，同时也是青少年素质全面发展的重要阶段。高校体育教学的持续发展，为我国的竞技体育发展培养了一大批后备人才。大力推动体育高校体育教学的开展，是当前加速推进我国建设体育强国的一大途径。

（二）高校体育教学的发展能推动我国学校体育发展，促进青少年体质健康

体育强国是国家综合实力的体现，不仅要促进竞技体育的进一步发展，还要促进全民健身的开展。“少年强则国强”，要迈进体育强国离不开青少年的体育发展。

和我国竞技体育的辉煌反差最大的是我国的学校体育发展差强人意；青少年体质健康状况连续 30 年下降。要实现体育强国战略，必须提升青少年的体质健康状况。2007 年，中共中央、国务院《关于加强青少年体育增强青少年体质的意见》的出台，虽在一定程度上提升了青少年体质健康状况，肺活量、速度、爆发力素质有所好转，但青少年的耐力素质持续下降、肥胖率和近视率居高不下。显然，青少年体质健康成为制约我国体育事业发展的短板，学校体育是提升青少年体质健康的主要途径，也成了“加快体育强国建设”的最薄弱环节。如何解决这一矛盾，推动体育强国建设成为研究的热点。通过高校体育教学的发展，提升学生体质健康，丰富校园文化生活。

八、“体育强国”背景下高校传统体育教学发展困境

（1）高校传统体育教学制度不完善。

（2）高校传统体育教学教学模式单一。

（3）高校传统体育教学体育文化建设缺失。

（4）高校体育教学内容单一，理论性知识不足。

（5）高校体育教学团队专业性不足。

（6）高校体育教学场地和设施不够完善。

九、“体育强国”背景下高校体育的教学理念

随着我国市场经济和高等教育的非常规的快速发展，高等体育教育走入社会化、世俗化、功利化的误区，具体体现为大学与外部经济、社会、政治、文化等互动关系出现扭曲，大学的功利化、市场化倾向及其人文精神的缺失，等等。高等院校在我国经济建设和社会发展，乃至人类社会发展中，应扮演什么样的角色，应承载哪些历史使命呢？

现代大学的理念应该是理性主义和实用主义的有机融合，并倾向于理性主义。因为大学创办的出发点毕竟是培养全面发展的人，这与高等教育的目标是吻合的。在高校体育教学中，只有培养出身心健康的学生，才能满足社会发展的需求，并推动社会的发展。

十、“体育强国”背景下高校体育的教学策略

（一）明确教学定位

我国高等院校从创办以来，其初衷就决定了其属性，这就要求高校要依据所处社会发展时期的政治、经济和文化发展的需要，以及学校所处的发展阶段，确定学校发展的方向和教学特色。因此，教学定位一方面要具有一定的传承性，特别具有特色的大学理念；另一方面，在学校发展的不同时期，依据社会和受教育者的需求，教学者要调整思路，但也要保持总体思想的相对稳定性。

（二）传承与创新文化，提高文化的自觉性

高校作为文化的创造者、传承者、引领者，在日益广泛的国际交流和文化融合中，对本民族和自身大学文化的自觉与传承和创新应该是必然承担的重要使命。胡锦涛同志在清华大学百年校庆讲话中曾进一步明确将文化传承创新职能列入了大学的重要使命，极大地深化和拓展了高等教育的职能，影响并指导在新形势下大学精神和文化的弘扬，高校改革的深化，国家国际影响力和文化软实力的增强。

任何一所大学作为一种社会组织之所以存在，必然有其独特的组织文化，特别是一所历史悠久、特色鲜明的大学，随着时代变迁，其积淀下来的文化特色和文化精髓，是其教学的理念和精神寄托。因此，在高校体育教学中，对于学校体育文化的继承和培养就显得尤为关键。

（三）更新教学观念

高校体育教学是国家培养各级各类人才和奥运人才的一条重要途径，提升高校体育教学，对于国家体育事业的发展是相当重要的。同时，高校体育可以提升学生的身心健康，是培养学生“终身体育”的重要阶段。因此，教师必须跟上时代发展的步伐，不断关注体育学科最前沿的科研成果，增加自己的专业知识储备，把本学科最新最有用的知识带到课堂中去。

教师的教学观念要具有鲜明的现代化意识。教学观念要与时俱进，跟上社会发展的步伐。教学观念的现代化包括教师的敬业素质、文化素质、进取精神、科学意识和创新素质等。教师在教学中需要把这些素质综合化、凝聚化，把它们内化为自己的教学素养，并实施在体育教学过程中，使体育教学效果更上一层楼。

（四）突出主体意识，改革体育教学方式

学校体育的主体是学生，学校体育的一切活动都应围绕着促进主体的发展来进行，要突破传统体育的束缚，从体育教学的客观实际出发，使体育教学变被动灌输为主动学习，由注入模式教学转向启发式创造性教学，强调教法的多样性和学法的实用性。在教学组织上，以活泼、自由、愉快为主调，主张严密的课堂纪律与生动活泼的教学气氛相结合，从学生主体的需要和发展出发，启发学生独立思考，满足学生的求知欲望，发展学生的主体，形成一个主体自觉参与、积极探索和不断改进体育教学的良好氛围，这既是体育教学的目标，也是教学动力的源泉，而改进教学方式，则是启发学生善于思考、勤奋学习、勇于创新的根本所在。

（五）因材施教

因材施教的本质是促进学生的全面发展。学生的身体素质、智力和认知水平等存在差异性，教师要根据学生的实际情况，设计教学计划，有针对性地因材施教。应遵循学生学习的特点和照顾个别差生的原则。对学生的练习难度和提高难度要根据其实际学习能力决定，同样可以制定不同的评价标准。

（六）建立健全的人才培养机制

作为高等院校，学术性是高校特有的属性和功能，竞技性是高校体育的主要实践内容。没有学术的大学无法满足其教学、训练和社会服务的功能，也自然不能称之为大学。没有了竞技的高校体育自然无法完成对体育人才的培养，特别是竞技体育人才的培养，也无法成为真正意义上的体育专业院校，也就失去了体育专业存在的必要。因此，高校体育教学发展既要保持学术性的属性，又要突出体育的竞技性特质。既要努力按照大学的基本要求赋予其应该有的功能，又要强化作为体育专业所应有的特色和价值，特别是强调竞技人才的培养。当然随着社会、经济和国家体育体制改革的变化，高校体育所扮演的角色和赋予的使命会有所调整，高校体育所处的内外环境也相应地有所变化。因此，这一关系的解决成为高校体育教学的首要任务，包含着三个方面：一是学校是否具备作为大学的本质特征和功能；二是学校有没有竞技的属性；三是把学术性与竞技性两者有机融合是否成为高校体育教学的特色和优势，来满足体育强国建设的需求。

十一、“体育强国”背景下高校体育教学的目标

根据我国大学生的特征和国家教育政策的需要，高校体育教学的目标是：推进高校素质教育，贯彻落实“学校教育要树立‘体育强国’”的指导思想，切实加强学校体育的指导精神；引导学生掌握体育基本知识与技能，培养学生的体育意识和科学锻炼的习惯，激发学生体育锻炼的兴趣；促进文化教育与体育教学的有机结合，提高学习效率，迎合学生多样化及个性化的需要，使学生德智体美劳全面发展；培养高校学生成为具有团结协作、积极创新、竞争意识的未来社会主义接班人。

（一）高校体育教学目标的意义

1. 明确课堂教学的目的性，提高课堂教学效果

让学生明确学习任务，并促进教与学活动开展的目的性。

2. 有利于提高课堂师生交流的效果

教师根据教学目标，选择和创造能帮助、促进学生掌握教学目标的活动方法和方式，使自己的行为和师生交流朝预期的方向发展，从而促进课堂行为和课堂交流的目的性和有效性。

3. 有利于评价的落实

几乎每一节课里教师都要评价学生的学习效果，所有的评价都是为了促进学习目标的达成。教师课前提供了教学目标，学生知道了明确的学习目标，在其学习过程中，在教师的组织下，围绕学习目标进行学习，学习效率提高，教师进行测验更具目的性，教师的评价更易于落实。

（二）高校教学目标的内容及其要素

体育课的教学目标，应该包含以下几个方面：教学内容、学生学习情况、教学活动、教学评价。

①教学内容：学什么；

②教学活动：如何教、如何学；

③学生情况：学生掌握知识情况和学后情况；

④教学评价：学得如何。

有了规范合理的教学目标，在实际课堂教学中就能比较正确地指导教师有针对性地、从容地开展教学。

课堂教学目标，一般包括四个要素：行为主体、行为动词、行为条件和表现程度。

①行为主体：行为主体即学习者，行为目标描述的应该是学生的行为，而不是教师的行为；

②行为动词：行为动词用以描述学生所形成的可观察、可测量的具体行为；

③行为条件：影响学生产生学习结果的特定的限制或范围等；

④表现程度：学生对目标所达到的最低表现水准，用以评价学习表现或学习结果所达到的程度。

（三）高校体育教学目标的结构

体育教学目标要表达的是体育教育应培养什么样的“人才”，这些“人才”应具备怎样的层次、类型和基本规格；体育课程编写、实施和评价应遵循什么样的要求；体育教学力求达到什么样的效果；等等。从这个层面上看，高校体育教学目标可分为培养总目标、教学目标和课程目标。

1. 高校体育教学培养总目标

我国高校体育教学培养总目标表述为：以“体育强国”为指导思想，激发学生正确的体育动机，培养学生的体育运动兴趣，使学生积极主动地参加体育锻炼，从而养成良好的体育锻炼习惯和形成终身体育意识。

有效地增进学生的健康；能较为熟练地掌握和应用基本的体育与健康知识和运动技能；培养和形成良好的心理品质，提高人际交往的能力与合作精神；提高对个人健康和群体健康的责任感，形成健康的生活方式；形成积极进取、乐观开朗的生活态度；提高少数学生的运动技术水平。

2. 高校体育教学目标

在全面锻炼学生身体，增进学生健康的同时，使学生懂得锻炼身体的基本原理和独立进行科学锻炼身体的方法，以适应终身锻炼身体和生活娱乐的需要。进一步发展学生的体育能力，并深刻理解体育对自己未来生活的作用，对自己未来的体育活动作好准备。使学生进一步获得体育、保健的基础理论知识；掌握体育锻炼、体育娱乐、卫生保健和其他社会体育活动的必要技能与方法。充分认识体育在维护现代人健康方面的作用，培养对一些体育的社会问题和价值观进行判断的正常态度，从而形成良好的体育文化素养。

3. 高校体育课程目标

课程目标是指通过一节体育课程所要实现的具体目标和意图。在高校体育教学过程中，课程目标的制定切忌过大过空，缺乏具体的可操作性，这也是高校体育教师在制定课堂教学目标时出现的主要问题。比如，“培养学生的创新能力”“发展学生的体育能力”“培养学生分析问题、解决问题的能力”，等等。这些目标过大、过空，一堂教学课难以实现，没有实际的目标作用。下面以制定投抛运动《头上前抛实心球》的课程目标为例，第一课教学设计时，课程目标是：

(1) 知识目标：学生知道头上前抛实心球的技术动作和用力顺序，知道影响前抛实心球的各因素。

(2) 技能目标：通过学习、练习，学生掌握前抛实心球的技术，发展学生上下肢、腰腹、肩部、背部力量和身体协调素质；在学习中，培养学生分析问题解决问题的能力；通过参与练习，培养学生的体育能力。

分析：本次课教学目标，无论是知识目标还是技能目标，过广、过大，起着泛化的效果，缺乏实际课次的针对性，也就是说教学中缺乏教学的主要部分，重难点在教学目标中没有很好地体现，甚至把“投抛练习教学内容”的总目标作为本次课的教学目标，过大过空，缺乏可操作性。应该修改为：

(1) 知识目标：能说出头上前抛实心球的握球方法和预备姿势，知道头上向前投抛时身体的用力动作和必要的安全措施。

(2) 技能目标：通过教学活动，掌握握球方法和头上前抛实心球的预备姿势，75%以上学生能正确地用力，达成个人学习目标，并能安全地进行练习。

(四) 制定高校体育教学目标的依据

1. 社会发展水平

(1) 国家的政治需求决定体育发展的性质。从社会本位的体育价值出发，体育教学目的的制定需要考虑社会政治体制的要求，积极满足人们社会生产和文化生活的需要。这在很大程度上给体育教学目的赋予了一定的政治色彩。制定体育教学目的，必须要考虑社会生产和文化生活的需要。

我国正处于社会主义初级阶段，现阶段的任务是发展社会生产力，满足人们日益增长的美好生活需要。因此，我国的体育教学目的必须围绕社会主义初级阶段这一根本任务，为提高全民族的健康生活水平服务。社会主义社会的体育，必须坚持社会主义方向，必须为充分满足人民的物质文化生活需要服务，为最终实现“体育强国”的远大目标服务。

(2) 国家的经济状况决定体育发展的水平。国家的经济发展状况决定了体育事业发展的规模与水平。长期以来，我国体育教育事业基本上都是由国家投资，由政府部门实行直接的行政管理，各体育机构的任务、发展目标、人才培养、运动训练和竞赛活动，以及所需要的各项经费，均纳入中央及地方政府的计划，实行单一的计划机制。这一机制在很大程度上为国家的体育教育事业发展作出了巨大的贡献。随着以建立社会主义市场经济为目标的经济体制改革的推进，市场经济大环境和现代体育自身发展的规律都要求将市场竞争机制引进我国的体育教育事业，按照市场取向进一步深化改革。在党的十四大以后，这已经成为体育界人士的共识。随着社会主义市场经济体制的进一步确立，我国体育经济发展迅速，体育产业蓬勃发展，进一步促进了我国体育教育事业的整体协调发展。

2. 体育自身的特点与体育本身所具有的功能

这是确定体育教学目的的重要依据，体现了人本位的体育价值观。体育教学目的应该具有体育的特性。体育是以身体运动为基本手段，利用自然力和卫生措施等作为手段，达到增强体质、增进健康的效果。体育是通过身体活动的方式进行的，它要求人体直接参与活动，这是体育最本质的特点之一。体育的功能不仅取决于体育自身的特点，还取决于人们对体育所能发挥作用的认识程度，反映了人们对体育效能的一种主观认识。毛泽东在其《体育之研究》一文从“强筋骨”“增知识”“调情感”和“强意志”四个方面阐释了体育的功效。体育的特有效能是指体育最本质和核心的功能，即增进健康、增强体质。正因为增进健康、增强体质是体育教育事业区别于其他任何事业效能的本质特征，因此，它理所当然地成为确定我国体育教学目的的主要依据。

3. 人们的体育需求

随着社会的发展，人们的余暇时间越来越多，余暇时间里的活动内容也越来越丰富，人的需要层次不断提高。体育教学目的必须与人们日益增长的需要相适应。在我国，社会生产的目的决定了体育的发展，同样也必须尽可能地满足人民的需要。

人是身体因素和精神因素相统一的结合体，在这一统一体中，身体的健康是人类生命活动和社会活动最根本的基础，因为有机体的所有活动都表现出对身体状态的依赖性。一个人的发展，无论是个性的形成，还是知识的增长，只有在其精神和身体需要不断得到满足的条件下才成为可能。对社会而言，也需要对其成员进行身体锻炼，培养出身心全面发展的建设者，为现代化建设服务。而对于个体而言，身体健康的需要，普遍反映在各种不同年龄的人身上。对于大学生来说，希望生长发育良好，获得健美的体形，这一需要将随着人民生活水平的提高而越来越迫切，越来越向高一级方向发展。因此，高校教学目的更应充分体现出这一需要。

社会主义国家人民的需要不仅注重物质需要，承认物质需要的首要性，而且也注重精神需要。社会主义条件下人的全面发展不仅限于知识、技能，而且还包括人的精神生活。人的精神生活包括政治、经济、文化、科学和艺术、体育，以及在各种各样伦理关系中的精神生活。随着整个社会的发展和生产、生活水平的提高，体育将成为人们日常生活中不可缺少的组成部分，它不仅是生活和精神上的必需，而且对人类来说，是一种健康的、有积极意义的享受。它区别于那种单纯地追求物质生活的享受。因此，确定体育教育的目的，不仅要考虑到人们对物质文化生活的享受，还必须注意到满足人们日益增长的精神文化需要，不断提高人们的享受能力。

当前，随着人们物质生活水平的提高，广大人民群众萌发了参加各种各样体育活动的需要。在确定我国体育教学目的时，一定要考虑社会上各个不同层次、不同年龄、不同职业的人对体育的不同需求，只有这样才能使我国的体育教学目的适合我国的国情。

第二节　“体育强国”背景下高校体育教学改革的路径

一、我国高校体育的教学现状

（一）传统的体育教学模式与应试教育思想依然存在

在传统体育教学中，高校体育教学忽视了学生的主体地位和学习的能动性，对营造有利于素质教育的教学环境，对培养关注社会对人的发展的需要重视不够。体育教学过多地强调体育学科的系统性、同一性，总是片面地强调以传授知识和技能为主的课堂教学，以教师为中心，限制了学生的独立活动；重教师的主导作用，轻学生的主体性，对如何培养人、发展人的问题还是缺乏深入的研究，应试教育思想的惯性还存在。

（二）高校体育文化形式缺乏特色

2003年实施《全国普通高等学校体育课程教学指导纲要》。在课程性质、课程目标、课程设置、课程结构、课程内容与教学方法、课程建设与课程资源的开发、课程评价七个方面对普通高校体育课程教学提出了全新的要求。虽然实施十多年来，对我国高校体育文化的建设起到了一定的改善作用。但是也出现了高校体育文化建设千校一面的现象。无论是高校的体育课堂，还是课外体育活动等在形式上都表现出趋同的现象，体育竞赛和表演大同小异，使高校体育文化建设缺少了个性和特色。在这个倡导自由创新，彰显个性的时代，体育文化的多元化发展是时代的主流，高校应该抓住时代的脉搏，结合本校的实际情况，大胆地创建出具有自己特色的体育校园文化。

（三）师资队伍专业性差，学历层次偏低

师资队伍是人才培养质量的重要保障。而据相关调查表明，师资队伍中具有博士学位的教师仅占教师总数的5%，具有国际级健将和裁判的教师人数则更是少得可怜，体育院校人才培养无论是体育教育、运动训练、社会体育指导，还是民族传统体育专业和运动人体科学专业，都是以对运动本身具备较深刻的理解和体验基础上开展教学、训练和科学研究，如果一线教师在这一方面的运动经历、经验或者水平处于较低水平，对于人才培养的质量是难以估计的。

（四）重育体，轻育人

教育旨在培养人的社会活动，增进人的知识和技能，陶冶人的思想情操，以促进个体的社会化。但我国高校的体育教学仍是传统的，竞技运动贯穿于体育教学的全过程。教材太难、太深，脱离学生实际，难于掌握，整个体育教学过程仍处于统一、呆板、封闭的状态。具体表现为重技术轻理论、重共性轻个性、重育体轻育人等严重倾向。这些均不利于培养学生的体育兴趣，难以养成锻炼的习惯，也不利于增强学生的体质，进而影响学生德、智、体的全面发展。

（五）体育课时安排不合理

课时有限，是我国学校体育教育长期存在的一个问题。虽然在素质教育理念影响下，体育课被大量占用的情况得到了好转，但是在高校体育教学中，课时不足始终是客观存在的。

（六）教学内容陈旧，教学形式单一

体育教学内容老化，教学手法单一，是高校体育教学存在的一个显著问题。虽然在体育教学改革浪潮的冲击下，许多高校都开设了一些新的体育项目，如轮滑、健美操、体育舞蹈等，但是，许多高校在制订体育教学计划时，都存在因循守旧的想法，没有就学生的兴趣和需求进行调查，也没有根据时代发展步伐选择新的体育教学内容。受此影响，在体育教学中，许多教师都以教材为根本，以让学生完成标准性动作为出发点来教学。学生通过体育学习只能掌握一些概念性的理论知识和基本的体育技能，他们对体育的认知始终处于一个较低的水平，许多人也因此而缺少体育学习的积极性。

（七）考评方式单一

当前，高校对体育考核以基本技术、学习目标完成情况、考试结果为主，学生的学习态度、课外训练所占的分值较少，理论知识更是没有被纳入考评范围，这导致学生只是学会了体育动作，并没有从实质上把握体育的精髓，更没有从心里接受、热爱体育。

（八）学生认知偏差

学生对体育的认知水平在很大程度上决定了他们学习的动力，也能降低在学习中的从众性与盲目性。从实际情况来看，高校在普通学生间宣传体育价值的力度很小，开展体育知识类活动较少，大部分学生都不理解这门课的价值。因此，学生更无法体会“体育强国”的真正意义所在。

二、“体育强国”背景下高校体育教学改革的必要性

（一）是积极适应体育发展要求的实际举措

1. 提高运动水平，彰显大国形象

新中国的建立加强了对外交流，而通过体育竞赛获取好的成绩，成为“为国争光，展示国家形象、提升国际地位”的最佳手段，体育对外交流日益受到重视。

高校体育作为国家体育人才的重要储备力量，在体育教学过程中积极地引进高水平的教师、教学理念和方法，在继承和弘扬优秀的民族体育的同时，不断地开阔视野，学习国际高水平体育技术和理论，从而推进国家体育事业的发展，达到“体育强国”的目的。

2. 普及体育，提升学生素质教育

由于新中国成立初期对体育的大力宣传，除体育具有促进身体健康的功能深入人心外，同时树立起通过体育健全人格、促生产、巩固国防的价值观念，体育与民族强盛的国家意识更加紧密地结合在一起。高校体育教育事业的普及也在民族强盛的国家意识的引导下广泛开展。

国家体育教育事业的核心是发展学生体育，倡导学生体育运动的普及化和经常化，“发展体育运动，促进学生体质，体育强国”成为新中国体育教育事业的口号和不变的方针。提高学生素质教育被放在了体育教育事业的首要位置，体育成为增强学生身体素质的最重要手段而日益提升到了党的一项重要的政治任务的高度。

（二）是增加高素质大学生人才有效供给的重要手段

当前我国高素质综合人才有效供给不足的现实矛盾非常突出，巨大的在校生的人口基数与综合人才相对短缺形成鲜明的对比。具体表现在数量层面和结构层面。在数量层面，我国每年培养的各类专业的学生比较丰富，但经常进行体育锻炼，身体素质良好的综合人才总数上存在一定的供需缺口；在结构层面，复合型的、高层次身心素质优良的人才还不够多。进入新时代，广大师生对体育教学提出了更高的要求，期望教学科目的改革创新。传统体育教学科目在形式和内容上已经不能满足广大师生发展体质健康对体育教学的需求。要使我国的在校学生的数量优势转化为全面发展的人力资源优势，解决

综合人才和体育教育资源供给不足的现实矛盾，需要从源头上加强教学研究工作，尤其是要加强和优化体育教学的实践教学能力，做实做好教学的各个环节，以充分挖掘和改进体育教育有效供给的潜力。

三、“体育强国”背景下高校体育教学改革的实施路径

（一）落实“体育强国”理念的宣传工作

十八大后，习近平总书记根据世界体育的发展现状，将马克思主义哲学和我国的体育事业现状相结合，提出"建设体育强国"的新要求，形成了博大精深的"习近平体育强国思想"，成为我国体育建设的行动指南。党的十九大提出建设"体育强国"的目标，这一目标的出发点是"以人民为中心"，要"回归到对现阶段我国社会的主要矛盾（人民日益增长的美好生活需要和不平衡不充分发展之间的矛盾）的解决上。高校作为优秀人才的培养基地，必须要将这一目标落实在自身的发展之中，明确新时代人才培养的目标和使命。"因此，在高校体育教学改革的过程中，高校教师应该进一步挖掘和弘扬以爱国主义为核心的中华体育精神，树立榜样，充分发挥体育英雄和时代楷模的引领作用，促使大学生从精神上强大；采取多种形式宣传和推广我国优秀体育文化，并将其蕴含的积极因素转化为学生的发展优势，进而建立大学生高度的文化自觉和文化自信；有效利用我国优质的体育资源，建立健全高校体育文化事业，激发学生学习体育的兴趣，让学生更加真实地体会公平竞争，团结合作等道德素养，让学生在竞争中培养果断勇敢、奋力拼搏、追求卓越的品质，也能展现学生尊重他人、团结互助的精神风貌。高校应该担负起这个责任，高度重视体育发展，为体育强国提供有力支撑。

（二）传承特色体育项目，构建高校优势品牌

我国高校总体数量较多，而且所处的位置遍布极广，受到环境、气候、文化、民族、区域、水平等因素的影响，不同高校都有自己的优势传统体育项目。如北航的排球、中国农大的橄榄球、清华的跳水、华侨大学的篮球等，都属于自己的特色项目，很多少数民族地区的高校，如摔跤、赛马、射箭等也都具有民族文化传统，都应该予以尊重并保留。而且我国拥有多所体育专业院校，都具有自己独特的优势项目。在文化强国的背景下，要积极地将本校的特色体育项目转换成自己的优势品牌，这才是未来的发展方向。高校现如今必须结合自己制定的长期培养目标，逐步形成自己的特色体育形式。从特色体育项目到体育优势品牌从表面看只是强化自己的优势，扩大自己的领先地位，然而这是对于自己精益求精、勇于进取的表现，是一种质的飞跃，是完全符合我国文化强国的总体目标的。

（三）建立以“育体＋育心＋社会适应能力”为准则的培养目标

1. 培养目标之一——育体

大学阶段是学生生长发育至关重要，亦特别敏感的时期，其囊括了人类自少年至成年的所有环节。在这一时期，学校体育教学质量的优劣对于学生体质及健康的可持续发展而言具有特别关键的影响。大家都知道：人类的生命系一种持续的新陈代谢历程，鉴于年龄的升高，其机会亦将持续地出现变化，尤其是对大学生，我们更应努力地给予引导，让他们适当地参与部分活动，以促进其健康成长。而高校体育需要从多方面出发推动学生身体的有序生

长及发育，且借助技能的提升及习惯的培育，让学生终身获益。按照教育部的规定，两课两操之总时间，以每礼拜五天计算，即255分钟，如此每天的体育锻炼时间应为60分钟左右。但是由于上课时，因为认识层面的差别及社会偏见，诸多体育老师敷衍了事，无法保证学生的体育锻炼时间，导致体育这一人类与生俱来的、充满生命力的活动慢慢地沦为了兼具如下特性的固定程式：其一，乏味；其二，呆板；其三，简单。

2. 培养目标之二——育心

鉴于社会的前进及发展，人类对健康的认识亦日渐成熟。世界卫生组织指出：人类的健康即肉体和精神的协调及人类和四周环境的协调。从这句话我们可以知道：真正的健康并非单纯的身体健康，亦囊括了心理健康及社会协调。以促进学生身心健康为宗旨的学校体育所囊括的充足且向上的教育功能，能够较好地展现其健身及养心的作用，最终实现确保学生身心健康的目标。体育运动能够较好地促进学生心理素质的提升。①体育活动竞争的残酷性由其竞技性决定的，胜利并非唾手可得，因此学生应该拥有克服困难的信心及毅力；②体育运动把人类生活里时常碰到的胜利、失败及困难等因素融入转瞬即逝的时间里，让学生接受意志的打磨，感受胜利的喜悦及失败的伤心，鼓励人们以积极向上的心境正视人生中将遇到的所有情况，属于对人生竞争之虚拟化，能够促进学生竞争理念及心理品质的提升。

3. 培养目标之三——社会适应能力

此培养目标最关键的是人际关系的处理方式。鉴于人际关系是对人类心理健康造成影响的关键因素，所以，人际交往就学生健康成长而言亦拥有举足轻重的意义。虽然学校教育给学生的交往提供了诸多机会，然而学校体育的特殊性仍然于学生人际交流能力的提升有着异常关键的作用。学校的体育教学能够生成亲切感。体育活动可借助手势及身体动作等展开交流，并非必须使用语言这一媒介，学生伴随着体育学习过程中与他人所实施的直接或间接的交流，于自身无意识中便能够生成亲切感，且将收获非常高的安全感及自信心。因此诸如此类的因素均可以有效地推动学生交流能力及人际关系的提升。

（四）建设有中国特色的高校体育文化

我国高校体育文化建设是在完全模仿西方体育文化基础上建设起来的，没能继承我国优秀的传统体育文化，做到融汇中西，因此缺乏创新。

通过高校体育文化建设的改革与创新，建设有中国特色的高校体育文化。为此，要深入研究我国的传统体育文化，了解其内容、特色，有哪些健身效果，竞赛因素，在此基础上，借鉴国外的先进经验，对中国的传统体育文化进行整理，去其糟粕，取其精华，使传统体育文化焕发出勃勃生机。比如，武术就是我国传统的体育项目，能强身健体，其中还蕴含着中华民族自强不息、积极向上的民族精神，可以对其进行改革，在减少其危险性的基础上引入高校体育课堂。纵观现代奥运会的文化与项目，基本上都源于古今中外的高校，只有坚持传承与创新，相信在不远的将来，在奥运文化与奥运会竞赛项目上也会有中国高校的身影。

（五）优化课堂结构

在高校体育教学中，体育教师在课堂时间比例的分配上，需要进一步改善。有的体育教师在备课时忽略了时间的分配，体育教学中，热身活动、教师示范与讲解、学生练习、集中纠错和休息等构成部分的时间分配有着一定的随意性，教师需要针对学生的特点做一个合理的规划，尤其是动作技能的示范与讲解阶段，根据学生的理解能力，决定讲解的方式和次数。另外，每个环节合理分配以后，主要是如何高效地利用时间，最好对于技术的讲解要多讲、精讲，要求学生多加练习。教师在教学中只有发挥敬业精神，不怕吃苦，才能做到有效教学。

（六）丰富体育教学内容

在教学内容方面，应丰富普通高校公共体育课程教学内容，使其既能符合大学生独特的生理心理特征，又能满足高素质人才毕业之后生活、工作的需要。教学内容是高校体育教育目标最直接的体现，也是高校体育教育目标的具象化，为实现体育教育目标服务。因此，普通高校公共体育课程教学内容应向着个性化及多元化方向发展，在教学过程中把学生放在核心地位，注重培养学生对体育的兴趣，以及终身体育锻炼的习惯，使学生掌握一项及以上可以长期进行的体育运动技能。教学内容应突出功能性、健身性、娱乐性、实用性和终身性，力求使学生在毕业步入社会后能适应社会体育对他们的知识与技能的要求，让体育锻炼逐步成为大学生生活中不可缺少的习惯，让体育健身活动逐步成为他们的终身追求之一。

（七）注重对新型教学模式的研究，借助现代化教学手段，注重对学生体育锻炼兴趣的培养

普通高校公共体育课程是连接学校体育和社会体育的桥梁，是培养学生“终身体育意识”、实现“体育强国”的关键环节。因此，公共体育课程教学实施是否具备先进性、科学性与合理性至关重要，是决定高校体育教育成败的关键性因素。首先，体育教师应注重对新型教学模式的研究，打破传统教学模式（讲解—示范—练习—纠错—巩固）的束缚，将“体育强国”作为指导思想选择科学的教学模式与教学方法，如课内外一体化模式、俱乐部教学模式，以及国外非常流行的翻转课堂教学模式、慕课等，既发挥出教师的主导作用，同时又尊重了学生的主体意识，给学生留有充分的思维空间。其次，体育教师也可以借助现代化教学手段，运用多媒体等现代教学设备形象化地向学生展示运动分解动作、体育赛事等，让学生对动作技术、运动项目有更加透彻的了解。最后，普通高校体育教师在教学实施过程中要结合大学生的心理与生理特点，注重对学生体育锻炼兴趣的培养。正所谓“兴趣是最好的老师”，学生只有在学习过程中体会到了体育给其带来的乐趣与益处，才会在无形中形成终身体育的意识，才会有意识地主动去在课下，甚至在毕业以后的生活工作闲暇之余去进行体育锻炼。为培养学生体育锻炼的兴趣，教师可以在教学实施过程中不时地与每个学生进行深入的交流，以充分了解并解答学生在体育运动过程中遇到的困难与疑惑，以及他们各个阶段的兴趣特点，并进行总结分析，以便及时地对体育教学计划进行调整与修改，因材施教，“对症下药”，将“体育强国”思想渗透在教学过程中，从而产生积极的教育效果，促使学生终身体育意识的形成和体育锻炼习惯的养成。

（八）建立融洽的师生关系，创造良好的课堂气氛

教育是人和人心灵上最微妙的接触。师生之间的融洽关系是实现有效教学的前提、基础和动力。教师在教学前首先要了解学生的爱好特长、性格特点和心理特点，尽量使

自己的教学行为适应学生的年龄特征、心理特征等。教师要把学生当成自己的朋友，以朋友的心态对待学生，让其在开放、安全和轻松的体育环境中学习，这样学生才能积极主动地去学、乐学和好学，师生的感情得到良好的沟通，情景交融，更有利于教师开展教学。师生在这种良好关系的支撑下，更加努力地教和学，就会很好地实现教学目标，进而实现有效教学。

创造良好的体育课堂气氛可以采取以下几种方法：①教师要善于发挥自己的主导作用。学生的学习热情要靠教师去带动，教师只有较好地发挥教学的主导性，才能实现热烈的课堂气氛。②教师的口令和声音要有磁性、富有感染力。教师在教学中应尽量多鼓励学生，善于在课堂中提问，提问要具有启发性和可思考性，如果学生回答正确，则要给予适当的口头表扬，以增强学生的自信心。③教学方法要灵活多样，不拘一格。针对学生的特点，合理设计教学方法，既使自己讲得不多，又使学生学到更多，从而实现优秀的教学。教师只有创造好课堂气氛，才能得心应手地实现有效的体育教学。

（九）完善高校体育教学评价

在高校体育教学改革过程中，体育教学评价应更全面、系统和科学。高校体育教学评价应改变原先单一的、仅仅把运动成绩作为唯一评价标准的倾向，应注意尊重学生的个体差异，重视学生学习的进步幅度、学习的努力程度等过程评价。体育教学评价包括：学习评价（体能、知识和技能、学习态度、情意与合作精神）、教师教学评价（职业道德、教学能力、学习和研究能力）和课程建设评价（计划的规范性、管理的科学性、课程结构体系的先进性、师资、场地器材、经费等方面的保障情况和课程目标的达到程度等）三个方面。它体现了定量评价与定性评价相结合，教师评价与学生评价相结合，结果评价与过程评价相结合的整体的综合评价理念。

（十）构建专业团队

在体育教学中，高校要认识到体育教学要达成“体育强国”中的推动作用，合理引进高学历的教师，并加强对体育教师的培训，构建高素质、专业化的高校体育教学团队。

第三节　“体育强国”背景下高校体育教学改革的意义

一、时代发展的需要

中华体育精神作为体育人在长期实践中产生的精神产物，对体育人和国人的行动具有直接指导意义，能够有效地凝聚民族共识。“为国争光”作为中华体育精神的首要内容，最初的表述为“祖国至上”，其体现了体育人对国家强烈的归属感和其所具有的“国强则民强”的国家忧患意识，以及“国家兴亡，匹夫有责”的国家责任意识。国人通过体育活动尤其是中华体育精神，能够深刻地感受到“为国争光”“祖国至上”的家国情怀和兴国之责，能够潜移默化地将自己的命运与国家的发展相联系，同呼吸、共命运，凝聚民族的国家共识，将国家放在首要位置，共树强国之志。

作为国家体育人才的重要储备力量和大学生进入社会的最后阶段，高校体育教学起着承上启下的关键作用。改革开放四十年来，全国高校的体育工作发生了翻天覆地的变化，从中央到各级地方政府对青少年的体育工作都极为重视，因此各个高校对体育工作的发展也极为重视，进而掀起了高校体育教学改革的热潮。在建设“体育强国”的目标下，高校体育教学改革的意义如下。

（一）有效增强大学生民族、国家的认同感

“体育强国”展现了热爱祖国、报效祖国的爱国情怀。爱国、报国是每个公民义不容辞的责任，它们体现了人们对国家的深厚感情，反映了个人与祖国之间的相互依存关系。在体育教学改革过程中，高校通过体育赛事、体育运动，让大学生感受、认知、认同中华体育精神，能够凝聚民族在个人层面“无私奉献”“团结协作”和“顽强拼搏”等精神品质的共识，培养优秀品质。

（二）展现良好的体育形象，提升中国国家形象

1. 展现良好的体育形象

中华体育精神源于体育实践活动，也能够指导体育活动的实践。大学生是国家宝贵的人才资源，高校在体育教学过程中要培养大学生良好的身体素质和心理素质，通过体育活动塑造大学生的行为举止和精神品质，使大学生以一个良好的精神风貌进入社会。

2. 展示良好的国家形象

国家形象是“其他国家（包括个人、组织和政府）对该国的综合评价和总体印象，”是国家软实力的一种体现。良好的国家形象有利于提升国家的国际竞争力，增强国际影响力，从而提高国家的国际地位，掌握国际话语权。“良好的国家形象更容易获得他国认同和信任，从而推动国家间的安全与合作。”

在体育教学改革过程中，高校始终把大学生的身心健康放在第一位，围绕有利于大学生健康成长，有利于增强大学生体质，有利于让大学生终身受益，有利于培养大学生高尚情操，有利于培养大学生创新能力，在校园内积极开展一系列的文体活动。大学生通过体育学习养成良好的体育精神和意志品质，进而在未来代表伟大祖国的整体精神样貌，更直观地展现国家的精气神。

（三）助力培育社会主义核心价值观，推动构建社会主义核心价值体系

社会主义核心价值观是新时代的社会主流价值观，是社会主义核心价值体系的内核。新时代中华体育精神具有助力培育社会主义核心价值观，推动构建社会主义核心价值体系的功能。

在高校体育教学改革过程中，首要任务是对大学生体育精神的培养。体育精神，能够在体育实践过程中增强人们对社会主义核心价值观的认知感和认同感，增强人们对社会主义核心价值观理论的自信心和文化自信心，促使人们对社会主义核心价值观内化于心，外化于行，直接或间接地推动社会主义核心价值观的培育和践行，不断发挥其重要作用。

二、学生发展的需要

在“体育强国”的新背景下，大学生必须以新的姿态和新的理念进入社会。新的姿态是牢记建设体育强国的目标要求，以“终身体育”意识保持体质健康为己任。新的理念就是铭记自己要为“体育强国”添砖加瓦，为“体育强国”的储备和发展贡献力量。

高校体育教学改革的重点是构建大学生“终身体育”意识和健康的生活方式，通过体育锻炼，使得大学生建立良好的生活方式，使体育锻炼成为健康生活中不可或缺的一部分。同时培养大学生的体育精神，促进大学生的自我发展。

参考文献

[1] 李启迪，邵伟德．体育教学基本理论研究［M］．北京：北京师范大学出版社，2014.

[2] 周新梁．当前高校体育教学改革的现状与对策研究［J］．体育世界，2014（4）：105－106.

[3] 蔺新茂，毛振明．体育教学内容论［M］．北京：北京体育大学出版社，2014.

[4] 刘明．普通高校体育教学发展与改革探究［M］. 北京：中国纺织出版社，2018.

[5] 王秉彝、李志方．影响学校体育教学改革的主要原因及解决对策［J］．体育学刊，2002（3）：99－101.

[6] 黄爱峰．面向21世纪我国体育教师教育课程改革研究——体育教育专业本科课程发展的历史回顾、展望及改革对策［D］．武汉：华中师范大学，2001.

[7] 聂阳．学前体育教学内容开发及设置的实验研究［D］．大连：辽宁师范大学，2014.

[8] 黄德星．高校体育教学评价的现状及改进方法［J］．当代体育科技，2014（10）：74.

[9] 张振华．体育教学理论与方法［M］. 北京：北京师范大学出版社，2016.

[10] 陈红梅．关于体育合作学习模式的思考［J］．首都体育学院学报，2005（1）：112－114.

[11] 刘志敏．关于当前我国学校体育的目的任务和目标制定的研究［J］．体育学刊，1995（2）：35.

[12] 许英魁，刘宏伟，郭言斌．高校体育教学模式发展方向初探［J］．吉林师范大学学报（自然科学版），2006（4）：96－97.

[13] 李德芹．高校体育教学模式现状及发展趋势［J］．滨州学院学报，2008（3）：58－61.

[14] 杨雪芹，刘定一. 体育教学设计［M］. 桂林：广西师范大学出版社，2006.

[15] 李鹰．体育教学方略［M］. 上海：上海教育出版社，2012.

[16] 郝亭亭．高校人文校园建设：问题与出路［J］．沈阳教育学院学报，2011（2）：56－58.

[17] 杨思齐，塔丽．高校体育教育作为终身体育教育的有效途径探析［J］．黑龙江科学，2018（3）：68－69.

[18] 何盛．我国当代大学体育“文化本位”思想之研究——从“文化育人”教育理念谈起［J］．南京体育学院学报（社会科学版），2009（1）：90－92.

[19] 王崇喜．体育课程与教学改革研究［M］．郑州：河南大学出版社，2014.

[20] 郑金洲．体验教学［M］．福州：福建教育出版社，2005.

[21] 宋海圣，赵庆彬，冯海涛．体育教学改革创新与发展研究［M］．北京：中国水

利水电出版社，2015.

[22] 阳建宏．“阳光体育运动”对青少年体育生活方式的影响［J］．新西部（下半月），2007（10）：272.

[23] 卢元镇．竞技体育的强化、异化与软化［J］．体育文化导刊，2001（4）：18.

[24] 王冬冬．中国普通高校体育教育改革 30 年回眸与前瞻［J］．体育成人教育学刊，2010，26（2）：76－78.

[25] 蔡清田．“核心素养”：新课改的目标来源［N］．中国社会科学报，2012－10－10.

[26] 胡显章，曹莉．大学理念与人文精神［M］．清华大学出版社，2006.

[27] 李红，李继红．健康教育与高校体育教学改革［J］．学校体育学，2013，3（20）：71－73.

[28] 于素梅，朱红香，刘斌，等．“体育与健康”课教学问题探讨．北京：北京体育大学出版社，2001.

[29] 陈爱霞，季华．论体育强国的缺失[J]．山西体育科技，2009，29（9）：65－68.

[30] 李庚全．弘扬体育精神 涵养体育道德——国家队为国争光的精神动力和道德建设研究［M］．北京：群言出版社，2015.

[31] 杨贵仁．从战略高度认识和加强体育［J］．中国高等教育，2007(11)：12－13.